Das Kriegssteuergesetz

(Kriegsgewinnsteuer).

Nebst den Ausführungsbestimmungen und den Gesetzen:

Zuschlag zur Kriegssteuer und Sicherung für die kommende Kriegssteuer vom 9. April 1917.

Für die Praxis erläutert

unter Berücksichtigung des **Kriegsgewinn-Rücklagengesetzes**

von

Artur Norden
Chefredakteur der Handelszeitung
des Berliner Tageblattes

und

Martin Friedlaender
Dr. jur., Verbandssyndikus
in Berlin

Zweite Auflage

Berlin 1917.
J. Guttentag, Verlagsbuchhandlung,
G. m. b. H.

Roßberg'sche Buchdruckerei, Leipzig.

Vorbemerkung.

Unsere Erläuterungen zum Kriegssteuergesetz sind für die Praxis bestimmt. Sie beschränken sich nicht auf dieses Gesetz, sondern bilden, wenn man besonders das beachtet und im Zusammenhange berücksichtigt, was zu den §§ 13 und 22 gesagt wird, gleichzeitig einen vollständigen Kommentar zum Gesetz über vorbereitende Maßnahmen zur Besteuerung der Kriegsgewinne (Rücklagen- oder Sicherungsgesetz). Auch über das Besitzsteuergesetz, das ebenso wie die beiden vorerwähnten im Anhange abgedruckt ist, wird der Leser zahlreiche nähere Erörterungen finden. Den größten Nutzen wird der aus unseren Erläuterungen ziehen, der sie als ein Ganzes betrachtet und liest, was ihm trotz der Schwierigkeit des Stoffes durch die vielen Beispiele wesentlich erleichtert werden dürfte. Wer sich über einen besonderen Fall oder eine besondere Frage unterrichten will, wird neben der Inhaltsübersicht das Sachregister beachten müssen.

Berlin, im Juni 1916.

Zur zweiten Auflage.

Die zweite Auflage enthält im Hauptteil außer einigen geringfügigen Änderungen des Textes der ersten Auflage eine Anzahl von Hinzufügungen, die infolge der inzwischen veröffentlichten Ausführungsbestimmungen zum Kriegssteuergesetz zweckmäßig erschienen. Die hauptsächlichen Vorschriften der Ausführungsbestimmungen sind mit in den ersten Anhang aufgenommen worden. Im zweiten Anhang wird das Gesetz über die Erhebung eines Zuschlages zur Kriegssteuer vom 9. April 1917 und das Gesetz über Sicherung der Kriegssteuer vom gleichen Tage erläutert.

Berlin, im Mai 1917.

Artur Norden. Dr. Martin Friedlaender.

Inhaltsübersicht.

Seite

Einleitung zum Kriegssteuergesetz 9

I. Steuerpflicht der Einzelpersonen.

§ 1. Kreis der steuerpflichtigen Einzelpersonen. — Die außerordentliche Kriegsabgabe vom Vermögenszuwachs und vom unverändert gebliebenen oder (im Sinne des Kriegssteuergesetzes) wenig veränderten Vermögen 19

§ 2. Der abgabepflichtige Vermögenszuwachs. Die auf das Kriegssteuergesetz zur Anwendung kommenden Bestimmungen des Besitzsteuergesetzes über die Berechnung des Zuwachses . . . 24

§ 3. Abzüge vom Vermögen (nur für die Ermittlung des steuerpflichtigen Zuwachses): Erbschaften, Vermächtnisse usw.; Kapitalauszahlungen aus Versicherungen; Schenkungen; Umwandlung nicht steuerbaren in steuerbares Vermögen 39

§ 4. Hinzurechnungen zum Vermögen (nur für die Ermittlung des steuerpflichtigen Zuwachses): Aufwendungen für Schenkungen und Vermögensübergaben 48

§ 5. Weitere Hinzurechnungen: Aufwendungen für ausländische Anlagen, für Kunst- und Luxusgegenstände, sowie für Sammlungen 51

§ 6. Nach Kriegsausbruch erworbene Grundstücke (Bewertung nach den Gestehungskosten); noch nicht fällige Ansprüche aus Lebens-, Kapital- und Rentenversicherungen; vorausbezahlte Beträge der Kriegssteuer 57

§ 7. Abrundung des steuerpflichtigen Vermögenszuwachses auf volle Tausende 61

§ 8. Untere Grenzen der Steuerpflicht vom Vermögenszuwachs . . 62

§ 9. Höhe der Steuer der Einzelpersonen vom Vermögenszuwachs (Steuerstaffel) und vom Vermögen 65

§ 10. Begünstigungen der Gesellschafter von Gesellschaften m. b. H. 73

§ 11. Besondere Rechte von Lehen-, Stammgut- und Fideikommißinhabern 83

§ 12. Maßregeln gegen „Steuerflucht". (Vorzeitige Veranlagung. — Sicherheitsleistung vor der Abwanderung. — Beschlagnahme des inländischen Vermögens Steuerpflichtiger) 85

II. Steuerpflicht der Gesellschaften.

§ 13. Kreis der steuerpflichtigen Gesellschaften. Mehrgewinnsteuerpflicht (Teil I der Erläuterungen zum Rücklagengesetz). . 89

§ 14. Der steuerpflichtige „Mehrgewinn". — Abrundung des Mehrgewinns. — Ausgleich zwischen Mehr- und Mindergewinn . . 110

Seite

§ 15. Die Kriegsgeschäftsjahre 112
§ 16. Berechnung der Geschäftsgewinne als Bilanzgewinne. — Gewinnbeträge der persönlich haftenden Gesellschafter von Kommanditgesellschaften auf Aktien 113
§ 17. Berechnung des durchschnittlichen früheren Geschäftsgewinns (Friedensgeschäftsgewinn). — Fiktive Geschäftsgewinne . . . 120
§ 18. Die steuerliche Begünstigung der „Schachtelgesellschaften" . . 127
§ 19. Berechnung der Abgabe der inländischen Gesellschaften. — Steuerstaffel. — Abstufung nach dem Verhältnis des Mehrgewinns und ferner nach dem Verhältnis des durchschnittlichen Geschäftsgewinns zum Kapital. — Die Steuerbegünstigungen der Gesellschaften 130
§ 20. Besteuerung der ausländischen Gesellschaften (Berechnung des entsprechenden Einkommenteiles nach den Landeseinkommensteuergesetzen) 139
§ 21. Die Steuerstaffel für ausländische Gesellschaften. — Die Steuerbegünstigung 142
§ 22. Beschränkung der Steuerpflicht der Gesellschaften auf den Betrag der Kriegsrücklage (Teil II der Erläuterungen zum Rücklagengesetz). — Begünstigung der für gemeinnützige Zwecke verwendeten Gewinnbeträge 145
§ 23. Andere als in § 13 bezeichnete steuerpflichtige juristische Personen 159
§ 24. Vermeidung der Doppelbesteuerung (durch das Reich und außerdeutsche Staaten) bei Gesellschaften 159

III. Gemeinsame Vorschriften.

§ 25. Veranlagung und Erhebung der Kriegsabgabe. — Zuständigkeit der Landesbehörden (nach Besitzsteuergesetz) 160
§ 26. Verpflichtung zur Abgabe der Steuererklärung. — Inhalt der Steuererklärung. — Steuererklärung der Gesellschaften . . . 163
§ 27. Zeitpunkt der Veranlagung der Kriegsabgabe bei Einzelpersonen 168
§ 28. Vorläufige und endgültige Festsetzung der Kriegsabgabe der Gesellschaften 170
§ 29. Der Steuerbescheid 173
§ 30. Die Anfechtung des Steuerbescheides durch Rechtsmittel . . 175
§ 31. Die Fristen für die Entrichtung der Abgabe der Einzelpersonen. — Fristen für die Gesellschaften. — Vorauszahlungen. — Verzinsungspflicht 178
§ 32. Annahme von Reichskriegsanleihen an Zahlungs Statt . . . 181
§ 33. Bestrafung wissentlich falscher Angaben Steuerpflichtiger . . . 183
§ 34. Die Strafbestimmungen für Steuerhinterziehung 184
§ 35. Weitere Strafbestimmungen. — Straffreiheit bei alsbaldiger Berichtigung falscher Angaben. — Verschwiegenheitspflicht von Beamten 187
§ 36. Milderung von steuerlichen Härten durch den Bundesrat (Härteparagraph) 190

IV. Schlußvorschriften.

Seite

§ 37. Entschädigung der Bundesstaaten für die Veranlagung und Erhebung der Steuer 191
§ 38. Verwendung der Einnahme aus der Kriegssteuer zur Abminderung der Reichsschuld 191
§ 39. Anpassung des Besitzsteuergesetzes an das Kriegssteuergesetz . . 194
§ 40. Zuständigkeit für Ausführungsbestimmungen 196

V. Erster Anhang.

Gesetzestexte:

Gesetz über vorbereitende Maßnahmen zur Besteuerung der Kriegsgewinne. Vom 24. Dezember 1915 197
Ausführungsbestimmungen des Bundesrats zum Gesetz über vorbereitende Maßnahmen zur Besteuerung der Kriegsgewinne vom 24. Dezember 1915. Vom 27. Januar 1916 200
Preußische Ausführungsvorschriften vom 11. Februar 1916 zum Gesetz über vorbereitende Maßnahmen zur Besteuerung der Kriegsgewinne 203
Kriegssteuergesetz. Vom 21. Juni 1916 207
Besitzsteuergesetz. Vom 3. Juli 1913 219
Kriegssteuer-Ausführungsbestimmungen 238
Besitzsteuer-Ausführungsbestimmungen 244

VI. Zweiter Anhang.

Einleitung zu den Ergänzungsgesetzen vom 9. April 1917 250
Gesetz über die Erhebung eines Zuschlages zur Kriegssteuer (Gesetzestext nebst Erläuterungen) 252
Gesetz über Sicherung der — kommenden — Kriegssteuer (Gesetzestext nebst Erläuterungen) 267

VII. Dritter Anhang.

Sachregister 278

Literatur.

Amtliches Material.

Begründung zum Entwurf eines Kriegsgewinnsteuergesetzes.
Kommissionsbericht über den Entwurf eines Gesetzes über vorbereitende Maßnahmen zur Besteuerung der Kriegsgewinne.
Kommissionsbericht über den Entwurf eines Kriegsgewinnsteuergesetzes.
Gesetz über einen einmaligen außerordentlichen Wehrbeitrag.
Ausführungsbestimmungen zum Gesetz über einen einmaligen außerordentlichen Wehrbeitrag.
Besitzsteuergesetz (vgl. Anhang).
Ausführungsbestimmungen zum Besitzsteuergesetz und zum Kriegssteuergesetz (vgl. Anhang).

Zeitschriften.

Juristische Wochenschrift, 1915 und 1916 (Hachenburg).
Bankarchiv, 1915 und 1916 (Sintenis).

Buchliteratur.

Mrozek, Direkte Kriegssteuer. Berlin 1916.
Schumann, Die Vermögenssteuern. Berlin 1914.
Wilm, Das Kriegsgewinnsteuer-Sperrgesetz. Zwickau i. S. 1916.
Moesle, Gesetz über vorbereitende Maßnahmen zur Besteuerung der Kriegsgewinne. Berlin 1916.
Hirschfeld, Gesetz über vorbereitende Maßnahmen zur Besteuerung der Kriegsgewinne. Berlin 1916.
Fernow, Einkommensteuergesetz. Berlin 1913.

Einleitung zum Kriegssteuergesetz.

Das Kriegssteuergesetz sollte nach dem ursprünglichen Regierungsentwurf „Kriegsgewinnsteuergesetz" heißen. Diesen Namen hätte es selbst dann nicht mit vollem Recht getragen, wenn die Bestimmungen des Entwurfs durch den Reichstag keine Ergänzungen und Abänderungen erfahren hätten; denn unter „Kriegsgewinnen" stellt sich die Bevölkerung Einnahmen vor, die in möglichst unmittelbarem Zusammenhange mit dem Kriege stehen, in erster Reihe also Gewinne, die den Heereslieferanten oder den Vermittlern von Heereslieferungen erwachsen sind. Das, was der Gesetzentwurf aber schon in seiner von der Regierung vorgesehenen Fassung brachte, war für die Einzelpersonen (im Gegensatz zu den Aktiengesellschaften, Gesellschaften m. b. H. usw.) die Besteuerung einer jeden Vermögenszunahme, die in der Zeit vom 31. Dezember 1913 bis zum 31. Dezember 1916 eingetreten ist. Daran ist festgehalten worden, doch ist nach den Willen des Reichstages und in schließlicher Übereinstimmung mit den verbündeten Regierungen hinzugekommen die Besteuerung aller Vermögen — auch der von der Zuwachssteuer betroffenen —, die in dem erwähnten Zeitraum unverändert geblieben sind oder keine Einbuße von mindestens 10 % erfahren haben.

Die Besteuerung eines jeden Vermögenszuwachses ist, wie schon gesagt, vorgesehen, es sei denn, daß der Vermögenszuwachs, der an sich steuerpflichtig wäre, durch Erbanfall oder durch einen sonstigen Erwerb von Todes wegen entstanden ist, oder durch Schenkungen, sonstige unentgeltliche Vermögensabgaben unter Lebenden, durch Kapitalauszahlungen aus einer Versicherung oder schließlich durch die Umwandlung nichtsteuerbaren Vermögens in steuerbares. Was unter dem letzterwähnten Moment zu verstehen ist, wird der Leser bei der weiteren Durchsicht dieses Buches (Erläuterung zum § 3 Abs. 1 Nr. 4 des Gesetzes) erfahren, er wird weiter feststellen können, daß die hier erwähnten Ausnahmen — Vermögenszuwachs durch Erbanfall usw. — wiederum Ausnahmen haben, und es ist darum hier gleich die Bemerkung am Platze, daß jemand, der praktische Nutzanwendungen aus einem Gesetz und einem Gesetzeskommentar ziehen will, sich davor hüten muß, nur einzelne Teile zu lesen. Erforderlich ist es vielmehr, die Durchsicht auf den ganzen Gesetzestext zu erstrecken, und alle Erläuterungen durchzulesen, die irgendwie mit dem den Leser praktisch besonders interessierenden Fall im Zusammenhang stehen können. Wir haben ja denn auch darauf, daß der Grundgedanke, jeden Vermögenszuwachs von Einzelpersonen zu besteuern, im Gesetze eine gewisse Einschränkung erfahren hat, nicht deshalb hingewiesen, weil wir schon in der Einleitung alles Wissenswerte bringen wollen, sondern weil wir dem Leser zunächst einen kurzen Überblick zu vermitteln suchen. An sich sind die Ausnahmen, die der Gesetzgeber für die Besteuerung des Vermögenszuwachses vorgesehen hat, erheblich, aber nicht sehr zahlreich, so daß, wenn zu der Zuwachsbesteuerung nicht die Besteuerung der unverändert gebliebenen und wenig veränderten Vermögen hinzugekommen wäre, und wenn weiter nur die Besteuerung der Einzelpersonen in Frage käme, das Gesetz mit gutem Recht die Bezeichnung „Kriegsvermögenszuwachssteuer" führen könnte. Nun werden aber außer den Einzelpersonen die Gesellschaften besteuert, und zwar wird bei ihnen der in den Kriegsgeschäftsjahren im Vergleich mit den Friedensgeschäftsjahren erzielte Mehrgewinn von der Abgabe betroffen. Eben wegen dieses Unterschiedes in der Besteuerung der Einzelpersonen und der Gesellschaften war es schwer, für das Gesetz einen den Inhalt richtig erfassenden Sammelnamen zu finden, und die Reichsregierung hatte sich dieser Mühe zunächst entzogen, indem sie (freilich vor der Ausdehnung der Abgabe auf die unverändert gebliebenen oder wenig veränderten Vermögen) eine Bezeichnung wählte, die mehr das von der vox populi Erstrebte als das vom Gesetzgeber Geschaffene ankündigte.

Die „Kriegsgewinnsteuer" in ihres Wortes ureigenster Bedeutung ist populär; denn das Verlangen nach einer ausgiebigen Besteuerung der „Kriegsgewinne" ist schon bald nach Ausbruch des Krieges in der Öffentlichkeit erhoben worden, weil man die Beobachtung machte, daß einzelne Lieferanten und Vermittler für Heeres- und Marinebedarf außerordentlich hohe Gewinne erzielten, und weil es nur gerecht erschien, einen Teil der dem Reiche zur Last gefallenen, in manchen Fällen unverhältnismäßig großen Ausgaben, dem

Reiche wieder zuzuführen. Es wäre ja nun keineswegs zweckmäßig gewesen, die Steuer auf Lieferanten von Gegenständen des Kriegsbedarfs zu beschränken; denn der Kreis derer, denen die Kriegsverhältnisse einen erhöhten Gewinn ermöglicht haben, erstreckt sich auf alle Personen und Betriebe, die aus den durch den Krieg beeinflußten besonderen Verhältnissen der volkswirtschaftlichen Gütererzeugung und des Güterumsatzes unmittelbar oder mittelbar Nutzen ziehen konnten; doch wäre es vielen wünschenswert erschienen, bei den sog. unreellen Kriegsgewinnen ganz besonders scharf zuzupacken und in der gleichen Weise eine etwaige wucherische Ausbeutung der Bevölkerung (durch Preistreibereien bei Konsumartikeln) zu behandeln. Der Gesetzgeber hat sich auf den Standpunkt gestellt, daß man nicht als Grundlage für die Besteuerung das nehmen könne, was der öffentlichen Meinung in der Regel vorschwebe: die sog. unreellen Kriegsgewinne. Soweit ein unreelles oder gar strafbares Verhalten vorliegt, müssen andere Wege gefunden werden; es ist kaum möglich, daß die Steuerbehörde als solche feststellt, ob der Kriegsgewinn legitim oder nicht legitim ist. Aber auch eine Trennung der mit dem Kriege in Zusammenhang stehenden Gewinne oder Vermögenszugänge von denen, die keine Beziehung zum Kriege haben, hat der Gesetzgeber abgelehnt, weil die beiden Gruppen nicht einwandfrei zu unterscheiden sind. Es ist im Einzelfalle schlechterdings unausführbar, Gewinne daraufhin zu untersuchen, ob und inwieweit sie unter Friedensverhältnissen zu erzielen gewesen wären. Und es ist erst recht schwierig, zum Zwecke der Besteuerung den Teil des erzielten Gewinns auszuscheiden, der auf der Kriegskonjunktur im weitesten Sinne beruht.

Auf Grund dieser Schlußfolgerungen kam der Gesetzgeber im Gegensatz zu den ursprünglichen Volksabsichten dazu, die Besteuerung nicht auf bestimmte Erwerbsvorgänge zu beschränken, bei denen der Zusammenhang mit der Kriegskonjunktur sich hätte annehmen lassen — er kam zu einer Allgemeinheit der Besteuerung, die ihre Berechtigung weniger in den bisher erwähnten negativen Momenten findet als in gewissen positiven: Wer das Glück gehabt hat, in schwerer Kriegszeit sein Vermögen zu vergrößern, nur um ein Geringes vermindert zu sehen oder — was für die Gesellschaften in Betracht kommt — erhöhte Gewinne zu erzielen, kann, ohne daß es auf den Ursprung der Vermögensmehrung ankommt, seine weniger begünstigten Mitmenschen entlasten; es besteht, wie der Reichsschatzsekretär ausgeführt hat, ein moralischer Anspruch darauf, daß jeder, der in so schwerer Zeit seine finanzielle Situation hat bessern können, auch entsprechende Opfer für den Staat bringt, und zwar der, der „nichts getan hat, als auf seinen Papieren zu sitzen, vielleicht in noch höherem Grade als der, der für den Krieg gearbeitet hat". Diesem Gedankengange wird man, wenn ein Vermögenszuwachs in Frage kommt, gern folgen wollen; auf die Fälle des nicht veränderten Vermögens oder gar der Vermögensminderung läßt er sich indes nur mit Hilfe einer etwas künstlichen Konstruktion anwenden.

Die große Mehrheit des Volkes wird mit der Besteuerung, soweit sie den Vermögenszuwachs betrifft, einverstanden sein, und dies um so eher, als die Steuerlast zu einem erheblichen Teil doch von denen wird getragen werden müssen, die große Gewinne an Heereslieferungen oder aus der Verteuerung von Konsumartikeln erzielt haben. Denn, wer zur Kriegszeit sein Vermögen vermehrt sieht, wird das in den meisten Fällen der direkten oder indirekten Beteiligung an den hervorgehobenen Gewinnquellen zu danken haben.

In dem von der Regierung ausgearbeiteten Gesetzentwurf war bis zu einem gewissen Grade dafür Sorge getragen, daß nicht nur eine quantitative, sondern auch eine qualitative Besteuerung der „Kriegsgewinne" erfolgt. Soweit sich nämlich das Vermögen der Einzelpersonen durch Mehreinnahmen während der gemäß dem Gesetze als „Kriegszeit" geltenden Zeit gegenüber der Friedenszeit erhöht hat, sollte es mit einem verdoppelten Abgabesatze belegt werden. Die hingegen, die trotz verminderter Bezüge oder bei gleichgebliebenem Einkommen durch Sparsamkeit ihr Vermögen vermehrt haben, sollten nur die einfache Abgabe aufbringen. Auf diese Weise wäre eine Verbindung zwischen Vermögen und Einkommen hergestellt worden — ein System, das gegenüber einer Steuer auf *jedes* Mehreinkommen allerdings den Nachteil hat, daß das *verbrauchte Mehreinkommen* steuerfrei bleibt, wodurch gewissermaßen eine Prämie für die Verschwendung ausgesetzt, eine Bestrafung für den Sparsinn ausgesprochen wird. Bei der ersten Lesung des Gesetzentwurfs in der Reichstagskommission wurde infolgedessen neben der Steuer auf den Vermögenszuwachs eine von diesem unabhängige Belastung der Einkommensvermehrung beschlossen. Hiergegen erhoben indes die verbündeten Regierungen Einspruch, und zwar hauptsächlich deshalb, weil sie eine „Einkommenbesteuerung von Reichs wegen" nicht mit den Hoheitsrechten der Einzelstaaten für vereinbar hielten. Aus ähnlichen Erwägungen sprachen sich die verbündeten Regierungen gegen eine Wiederholung des Wehrbeitrages aus, der nach dem Willen der Reichstagskommission mit dem dritten Teile des auf Grund des Wehrbeitraggesetzes vom 3. Juli 1913 gezahlten Betrages (berechnet auf Grund des Vermögensstandes vom 31. Dezember 1913) zusammen mit der Kriegssteuer erhoben werden sollte. In den Verhandlungen, die der ersten Lesung des „Kriegsgewinnsteuergesetzes“ folgten, einigten sich die bürgerlichen Parteien mit den verbündeten Regierungen dahin, daß unter Verzicht auf die hier erwähnten Beschlüsse der ersten Kommissionsberatung die schon erörterte Besteuerung der nicht veränderten oder (im Sinne des Gesetzes) wenig veränderten Vermögen vereinbart wurde und daß ferner unter Ausscheidung jeder Besteuerung des Mehreinkommens der physischen Personen der Vermögenszuwachs in steuerlicher Hinsicht unterschiedslos behandelt werden sollte. Diesem Kompromiß, das auch eine wesentliche Erhöhung der Steuersätze gegenüber dem Regierungsentwurf vorsah, stimmte das Plenum des Reichstages zu. Die Unterscheidung der Quellen, aus denen der Vermögenszuwachs entstanden, ist also ganz in Wegfall gekommen und damit, gleichsam zum Nachteil der Sparer, der Grundsatz ganz allgemein verkündet, daß die verflüchtigten Gewinne unbesteuert bleiben.

In England, Dänemark, Schweden, Norwegen, Frankreich und Italien wird überall der Mehrgewinn gegenüber den vergangenen Jahren besteuert; das Gesetz beruht mithin bei uns hinsichtlich der Einzelpersonen auf andern Grundlagen, dagegen findet hinsichtlich der Gesellschaften (juristischen Personen) auch bei uns, wie schon hervorgehoben, die Besteuerung nach dem in den Kriegsgeschäftsjahren erzielten Mehrgewinn statt. Der Begriff „Kriegsgeschäftsjahr“ ist dabei recht weit gezogen. Jede Betriebszeit nämlich, in der der Monat August 1914 enthalten ist, wird ohne weiteres zum ersten Kriegsgeschäftsjahre. Läuft beispielsweise die Betriebsperiode bei einer Gesellschaft vom 1. September bis zum 31. August des nächsten Jahres, so würde sie als erstes Kriegsgeschäftsjahr die Zeit vom 1. September 1913 bis zum 31. August 1914 anzusehen haben — elf Friedensmonate mithin und einen einzigen Kriegsmonat.

Vorbereitet war die Kriegsgewinnbesteuerung der Gesellschaften schon durch das „Gesetz über vorbereitende Maßnahmen zur Besteuerung der Kriegsgewinne vom 24. Dezember 1915“. Durch dieses wurden Aktiengesellschaften, Kommanditgesellschaften auf Aktien, Berggewerkschaften und andere Bergbau treibende

Vereinigungen (letztere, wenn sie die Rechte juristischer Personen haben), Gesellschaften m. b. H. und eingetragene Genossenschaften verpflichtet, 50 v. H. des in einem Kriegsgeschäftsjahr erzielten Mehrgewinns in eine Sonderrücklage einzustellen. Gegenstand der Abgabe nach dem Kriegssteuergesetz ist indes nicht die Sonderrücklage; jedoch ist die Höhe der Sonderrücklage insofern von einer gewissen Bedeutung, als die zu entrichtende Steuer den Betrag der Sonderrücklage nicht übersteigen soll.

Die Abstufung der Kriegssteuer ist bei den inländischen Gesellschaften zunächst nach dem Verhältnis des Mehrgewinns zum eingezahlten Grund- oder Stammkapital zuzüglich der bei Beginn des ersten Kriegsgeschäftsjahres vorhandenen offenen Reserven vorgesehen. Es ist aber auch der ganze Gewinn (also nicht nur der Mehrgewinn) durch einen in sich wiederum gestaffelten Zuschlag in Beziehung zum Kapital und den Reserven gebracht worden. Das läuft in der Praxis zumeist darauf hinaus, daß eine Gesellschaft, die hohe Dividenden ausschüttet, stärker von der Steuer erfaßt wird als eine Gesellschaft mit niedrigen Dividenden, und daß überhaupt den mit reicher Kraft ausgestatteten Unternehmungen mehr Blut entzogen wird als den anderen. In den Kritiken, die seinerzeit bei dem Bekanntwerden des Entwurfes eines Kriegsgewinnsteuergesetzes veröffentlicht worden sind, ist gerade daran Anstoß genommen worden, daß die zu Macht und Ansehen gelangten Gesellschaften durch den Steuerzuschlag besonders erheblich betroffen werden; denn, so wurde gesagt, es sei unbillig, die zu strafen, die sich durch eine solide und tüchtige Führung der Geschäfte hoch gebracht haben. Im ersten Augenblick ist diese Beweisführung sehr bestechend, aber sie übersieht, daß das Ziel jeder Besteuerung dahin gehen muß, die Lasten den Starken aufzubürden und die Schwächeren auf Kosten der ersteren zu schonen. Eine Aktiengesellschaft, die in Friedenszeiten 5 % an ihre Aktionäre ausgeschüttet hat und durch den Krieg in die Lage gekommen ist, 10 % zu verteilen, muß milder behandelt werden als eine Gesellschaft, die ihre Dividende von 20 auf 30 % steigert.

Bei ausländischen Gesellschaften ist Gegenstand der Besteuerung der auf den inländischen Geschäftsbetrieb entfallende Mehrgewinn. Die Abstufung der Steuer nach dem Verhältnis des Mehrgewinns und Gewinns zum Gesellschaftskapital ist bei ihnen schwer durchführbar; infolgedessen erfolgt bei den ausländischen Gesellschaften die Besteuerung nach der absoluten Höhe des im Jahresdurchschnitt erzielten Mehrgewinns. Die für ausländische Gesellschaften geltende Steuerstaffel gilt in gewissem Sinne auch als Höchstgrenze für die inländischen Gesellschaften. Denn die inländischen Gesellschaften sollen keinesfalls eine höhere Steuer tragen, als wenn für sie die Sätze der ausländischen Gesellschaften maßgebend wären. Hiermit will man verhindern, daß in irgendeinem Falle eine ausländische Gesellschaft besser gestellt ist als eine entsprechende inländische; man will ferner hiermit der Lage der verschiedenartigen Gesellschaften Rechnung tragen. Diejenigen Gesellschaften, vor allem Gesellschaften m. b. H., deren Kapital nominell sehr klein ist, während sie in Wirklichkeit mit sehr viel größeren Mitteln arbeiten, werden unter Umständen hart getroffen, wenn man die Steuer nach der Relation von Mehrgewinn und Stammkapital abstuft; ihnen soll daher Gelegenheit gegeben werden, die ihnen günstigere Staffel für ausländische Gesellschaften auf sich anzuwenden, was der Gesetzgeber in die Worte gefaßt hat: Die (für inländische Gesellschaften errechnete) Abgabe wird insoweit nicht erhoben, als sie den Abgabebetrag, der bei Anwendung der Vorschriften für ausländische Gesellschaften zu berechnen wäre, übersteigt.

Was die Höhe der Steuer für Einzelpersonen betrifft, so ist die Abgabe, die das wenig veränderte oder unverändert gebliebene Vermögen zu tragen hat, niedrig im Vergleich mit den Steuersätzen, die für den Vermögenszuwachs in Betracht kommen.

Die Abgabe für unverändert gebliebene oder wenig veränderte Vermögen oder Vermögensteile (die auch von den von der Zuwachssteuer betroffenen Steuerpflichtigen getragen werden muß) beläuft sich nämlich auf 1 % des Betrages, um den am 31. Dezember 1916 das Vermögen über 90 % des am 31. Dezember 1913 vorhanden gewesenen Vermögens hinausgeht. Wer 360000 *M* am 31. Dezember 1913 besessen hat und 340000 *M* am 31. Dezember 1916 sein Eigen nennt, bei dem beträgt der steuerpflichtige Vermögensteil 16000 *M* und der Steuerbetrag 160 *M*. Wer vor dem Kriege 100000 *M* Vermögen gehabt hat und nach dem Kriege 180000 *M* besitzt, der muß auf 80000 *M* Vermögensmehrung die hohe Zuwachsabgabe (14500 *M*) zahlen und auf das nach Abzug von 80000 *M* verbleibende Vermögen 100 *M*, nämlich 1 % auf den über 90000 *M* hinausgehenden Betrag.

Die Besteuerung des Vermögenszuwachses und die Besteuerung des Mehrgewinns der Gesellschaften ist recht hoch, doch ist vom Gesetzgeber nicht ganz der Gesichtspunkt außer acht gelassen worden, daß eine zu scharfe Abgabeverpflichtung den Unternehmungsgeist hätte lähmen müssen. Der Gesetzgeber wollte „keine Zuchtrute einführen“, sondern die Dienste, die besonders die Industrie durch ihre Umstellung auf die Kriegserfordernisse geleistet hat, sollten auch dann anerkannt werden, wenn diese Dienste sich zum Teil in Gewinn umgemünzt haben. Jedenfalls sollte nach dem Willen des Gesetzgebers die Triebfeder zu neuem Schaffen nicht aus dem Organismus der Kriegswirtschaft ausgeschaltet werden. Schwerwiegend ist gleichwohl bei der Kriegsgewinnbesteuerung unter Umständen angesichts der Höhe der Steuersätze die Doppelbesteuerung. Diese entsteht dadurch, daß die Aktiengesellschaften und die Gesellschaften m. b. H. für ihre Mehrgewinne gegenüber den Friedensjahren eine Abgabe zu leisten haben, und die Aktionäre und Gesellschafter ihrerseits nochmals für den Gewinn, den sie aus ihren Unternehmen ziehen, eventuell steuerpflichtig werden. Vermieden wird die Doppelbesteuerung allerdings dann, wenn die Gewinne, die die Gesellschaften ausschütten, in der Hand des Gesellschafters sich verflüchtigen, d. h. zu keinem abgabepflichtigen Vermögenszuwachse führen. Diese Fälle werden nicht gerade selten sein; denn oft werden bei einem Aktionär einer Dividende oder Mehrdividende Verluste gegenüberstehen, die er bei anderen Vermögenswerten erlitten hat. Gemildert wird die Doppelbesteuerung ferner dadurch, daß die Mehrgewinnbesteuerung der Gesellschaften sich unter Umständen in einem niedrigeren Kurse der Aktien ausdrückt.

Bei Gesellschaften m. b. H. fällt die Doppelbesteuerung besonders schwer ins Gewicht, da die Stellung der an einer Gesellschaft m. b. H. beteiligten Personen sich vielfach nicht wesentlich unterscheidet von der Stellung eines Einzelunternehmers oder von Mitunternehmern. Die Gesellschaft m. b. H. ist ein Mittelding zwischen der offenen Handelsgesellschaft und der Aktiengesellschaft, und die Zahl ihrer Gesellschafter ist nach der vorherrschenden Praxis klein. Ja, die Fälle sind gar nicht selten, in denen die Gesellschaft m. b. H. einen einzigen Gesellschafter hat, der gleichzeitig Geschäftsführer ist, so daß wirtschaftlich keine Abweichung zwischen einer so gearteten Gesellschaft m. b. H. und der Einzelfirma besteht: Ganz wie der Einzelkaufmann widmet ein solcher Geschäftsführer und Gesellschafter seine ganze Kraft der Gesellschaft m. b. H. und zieht aus ihr als einziger die sich ergebenden Gewinne.

Der Gesetzgeber hat dieser Sachlage bis zu einem gewissen Grade durch eine Sonderbestimmung Rechnung getragen, die freilich nicht den Gesellschaften zugute kommt, sondern den Anteilbesitzern der Gesellschaften mit beschränkter Haftung. Für sie ist, wenn sie als Einzelpersonen oder im Familienverbande mindestens die Hälfte des Grundkapitals besitzen, eine Milderung der Doppelbesteuerung vorgesehen. Dabei gilt jedoch als Voraussetzung daß das eingezahlte Stammkapital der Gesellschaft mit beschränkter Haftung den Betrag von 300000 ℳ nicht übersteigt, es sei denn, daß die Gesellschafter gleichzeitig als Geschäftsführer oder Prokuristen des Unternehmens bestellt (oder Ehegatten oder Erben solcher Personen) sind. Die Steuerbegünstigung soll eben in erster Reihe denen zuteil werden, die nicht nur ihr Kapital, sondern auch ihre Arbeitskraft eingesetzt haben, und erst in zweiter Reihe denen, die durch die Höhe ihres Besitzes und unter Berücksichtigung der Kapitalverhältnisse des Unternehmens mehr die Bezeichnung „Geschäftsinhaber" als „Anteileigner" verdienen.

Das Kriegssteuergesetz lehnt sich an drei frühere Gesetze an: für die physischen Personen an das Wehrbeitraggesetz vom 3. Juli 1913 und an das Besitzsteuergesetz vom gleichen Tage; für die Gesellschaften (juristischen Personen) an das Gesetz über vorbereitende Maßnahmen zur Besteuerung der Kriegsgewinne (Rücklagen- oder Sicherungsgesetz) vom 24. Dezember 1915.

Über die Anlehnung an das Rücklagengesetz ist schon einiges gesagt worden; die Anlehnung an das Wehrbeitraggesetz und an das Besitzsteuergesetz erklärt sich daraus, daß die wirtschaftlichen Verhältnisse der steuerpflichtigen Einzelpersonen vor dem Kriege zum Vergleich heranzuziehen waren und sich dementsprechend die Veranlagung zur Kriegssteuer auf früheren Steuerveranlagungen aufbauen mußte. Wehrbeitraggesetz und Besitzsteuergesetz boten insofern eine bequeme Handhabe, als sie von einer Vermögensaufnahme nach dem Stande vom 31. Dezember 1913 ausgingen, also von dem Abschlusse des letzten vollen Friedensjahres. Der **Wehrbeitrag** bildete eine einmalige (auf drei Jahre verteilte) außerordentliche Abgabe, die **Besitzsteuer** ist eine auf das Vermögen gelegte Steuer, und zwar wird der Teil des Vermögens von ihr erfaßt, der sich als Vermögenszuwachs einer bestimmten Periode darstellt. Der Vermögenszuwachs wird alle drei Jahre ermittelt; die erste Veranlagung erfolgt drei Jahre nach Feststellung des Wehrbeitrags und das zur Veranlagung des Wehrbeitrages festgestellte Vermögen bildet den Ausgangspunkt für die Ermittlung des Vermögenszuwachses. Wenn nun das Kriegssteuergesetz sich, soweit die Einzelpersonen in Betracht kommen, auf dem Besitzsteuergesetz aufbaut, so ergibt sich, daß der Vermögenszuwachs — abgesehen von einigen Differenzierungen — in beiden Fällen nach den gleichen Grundsätzen ermittelt wird. Das heißt: Ausgangspunkt ist das zum Zwecke des Wehrbeitrages ermittelte Vermögen, Endpunkt das für den 31. Dezember 1916 festgestellte Vermögen. Beide Steuern, Besitzsteuer und Kriegssteuer, werden nebeneinander erhoben; nur mit dem Unterschiede, daß die Kriegssteuer nur einmal (für die Periode 1914 bis 1916) vorgesehen ist, während die Besitzsteuer alle drei Jahre fällig wird.

Die juristischen Personen werden bereits nach dem Ende ihres zweiten Kriegsgeschäftsjahres zur Kriegssteuer vorläufig veranlagt. Das ist deshalb vorgesehen, weil die Reichsfinanzverwaltung glaubte, eines Teils der Kriegssteuer schon zur Bilanzierung des (gewöhnlichen, von Kriegsausgaben nicht belasteten) Etats für das Jahr 1916 zu bedürfen.

I. Steuerpflicht der Einzelpersonen.

§ 1

Die im § 11 des Besitzsteuergesetzes vom 3. Juli 1913 (Reichs-Gesetzbl. S. 524) bezeichneten Personen, deren Vermögen am 31. Dezember 1916 gegen den Stand zu Beginn des Veranlagungszeitraums einen Zuwachs (§ 2) oder keine Verminderung um mindestens zehn vom Hundert erfahren hat, haben zugunsten des Reichs eine außerordentliche Kriegsabgabe zu entrichten.

Erläuterungen:

Der erste Teil des Gesetzes bis zum § 12 handelt von der Steuerpflicht der Einzelpersonen. Der zweite Abschnitt enthält die Bestimmungen über die Steuerpflicht der Gesellschaften. Die nachfolgenden Paragraphen enthalten gemeinsame Vorschriften. Die Trennung der für die Einzelpersonen und der für die Gesellschaften geltenden Bestimmungen war notwendig, weil die Grundsätze für die Besteuerung der beiden Gruppen der Abgabepflichtigen in wesentlichen Punkten voneinander abweichen.

Der **Kreis der steuerpflichtigen Einzelpersonen** bestimmt sich nach den Vorschriften des Besitzsteuergesetzes. Durch dieses, das neben dem Kriegssteuergesetz bestehen bleibt, wurde eine allgemeine Vermögenszuwachssteuer, die alle drei Jahre zur Hebung gelangt, eingeführt. Aus dem auf die Kriegssteuerpflicht für anwendbar erklärten § 11 des Besitzsteuergesetzes ergibt sich, daß zu der einmaligen Kriegsabgabe herangezogen werden sämtliche **Angehörige des Deutschen Reiches**, sowie solche **Ausländer**, die im Deutschen Reiche einen Wohnsitz oder ihren dauernden Aufenthalt haben. Als Wohnsitz gilt nach dem hier anzuwendenden § 1 Abs. 2 des Doppelsteuergesetzes der Ort, an dem man eine Wohnung unter

Umständen inne hat, die auf die Absicht dauernder Beibehaltung schließen läßt.

Ohne Rücksicht auf Staatsangehörigkeit, Wohnsitz oder Aufenthalt des Steuerpflichtigen ist der Zuwachs an dem inländischen Grund- und Betriebsvermögen und dieses Vermögen selber, wenn es keine Verminderung um mindestens 10 v. H. erfahren hat, zu versteuern. Diese Vorschrift kommt namentlich für Ausländer, die im Inlande Grundstücke haben, sowie für ausländische Firmen, die im Inlande Zweiggeschäfte unterhalten, in Betracht. Sie findet aber nur Anwendung auf natürliche, nicht auf juristische Personen. Das Kapitalvermögen von Ausländern, das sich im Inlande befindet, wird nicht versteuert. Hat also ein Amerikaner bei einer deutschen Bank ein Guthaben oder ein Depot, so unterliegt dieser Besitz nicht der Kriegsabgabe.

Bundesfürsten sind der Besitzsteuer nicht unterworfen; sie sind mithin auch nicht als kriegsabgabepflichtig anzusehen.[1]) Von den Angehörigen des Deutschen Reiches sind die von der Steuerpflicht ausgenommen, die sich länger als zwei Jahre dauernd im Auslande aufhalten, ohne einen Wohnsitz in einem deutschen Bundesstaat zu haben. Sind „**Auslandsdeutsche**", die nach dieser Bestimmung steuerfrei sein würden, zeitweilig und nur zu vorübergehendem Besuch oder Aufenthalt, etwa als Kriegsflüchtlinge, nach Deutschland zurückgekommen, so wird eine Steuerpflicht für sie der Regel nach durch die bloße Wiederkehr nicht begründet. Erst wenn der Auslandsdeutsche die Absicht aufgibt, ins Ausland zurückzukehren und seinen Wohnsitz (ständigen Aufenthalt, § 1 Abs. 2 Doppelsteuergesetz, s. auch oben) wieder im Inlande errichtet, tritt die Steuerpflicht ein. Der zweijährige Aufenthalt außerhalb Deutschlands rechnet vom Zeitpunkt der Veranlagung zurück (s. unten zu §§ 25 ff.). Wer sich im Auslande aufgehalten hat, ohne seinen Wohnsitz im Inlande aufgegeben zu haben, hat auf die Befreiung keinen Anspruch. Die Befreiungsvorschrift findet ferner keine Anwendung auf Reichs- und Staatsbeamte, die im Auslande ihren dienstlichen Wohnsitz haben (z. B. Gesandtschaften und ihr deutsches Personal). Dabei gelten aber Wahlkonsuln (im Gegensatz zu Berufskonsuln) nicht als Beamte. Die **Schutzgebiete** sind als Ausland (im Gegensatz zu der Ausnahme in § 11 Abs. 6) anzusehen; die dort wohnenden

---

[1]) Nach einer Erklärung der Regierung in der Reichstagskommission sind die Bundesfürsten gleichwohl bereit, die Abgabe zu entrichten.

Deutschen sind frei von der Besitzsteuer und demgemäß auch von der Kriegsabgabe, wenn sie über zwei Jahre in Deutschland weder gewohnt noch sich aufgehalten haben. Personen, die überhaupt keine Staatsangehörigkeit besitzen, sind im Besitzsteuergesetz nicht erwähnt. Die Frage, ob sie zu der Besitzsteuer und damit zu der Kriegsabgabe heranzuziehen sind, dürfte bei solchen „**Staatenlosen**", die im Reiche einen Wohnsitz oder dauernden Aufenthalt haben, zu bejahen sein.

Die Steuerpflicht erlischt nicht dadurch, daß der inländische Wohnsitz oder Aufenthalt aufgegeben wird. Das gilt sowohl für Inländer wie für Ausländer. Das Nähere enthalten die Erläuterungen zu § 12.

Außer den Einzelpersonen sind, wie vorhin schon bemerkt, nach dem Kriegssteuergesetz, abweichend vom Besitzsteuergesetz, auch Gesellschaften (juristische Personen) abgabepflichtig. Es sind dies nach dem hierfür in Betracht kommenden § 1 des „Gesetzes über vorbereitende Maßnahmen zur Besteuerung der Kriegsgewinne" die Aktiengesellschaften, Kommanditgesellschaften auf Aktien, Berggewerkschaften und andere bergbautreibenden Vereinigungen, letztere sofern sie Rechte juristischer Personen haben,[1]) Gesellschaften m. b. H. und eingetragene Genossenschaften. Art und Umfang der Steuerpflicht dieser Gesellschaften behandelt das Kriegssteuergesetz in den §§ 13 ff..

Die im § 1 des Gesetzes für steuerpflichtig erklärten Einzelpersonen haben, wie der Wortlaut des Gesetzes besagt, zunächst von dem in der Zeit vom 1. Januar 1914 bis zum 31. Dezember 1916 entstandenen Vermögenszuwachs (s. bei § 2) **eine einmalige besondere Steuer** zu entrichten, die als außerordentliche Kriegsabgabe bezeichnet wird. Ursprünglich hatte die Reichsregierung eine besondere, d. h. neben der allgemeinen Besitzsteuer von den Einzelpersonen zu zahlende Abgabe, die als Kriegsgewinnsteuer gedacht war, geplant. In der Form, wie die Vorlage der Regierung Gesetz geworden ist, kann man nur noch von einer allgemeinen Vermögensabgabe, die

[1]) Wenn Hachenburg meint (Jur. Wochenschrift 1916 S. 12), durch den Zusatz, „sofern sie die Rechte juristischer Personen haben", schließe das Gesetz die Gewerkschaften älteren Rechtes aus, so ist das, wie Moesle zutreffend bemerkt, irrtümlich. Der Zusatz bezieht sich, wie aus dem Wort „letztere" hervorgeht, nur auf „andere bergbautreibende Vereinigungen"; Bergwerksgesellschaften, die nach Landesrecht als Gewerkschaften anzusehen sind, fallen unter allen Umständen unter das Gesetz.

nach zwei Gesichtspunkten berechnet wird, sprechen. Besteuert wird zunächst jeder während und trotz des Krieges im Veranlagungszeitraum eingetretene Vermögenszuwachs (falls er 3000 *M* überschreitet; §§ 8 ff.). Aus welcher Quelle der Vermögenszuwachs stammt, ist für die Besteuerung gleichgültig (s. über die Abzugsrechte § 3). Wer sein Vermögen durch sparsame Wirtschaft während des Krieges erhöht hat, wird ebenso besteuert wie der, bei dem die Vermögensvermehrung auf erhöhtem Einkommen beruht. Das **Einkommen** als solches bleibt — im Gegensatz zum Wehrbeitragsgesetz — völlig **steuerfrei.** Damit wird in dem vorliegenden Gesetz der ursprüngliche Gedanke einer besonderen steuerlichen Erfassung der Kriegsgewinne, d. h. der unmittelbar oder mittelbar auf dem Krieg beruhenden erhöhten Einkünfte und Vermögensbildungen, zum großen Teil aufgegeben. Noch deutlicher als bei der Vermögenszuwachsbesteuerung tritt die Vernachlässigung des ursprünglichen Gedankens in der Erweiterung der Steuerpflicht nach § 1 des Gesetzes hervor. Neben dem Vermögenszuwachs, der im Veranlagungszeitraum, das ist in der Zeit vom 31. Dezember 1913 bis 31. Dezember 1916, sich gebildet hat, ist nämlich auch für abgabepflichtig erklärt worden das **sonstige Vermögen,** wenn es sich in der Veranlagungszeit **um weniger als 10 % vermindert** hat, wobei gleich bemerkt sei, daß in diesem Fall für die Vermögensfeststellung ausschließlich das Besitzsteuergesetz, also ohne die Abweichungen des Kriegssteuergesetzes (§§ 3—6) maßgebend ist, und daß die Abgabe vom „sonstigen" Vermögen **neben der Abgabe vom Vermögenszuwachs** erhoben wird.

Einen Verlust von 10 % sieht das Kriegsabgabegesetz gewissermaßen als die allgemeine und normale Vermögenseinbuße an, mit der jeder Kapitalbesitzer infolge des Krieges rechnen mußte. Hat jemand weniger als 10 % seines Vermögens während des Krieges eingebüßt, so soll er von dem, was ihm über 90 % seines ehemaligen Vermögensstandes (vom 31. Dezember 1913) verblieben ist, eine besondere Abgabe (Berechnung s. §§ 8 u. 9) zahlen. Dieses zu versteuernde Vermögensplus wird dem abgabepflichtigen tatsächlichen Vermögenszuwachs in gewissem Sinne gleichgestellt, doch erfolgt, wie schon gesagt, die **Vermögensaufnahme hier nach anderen Grundsätzen,** indem die in §§ 3—6 festgesetzten Abweichungen vom Besitzsteuergesetz keine Anwendung finden. Auch ist der Abgabesatz viel niedriger als beim tatsächlichen Vermögenszuwachs. Neben der Abgabe von unverändert gebliebenen oder wenig veränderten Vermögen wird gegebenenfalls (siehe §§ 8 und 9) nicht nur die Steuer vom Vermögenszuwachs nach Kriegssteuergesetz, sondern auch die Zuwachssteuer nach dem Besitzsteuergesetz erhoben.

Die Kriegsabgabe vom unveränderten oder (im Sinne des Gesetzes) wenig veränderten Vermögen trifft, wie man erkennt, in den meisten Fällen das Stammvermögen selber und wird auf Grund eines fiktiven „Zuwachses" erhoben.

Die **Berechnung** und die Höhe der Abgabe auf den Vermögenszuwachs und auf das Stammvermögen selber ist in den §§ 8 und 9 näher dargelegt. Bemerkt sei hier bereits, daß der zu versteuernde Vermögenszuwachs den Betrag von 3000 *M* übersteigen muß (sonst bleibt er — als Zuwachs, nicht aber überhaupt, s. unten zu § 9 Abs. 2 — steuerfrei); und daß das Gesamtvermögen, falls der Zuwachs abgabepflichtig sein soll, am 31. Dezember 1916 den Betrag von 10000 *M* übersteigen muß.

Die **Veranlagung** zur Steuer erfolgt bei Einzelpersonen gleichzeitig mit der Veranlagung für die Besitzsteuer (§ 26), also zum 1. April 1917 (§ 18 Besitzsteuergesetz). Der Veranlagungszeitraum läuft vom 1. Januar 1914 bis 31. Dezember 1916. Zu bemerken ist, daß für Personen, die erst während des Veranlagungszeitraumes steuerpflichtig geworden sind, z. B. im Jahre 1915 eingewandert sind, eine kürzere Veranlagungsperiode läuft. Sie beginnt mit dem Tage der Entstehung der persönlichen Steuerpflicht und erstreckt sich bis zum 31. Dezember 1916. Für Betriebe, die regelmäßig jährliche Abschlüsse fertigen, kann der Vermögensfeststellung (§ 28 Besitzsteuergesetz) der Vermögensstand am Schlusse des letzten Wirtschafts- oder Rechnungsjahres zugrunde gelegt werden, so daß also unter Umständen ein früherer Zeitpunkt als der 1. Januar 1914 oder der 31. Dezember 1916 entscheidet. Diese Vorschrift gilt aber nur für das Betriebs- (nicht also für das Grund- und das Kapital-) Vermögen. An manchen Stellen ist diese besondere Berechnungsbestimmung übrigens dahin verstanden worden, daß für die Anwendung der abweichenden Berechnungsart weder für den Steuerzahler, noch auch für die Behörde eine Pflicht besteht. Demgegenüber erklärt der § 23 der Ausführungsbestimmungen des Bundesrats zum Wehrbeitraggesetz, daß der Beitragspflichtige verlangen kann, daß nach dieser Vorschrift verfahren wird. Voraussetzung ist nur das Vorhandensein einer ordnungsmäßigen Buchführung, nicht aber, daß der Beitragspflichtige zur Führung von Handelsbüchern gesetzlich verpflichtet ist. Nach Art. 7 Nr. 9 der preußischen Ausführungsvorschriften zum Wehrbeitragsgesetz gilt als letztes Wirtschafts- oder Rechnungsjahr dasjenige, dessen Ergebnis bei Abgabe der Vermögenserklärung feststand.

Verlegt ein Steuerpflichtiger vor dem 1. Januar 1917 seinen Wohnsitz oder Aufenthaltsort **in das Ausland**, so wird er dennoch zur Kriegssteuer veranlagt. Der Veranlagungszeitraum endet für diesen Fall statt mit dem 31. Dezember 1916 mit dem Zeitpunkt der Aufgabe des inländischen Wohnsitzes oder Aufenthaltes (§ 12). Die außerordentliche Kriegsabgabe der Gesellschaften wird (vom „Mehrgewinn" §§ 13 ff.) nach dem Gesamtergebnisse der beiden ersten Kriegsgeschäftsjahre vorläufig und nach dem Gesamtergebnis aller Kriegsgeschäftsjahre endgültig festgesetzt (§ 28). Als Kriegsgeschäftsjahre bei Gesellschaften gelten die drei aufeinänderfolgenden Geschäftsjahre, deren erstes noch den Monat August 1914 mitumfaßt, oder bei einer später gegründeten Gesellschaft mit umfassen würde, wenn sie damals schon bestanden hätte (s. Erläuterungen zu § 13).

§ 2

Abgabepflichtiger Vermögenszuwachs im Sinne dieses Gesetzes ist vorbehaltlich der in den §§ 3 bis 7 dieses Gesetzes vorgesehenen Abweichungen der nach den Vorschriften des Besitzsteuergesetzes festgestellte Vermögenszuwachs.

Erläuterungen.

Vorweg ist zu bemerken, daß § 2 sich nur auf den steuerpflichtigen Vermögenszuwachs, nicht auf das steuerpflichtige unveränderte oder wenig veränderte Vermögen (§ 9 Nr. 2) bezieht.

Besteuert wird der **Vermögenszuwachs**. Die Berechnung dieses Zuwachses geschieht nach Maßgabe der Bestimmungen des Besitzsteuergesetzes, wobei aber die Abweichungen der §§ 3—7 des Kriegssteuergesetzes zu berücksichtigen sind. Diese Abweichungen fallen, wie wir alsbald sehen werden, nachhaltig ins Gewicht. Sie laufen darauf hinaus, daß von dem nach dem Besitzsteuergesetz festgestellten Vermögenszuwachs auf der einen Seite gewisse Beträge abzusetzen sind, was steuerermäßigend wirkt, während auf der anderen Seite Beträge hinzuzurechnen sind, was den Vermögenszuwachs und somit die Steuer erhöht. Besondere vom Besitzsteuergesetz verschiedene Vorschriften sind ferner getroffen bezüglich ausländischen Grund- und Betriebsvermögens, sowie hinsichtlich gewisser Erwerbungen während des Veranlagungszeitraums (§§ 5 und 6).

Sieht man von diesen Besonderheiten des Kriegssteuergesetzes bei der rechnerischen Feststellung des Vermögenszuwachses zunächst ab, so ergeben sich für die Berechnung des Steuerobjekts unter Zugrundelegung der Bestimmungen des Besitzsteuergesetzes folgende Grundsätze: **Gegenstand der Besteuerung** ist der Vermögenszuwachs. Als Vermögenszuwachs gilt der Unterschied zwischen dem reinen Werte des steuerbaren Gesamtvermögens[1]) am Anfang und am Ende des Veranlagungszeitraums (in der Regel 1. Januar 1914 und 31. Dezember 1916). Grundsätzlich gehört zu dem für die Berechnung des steuerbaren Vermögenszuwachses herangezogenen Vermögen das **gesamte bewegliche und unbewegliche Vermögen**, also Grundstücke, Erbbaurechte, Erbpachtrechte, einschließlich Zubehör (Grundvermögen), das dem Betriebe eines Gewerbes, der Land- oder Forstwirtschaft, des Bergbaues dienende Vermögen (Betriebsvermögen), und schließlich das sonstige Vermögen (Kapitalvermögen) (§ 2 Besitzsteuergesetz). Zum Kapitalvermögen zählen insbesondere auch sog. selbständige Rechte und Gerechtigkeiten (z. B. Patentrechte, Urheberrechte und, nach Landesrecht, Fischereigerechtigkeiten, Fährrechte usw.), ferner Kapitalforderungen (auch Hypotheken), sowie Aktien, Kuxe, Geschäftsguthaben, Geschäftsanteile, die Rechte auf Renten und auf andere wiederkehrende Nutzungen und Leistungen (Berechnung s. unten S. 32) und die noch nicht fälligen Ansprüche aus Lebens-, Kapital- oder Rentenversicherungen (§ 6 Besitzsteuergesetz). Ferner gehören hierher bares Geld deutscher Währung, fremde Geldsorten, Gold und Silber in Barren, Banknoten und Kassenscheine, ausgenommen die aus den laufenden Jahreseinkünften vorhandenen Bestände, und weiter ausgenommen Bank- oder sonstige Guthaben, von beiden, d. h. vom Geld und was dem gleichgestellt ist, sowie von Bankguthaben, soweit es zur Bestreitung der laufenden Ausgaben für drei Monate dient. Das im Ausland befindliche Grund- und Be-

---

[1]) Beitragspflichtig ist das Vermögen beim Eigentümer (ev. Eigenbesitzer nach § 872 BGB.). Auch der Vorerbe (und der Vorvermächtnisnehmer) ist als Eigentümer anzusehen. Bei einem ungeteilten Nachlaß bildet für jeden Erben sein Anteil einen Bestandteil des nach § 2 zu berechnenden steuerpflichtigen Vermögens.

triebsvermögen gehört nach dem Besitzsteuergesetz (§ 5) nicht zum steuerbaren Vermögen, es bleibt also, auch wenn es sich während des Veranlagungszeitraumes an Wert vermindert hat, außer Ansatz (d. h. die Verminderung gewährt kein Abzugsrecht). Das Kriegssteuergesetz (§ 5) rechnet das **ausländische Grund- und Betriebsvermögen** insoweit dem Vermögenszuwachse hinzu, als es innerhalb des Veranlagungszeitraumes erworben worden ist.

Nicht zum steuerbaren Vermögen nach dem Besitzsteuergesetz (§ 8), also auch als nicht kriegsabgabepflichtig sind zu nennen: Möbel, Hausrat und — soweit dem nicht der § 5 des Kriegssteuergesetzes (Bestimmung über Luxusanschaffung) entgegensteht — andere bewegliche Gegenstände, die nicht als Kapitalvermögen oder als Zubehör eines Grundstücks oder als Bestandteile eines Betriebsvermögens anzusehen sind. Hierher gehören beispielsweise: Kleidung, Wäsche, Bücher usw. Nicht zu berücksichtigen bei der Vermögensberechnung sind ferner die Ansprüche an Witwen-, Waisen- und Pensionskassen, sowie die Ansprüche aus der gesetzlichen Versicherung der Angestellten. Auch **Rentenbezüge**, die mit Rücksicht auf ein früheres Arbeits- oder Dienstverhältnis gewährt werden, unterliegen nicht der Besteuerung.

Vom Vermögen können **abgezogen** werden die dinglichen (Grundstücks-) und persönlichen Schulden des Steuerpflichtigen und der Wert der dem Steuerpflichtigen obliegenden regelmäßig wiederkehrenden Leistungen (Berechnung s. unten S. 32). **Nicht abzugsfähig** sind Eigentümerhypotheken und Eigentümergrundschulden, Haushaltungskosten, sowie Schulden und Lasten, die in wirtschaftlicher Beziehung zu nicht steuerbaren Vermögensteilen stehen (§ 10 Besitzsteuergesetz).

Als **Vermögenszuwachs** gilt der Unterschied zwischen dem reinen Wert des steuerbaren Gesamtvermögens an den in Betracht kommenden Stichtagen (unter Berücksichtigung der Abzugsrechte und Hinzurechnungsverpflichtungen der §§ 3—7 des Kriegssteuergesetzes). Zu beachten ist dabei, daß nach dem hier zur Anwendung gelangenden § 19 Abs. 2 des Besitzsteuergesetzes der steuerbare **Vermögensunterschied sich um den Betrag verringert**, um den die Summe der abzugsfähigen Schulden und Lasten den Gesamtwert des Aktivvermögens des Steuerpflichtigen zu Beginn des maßgebenden Zeitraums überstiegen hat. Stehen sich gegenüber

300000 *M* Schulden am 31. Dezember 1913 und 100000 *M* Vermögen am 31. Dezember 1916, so beträgt mithin der steuerpflichtige Zuwachs nur 100000 *M*.

Für die Veranlagung von **Ehegatten** gilt die besondere Vorschrift (§ 14 Besitzsteuergesetz), daß ihr Vermögen zusammengerechnet wird, falls die Ehegatten nicht dauernd voneinander getrennt leben. Letzterenfalls ist nicht notwendig, daß die Ehe geschieden ist. Das tatsächliche Getrenntleben ist maßgebend. Auch die Gründe der Trennung sind unerheblich. Entscheidend ist (für die Kriegssteuer) der Zustand am 31. Dezember 1916. Wird das Vermögen der Ehegatten zusammengerechnet und zusammen veranlagt, so haften die Ehegatten der Staatskasse als Gesamtschuldner. Dies bedeutet, daß der Staat sich wegen des vollen Betrages der zusammen veranlagten Steuer an jeden einzelnen der Ehegatten halten kann. Im Verhältnis der Ehegatten zueinander besteht, falls einer von ihnen wegen der gesamten Steuer vom Staat in Anspruch genommen wird, eine Ausgleichspflicht.

Lehen-, Fideikommiß- oder Stammgutvermögen (siehe auch die Erläuterungen zu § 3 Nr. 1 und zu § 11) gilt als Vermögen des derzeitigen Inhabers, also nicht als das der Familie oder sämtlicher Anwärter. Nach Aufhebung der Lehensherrlichkeit und des Lehensverbandes in den meisten deutschen Bundesstaaten hat bezüglich der Lehen diese und die in § 3 des Kriegssteuergesetzes gegebene, später zu erörternde Vorschrift über Lehen nur noch geringe praktische Bedeutung. Stammgüter und Fideikommisse sind aber noch in reicher Zahl in Deutschland vorhanden. Bei Stammgütern handelt es sich um nicht frei veräußerliche Besitztümer, die auf Grund autonomer Satzungen bestimmter Verbände (z. B. des hohen Adels) oder auf Grund von einer dem Gewohnheitsrecht gleichzustellenden Observanz nach bestimmten, vom gewöhnlichen Erbrecht abweichenden Grundsätzen vererbt oder übertragen werden. Fideikommisse sind auf einer Stiftungsurkunde beruhende gebundene Vermögensteile, die nicht nach Erbrecht, sondern in Gemäßheit des Inhalts der Stiftungsurkunde von Todes wegen übertragen werden und im übrigen unveräußerlich sowie unteilbar sind.

Unterliegt abgabepflichtiges Vermögen der **Nutznießung** (z. B. des Vaters am Kindesvermögen), so fällt, wenn nicht rechtsgeschäftlich etwas anderes bestimmt ist, die Besitzsteuer, also auch die Kriegssteuer, dem Eigentümer zur Last (§ 17 Besitzsteuergesetz). Das bedeutet, daß der Eigentümer, obwohl ihm nur die Substanz, nicht aber die Nutzungen an dem betreffenden Vermögen rechtlich zustehen, nicht nur dem Reiche gegenüber zur Zahlung der Steuer verpflichtet ist, sondern daß er sie auch im Innenverhältnis, d. h. dem Nutznießer gegenüber, zu tragen hat. Er kann — falls das nicht ausdrücklich vereinbart ist — nicht verlangen, daß der Nutznießer ihm die verauslagte Steuer ersetzt. Dabei ist zu bemerken, daß der Nutznießer seinerseits dem Reiche gegenüber für den nach §§ 37—39 Besitzsteuergesetz kapitalisierten Betrag seiner Nutzungen aus dem Nutznießungsrecht steuerpflichtig ist.

Für die Bewertung des **Kapital- und des Betriebsvermögens** gelten die Grundsätze, die außer im Besitzsteuergesetz auch im Wehrbeitragsgesetz sowie im preußischen Ergänzungssteuergesetz ausgesprochen sind. Zugrunde zu legen ist danach der **gemeine Wert** der einzelnen Vermögensbestandteile. Als gemeiner Wert ist anzusehen der bei einem Verkauf unter gewöhnlichen Umständen für Gegenstände gleicher Art und Güte zu erzielende Preis. **Hypothekenforderungen** sind mit ihrem Nennwert anzusetzen, wenn nicht tatsächliche Umstände nachgewiesen werden (fruchtlose Zwangsvollstreckung usw.), die eine niedrigere Bewertung rechtfertigen.

Wertpapiere sind, falls sie in Deutschland einen Börsenkurs haben, mit dem Kurswert, Forderungen, die in das Schuldbuch einer öffentlichen Körperschaft eingetragen sind, mit dem Kurswert der entsprechenden Schuldverschreibungen der öffentlichen Körperschaft anzusetzen (§ 34 Abs. 1 Besitzsteuergesetz). Da am 31. Dezember 1616 der amtliche Börsenverkehr in Deutschland noch nicht wieder aufgenommen war, wurde von der Regierung unter Mitwirkung sachverständiger Kreise ein **besonderer Steuerkurszettel** veröffentlicht, der alle an den deutschen Börsen zugelassenen Wertpapiere (dazu gehören auch ohne weiteres die **deutschen Kriegsanleihen**) enthält.

Grundsätzlich gilt, wie schon gesagt, daß börsenfähige Wertpapiere (und **Schuldbuchforderungen**) mit dem Kurswert anzusetzen sind. Hat also z. B. jemand 60000 ℳ Preußische 3 %-Konsols mit April/Oktober-Coupons in das preußische Staatsschuldbuch eintragen lassen, so würde er festzustellen haben, wie ist am 31. Dezember 1916 der Kurswert der Preußischen 3 %-Konsols. Ergibt die Feststellung einen Kurs von 70 %, so hat er die 60000 ℳ Konsols mit 42000 ℳ in seine Vermögensbilanz aufzunehmen. Die sog. **Stückzinsen** braucht er nicht zu berücksichtigen. Das heißt, er braucht nicht dem Kurswert die aufgelaufenen Zinsen hinzuzurechnen (die er im Falle eines Verkaufs mitvergütet erhalten würde, in unserem Falle 90 Tage = 450 ℳ). Im Gegensatz zu den festverzinslichen Wertpapieren werden Dividendenpapiere an der Börse seit einigen Jahren einschließlich Zinsen notiert. Das heißt: Verkauft jemand beispielsweise 60000 ℳ Aktien einer Gesellschaft, die am 31. Dezember einen Kursstand von 70 % haben, so bekommt er nichts weiter als 42000 ℳ. Die verschiedenartige Notierung der Rentenpapiere und Aktien machte es notwendig im Interesse der Gerechtigkeit im Wehrsteuer- und Besitzsteuergesetz (§ 34 Abs. 2) noch eine besondere Bestimmung für Dividendenpapiere zu treffen. Diese lautet:

Von dem Kurse (auch von dem besonders festgestellten Steuerkurse) der **mit Dividendenschein gehandelten Wertpapiere** kann — sofern die Wertpapiere nicht Bestandteil eines Betriebsvermögens sind — der Betrag in Abzug gebracht werden, der für die seit Ausschüttung des letzten Gewinnes abgelaufene Zeit der letztmalig gezahlten Dividende entspricht. Als Tag der Auszahlung gilt der Tag, von dem ab die Dividende für zahlbar erklärt worden ist. Bei „sofort zahlbarer" Dividende ist der der Generalversammlung folgende Tag als Tag der Auszahlung anzunehmen. Werden Dividenden auf Grund von Halb- oder Vierteljahrsabschlüssen gezahlt, so ist der Kurs nur um die letzte Dividende zu kürzen. Bei Ausschüttung des Jahresgewinnes in mehreren Raten, ohne daß Zwischenabschlüsse erfolgen, etwa in Form von Grund- und Restdividende, ist für den Abzug die gesamte Jahresdividende und der Tag der Zahlbarkeit der Restdividende maßgebend. Sog. Extradividende (Bonus) ist nicht als verteilter Gewinn im Sinne des Gesetzes anzusehen. Sinngemäß ist bei Werten, auf die für das letzte abgelaufene Geschäftsjahr eine Dividende nicht gezahlt ist, kein Abschlag vorzunehmen. Liquidationsraten von Terraingesellschaften sind nicht verteilter Gewinn, sondern Kapitalrückzahlungen. Wir geben zu diesen Erläuterungen einige Beispiele, die seinerzeit bei der für den Wehrbeitrag aufzumachenden Vermögensberechnung Gültigkeit hatten und deren sinngemäße Anwendung auf die Veranlagung zur Kriegssteuer statthaft ist:

	Geschäftsjahr	Letzte Dividende		Kurs vom 31. Dez. 1913 zu kürzen um Proz.
		Proz.	bez. am	
Canada-Pacific-Shares . . .	1. Juli	2½ für Vierteljahr	2. Oktober	2,4722
Hamburg-Amer. Paketf. . . .	1. Januar	10	1. April	7,50
Deutsche Bank .	1. Januar	12½	27. März	9,5138
Deutsche Waffen	1. Januar	32	8. April	23,3777
Naphtha Nobel .	1. Januar	22	14. Juli	10,2055
Orenstein & Koppel	1. Januar	14	23. Juni	7,3111
Stolberger Zink .	1. Januar	10	2. Juni	5,8055
Verein. Cöln-Rottweiler . . .	1. Januar	20	19. Mai	12,3333

Die Frage, ob der **Dividendenabzug** auch **für Aktien ohne Börsenkurs** zulässig ist, hat der Reichsschatzsekretär (seinerzeit nach Erlaß des Wehrbeitragsgesetzes) verneinend beantwortet. Unter „Aktien ohne Börsenkurs" wird man indes in diesem Zusammenhange nur solche Aktien zu verstehen haben, die an keiner deutschen Börse eingeführt sind, nicht aber Aktien, die vorübergehend oder weil der amtliche Börsenverkehr bis auf weiteres eingestellt ist, im Zeitpunkte der Veranlagung des Steuerpflichtigen keinen offiziellen Börsenkurs haben.

Wertpapiere, die nicht zur Börsennotierung zugelassen sind, sind mit dem Verkaufswert anzusetzen (der Zentralverband des deutschen Bank- und Bankiergewerbes hat für die Zwecke der Steuerveranlagung zum 31. Dezember 1916 besondere Ermittlungen angestellt). Für **Aktien, Kuxe, Gesellschaftsanteile** ist das im § 35 des Besitzsteuergesetzes noch besonders gesagt. und es wird dort hinzugefügt: Sofern ein Verkaufswert nicht zu ermitteln ist, ist der Wert der Aktie, des Kuxes oder des Anteils unter Berücksichtigung des Gesamtvermögens des Unternehmens und der bisher erzielten Gewinne nach freiem Ermessen zu schätzen. (Hierbei bleiben diejenigen Jahresgewinne unberücksichtigt, die unter Zugrundelegung der ortsüblichen Preise als Entgelt für gelieferte Rohstoffe — z. B. für Rübenlieferungen bei

Zuckerfabriken — anzusehen sind.) Haben also Aktiengesellschaften, Gewerkschaften oder Gesellschaften m. b. H. hohe offene oder stille Reserven angesammelt, so sind die Aktien, Kuxe und Anteile über ihren Nennbetrag hinaus zu bewerten, auch wenn keine Kurse oder Verkaufswerte festzustellen sind. Im Streitfalle soll die Veranlagungsbehörde die Schätzung des Wertes durch Sachverständige anordnen, die von der zuständigen Handelsvertretung zu ernennen sind.

Gehören die Wertpapiere zu dem **Betriebsvermögen** (z. B. **bei Bankgeschäften**), so ist der oben erörterte Dividendenabzug nicht gestattet.[1])

Kapitalforderungen und Schulden sind (§ 36 des Besitzsteuergesetzes) mit dem Nennwert anzusetzen, falls nicht besondere Umstände eine andere Bewertung rechtfertigen. (**Obligationen industrieller Unternehmungen** usw. sind indes, da für sie sich in den meisten Fällen eine andere Bewertung rechtfertigen wird, mit dem Verkaufswert anzusetzen.) Handelt es sich um **ausländische Forderungen,** so kann der Nennwert nur in deutsches Geld übersetzt werden, und zwar auf Grund der **Devisenkurse,** wie sie am Stichtage notiert werden. Noch nicht fällige **Ansprüche aus Versicherungen** kommen mit zwei Dritteilen der eingezahlten Prämien oder Beiträge oder, falls ein Rückkaufswert nachgewiesen werden kann, mit diesem in Anrechnung. Der Gesamtwert der auf bestimmte Zeit beschränkten Nutzungen ist unter Abrechnung der Zwischenzinsen durch Zusammenzählung der einzelnen Jahreswerte zu berechnen. Der Gesamtwert darf aber den zum gesetzlichen Zinssatz (4 %) kapitalisierten Jahreswert nicht übersteigen. (Bei einer Nutzung von 6000 *M* jährlich beispielsweise darf der Gesamtwert nicht höher sein als 150000 *M*.)

Die Ermittlung des Gesamtwertes der auf bestimmte Zeit beschränkten Nutzungen oder Leistungen erfolgt nach der hier abgedruckten Hilfstafel.

---

[1]) § 38 Abs. 2 der Ausführungsbestimmungen des Bundesrats zum Wehrbeitraggesetz, dessen Bestimmungen hier auf das Besitzsteuergesetz und damit auch auf das Kriegssteuergesetz übergegangen sind, besagt, daß bei Wertpapieren, die Bestandteil eines Betriebsvermögens sind, ein Abzug des Betrages, der für die seit Auszahlung des letzten Gewinnes abgelaufene Zeit dem letztmalig verteilten Gewinn entspricht, nicht stattfindet.

Hilfstafel

über den gegenwärtigen Gesamtwert einer Rente oder Nutzung im Werte von 1 *M* auf eine bestimmte Anzahl von Jahren

Anzahl der Jahre	Gesamtwert *M*	Gesamtwert *Pf*	Anzahl der Jahre	Gesamtwert *M*	Gesamtwert *Pf*	Anzahl der Jahre	Gesamtwert *M*	Gesamtwert *Pf*
1	1	0,0	29	17	66,3	57	23	22,0
2	1	96,2	30	17	98,4	58	23	32,7
3	2	88,6	31	18	29,0	59	23	43,0
4	3	77,5	32	18	58,9	60	23	52,8
5	4	63,0	33	18	87,4	61	23	62,4
6	5	45,1	34	19	14,8	62	23	71,5
7	6	24,2	35	19	41,1	63	23	80,3
8	7	00,2	36	19	66,5	64	23	88,7
9	7	73,3	37	19	90,8	65	23	96,9
10	8	43,5	38	20	14,3	66	24	04,7
11	9	11,1	39	20	36,8	67	24	12,2
12	9	76,0	40	20	58,5	68	24	19,4
13	10	38,5	41	20	79,3	69	24	26,4
14	10	98,6	42	20	99,3	70	24	33,0
15	11	56,3	43	21	18,6	71	24	39,5
16	12	11,8	44	21	37,1	72	24	45,6
17	12	65,2	45	21	54,9	73	24	51,6
18	13	16,6	46	21	72,0	74	24	57,3
19	13	65,9	47	21	88,5	75	24	62,8
20	14	13,4	48	22	04,3	76	24	68,0
21	14	59,0	49	22	19,5	77	24	73,1
22	15	02,9	50	22	34,2	78	24	78,0
23	15	45,1	51	22	48,2	79	24	82,7
24	15	85,7	52	22	61,8	80	24	87,2
25	16	24,7	53	22	74,8	81	24	91,5
26	16	62,2	54	22	87,3	82	24	95,7
27	16	98,3	55	22	99,3	83	24	99,7
28	17	33,0	56	23	10,9	84 und mehr	25	00,0

Immerwährende Nutzungen oder Leistungen sind mit dem Fünfundzwanzigfachen, Nutzungen oder Leistungen von unbestimmter Dauer grundsätzlich mit dem Zwölfeinhalbfachen des einjährigen Betrages zu veranschlagen. Im einzelnen gelten die Berechnungen der §§ 38 ff. des Besitzsteuergesetzes. Danach bestimmt sich der Wert von Renten oder anderen auf die Lebenszeit einer Person beschränkten Nutzungen und Leistungen nach dem Lebensalter der Person, mit deren Tode das Recht erlischt.

Als Wert wird angenommen bei einem Alter

1.		bis zu 15	Jahren das	18 fache,
2.	von mehr als 15	„ „ 25	„ „	17 „
3.	„ „ „ 25	„ „ 35	„ „	16 „
4.	„ „ „ 35	„ „ 45	„ „	14 „
5.	„ „ „ 45	„ „ 55	„ „	12 „
6.	„ „ „ 55	„ „ 65	„ „	$8^1/_2$ „
7.	„ „ „ 65	„ „ 75	„ „	5 „
8.	„ „ „ 75	„ „ 80	„ „	3 „
9.	„ „ „ 80	das 2 fache		

des Wertes der einjährigen Nutzung.

Hat jedoch eine nach diesen Vorschriften bewertete Nutzung oder Leistung im Falle der

Nr. 1	nicht mehr als	9 Jahre,
„ 2, 3	„ „ „	8 „
„ 4	„ „ „	7 „
„ 5	„ „ „	6 „
„ 6	„ „ „	4 „
„ 7—9	„ „ „	2 „

bestanden, so ist auf Antrag eine Berichtigung der Veranlagung unter Zugrundelegung eines der wirklichen Dauer der Nutzung oder Leistung entsprechenden Kapitalwerts vorzunehmen und die zuviel gezahlte Steuer vom Steuerfiskus zu erstatten. In gleicher Weise hat eine Nachveranlagung stattzufinden, wenn die Nutzung oder Leistung den Wert eines Vermögensteils vermindert hat.

Diese Einschränkung war notwendig, da es sich bei der in der ersten Tabelle aufgestellten Berechnungsart um mutmaßliche Zahlen hinsichtlich der Lebensdauer des Berechtigten oder Verpflichteten handelt. Endet das Leben des Berechtigten oder Verpflichteten — und damit die Rentenzahlung — wesentliche Zeit früher, als bei der Kapitalisierung der Rente in Gemäßheit der ersten Tabelle angenommen worden war, so soll eine nachträgliche **anderweitige Berechnung** der Nutzung oder Leistung zulässig sein, eventuell soll die zuviel gezahlte Steuer erstattet werden können. Das gilt sowohl für den Rentenberechtigten wie für den Rentenverpflichteten. Ist danach die Rente eines dreißigjährigen Steuerpflichtigen mit dem Sechzehnfachen der einjährigen Nutzung der Veranlagung zugrunde gelegt, und bezieht er die Rente nur 8 Jahre lang, so ist auf Antrag die Veranlagung zu berichtigen und die entsprechend einer achtjährigen Nutzungsdauer zuviel gezahlte Steuer zu erstatten. Der Leistende wird aber mit demselben Vermögensteil nachträglich steuerpflichtig, um den der Empfänger nachträglich ermäßigt wird.

Hat die Leistungsverpflichtung länger gedauert, als in Gemäßheit der Tabelle des § 38 Besitzsteuergesetzes anzunehmen gewesen ist, hat also der Berechtigte länger gelebt, als für die Berechnung zugrunde zu legen war, so kann der Rentenpflichtige, ebenfalls im Wege der Nachveranlagung, eine entsprechende Berücksichtigung, eventuell eine Erstattung der danach zuviel gezahlten Steuer verlangen.

Über die steuerliche Behandlung von Renten, die als **Unterhaltsgewährung** nach gesetzlicher Vorschrift (z. B. an geschiedene Ehegatten, uneheliche Kinder) anzusehen sind, ist hier zu bemerken, daß sie beim Empfänger nach Maßgabe des § 6 Nr. 5 des Besitzsteuergesetzes nicht steuerpflichtig sind, d. h. er braucht sie nicht nach Kapitalisierung seinem Vermögen hinzuzurechnen. Denn es handelt sich nicht um Bezüge, die dem Berechtigten vertragsmäßig als Entgelt für Gegenleistungen zustehen, und ebenso handelt es sich nicht um Schenkungen. Andererseits hat der Rentenpflichtige nicht das Recht zum Abzug der kapitalisierten Rente von seinem Vermögen. Denn absetzen darf er außer seinen Schulden den Wert der sonstigen ihm obliegenden Leistungen nur, wenn diese beim Empfänger als steuerbares Vermögen gelten (§ 10 Abs. 1 Besitzsteuergesetz). Es ergibt sich demnach folgendes: Der **geschiedene Ehemann**, der als allein schuldiger Teil erkannt ist und seiner geschiedenen Ehefrau vertraglich eine Rente aussetzt, deren Höhe der ihm nach dem Gesetz obliegenden Verpflichtung entspricht, darf die kapitalisierte Rente nicht von seinem Vermögen in Abzug bringen, wohl aber darf das der geschiedene Ehemann, der seiner als allein schuldigen Teil erkannten geschiedenen Ehefrau schenkungsweise eine Rente gewährt.

Hängt die Dauer der Nutzung oder Leistung von der Lebenszeit m e h r e r e r Personen ab, so ist maßgebend das Lebensalter der ältesten Person, wenn das Recht mit dem Tode der zuerst versterbenden erlischt; das Lebensalter der jüngsten Person, wenn das Recht mit dem Tode der letztversterbenden erlischt.

Ist eine Rente derart zugesagt, daß sie sowohl erlöschen soll, falls der Rentenempfänger, als auch, wenn der Rentengeber stirbt, und sind Rentengeber und Rentenempfänger verschieden alt, so muß der Rentenberechtigte seinen Anspruch nach Maßgabe des Alters des Rentenverpflichteten kapitalisieren, der Rentenverpflichtete aber seine Last nach dem Alter des Rentenberechtigten. Ist also ein Fünfzigjähriger zur Entrichtung einer Rente von 1000 ℳ jährlich an einen Dreißigjährigen verpflichtet, die in Fortfall kommt, falls einer von beiden stirbt, so berechnet sich für den Fünfzigjährigen die Last nach § 38 Besitzsteuergesetz mit dem 16fachen = 16000 ℳ, für den Dreißigjährigen das Rentenrecht mit dem 12fachen = 12000 ℳ. Diese Beträge sind bei der Ermittlung des Vermögenszuwachses einzusetzen.

Besonderes ist für die Bewertung von **Grundstücken** vorgeschrieben (§ 30 Besitzsteuergesetz). Auch hier wird nach dem Gesetze zunächst der **gemeine Wert** zugrunde gelegt, auf **Antrag** des Steuerpflichtigen tritt aber an die Stelle des gemeinen Wertes der Betrag der nachgewiesenen oder glaubhaft gemachten **Gestehungskosten.** Zu diesen Kosten gehören der Gesamtwert der Gegenleistungen beim Erwerb, sonstige Anschaffungskosten (z. B. Gerichts- und Notargebühren), sowie alle während der Besitzzeit auf das Grundstück gemachten besonderen Aufwendungen, die zu Verbesserungen des Grundstücks geführt haben. Ausgenommen sind die laufenden Wirtschaftsausgaben. Von den Gestehungskosten sind die durch **Verschlechterung** entstandenen Wertminderungen abzuziehen. Mit dem Begriff „Verschlechterung" ist jede materielle Werteinbuße, auch z. B. durch Brand oder Kriegsereignisse gemeint. Auch die Schäden, die das Inventar betroffen haben, gehören hierher. Nicht unter den Begriff Verschlechterung fallen allgemeine Konjunktureinwirkungen infolge des Krieges. Der Satz für die zu den abzugsfähigen Verschlechterungen zu rechnenden gewöhnlichen **Abnutzungen** wird verschieden zu beurteilen sein, je nach der Bauart, der Lage, der Art und der Dauer der Benutzung des Grundstücks. Für massive städtische Wohnhäuser ist etwa $^1/_2$ % des Feuerkassenwertes, für andere Hausgrundstücke, die gewerblichen Zwecken dienen, z. B. für Fabrikbauten, ist 1 % und mehr als angemessen anzusehen.

Für Grundstücke, die **vor dem 1. Januar 1914 erworben** sind, gilt als Betrag der bis dahin entstandenen Gestehungskosten, falls diese auf Antrag des Steuerpflichtigen an die Stelle des gemeinen Wertes bei der Vermögenswertermittlung treten sollen, der bei der Veranlagung des Wehrbeitrags festgestellte Wert eines Grundstücks. Diese Veranlagung ist bereits im Jahre 1913 erfolgt. Sie ließ es zu, daß bei Grundstücken, die dauernd land- oder forstwirtschaftlichen oder gärtnerischen Zwecken, sowie bei bebauten Grundstücken, die Wohnzwecken oder gewerblichen Zwecken zu dienen bestimmt sind, statt der Gestehungskosten oder des gemeinen Wertes der **Ertragswert** dieser Grundstücke auf der rechnerischen Grundlage des jährlichen Reinertrages oder des Miet- oder Pachtertrages zugrunde gelegt wurde (§ 17 Wehrbeitragsgesetz).

Um **Umgehungen** bei der Berechnung der Gestehungskosten zu verhindern — die Bestimmung kommt nur für nach dem 1. Januar 1914 erworbene Grundstücke in Betracht —, schreibt der auf die Kriegssteuer ebenfal s anzuwendende § 32 des Besitzsteuergesetzes vor, daß von dem Erwerbspreise abgewichen werden kann, wenn der Preis offensichtlich zu niedrig vereinbart ist. Der Ertragswert (nach § 31 des Besitzsteuergesetzes) soll nämlich in allen den Fällen maßgebend sein, n denen der vereinbarte Erwerbspreis, aus dem die Gestehungskosten zu errechnen wären, um 10 % hinter dem gemeinen Wert oder hinter dem Ertragswert zur Zeit des Erwerbes zurückgeblieben ist.

Für die Berechnung des Ertragswertes bei Grundstücken war in dem zum Wehrbeitragsgesetz ergangenen Ausführungsbestimmungen (vom 8. Nov. 1913) eine Anzahl von Vorschriften enthalten, die auch in die hier zur Anwendung gelangenden Ausführungsbestimmungen zum Besitzsteuergesetz (vom 30. November 1916) übergegangen sind. In den Ausführungsbestimmungen heißt es:

„Bei der Ermittlung des Ertragswerts von land- oder forstwirtschaftlichen oder Gärtnereigrundstücken sind die der Land- oder Forstwirtschaft oder der Gärtnerei einschließlich etwaiger Nebenbetriebe dienenden Gebäude und Betriebsmittel mitzuberücksichtigen. Hierbei wird ein angemessener Bestand an lebendem und totem Inventar und an sonstigem Betriebskapitale vorausgesetzt. Ein Mehr- oder Minderwert der dem Grundstückseigentümer gehörenden Gebäude und Betriebsmittel gegenüber einem wirtschaftlich normalen Bestand ist dem Ertragswert hinzu- oder von ihm abzurechnen, insoweit er geeignet ist, den Ertrag zu beeinflussen.

Der Berechnung des Ertragswerts bei landwirtschaftlich oder gärtnerisch genutzten Grundstücken ist der Reinertrag zugrunde zu legen, den ein ordentlicher Unternehmer von den Grundstücken nach ihrer bisherigen wirtschaftlichen Bestimmung bei gemeinüblicher Bewirtschaftung und unter gewöhnlichen Verhältnissen im Durchschnitt einer Reihe von Jahren für ein Wirtschaftsjahr erzielen kann. Bei Grundstücken, bei denen die Ergebnisse des Wirtschaftsbetriebs dem Boden unmittelbar entnommen werden, wie bei Sand-, Lehm-, Tongruben, Stein-, Schiefer-, Kalk- oder Kreidebrüchen, Torfstichen usw., deren Ausbeutung in unmittelbarer Verbindung mit einem land- oder forstwirtschaftlichen oder Gärtnereibetrieb erfolgt, is die Jahresgewinnung um einen der fortschreitenden Erschöpfung des Bodenf entsprechenden Betrag zu kürzen. Sind Grundstücke zu einer wirtschaftlichen Einheit verbunden, so ist der Reinertrag unter Berücksichtigung dieser

Zusammengehörigkeit von den Grundstücken als einheitlichem Ganzen zu berechnen.

In die zur Ermittelung des Reinertrags vom Rohertrag abzuziehenden Bewirtschaftungskosten sind alle Kosten einzurechnen, die aufzuwenden sind, um mit entlohnten fremden Arbeitskräften den Rohertrag zu erzielen. Ist eine besondere Arbeitskraft für die Oberleitung für erforderlich zu erachten, so ist bei selbstbewirtschafteten Betrieben der Wert der Tätigkeit des Selbstbewirtschafters vom Rohertrag insoweit in Abzug zu bringen, als diese Tätigkeit des Selbstbewirtschafters eine solche besondere Arbeitskraft ersetzt. Zum Rohertrag ist auch der Mietwert der vom Eigentümer oder vom Pächter und deren Angehörigen selbst bewohnten oder zur Führung des Haushalts benutzten Gebäude zu rechnen. Was zur Bestreitung des Haushalts des Besitzers aus den Ergebnissen des Wirtschaftsbetriebs zu entnehmen ist, darf aus dem Rohertrage nicht ausgeschieden werden.

Bei Forsten (Holzungen) ist, soweit eine ordnungsmäßige Bewirtschaftung auf Grund eines Bewirtschaftungsplans stattgefunden hat und außergewöhnliche, nicht innerhalb der regelmäßigen Nutzung liegende Abtriebe nicht vorgekommen sind, zunächst der Gesamtreinertrag während des vorangegangenen, der Zahl der Jahre der Wirtschaftsperiode entsprechenden Zeitraums zu berechnen. Hierbei sind in Einnahme zu stellen der Erlös aus dem regelmäßigen Abtrieb sowie den Zwischen- und Nebennutzungen, in Ausgabe als Bewirtschaftungskosten die Aufwendungen für Aufsicht und Verwaltung, Schlagen, Aufbereitung usw., für Aufforstung sowie für Unterhaltung der Baulichkeiten (Forsthäuser, Brücken, Wege usw.). Der Berechnung des Ertragswerts ist der Reinertrag zugrunde zu legen, der durchschnittlich auf ein Jahr des der Berechnung des Gesamtreinertrags zugrunde gelegten Zeitraums entfällt. Von der Berechnung des Ertragswerts nach dem wirklichen Reinertrage sind die Flächen auszuscheiden, auf denen während des maßgebenden Zeitraums Neubeforstungen behufs Erweiterung des Forstbestandes oder Abtriebe behufs Änderung der Kulturart stattgefunden haben.

Soweit die Vorschriften für land- und forstwirtschaftliche, für Gärtnerei- und ähnliche Grundstücke. Zur Berechnung des Ertragswertes von bebauten Grundstücken, die zu Wohnzwecken oder zu gewerblichen Zwecken dienen, soll der Durchschnitt des durch Vermietung oder Verpachtung zu erzielen gewesenen Ertrages der letzten drei Jahre zugrunde gelegt werden, und zwar nach Abzug von einem Fünftel für Nebenleistungen und Instandhaltungskosten, falls nicht ein höherer Betrag nachgewiesen wird. Ausfälle an Miet- und Pachtgeldern dürfen nicht berücksichtigt werden. Für den vom Eigentümer selbst benutzten Teil des Grundstücks ist ein entsprechender Verhältnisbetrag dem erzielten Miet- oder Pachtpreis hinzuzurechnen.

Der Nachweis höherer Nebenleistungen und Instandhaltungskosten (siehe vorstehend) muß der Veranlagungsbehörde geführt werden. Hierher gehören u. a. auch Straßenreinigungskosten, nicht aber Abschreibungen wegen Wertminderungen (anders als bei ländlichen Grundstücken, s. oben). Für die eigene Arbeitskraft des Eigentümres oder seiner Angehörigen kann ein entsprechender Betrag angesetzt werden. Abzugsfähig sind nur die durch ordnungsmäßige Instandhaltung des Grundstücks notwendig gewordenen

Kosten, nicht dagegen die Kosten für außergewöhnliche Maßnahmen (Umbauten, Erweiterungsbauten usw.).

Ist das Grundstück in den letzten drei Jahren überhaupt nicht oder nur zu einem unwesentlichen Teile vermietet oder verpachtet gewesen, und ist der Grundstückseigentümer in diesem Falle zu einer zuverlässigen Angabe des Ertragswertes außerstande, stehen auch der Veranlagungsbehörde ortsübliche Miet- oder Pachtpreise für ähnliche Grundstücke nicht zu Gebote, so ist als Ertragswert der gemeine Wert zugrunde zu legen.

Für die **vor dem 1. Januar 1914** erworbenen Grundstücke ist, wie hier wiederholt sei (vgl. S. 35), nach Kriegssteuergesetz der bei der Veranlagung des Wehrbeitrags festgestellte Wert als Betrag der bis dahin entstandenen Gestehungskosten anzusetzen. (Eine besondere Vorschrift findet sich im § 6 des Kriegssteuergesetzes für solche Grundstücke, die der Steuerpflichtige erst **nach dem 1. August 1914** erworben hat. Was hierbei zu beachten ist, ergibt sich aus den Erläuterungen zu § 6.)

Die Begründung zu dem Entwurf des Kriegssteuergesetzes weist darauf hin, daß die Bezugnahme auf die Berechnungsart des Besitzsteuergesetzes bei der Veranlagung zur Kriegssteuer ohne weiteres die **Berücksichtigung etwaiger Vermögensverluste** sowie die Möglichkeit des Ausgleichs von Härten, die infolge der Kriegszeit eingetreten sind, ermöglicht. Bei der Ermittlung des gemeinen Wertes von Vermögensstücken seien die durch den Krieg herbeigeführten besonderen wirtschaftlichen Verhältnisse wie die gesamte Marktlage zu berücksichtigen. Das gelte insbesondere für die Einwirkung des Krieges auf das gewerbliche Betriebsvermögen und die mit der Überführung in die Friedenswirtschaft zusammenhängenden Veränderungen.

Besonders starken **Verlustmöglichkeiten** sind „ausländische“ Vermögensstücke ausgesetzt. Zweifel können namentlich darüber entstehen, wie die an den Börsen der uns feindlichen Länder zur Notierung gelangenden **Wertpapiere** sowie die **Forderungen an ausländische Schuldner** in die Steuerbilanz eingesetzt werden sollen. In dieser Hinsicht ist auf den § 31 Abs. 2 der Ausführungsbestimmungen (s. Anhang) zum Kriegssteuergesetz zu verweisen, wo es heißt:

„Stellt sich heraus, daß im Ausland befindliche Wertpapiere oder Forderungen gegen ausländische Schuldner einen geringeren als den bei der Veranlagung der Kriegssteuer angenommenen Wert gehabt haben, so ist die oberste Landesfinanzbehörde ermächtigt, auf Antrag eine dem nachgewiesenen tatsächlichen Werte entsprechende Berechnung des Vermögenszuwachses oder Mehrgewinns zu bewilligen. Auf Antrag des Steuerpflichtigen ist der aus der Mitberücksichtigung dieser Wertpapiere oder Forderungen sich ergebende Abgabebetrag ohne Sicherheitsleistung zu stunden; ein solcher Antrag kann schon bei Abgabe der Steuererklärung gestellt werden."

Die nicht sehr glückliche Fassung dieses Paragraphen scheint nicht dazu angetan, alle Meinungsverschiedenheiten aus der Welt zu schaffen; an maßgebender Regierungsstelle wird die Auffassung vertreten, es brauche nicht erst, um die Stundung der Steuer zu erlangen, abgewartet zu werden, bis die Minderwertigkeit der ausländischen Vermögensobjekte erwiesen ist, sondern ein jeder Eigentümer derartiger Vermögensteile kann, nachdem er zunächst das Wertpapier zum Auslandskurse, die Forderung zum Nennbetrage in die Bilanz eingestellt hat, **verlangen**, daß die hierauf entfallende Steuer ihm **gestundet** werde. Diese Auffassung werden sich auch die Veranlagungsbehörden zu eigen machen müssen, und dies um so mehr, als bei einer anderen Auslegung der zweite Satz der wiedergegebenen Bestimmung sinnlos wäre.

§ 3

Von dem nach den Vorschriften des Besitzsteuergesetzes für den 31. Dezember 1916 festgestellten Vermögen sind abzuziehen:

1. der Betrag des Vermögens, das nachweislich im Veranlagungszeitraume durch Erbanfall, durch Lehen-, Fideikommiß- oder Stammgutanfall, infolge Vermächtnisses oder auf andere Weise aus dem Nachlaß eines Verstorbenen von Todes wegen erworben ist. Als Erwerb aus dem Nachlaß gilt auch die Abfindung für die Ausschlagung einer Erbschaft oder eines Vermächtnisses;

2. der Betrag einer nachweislich im Veranlagungszeitraum erfolgten Kapitalauszahlung aus einer Versicherung nach Absetzung des bei der Wehrbeitragsveranlagung festgestellten oder des auf den Anfang des Veranlagungszeitraums festzustellenden Kapitalwerts der betreffenden Versicherung;

3. der Betrag des Vermögens, das nachweislich im Veranlagungszeitraume durch Schenkung oder durch eine sonstige

ohne entsprechende Gegenleistung erhaltene Zuwendung (Vermögensübergabe) erworben ist, soweit es sich um Zuwendungen im Einzelbetrage von wenigstens eintausend Mark handelt und nicht ein gesetzlicher Anspruch auf die Zuwendung bestand;

4. Vermögensbeträge, die nachweislich aus der Veräußerung ausländischen Grund- und Betriebsvermögens oder sonstiger Gegenstände herrühren, die zu Beginn des Veranlagungszeitraums zum nichtsteuerbaren Vermögen des Steuerpflichtigen gehört haben. Das gleiche gilt für solche zum ausländischen Grund- oder Betriebsvermögen gehörige Gegenstände, die während des Veranlagungszeitraums ins Inland verbracht worden sind.

Der Abzug nach Abs. 1 Nr. 1 ist für den entsprechenden Anteil an dem Betrage des Nachlaßvermögens ausgeschlossen, der abgabepflichtiger Vermögenszuwachs des Erblassers gewesen wäre, wenn der Erblasser auf den Zeitpunkt seines Todes zu der Abgabe zu veranlagen gewesen sein würde.

Erläuterungen.

Die Vorschrift des § 3, die, wie bemerkt sei, keine Geltung für die Besteuerung des unveränderten oder (im Sinne des Gesetzes) wenig veränderten Vermögens hat, läßt eine Anzahl von **Abzügen von dem** auf Grund des § 2 (d. h. nach den Vorschriften des Besitzsteuergesetzes) für den 31. Dezember 1916 **festgestellten Vermögenszuwachs** zu. Das Steuerobjekt kann sich mithin durch diese Absetzungen verringern und die Steuer auf den Zuwachs selber sich entsprechend ermäßigen. Vorweg ist hervorzuheben, daß auch das Besitzsteuergesetz einige Abzüge von dem an sich steuerbaren Vermögenszuwachs vorsieht. Von diesen Abzugsrechten kommt für die Kriegssteuer nur das des § 16 des Besitzsteuergesetzes in Betracht. Nach dieser Bestimmung kann von dem Vermögenszuwachs abgezogen werden der Betrag einer Kapitalabfindung, die der Steuerpflichtige als Entschädigung für den durch Körperverletzung herbeigeführten gänzlichen oder teilweisen Verlust der Erwerbsfähigkeit erhält oder zu fordern hat.

Die besonderen Abzugsrechte des Kriegssteuergesetzes betreffen zunächst sog. Erwerbungen von Todes wegen. Jeder durch **Erb-**

schaft, durch Vermächtnis, durch Anfall eines Lehens, Stammgutes oder Fideikommisses erworbene Vermögenszuwachs soll grundsätzlich steuerfrei bleiben, also von dem Vermögenszuwachs in Abrechnung gebracht werden dürfen. Auch wer durch eine **Auflage**, also mittelbar aus einer letztwilligen Verfügung, einen Vermögensvorteil erlangt, soll ihn nicht zu versteuern brauchen, sondern vom Vermögenszuwachs abziehen dürfen. Jedem Erwerb aus dem Nachlaß eines Verstorbenen wird das Abzugsrecht zugebilligt; selbst wenn jemand zugunsten eines anderen eine Erbschaft oder ein Vermächtnis ausschlägt und dafür eine Entschädigung erhält, soll diese Abfindung nicht steuerpflichtig sein. Nicht hingegen ist der **Erbschaftskauf** (nach §§ 2371 ff. BGB.) steuerfrei. Wer eine Erbschaft oder einen Erbteil im ganzen kauft, soll nicht mehr die steuerlichen Privilegien des Erben genießen.

Abzugsfähig ist nur der Betrag, um den der Erbe oder Vermächtnisnehmer wirklich reicher geworden ist, also der um die etwa geschuldete Erbschaftssteuer gekürzte Betrag. Nachlaßgegenstände, die nicht zum steuerbaren Vermögen gehören, also Kleidungsstücke, Möbel, Bibliotheken usw. bleiben unberücksichtigt.

Die Zulassung des Abzugs der von Todes wegen angefallenen Vermögensteile hat, wie vorhin gesagt, zur Folge, daß der dadurch bei dem Steuerpflichtigen entstandene Vermögenszuwachs nicht als solcher versteuert wird. Nun ist aber der Fall denkbar, daß in dem durch Erbgang, Vermächtnis usw. angefallenen Vermögen bereits ein Vermögenszuwachs enthalten ist, so daß der **Erblasser abgabepflichtig** gewesen wäre, wenn er zur Zeit seines Todes zur Kriegssteuer veranlagt worden wäre. Wollte man auch in solchen Fällen den gesamten durch den Todesfall beim Erben, Vermächtnisnehmer oder sonstwie Bedachten eintretenden Vermögenszuwachs unbesteuert lassen, so würde der Staat um einen gewissermaßen bereits entstandenen Steueranspruch kommen, und der durch den Vermögenszuwachs infolge Erbgangs usw. Bereicherte würde über den Anfall hinaus gegenüber den andern Steuerpflichtigen unbillige Vorteile haben. Darum ist bestimmt (§ 3 Abs. 2), daß der **Abzug** des von Todes wegen angefallenen Vermögens vom Vermögenszuwachs für den Teil des Nachlasses **ausgeschlossen** sein soll, der sich als abgabepflichtiger Vermögenszuwachs des Erblassers ergeben hätte, wenn der Erblasser auf den Zeitpunkt seines Todes zu der Abgabe zu veranlagen gewesen wäre. Folgendes Beispiel macht die Bedeutung und Tragweite der Vorschrift klar: A ist mit einem

Vermögen von 200000 ℳ zum Wehrbeitrage veranlagt worden. Er stirbt am 1. Juli 1916 und hinterläßt ein steuerbares Vermögen von 500000 ℳ. Er wird von zwei Kindern zu gleichen Teilen beerbt. Eine dritte Person N. ist mit einem Vermächtnisse von 50000 ℳ bedacht worden. Zur Zeit des Todes war ein abgabepflichtiger Vermögenszuwachs von 300000 ℳ bei einem Gesamtvermögen von 500000 ℳ vorhanden; $^3/_5$ des Nachlaßvermögens sind somit abgabepflichtig. Jeder der beiden Erben darf daher nur $^2/_5$ des ererbten Vermögens, also $\frac{2 \cdot 225000 \text{ ℳ}}{5} = 90000$ ℳ abziehen. N. hat nach Abzug von 7200 ℳ Erbschaftssteuer erhalten 42800 ℳ. Hiervon kann er ebenfalls $^2/_5 = 17120$ ℳ abziehen.

Vom Vermögenszuwachs, wie er sich am 31. Dezember 1916 nach dem Besitzsteuergesetz ergibt, kann **ferner abgezogen** werden der Betrag, den ein Versicherter, sein Erbe oder eine andere Person, zu deren Gunsten die Versicherung abgeschlossen war, als Kapitalauszahlung im Veranlagungszeitraum (der Regel nach in der Zeit vom 1. Januar 1914 bis zum 31. Dezember 1916) empfangen hat. In Betracht kommen hier hauptsächlich **Fälligkeiten aus der Lebens- und Volksversicherung**, wobei es keinen Unterschied macht, ob der Versicherungsnehmer selbst durch die Fälligkeit einer auf den Erlebensfall abgeschlossenen Versicherung die Kapitalauszahlung empfängt, oder ob die versicherte Summe durch das Ableben des Versicherungsnehmers fällig und an einen Dritten ausgezahlt worden ist. Von dem Kapitalauszahlungsbetrage ist indes abzuziehen der Wert, den die Versicherung laut Wehrbeitragsveranlagung oder am Anfange des Veranlagungszeitraums hatte. Nach dem Wehrbeitrag- und ebenso nach dem Besitzsteuergesetz und Kriegssteuergesetz rechnen nämlich noch nicht fällige Ansprüche aus Lebens- und Kapitalversicherungen zum Vermögen und sind mit zwei Dritteln der eingezahlten Prämien oder Kapitalbeiträge anzusetzen oder mit dem Werte, zu dem der Versicherungsgeber, d. h. die Versicherungsgesellschaft, die Police zurückkaufen will. (Über **Versicherungen, die nach dem 31. Dezember 1913 abgeschlossen** worden sind, siehe die Erläuterungen zu § 6.) Der auf die angegebene Weise festgestellte Wert ist von dem empfangenen Kapitalbetrage in Abzug zu bringen. Hat jemand z. B. eine Versicherung auf den Erlebensfall abgeschlossen in Höhe von 20000 ℳ, ein Betrag, der, wie wir annehmen wollen, am 1. Januar 1916 fällig wurde —, so darf er die empfangenen 20000 ℳ abzüglich des

Wertes, den die Versicherung am 31. Dezember 1913 hatte, von seinem steuerpflichtigen Vermögenszuwachs abziehen. Belief sich der Zweidrittelprämienwert oder der **Rückkaufswert** am 31. Dezember 1914 auf 18500 ℳ, so bleibt mithin die Differenz von 18500 ℳ und 20000 ℳ, also ein Betrag von 1500 ℳ für die Kriegssteuer, soweit sie den Zuwachs erfaßt, abzugsfähig, nicht aber für die Besitzsteuer (denn der § 3 des Kriegssteuergesetzes enthält ja gerade die gegenüber dem Besitzsteuergesetz geltenden Abweichungen). Hat der Empfänger der 20000 ℳ am 31. Dezember 1913 einschließlich des Rückkaufswertes der Police ein Vermögen in Höhe von 60000 ℳ besessen, am 31. Dezember 1916 aber einschließlich der empfangenen 20000 ℳ ein Vermögen in Höhe von 100000 ℳ, so beträgt der kriegssteuerpflichtige Vermögenszuwachs (40000 ℳ — 1500 ℳ) 38500 ℳ, der besitzsteuerpflichtige Vermögenszuwachs 40000 ℳ. Hat A eine Lebensversicherungspolice über 100000 ℳ mit der Maßgabe abgeschlossen, daß der Versicherungsbetrag nach 20 Jahren, vom Jahre 1905 an gerechnet, an ihn, bei seinem früheren Ableben aber sofort an B ausgezahlt werden soll, so mußte A diese Versicherung mit dem Werte vom 31. Dezember 1913 laut Wehrbeitraggesetz seinem Vermögen zurechnen. Ist nun A im Jahre 1915 verstorben und der Betrag von 100000 ℳ an B laut Police gefallen, so darf auch B die empfangenen 100000 ℳ von seinem kriegssteuerpflichtigen Vermögenszuwachs am 31. Dezember 1916 in Abzug bringen, und zwar nach Absetzung des Wertes, den die Versicherung bei der Wehrbeitragsveranlagung oder am Anfang des Veranlagungszeitraums hatte. Der Veranlagungszeitraum umfaßt in der Regel die Zeit vom 1. Januar 1914 bis 31. Dezember 1916. In Fällen, in denen die persönliche Steuerpflicht erst innerhalb eines Veranlagungszeitraums eintritt, wird das Vermögen, entsprechend den auch für das Kriegssteuergesetz geltenden Bestimmungen des Besitzsteuergesetzes, erstmalig nach dem Stande bei Eintritt der Steuerpflicht ermittelt. Bei denen also, die in der Zeit zwischen Beginn und Ende der Veranlagungsperiode steuerpflichtig werden, wird das Vermögen erstmalig nach dem Stande bei Eintritt der Steuerpflicht festgelegt. Als Vermögenszuwachs gilt bei diesen Personen die Differenz zwischen dem Vermögen bei Eintritt in die Steuerpflicht und am Ende einer Periode. War A im Juli 1912 zugunsten von B eine Versicherung über 100000 ℳ eingegangen, im Juli 1914 aus dem Auslande zugezogen und im Januar 1916 gestorben, so kann B von seinem sich am 31. Dezember 1916 ergebenden Vermögenszuwachs — nur für die Zwecke der Kriegssteuer auf den Zuwachs — die Summe von 100000 ℳ absetzen abzüglich des auf den Anfang des Veranlagungszeitraums von A (in diesem Falle der Juli 1914) festzustellenden Kapitalwerts der Versicherung. Dabei ist zu bemerken, daß B, auch wenn er Erbe des A ist, die Versicherungssumme nicht durch Erbanfall (§ 3 Nr. 1), sondern als Kapitalauszahlung aus einer Versicherung (§ 3 Nr. 2) erhält. Denn wenn auch B den Versicherungsbetrag „als Erbe“ des A bekommen sollte, erhält er doch die Versicherungssumme nicht aus dem Nachlaß, sondern auf Grund des Versicherungsvertrages. So erklärt sich die im Anfange unserer Erläuterung erfolgte Gleichstellung des Versicherten, seines Erben oder einer anderen Person, zu deren Gunsten die Versicherung abgeschlossen war bezüglich der Kapitalauszahlung aus der Versicherung. Ist A nicht gestorben und die Versicherungssumme noch nicht zur Auszahlung gelangt, so hätte A die Differenz zwischen dem Kapitalwert der Versicherung im Juli 1914 und Dezember 1916 als Vermögenszuwachs zu betrachten, und zwar sowohl für die Kriegssteuer als auch für die Besitzsteuer; denn abzugsfähig sind für die Kriegssteuer nur Kapitalauszahlungen.

Wer im Veranlagungszeitraum eine **Schenkung** empfängt, die wenigstens den Betrag von 1000 ℳ erreicht (maßgebend ist der Wert im Zeitpunkte des Anfalls), braucht den Vermögenszuwachs daraus nicht mit zu versteuern. Die Steuerabgabe trifft vielmehr nach § 4 des Gesetzes den, der die Schenkung vornimmt. Steuerschuldner ist also der Schenker. Dieser hat aber das Recht (s. § 4 Abs. 2 Satz 2), von dem Bedachten **Ersatz des Abgabebetrages** zu verlangen, der auf den ihm zugeflossenen Teil des abgabepflichtigen Vermögenszuwachses verhältnismäßig entfällt (Näheres siehe Erläuterungen zu § 4). Einer Schenkung steht gleich eine sonstige Zuwendung **ohne entsprechende Gegenleistung.** Hat also A von B ein Wertobjekt von beispielsweise 50000 ℳ für eine Gegenleistung von nur 10000 ℳ zugewendet erhalten, so muß B zum Zwecke der Kriegsabgabe auf den Vermögenszuwachs seinem, nach dem Besitzsteuergesetz ermittelten Vermögenszuwachs 40000 ℳ hinzurechnen, während A den gleichen Betrag in Abzug bringen darf. Unter den Begriff der „ohne entsprechende Gegenleistung aus dem Vermögen eines andern gemachten Zuwendungen (Vermögensübergaben)“ gehören auch Gutsüberlassungen von Eltern an Kinder, sowie **Aus-**

stattungen und **Mitgiften** (wegen der Aussteuern s. das Folgende).

Zuwendungen von Gegenständen, die nicht zum steuerbaren Vermögen gehören, fallen weder unter § 3 Abs. 1 Nr. 3 noch unter § 4 des Gesetzes, wohl aber können sie unter den Voraussetzungen des § 5 des Gesetzes dem Vermögen des Zuwendenden hinzugerechnet werden. Das heißt: Hat A von B eine **Wohnungseinrichtung**, die sich auf Gebrauchsgegenstände beschränkt, geschenkt erhalten, so erfolgt weder bei A noch bei B eine Berücksichtigung der Zuwendung (A darf keinen Abzug machen, B braucht nichts hinzuzurechnen). Hat aber A von B während des Veranlagungszeitraums einen Brillantschmuck im Werte von mindestens 1000 *M* geschenkt erhalten, so darf A keinen Abzug machen, während B das Geschenkte seinem Vermögenszuwachs hinzurechnen muß; denn es soll verhindert werden, daß Vermögensteile zum Zwecke der Steuerersparnis in **Luxusgegenständen** angelegt werden. Der Betrag unter 1000 *M* bleibt im allgemeinen, gleichviel worin das Geschenk besteht, unberücksichtigt. A darf eine solche Schenkung nicht in Abzug bringen, B braucht sie — falls dem nicht die Bestimmungen des § 4 entgegenstehen — seinem Vermögen nicht zuzuzählen.

Bestand ein **gesetzlicher Anspruch** auf die Zuwendung, so findet ebenfalls kein Abzug statt; der Empfänger muß eine solche Zuwendung als Teil seines steuerpflichtigen Vermögenszuwachses gelten lassen, während der Zuwendende andrerseits den Wert der Zuwendung auch für die Steuerpflicht völlig aus seinem Vermögen ausscheiden darf (s. Erläuterungen zu § 4). Zu den Zuwendungen ohne Gegenleistungspflicht, auf die ein gesetzlicher Anspruch besteht, gehört in erster Reihe die **Aussteuer**, die nach § 1620 BGB. der Tochter bei der Verheiratung vom Vater, und wenn dieser nicht mehr lebt, von der Mutter gewährt werden muß. (Die Aussteuer ist nicht zu verwechseln mit der Ausstattung nach § 1624 BGB., die auch den Söhnen gewährt werden kann, und ferner nicht mit der Mitgift. Weder auf die Ausstattung noch auf die Mitgift besteht ein gesetzlicher Anspruch.)

Nach § 3 Abs. 1 Nr. 4 des Kriegssteuergesetzes hat der Steuerpflichtige Vermögensbeträge, die nachweislich aus der **Veräußerung ausländischen Grund- oder Betriebsvermögens** oder sonstiger Gegenstände herrühren, die zu Beginn des Veranlagungszeitraums zum nichtsteuerbaren Vermögen des Steuerpflichtigen gehört haben, von dem Vermögenszuwachs in Abzug zu bringen. Das gleiche gilt für solche zum ausländischen Grund- oder Betriebsvermögen gehörigen Gegenstände, die während des Veranlagungszeitraumes ins Inland verbracht worden sind. Um die Bedeutung dieser Bestimmung zu erkennen, muß man sich zunächst vergegenwärtigen, daß nach dem Besitzsteuergesetz, an das sich ja das Kriegssteuergesetz anlehnt, das im Auslande befindliche Grund- und Betriebsvermögen nicht zum steuerbaren Vermögen gehört. Ferner gehören nach dem Besitzsteuergesetz **Möbel, Hausrat und andere dem persönlichen Gebrauch dienende bewegliche Sachen** nicht zum steuerpflichtigen Vermögen. Hat nun jemand in der Zeit vom 1. Januar 1914 bis 31. Dezember 1916 (oder in dem für ihn geltenden Veranlagungszeitraum) ausländisches Grund- oder Betriebsvermögen oder nicht steuerpflichtige bewegliche Sachen verkauft, so ist es nur billig, daß auch der Erlös aus dem Verkauf (der nach dem Besitzsteuergesetz steuerpflichtig ist) von der hohen Kriegsvermögenszuwachssteuer befreit bleibt. Hierbei sei gleich bemerkt, daß auch die während des Veranlagungszeitraums, also im allgemeinen in der Zeit vom 1. Januar 1914 bis 31. Dezember 1916, erworbenen beweglichen Gegenstände wie Möbel, Hausrat usw. (mit Ausnahme der vom § 5 betroffenen Edelsteine, Perlen, Luxusgegenstände) beim Vermögenszuwachs nicht zu berücksichtigen sind. Anders verhält es sich indes mit dem im Auslande befindlichen Grund- und Betriebsvermögen. Im Gegensatz zu dem Besitzsteuergesetz betrachtet nämlich das Kriegssteuergesetz, soweit der Vermögenszuwachs in Betracht kommt, nicht das gesamte im Auslande befindliche Grund- und Betriebsvermögen als steuerfrei, sondern nur das vor dem 1. Januar 1914 erworbene. Denn das Kriegssteuergesetz besagt in seinem § 5: „Dem nach den Vorschriften des Besitzsteuergesetzes für den 31. Dezember 1916 festgestellten Vermögen sind hinzuzurechnen die Beträge, die im Veranlagungszeitraum in ausländischem Grund und Betriebsvermögen angelegt sind." Da der Veranlagungszeitraum (gewöhnlich) die Zeit vom 1. Januar 1914 bis 31. Dezember 1916 umfaßt, so gilt also nur, wie schon oben gesagt, als steuerfreies Vermögen vom Standpunkt der Kriegszuwachssteuer aus das bis zum 31. Dezember 1913 im Auslande erworbene.

Die Begründung zu dem Entwurf hatte über die Bedeutung des § 3 Abs. 1 Nr. 4 folgendes ausgeführt: „Durch die Vorschrift der Nr. 4 soll der fiktive Vermögenszuwachs, der aus der bloßen Umwandlung nichtsteuerbaren Vermögens in steuerbares Vermögen herrührt, von der Kriegsvermögenszuwachssteuer befreit werden."

Und an derselben Stelle hieß es dann weiter: „Eine Umwandlung von nichtsteuerbarem Vermögen in steuerbares Vermögen ist auch in der Weise denkbar, daß ein ausländisches Unternehmen oder Teile davon in eine Aktiengesellschaft eingebracht werden, da die den Gegenwert bildenden Aktien zum steuerbaren Kapitalvermögen gehören."

Wirft man die Frage auf, wie sich die Dinge gestalten, wenn jemand den **Erlös aus dem Verkauf steuerfreien ausländischen Grund- oder Betriebsvermögens** innerhalb des Veranlagungszeitraums wieder zum Erwerb ausländischen Grund- oder Betriebsvermögens benutzt hat, so würde die Antwort lauten: Sind Beträge zum Erwerb eines ausländischen Grundstücks verwendet worden, so hat die Hinzurechnung unter allen Umständen zu erfolgen. Wird hierzu der Erlös aus dem Verkauf eines andern ausländischen Grundstücks benutzt, so ist eben durch die Hinzurechnung nach § 5 in dem Vermögenszuwachs ein Betrag enthalten, der seinerseits aus der Veräußerung ausländischen Grundvermögens herrührt, und der deshalb gemäß § 3 Abs. 1 Nr. 4 abgesetzt werden kann.

Beispiel: A hat ein wehrbeitragspflichtiges Vermögen von 1000000 *M* gehabt. Am 31. Dezember 1916 hat er ein Vermögen von 2000000 *M* ermittelt nach den Vorschriften des Besitzsteuergesetzes, wobei also §§ 5, 8 des Besitzsteuergesetzes beachtet sind. Im Juli 1914 hat A eine ausländische Filiale aufgelöst; durch die Veräußerung der Filiale erhielt er 200000 *M*; 1916 kauft er eine Villa in der Schweiz für 150000 *M*. Es sind also zuzurechnen gemäß § 5:

den	2000000 *M*	
	150000 *M*	
	2150000 *M*	Vermögensstand 31. 12. 16
	1000000 *M*	„ 1. 1. 14
	1150000 *M*	Vermögenszuwachs
hiervon ab	200000 *M*	gemäß § 3 Abs. 1 Nr. 4
bleiben	950000 *M*	kriegssteuerpflichtiger Vermögenszuwachs

Die vom Gesetzgeber vorgesehene Nichtberücksichtigung des ausländischen Grund- und Betriebsvermögens war als Entlastung für den Steuerpflichtigen vom Gesetzgeber gedacht. Sie kann aber auch **eine starke Belastung** bedeuten, wenn nämlich — und solche Fälle sind infolge der Kriegsereignisse nicht selten — im Veranlagungszeitraum eine Wertminderung des ausländischen Grund- oder Betriebsvermögens eingetreten ist (vgl. die Erläuterungen zu § 2). Ein Beispiel aus der Praxis wird das am deutlichsten zeigen: Der Inhaber eines Metallwerkes im Rheinlande hat auf Grund dieses Gesetzes einen steuerpflichtigen Vermögenszuwachs zu verzeichnen. Nun ist er aber gleichzeitig Inhaber eines Metallwerks in Rußland, das seit Kriegsbeginn stillsteht. Die Russen haben die Maschinen ins Innere verschleppt, das Werk selbst ist zum großen Teil zerstört. Besteht auch die Möglichkeit einer späteren Entschädigung, so ist doch zunächst der in Rußland erlittene Verlust weit größer als der im Rheinlande erzielte Mehrgewinn. Dem Geschäftsinhaber wird hier nur übrig bleiben, auf Grund des § 36 des Kriegssteuergesetzes beim Bundesrat um Erlaß (oder Stundung bis zur Klärung) der Steuer einzukommen.

Die **Ausführungsbestimmungen** (§ 13, s. Anhang) schreiben für die Berechnung des nach § 3 abzuziehenden Betrages vor, daß der Betrag unter Zugrundelegung des Vermögenswertes zur Zeit des Erwerbes, bei der Umwandlung von nicht steuerbarem Vermögen in steuerbares unter Zugrundelegung des Vermögenswertes zur Zeit der Umwandlung zu berechnen ist.

§ 4

Dem nach den Vorschriften des Besitzsteuergesetzes für den 31. Dezember 1916 festgestellten Vermögen sind hinzuzurechnen die Beträge, die der Steuerpflichtige im Veranlagungszeitraume zu Schenkungen oder sonstigen Vermögensübergaben (§ 3 Nr. 3) verwendet hat. Von der Hinzurechnung ausgenommen sind fortlaufende Zuwendungen zum Zwecke des standesgemäßen Unterhalts oder der Ausbildung des Bedachten, Zuwendungen, die auf Grund eines gesetzlichen Anspruchs des Bedachten gemacht worden sind, Pensionen und ähnliche Zuwendungen, die ohne rechtliche Verpflichtung früheren Angestellten und Bediensteten gewährt werden, übliche Gelegenheitsgeschenke, Zuwendungen zu kirchlichen, mildtätigen oder gemeinnützigen Zwecken und, sofern nicht die Absicht der Abgabeersparung anzunehmen ist, Zuwendungen im Werte von nicht mehr als eintausend Mark.

Der Bedachte haftet für den Abgabebetrag, der auf den ihm zugeflossenen Teil des abgabepflichtigen Vermögenszuwachses verhältnismäßig entfällt. Der Steuerpflichtige kann von dem Bedachten Ersatz dieses Abgabebetrags verlangen.

Erläuterungen:

In den Erläuterungen zu § 3 Abs. 1 Nr. 3 haben wir dargelegt, daß jemand, der im Veranlagungszeitraum ein Geschenk oder eine Zuwendung im Einzelbetrage von wenigstens 1000 *M* erhalten hat, gemäß den in den Erläuterungen gemachten näheren Angaben, berechtigt ist, den betreffenden Vermögensbetrag von den nach dem Besitzsteuergesetz festgestellten Vermögenszuwachs in Abzug zu bringen. Es wurde hinzugefügt, daß die Steuerabgabe dem Schenkenden zur Last fällt. Diese Hinzufügung stützt sich auf den hier zur Erörterung kommenden § 4 des Kriegssteuergesetzes.

Da das Abzugsrecht gemäß § 3 nur dann gilt, wenn die Zuwendung wenigstens den Betrag von 1000 *M* erreicht, so mußte umgekehrt auch die Übernahme der Steuerlast, d. h. die Pflicht zur **Hinzurechnung des geschenkten Betrages** zum Vermögenszuwachs des Schenkenden, davon abhängig gemacht werden, daß die Zuwendung nicht den Betrag von 1000 *M* übersteigt.

Im § 3 spricht der Gesetzgeber von „Zuwendungen im Einzelbetrage von wenigstens 1000 *M*". Damit ist gesagt, daß jede der Zuwendungen, die der Beschenkte erhalten hat, wenigstens einen Wert (maßgebend ist der Wert zur Zeit des Anfalls) von 1000 *M* haben muß, wenn sie abzugsberechtigt sein soll. In § 4 fehlen die Worte „im Einzelbetrage". Dagegen ist hinzugefügt: „sofern nicht die Absicht der Abgabeersparung anzunehmen ist". Der Schenkende ist also verpflichtet, außer den Zuwendungen im Werte über 1000 *M* auch die Schenkungen unter 1000 *M*, sofern die Absicht der Abgabeersparung anzunehmen ist, dem Vermögenszuwachs hinzuzurechnen. Der Gesetzgeber hat dabei an den Fall gedacht, daß jemand an eine große Zahl von Personen Beträge unter 1000 *M* verschenkt oder einer einzelnen Person beispielsweise 3000 *M* in fünf Raten a 600 *M* schenkt in der Absicht, eine niedrigere Steuerabgabe zu erreichen. Es soll eben der „**Verflüchtigung**" der Kriegsgewinne zum Zwecke der Steuerentziehung vorgebeugt werden — eine Absicht, die der Gesetzgeber noch deutlicher im § 5 des Gesetzes für anders geartete Fälle zum Ausdruck gebracht hat.

Nicht hinzuzurechnen braucht der Steuerpflichtige seinem Vermögenszuwachs in Gemäßheit der entsprechenden Vorschrift des § 3: Zuwendungen, die auf Grund eines gesetzlichen Anspruchs des Bedachten gemacht worden sind (wie die **Aussteuer**); ferner sind von der Hinzurechnung ausgenommen „fortlaufende Zuwendungen zum Zwecke des standesgemäßen Unterhalts oder der Ausbildung des Bedachten, Pensionen und ähnliche Zuwendungen, die ohne rechtliche Verpflichtung früheren Angestellten und Bediensteten gewährt werden, übliche Gelegenheitsgeschenke, Zuwendungen zu kirchlichen, mildtätigen oder gemeinnützigen Zwecken". Der Ausdruck „fortlaufende Zuwendungen" soll, wie in der Begründung zum § 4 von der Reichsregierung erklärt wurde, keinen Gegensatz zu einmaligen Zuwendungen bedeuten, so daß nicht etwa zu prüfen ist, ob solche Zuwendungen in der Vergangenheit regelmäßig gewährt worden sind, oder ob die Weitergewährung in der Zukunft in Aussicht steht. Es sollen nur solche Zuwendungen nicht unter den § 4 Abs. 1 Satz 2 fallen, die wegen ihrer Höhe nicht mehr als laufende Ausgaben des Zuwendenden angesehen werden können. Immerhin ist der Betrag der fortlaufenden Zuwendungen usw. im Gesetz nicht zahlenmäßig begrenzt, während Geschenke und Zuwendungen, die für den Empfänger nicht den Charakter einer Unterstützung tragen, den Betrag von 1000 ℳ nicht übersteigen dürfen, wenn der Schenker von der Verpflichtung befreit sein soll, sie seinem Vermögenszuwachs hinzuzurechnen. Wie sich die Sachlage für den Empfänger solcher Geschenke stellt, ist bereits ausführlich gesagt worden; er hat das Recht, sie von dem nach dem Besitzsteuergesetz berechneten Vermögenszuwachs in Abzug zu bringen, insoweit die Zuwendung im Einzelfall den Betrag von 1000 ℳ übersteigt.

Die Worte „ohne rechtliche Verpflichtung" waren einzufügen, weil die auf rechtlicher Verpflichtung beruhenden Zuwendungen abzugsfähige Lasten im Sinne des auch für das Kriegssteuergesetz gültigen § 9 des Besitzsteuergesetzes darstellen (s. oben S. 26).

Nach § 4 Abs. 2 **haftet der Bedachte** für den Abgabebetrag, der auf den ihm zugeflossenen Teil des abgabepflichtigen Vermögenszuwachses verhältnismäßig entfällt. Dazu sagt die amtliche Begründung: „Der Abgabebetrag, der auf den dem Bedachten zugeflossenen Teil des abgabepflichtigen Vermögenszuwachses entfällt, ist nach dem auf den Gesamtzuwachs entfallenden Durchschnittssteuersatze zu berechnen, da die Abgabe zwar nach den einzelnen Staffelbeträgen (§ 9) errechnet wird, aber als einheitlicher Betrag den ganzen Vermögenszuwachs trifft." Zum vollen Verständnis dieser Bemerkung ist es erforderlich, auf die Erläuterungen zum § 9 zu verweisen. Es sei hier einstweilen durch ein Beispiel der Sachverhalt klargestellt: Hat A einen nach dem Besitzsteuergesetz festgestellten Vermögenszuwachs in Höhe von 40000 ℳ, dem er nach dem Kriegssteuergesetz einen verschenkten Betrag von 20000 ℳ hinzuzurechnen hat, so beträgt die steuerpflichtige Abgabe 9500 ℳ = 15,83 1/3 %. B, das ist der Beschenkte, haftet nun für 15,83 1/3 % auf 20000 ℳ, während ein Vermögenszuwachs von 20000 ℳ an sich nur 7 1/2 % Abgabe erfordert (siehe die Erläuterungen zu § 9 Abs. 1).

Dadurch, daß der Bedachte für den Abgabebetrag haftet, hört aber der Schenker nicht auf, **der eigentliche Steuerpflichtige** zu sein. Haften bedeutet nur, für die Schuld eines anderen einstehen. Die Steuerbehörde hat das Recht, sich von vornherein statt an den wirklichen Steuerschuldner an den für haftbar erklärten Zweitschuldner zu halten. Wird der Steuerpflichtige wegen der Steuer in Anspruch genommen, und zahlt er sie, so kann er sie **von dem Beschenkten ersetzt** verlangen. Dies gilt natürlich nur für den Teil der vom Steuerpflichtigen gezahlten Gesamtabgabe, der auf den dem Bedachten zugeflossenen Teil des abgabepflichtigen Vermögenszuwachses entfällt. Wie dieser Teil sich berechnet, ist im vorangegangenen Abschnitt an einem Beispiel gezeigt worden. Was dem Bedachten „zufließt", kann unter Umständen weniger sein, als was der Schenker hingegeben hat. Denn der Beschenkte kann die von ihm auf die Schenkung gemachten Aufwendungen (Steuern, Notarkosten usw.) abziehen. Wird der Bedachte vom Geschenkgeber auf Erstattung des von diesem gezahlten Steuerbetrages in Anspruch genommen, so ergibt sich, daß die Steuer trotz des Abzugsrechtes des § 3 Nr. 3 letzten Endes **den Beschenkten belastet.**

Zu bemerken ist schließlich, daß nach § 14 der Ausführungsbestimmungen (s. Anhang) Schenkungen oder sonstige Vermögensübergaben (§ 3 Nr. 3), **wenn der Zuwendende** während des Veranlagungszeitraums **gestorben** ist, dem Vermögen der Erben nach § 4 hinzuzurechnen sind.

§ 5

Dem nach den Vorschriften des Besitzsteuergesetzes für den 31. Dezember 1916 festgestellten Vermögen sind ferner hinzuzurechnen Beträge, die im Veranlagungszeitraum in

ausländischem Grund- oder Betriebsvermögen (§ 5 des Besitzsteuergesetzes) angelegt worden sind, sowie Beträge, die im Veranlagungszeitraume zum Erwerbe von Gegenständen aus edlem Metall, von Edelsteinen oder Perlen, von Kunst-, Schmuck- und Luxusgegenständen sowie von Sammlungen aller Art aufgewendet worden sind, sofern der Anschaffungspreis für den einzelnen Gegenstand fünfhundert Mark und darüber oder für mehrere gleichartige oder zusammengehörige Gegenstände eintausend Mark und darüber beträgt.

Außer in den Fällen des § 4 findet die Hinzurechnung nur statt, wenn die im Abs. 1 bezeichneten Gegenstände am Ende des Veranlagungszeitraums noch im Besitze des Steuerpflichtigen sind. Ist die Anlage in ausländischem Grund- oder Betriebsvermögen erfolgt, so verringert sich die Hinzurechnung um den Betrag einer nachweislich eingetretenen erheblichen Wertminderung.

Die Vorschrift im Abs. 1 findet keine Anwendung auf den Erwerb von Kunstwerken lebender oder seit dem 1. Januar 1909 verstorbener deutscher sowie im Deutschen Reiche wohnender Künstler.

Erläuterungen.

Der vorliegende Paragraph enthält **weitere Hinzurechnungsvorschriften** (s. § 4). Die Hinzurechnungsbestimmungen dienen, wie nochmals hervorzuheben ist, der Ermittlung des steuerpflichtigen Vermögens**zuwachses.** Sie kommen nicht in Betracht für die Abgabe auf das unverändert gebliebene oder — im Sinne des Kriegssteuergesetzes — nur wenig veränderte Vermögen (s. §§ 1, 9), für dessen Bewertung die Bestimmungen des Besitzsteuergesetzes ohne die Abweichungen der §§ 3—7 des Kriegssteuergesetzes gelten. Dies ist zum Verständnis des § 5 (ebenso wie bei § 4) zu beachten.

Nach § 5 werden dem nach den Vorschriften des Besitzsteuergesetzes für den 31. Dezember 1916 festgestellten Vermögen, um den steuerpflichtigen Vermögenszuwachs zu erhalten, hinzugerechnet Beträge, die im Veranlagungszeitraum in ausländischem Grund- oder Betriebsvermögen angelegt worden sind. Diese Vorschrift bildet eine Ergänzung zu der in § 3 Nr. 4. Denn während ausländisches Grund- und Betriebsvermögen grundsätzlich nicht steuerbar ist, und die Erlöse aus der Veräußerung solchen Vermögens ebenfalls das Vorrecht der Steuerfreiheit genießen sollen, will das Gesetz die **Abwanderung** bereits steuerpflichtig gewordenen Vermögens, oder die Entfernung dieses Vermögens aus dem Kreise der steuerbaren Gegenstände, verhindern. Darum ist bestimmt, daß Kapitalinvestitionen im Ausland während des Veranlagungszeitraumes, wenn sie in Grundstücken oder gewerblichen Betrieben (Zweigniederlassungen) geschehen, der Steuerpflicht ebenso unterliegen sollen, wie gleichartige inländische Kapitalanlagen: sie sind dem Vermögen — das nach dem Besitzsteuergesetz ohne Rücksicht auf sie ermittelt worden ist — hinzuzurechnen.

Für die steuerliche Behandlung des **Kapitalvermögens** (unterschieden von Grund- und Betriebsvermögen) ist in diesem Zusammenhang keine besondere Vorschrift gegeben. Das erklärt sich daraus, daß das Kapitalvermögen der Besteuerung ohne Rücksicht darauf, wo es sich befindet, unterworfen ist (§ 2 Besitzsteuergesetz). Auch im Depot ausländischer Banken liegende Wertpapiere, sowie sonstige im Ausland befindliche Vermögensstücke sind bei der Kriegssteuererklärung (§ 26) mit anzugeben. Eine Ausnahme bilden auch hier die nicht steuerbaren Gegenstände nach § 8 des Besitzsteuergesetzes, wie Hausrat, Möbel, Kleidung, Schmucksachen, immer aber unter Beachtung der durch § 5 des Kriegssteuergesetzes geschaffenen Ausnahmen, von denen alsbald die Rede sein wird.

Man muß nach den vorhin gegebenen Erläuterungen zwischen **steuerpflichtigen und nicht steuerpflichtigen Betriebs- und Grundvermögen im Auslande** unterscheiden. Steuerpflichtig ist das während des Veranlagungszeitraums erworbene (z. B. eine in dieser Zeit errichtete Zweigniederlassung im Auslande); steuerfrei ist das aus früherer Zeit (das ist aus der Zeit vor dem 1. Januar 1914) herrührende, beispielsweise ältere ausländische Betriebe und Grundstücke einer Aktiengesellschaft. Wird steuerfreies ausländisches Vermögen veräußert, so ist der Gegenwert ebenfalls steuerfrei. Dabei kommt es nicht etwa darauf an, daß dieser Gegenwert so wie er empfangen wurde, aufbewahrt wird, sondern der Betrag des Gegenwertes gelangt von dem Vermögenszuwachs bei der Veranlagung in Abzug (§ 3 Nr. 4), gleichgültig, welche Verwendung er inzwischen gefunden hat. Ist wiederum ausländisches Grund- oder Betriebsvermögen dafür erworben worden, so ist dieses zwar nach § 5 Satz 1 steuerpflichtig, aber das Abzugsrecht, das für den Kaufpreis in seiner Eigenschaft als Erlös aus nicht steuerbarem Vermögen nach § 3 Nr. 4 besteht, macht diese Steuerpflicht im Grunde illusorisch (vgl. die Erläuterungen zu § 3).

Dem Vermögenszuwachs hinzuzurechnen ist nach § 5 der wirklich für die Anschaffung **aufgewendete Betrag**, nicht der (vielleicht davon abweichende) Wert des Angeschafften zu irgendeinem Zeitpunkt.

Diese Wertberechnung gilt auch für die weitere Hinzurechnungsvorschrift, die zur Verhinderung besonderer Fälle der **Verflüchtigung des Vermögenszuwachses** bei Einzelpersonen dient. Es sollen nämlich Beträge, die im Veranlagungszeitraum zum Erwerb von Gegenständen aus **edlem Metall** (z. B. Gold, Silber, Platin), von **Edelsteinen oder Perlen**, von **Kunst-, Schmuck- und Luxusgegenständen** sowie von **Sammlungen** aller Art aufgewendet worden sind, dem Vermögenszuwachs hinzugerechnet werden, sofern der Anschaffungspreis für den einzelnen Gegenstand 500 *M* oder für mehrere gleichartige oder zusammengehörige Gegenstände 1000 *M* und darüber beträgt. Der Sinn der Vorschrift ist ohne weiteres zu erkennen, wenn man sich erinnert, daß die hier aufgezählten Kunst-, Schmuck- und Luxusgegenstände an sich zum steuerbaren Vermögen nach § 8 des Besitzsteuergesetzes nicht gehören, daß sie also bei der Berechnung des Vermögenszuwachses unter Anwendung der Vorschriften des Besitzsteuergesetzes grundsätzlich außer Ansatz bleiben. Es hat sich indes bei manchen Leuten, die hohe Kriegsgewinne erzielt haben, die Neigung gezeigt, ihre Mittel gerade in solchen nach dem Besitzsteuergesetz nicht steuerpflichtigen Werten anzulegen. Derartigen Neigungen mußte entgegengewirkt und ein Ausweichen des Steuerpflichtigen dem Abgabezwang gegenüber verhindert werden. Darum zieht das Gesetz „**Luxuskäufe**“ aller Art mit zur Steuer heran, indem der für die Anschaffung der in Betracht kommenden Gegenstände aufgewendete Preis dem nach den allgemeinen Vorschriften (s. Erläuterungen zu § 2) ermittelten Vermögenszuwachs hinzugerechnet werden soll.

In **Zweifelsfällen** ist nach § 15 Abs. 4 der Ausführungsbestimmungen bei Beurteilung der Frage, ob es sich um einen Luxusgegenstand handelt oder nicht, dem Umstand Bedeutung beizumessen, daß der Gegenstand wieder ohne erhebliche Verluste veräußert werden kann.

Besonderes gilt (Abs. 2) für den Erwerb von **Kunstwerken lebender** oder seit dem 1. Januar 1909 verstorbener deutscher sowie im Deutschen Reiche wohnender **Künstler.** Um den durch den Krieg bereits ohnehin schwer geschädigten Kunstmarkt nicht allzu empfindlich zu beeinträchtigen und um namentlich die lebende Künstlergeneration sowie die Rechtsnachfolger der erst kürzlich verstorbenen Künstler nicht die Erwerbsmöglichkeit unbillig zu erschweren, ist bestimmt, daß Kunstwerke der genannten Art **keinesfalls als Vermögenszuwachs** gelten sollen, daß also die Hinzurechnung des für ihren Erwerb aufgewendeten Betrages nicht erforderlich ist.

Das Gesetz dehnt auf **Gebrauchsgegenstände** die Hinzurechnungspflicht nicht aus, auch nicht auf solche, die künstlerisches Gepräge zeigen (kunstgewerbliche Nutzgegenstände). Die Beurteilung, ob es sich im Einzelfall um einen Kunst-, Schmuck- und Luxusgegenstand oder um einen Gebrauchsgegenstand handelt, wird nicht immer ganz einfach sein. Die Art des Gebrauchs des Gegenstandes ist nicht immer entscheidend. Im Streitfalle müssen letzten Endes die Verwaltungsgerichte entscheiden (Rechtsmittel s. §§ 66 ff. des Besitzsteuergesetzes). Einen gewissen Anhalt dürfte die Preisgrenze von 500 bzw. 1000 *M* gewähren, die für den Beginn der Zurechnungspflicht im Gesetz gezogen ist. Die Hinzurechnung unterbleibt nämlich, wie schon erwähnt, wenn die angeschafften Gegenstände im Einzelfalle 500 *M* — oder bei gleichartigen oder „zusammengehörigen" Gegenständen diese insgesamt — weniger als 1000 *M* gekostet haben. Eine solche Anschaffung soll also nach dem Gesetz in **keinem Falle als „Steuerflucht"** gelten. Auch wenn mehrere Anschaffungen, jede im Werte von unter 500 *M*, erfolgt sind, sollen die einzelnen steuerfrei sein. Aber die Steuerbehörde wird in solchen Fällen zu prüfen haben, ob die einzelnen Erwerbungen nicht etwa zur Umgehung der Hinzurechnungsvorschrift zeitlich getrennt vorgenommen worden sind, oder ob sie nicht gleichartige oder „zusammengehörige" Gegenstände betreffen, wie es z. B. wohl anzunehmen sein wird, wenn zu einem Perlenhalsband die dazu passenden Ohrringe hinzugekauft oder sonst einander ergänzende Schmuck- oder Luxusgegenstände nacheinander erworben werden. Auch die einzelnen Teile eines kostbaren Porzellanservices werden als gleichartig oder als zusammengehörig anzusehen sein, so daß auch hier der gesamte gezahlte Kaufpreis entscheidet. Gehören die Gegenstände nach dem allgemeinen Urteil und den üblichen Anschauungen des Publikums zusammen, und erreichen die mehreren Erwerbungen den Preis von 1000 *M* oder überschreiten sie ihn, so tritt die Hinzurechnungspflicht, also die Steuerbarkeit des Kaufpreises der gesamten angeschafften Gegenstände ein, auch wenn der Preis für die einzelnen — nach und nach angeschafften — Stücke den Betrag von 500 ℳ nicht erreicht.

Unter den **Begriff** der **Sammlungen**, die den Luxus- und Schmuckgegenständen hier gleichgestellt sind, muß man nach dem uneingeschränkten Wortlaut des Gesetzes auch solche verstehen, die vorwiegend oder ausschließlich wissenschaftlichen Zwecken dienen, also z. B. **paläontologische und bibliographische Sammlungen.** Ob aber auch Bibliotheken ganz allgemein hierher zu rechnen sind, muß als zweifelhaft angesehen und wohl verneint werden. Dagegen sind, wie in der Reichstagskommission von verschiedenen Seiten betont wurde, **Briefmarkensammlungen** unbedingt hierher zu rechnen, so daß der Preis für den Erwerb solcher Sammlungen, falls er sich auf mindestens 500 ℳ im Einzelfall belief, sowie die Anschaffungen für solche Sammlungen, falls sie im Einzelfalle mindestens 500 ℳ gekostet haben oder der dafür insgesamt aufgewendete Betrag 1000 ℳ überstiegen hat, dem Vermögen zur Ermittlung der Zuwachssteuerpflicht nach § 2 hinzuzurechnen sind.

Der Steuerpflichtige soll die im ersten Absatz des § 5 genannten Erwerbungen (ausländische Grundstücke, Kunst-, Schmuck- und Luxusgegenstände sowie Sammlungen) nur dann dem Vermögenszuwachs hinzurechnen müssen, wenn er sie am **Ende des Veranlagungszeitraumes** (also der Regel nach am 31. Dezember 1916, s. oben S. 23) noch im Besitz hat. Sind die Gegenstände inzwischen von ihm veräußert, so finden auf den erhaltenen Gegenwert die allgemeinen Vorschriften über die Berechnung des Vermögenszuwachses Anwendung (s. Erläuterungen zu § 2). Hat der Steuerpflichtige aber innerhalb des Veranlagungszei raumes hinzurechnungspflichtige Gegenstände nach Abs. 1 des § 5 verschenkt, so muß er dennoch den für die Erwerbung der Gegenstände von ihm seinerzeit aufgewendeten Betrag dem nach dem Besitzsteuergesetz ermittelten Vermögenszuwachs hinzurechnen. Wer also durch Verschenken von Schmuck- oder Luxusgegenständen der Kriegsabgabe zu entgehen glaubte, sieht sich getäuscht. Diese Schenkungen werden genau so behandelt wie die nach § 4 Satz 1. Die verschenkten Beträge mindern die Steuerpflicht nicht, sie werden vielmehr als Teil des Vermögenszuwachses angesehen (wogegen sie der Be chenkte von seinem Vermögen in Abzug bringen kann).

Eine **Steuererleichterung** ist für den Steuerpflichtigen geschaffen, der ausländisches Grund- oder Betriebsvermögen im **Veranlagungszeitraum** (der Regel nach 1. Januar 1914 bis 31. Dezember 1916) gekauft hat. An sich wäre dieser Erwerb nach den vorhin nach Maßgabe der Vorschriften des § 5 dem Vermögenszuwachs dargelegten Grundsätzen zum vollen dabei aufgewendeten Betrage hinzuzurechnen. Ist aber an diesem Vermögen nachweislich eine erhebliche (d. h. verhältnismäßig große) Wertminderung eingetreten, so kann diese Wertminderung von dem zum Vermögenszuwachs hinzuzurechnenden Betrage abgezogen werden; es wird also weniger hinzugerechnet, was steuerermäßigend wirken kann. Diese Vorschrift war mit Rücksicht auf die Billigkeit erforderlich. Denn es sind Fälle denkbar, in denen jemand kurze Zeit vor Kriegsausbruch im **feindlichen Auslande Liegenschaften** gekauft oder **Zweiggeschäfte**, Fabriken u. dgl. eröffnet hat, deren Wert dann durch den Krieg alsbald stark in Frage gestellt worden ist. Auch Erwerbungen dieser Art im neutralen Ausland, die während des Krieges erfolgt sind, können vom Kriege schwer in Mitleidenschaft gezogen worden sein.

Als **erhebliche Verminderung** im Sinne dieser Bestimmung soll nach den Ausführungsvorschriften § 15 Abs. 3 (s. Anhang) **nicht** eine nur zeitweilige, auf vorübergehenden Umständen beruhende Wertverminderung gelten.

§ 6

Bei Feststellung des Vermögensstandes am Ende des Veranlagungszeitraums (§ 1) dürfen Grundstücke, die der Steuerpflichtige erst nach dem 1. August 1914 erworben hat, zu keinem geringeren Werte als dem Betrage der Gestehungskosten angesetzt werden. Von diesen sind die durch Verschlechterung entstandenen Wertminderungen abzuziehen.

Ferner sind noch nicht fällige Ansprüche aus während des Veranlagungszeitraums eingegangenen Lebens-, Kapital- und Rentenversicherungen mit der vollen Summe der eingezahlten Prämien oder Kapitalbeiträge anzusetzen, falls die jährliche Prämienzahlung den Betrag von dreitausend Mark übersteigt.

Der vor dem 31. Dezember 1916 auf die Abgabe vorausbezahlte Betrag (§ 31) tritt dem auf 31. Dezember 1916 festgestellten Vermögen hinzu.

Erläuterungen.

Auch die Vorschrift des § 6 (gültig nur für die Abgabe nach § 9 Abs. 1, nicht aber nach § 9 Abs. 2) will in gewissem Umfange einer Verflüchtigung des mit der Steuer zu belegenden Vermögens vorbeugen. Durch die Bestimmung soll erreicht werden, daß **Grundstücke**, die ein Steuerpflichtiger **nach Ausbruch des Krieges** vielleicht zu einem hohen Liebhaberpreis erworben hat, bei der Veranlagung auch mit dem Betrag angesetzt werden, den der Steuerpflichtige für den Erwerb aufgewendet hat. Bereits in den ersten Monaten des Krieges machte sich bei manchen mittelbar oder unmittelbar durch Heereslieferungen zu größerem Vermögen gelangten Personen die Neigung bemerkbar, ihr Geld ganz oder zu einem Teil in Landhäusern, herrschaftlichen Besitzungen, Villen u. dgl. anzulegen. Infolge der dadurch hervorgerufenen „Konjunktur" stiegen die Preise für die in Betracht kommenden Grundstücke, namentlich in den Vororten der Großstädte, sehr schnell, und die anhaltende Nachfrage führte dazu, daß für einzelne der plötzlich — und wider Erwarten — so begehrt gewordenen Objekte Phantasiepreise gefordert und bezahlt wurden, die außer Verhältnis zu ihrem Marktwerte standen. Wollte man diese Grundstücke am Ende des Veranlagungszeitraumes nach dem gemeinen Wert (§ 30 Besitzsteuergesetz, s. oben zu § 2) einschätzen, so würde der so ermittelte Betrag nicht selten hinter dem von dem Steuerpflichtigen aufgewendeten Betrag zurückbleiben Das wäre, unter Berücksichtigung der Umstände der betreffenden Erwerbungen, eine nicht wünschenswerte Benachteiligung des Steuerfiskus, und darum schreibt § 6 vor, daß solche nach dem 1. August 1914, also nach Ausbruch des Krieges erworbenen Grundstücke zu keinem geringeren Werte als dem Betrage der Gestehungskosten angesetzt werden dürfen. Auch für Erwerbungen aus spekulativen Gründen treffen diese Erwägungen zu.

Gestehungskosten sind alle Erwerbskosten (s. oben S. 35). Nach Satz 2 des § 6 Abs. 1 können von diesen Kosten aber nicht nur die wegen allgemeiner Abnutzung und Wertminderung gerechtfertigten Abschreibungen abgezogen werden, sondern alle Verschlechterungen. Die Rechtslage ist also die gleiche wie bei der Berechnung von Grundstückswerten nach dem Besitzsteuergesetz. Es sollen hier auch die über die bloßen Abnutzungen hinausgehenden Verschlechterungen, also nachteilige Einwirkungen auf die Substanz des Grundstücks als die Gestehungskosten mindernd mit beachtet werden. Damit ist die Möglichkeit der **Berücksichtigung be-**

sonderer Umstände, wie sie der Krieg vielfach geschaffen hat, gegeben, namentlich können auch unmittelbare **Kriegsbeschädigungen** durch feindliche Einfälle u. dgl. mit in Betracht gezogen werden. Die zutreffende Bewertung und Schätzung von Grundstücken gehört übrigens, wie in diesem Zusammenhange bemerkt sein mag, zu den schwersten Aufgaben der Wertermittlung überhaupt. Der Krieg und die durch ihn namentlich auf dem Liegenschaftsmarkte eingetretene Unsicherheit hat dieses Problem noch verwickelter gestaltet. Ob die in Preußen in Vorbereitung befindlichen öffentlichen Schätzungsämter, die auch zur Abschätzung der Grundstücke zu Staatssteuerzwecken in weitem Umfange mit herangezogen werden dürften, immer das Richtige treffen werden, ist bei der Schwierigkeit der Materie nicht vorauszusehen.

Der Zweck der Bestimmung des Abs. 2 ist, einer „**Verflüchtigung von Vermögensteilen**" vorzubeugen. Es soll verhindert werden, daß jemand Teile seines Vermögens der Besteuerung dadurch entzieht, daß er eine hohe Lebens- oder Rentenversicherung abschließt.

Nach den bereits erörterten (Erläuterungen zu § 3) Bestimmungen des Kriegssteuergesetzes, das sich in dieser Hinsicht eng an das Besitzsteuergesetz anschließt, rechnen noch nicht fällige Ansprüche aus Lebens- und Kapitalversicherungen zwar auch schon zum Vermögen, indes nur mit zwei Dritteln der eingezahlten Prämien, resp. Kapitalbeiträge, oder mit dem Werte, zu dem der Versicherungsgeber, d. h. die Versicherungsgesellschaft, die Police zurückkaufen will. Hieran soll für Versicherungen, die vor dem 1. Januar 1914 abgeschlossen sind, nichts geändert werden; anders jedoch bei solchen **Versicherungen, die innerhalb des Veranlagungszeitraumes** für die Kriegssteuer, also in den Jahren 1914, 1915 oder 1916 eingegangen worden sind. Hier sollen nicht zwei Drittel der eingezahlten Prämien oder Kapitalbeiträge oder der Rückkaufswert der Police als Vermögensbestandteil gelten, sondern die **volle Summe** der eingezahlten Prämien oder Kapitalbeiträge, falls die jährliche Prämienzahlung 1000 ℳ übersteigt. Es werden also davon insbesondere große Versicherungsabschlüsse, die im Verlauf der letzten drei Jahre zustande gekommen sind, betroffen.

Bei solchen Versicherungen, deren Abschluß auf einer einmaligen Kapitalzahlung basiert — insbesondere kommen hier die **Leibrentenversicherungen** in Betracht — verpflichtet schon die einmalige über 3000 ℳ hinausgehende Kapitalzahlung den Versicherungsnehmer, eben diese geleistete Kapitalzahlung mit dem vollen Betrage in seine Vermögensbilanz einzustellen. Auch das bedeutet gegenüber den sonst geltenden Bestimmungen des Kriegssteuergesetzes eine Verschärfung. Nach § 38 des Besitzsteuergesetzes, der auf das Kriegssteuergesetz übergegangen ist, bestimmt sich der Wert von Renten oder anderen auf die Lebenszeit einer Person beschränkten Nutzungen und Leistungen nach dem Lebensalter der Person, mit deren Tode das Recht erlischt. Als Wert wird angenommen bei einem Alter

1.		bis zu	15 Jahren	das	18fache,
2.	von mehr als 15	„ „	25 „	„	17 „
3.	„ „ „ 25	„ „	35 „	„	16 „
4.	„ „ „ 35	„ „	45 „	„	14 „
5.	„ „ „ 45	„ „	55 „	„	12 „
6.	„ „ „ 55	„ „	65 „	„	$8^1/_2$ „
7.	„ „ „ 65	„ „	75 „	„	5 „
8.	„ „ „ 75	„ „	80 „	„	3 „
9.	„ „ „ 80			„	2 „

des Wertes der einjährigen Nutzung.

Hat jemand, der im Alter von 55 Jahren steht, eine Leibrentenversicherung, aus der er alljährlich 8000 ℳ Zinsen erhält, **während des Krieges** abgeschlossen, so müßte er auf Grund des § 6 Abs. 2 die ganzen 100000 ℳ, die er der Versicherungsgesellschaft zur Erlangung der lebenslänglichen Rente übergeben hat, als Vermögensaktivum zum Zwecke der Kriegsbesteuerung aufführen.

Berechtigt ist die Bestimmung des Abs. 2 durchaus; sie ist erst nachträglich in das Gesetz eingefügt worden, war aber nicht etwa absichtlich beim Zustandekommen des Gesetzes weggelassen worden, sondern, wie man annehmen darf, bei der Fülle der Fragen, die sich damals aufdrängten, vergessen worden.

Zum Verständnis des § 6 Abs. 3, der ebenfalls nachträglich in das Gesetz eingefügt wurde, ist auf den § 31 des Gesetzes zurückzugreifen. Nach dieser Vorschrift ist die Kriegsabgabe der Einzelpersonen zu einem Drittel binnen drei Monaten nach Zustellung des Bescheides zu entrichten, das zweite Drittel bis zum 1. November 1917, das letzte Drittel bis zum 1. März 1918. Der Steuerpflichtige ist jedoch befugt, **Vorauszahlungen** auf die noch nicht veranlagte Abgabe zu leisten; ein besonderer Anreiz hierzu ist noch durch die Bestimmung geschaffen, daß für den vorausbezahlten

Betrag 5% Zinsen zu vergüten sind. Ein Zensit nun, der von dem Recht der Vorausbezahlung vor dem 31. Dezember 1916 Gebrauch macht, wäre nach dem früheren Wortlaut des Gesetzes befugt, den vorausbezahlten Betrag bei der Berechnung des Vermögenszuwachses außer acht zu lassen, da Stichtag der 31. Dezember ist, und sich der Betrag an diesem Tage nicht mehr in seinem Vermögen befand. Dadurch hätte er neben der Verzinsung des Betrages den weiteren Vorteil, daß letzterer steuerfrei bliebe. Dies entsprach jedoch nicht der Absicht des Gesetzgebers, weshalb die Ergänzung vorgenommen wurde.

§ 7

Die Abrundung auf volle Tausende (§ 28 Abs. 3 des Besitzsteuergesetzes) erfolgt erst nach Berücksichtigung der Abzüge und Hinzurechnungen gemäß den §§ 3 bis 5 dieses Gesetzes.

Erläuterungen.

Das Vermögen des Steuerpflichtigen ist nach dem Besitzsteuergesetz (§ 28 Abs. 3) zum Zwecke der Veranlagung auf volle Tausende **nach unten abzurunden.** Da die Vorschriften über die Vermögensermittlung nach dem Besitzsteuergesetz auch für die Kriegssteuer gelten, so findet nach dem Kriegssteuergesetz die Abrundung ebenfalls statt. Es konnte aber für die Besteuerung des Vermögens z u w a c h s e s zweifelhaft sein, ob die eventuell erforderliche Ermäßigung der Zahl bei dem reinen Betrage des nach den Vorschriften des Besitzsteuergesetzes (§ 2 Kriegssteuergesetz) berechneten Vermögens stattzufinden hat, oder ob die Abrundung erst eintritt, wenn die zur Ermittlung des steuerpflichtigen Vermögenszuwachses vorgeschriebenen **Abzüge und Hinzurechnungen** der §§ 3—5 des Kriegssteuergesetzes berücksichtigt sind. Das Gesetz hat sich für diesen letzteren Weg entschieden. Hat also jemand unter Zugrundelegung der zu § 2 näher erläuterten Vorschriften des Besitzsteuergesetzes am 31. Dezember 1916 ein Vermögen von 90600 *M* für sich ermittelt, wovon 22800 *M* aus einer Erbschaft stammen, während er im Jahre 1915 seinem Neffen ein Grundstück im Werte von 165300 *M* geschenkt hat, so muß der Steuerpflichtige, bevor er die für die Ermittlung des steuerpflichtigen Vermögenszuwachses zulässige Abrundung des Vermögens nach unten vornimmt, 22800 *M* von dem primären Vermögen von 90600 ℳ absetzen und 165300 ℳ hinzurechnen. Er muß also im ganzen hinzurechnen (165300 — 22800 =) 142500 ℳ, so daß sich als Vergleichsvermögen für die Zuwachsermittlung der Betrag von 233100 ℳ ergibt. Diese Summe wird dem bei Anfang des Veranlagungszeitraums vorhanden gewesenen Vermögen gegenübergestellt, wobei sich der steuerpflichtige Vermögenszuwachs ergibt; dieser wird für die Zwecke der Veranlagung auf volle Tausende nach unten abgerundet, wodurch bei geringeren Vermögensmehrungen erreicht wird, daß die Steuerpflicht bereits bei einem Zuwachs von 3000 ℳ eintritt (Erl. zu § 8). Vgl. hierzu noch § 11 der Ausführungsbestimmungen (s. Anhang).

§ 8

Die Abgabe vom Zuwachs wird nur erhoben, wenn der nach diesem Gesetze festgestellte Vermögenszuwachs den Betrag von dreitausend Mark und das Vermögen am 31. Dezember 1916 den Gesamtwert von zehntausend Mark übersteigt.

Beträgt das Vermögen am 31. Dezember 1916 nicht mehr als fünfzehntausend Mark, so unterliegt der nach Abs. 1 abgabepflichtige Vermögenszuwachs nur insoweit der Abgabe, als durch ihn ein Vermögensbetrag von zehntausend Mark überschritten wird.

Erläuterungen.

Für die Kriegsabgabe der Einzelpersonen vom Vermögenszuwachs ist die **steuerfreie Grenze des Vermögenszuwachses und des Vermögens** niedriger festgesetzt als im Besitzsteuergesetz. Nach letzterem (§§ 12 u. 13) wird die Abgabe nur erhoben, wenn der Vermögenszuwachs den Betrag von 10000 ℳ übersteigt. Der Zuwachs wird aber erst besteuert, wenn das Gesamtvermögen 20000 ℳ übersteigt. Wenn das Gesamtvermögen 30000 ℳ nicht überschreitet, wird nur der ein Vermögen von 20000 ℳ übersteigende Zuwachs der Besitzsteuerveranlagung zugrunde gelegt. — Bei der uns hier interessierenden Kriegsabgabe vom Zuwachs beginnt die Besteuerung bei einem, den Betrag von 3000 ℳ übersteigenden Vermögenszuwachse. Vermögen, deren Gesamtwert am 31. Dezember 1916 den **Betrag von 10000 ℳ nicht übersteigen**, unterliegen der Kriegsabgabe **nicht**.

Die Ausführungsbestimmungen (§ 16) schreiben zu Abs. 2

folgendes vor: Wenn das Vermögen am Ende des Veranlagungszeitraums nach Berücksichtigung eines etwaigen Abzugs gemäß § 3 und der Hinzurechnungen nach §§ 4 und 5 des Gesetzes den abgerundeten Betrag von **fünfzehntausend Mark nicht übersteigt** (§ 8 Abs. 2 des Gesetzes), so genügt die Angabe des Steuerpflichtigen, daß das Anfangsvermögen den abgerundeten Betrag von 10000 *M* nicht überschritten und die Vermögenszunahme mehr als 3000 *M* betragen hat. Eine Feststellung des tatsächlich vorhanden gewesenen Anfangsvermögens ist in diesem Falle nicht erforderlich.

Der **niedrigste**, nach dem Kriegssteuergesetz **abgabepflichtige Betrag** des Vermögenszuwachses würde 3000 *M* sein. Denn falls die Feststellung des Vermögenszuwachses in Gemäßheit der §§ 2 bis 6 einen zwischen 3000 und 4000 *M* liegenden Zuwachs ergäbe, so würde durch die für die Veranlagung der Steuer erforderliche Abrundung auf volle Tausende nach unten jedesmal 3000 *M* als steuerpflichtiger Betrag übrigbleiben. Diese nach § 28 Abs. 3 des Besitzsteuergesetzes erfolgende Abrundung ist lediglich eine Veranlagungsvorschrift und bleibt für die **Berechnung des wirklichen Vermögensbestandes** und des maßgebenden Unterschiedsbetrages außer Betracht. Schon das Wehrbeitragsgesetz hatte die Abrundung des abgabepflichtigen Vermögens auf volle Tausende vorgeschrieben. Damit sollte jedoch für die Frage, ob die im Gesetz festgelegte Vermögensgrenze überschritten ist, nichts bestimmt sein; vielmehr sollte dafür der wirkliche Vermögensbetrag maßgebend sein. Daraus ergibt sich für das Kriegssteuergesetz, daß **auch die Gegenüberstellung** der Vermögen an den beiden Steuerstichtagen nach ihrem wirklichen Betrage, nicht nach ihren, zur Erleichterung der Veranlagung abgerundeten Betrage erfolgt. Hatte also ein Steuerpflichtiger sein Vermögen am 31. Dezember 1913 für die Wehrabgabe auf 60600 *M* berechnet, so fand zwar für die Veranlagung des Wehrbeitrags eine Abrundung auf 60000 *M* statt; für die Ermittlung des steuerpflichtigen Vermögenszuwachses nach Besitzsteuergesetz (und demgemäß nach Kriegssteuergesetz) muß aber wieder das damals errechnete wirkliche Vermögen zum Vergleich gestellt werden. Hat der Steuerpflichtige am 31. Dezember 1916 ein Vermögen von 63700 *M*, so ergibt sich als **steuerpflichtiger Zuwachs** der Betrag von 3100 *M*. Zum Zwecke der Veranlagung der Kriegssteuer wird dieser dann auf 3000 *M* abgerundet (vgl. noch die besondere Vorschrift des § 7). **Zur Versteuerung** gelangen immer **nur auf volle Tausende** abgerundete Vermögensbeträge.

Hat das Vermögen von A sich im Veranlagungszeitraum von 2000 auf 6000 *M* vermehrt, so bleibt der Vermögenszuwachs, obwohl er oberhalb der Grenze von 3000 *M* liegt, (nach § 8 Abs. 1) steuerfrei. Eine weitere Ausnahme ergibt sich aus dem zweiten Absatz des § 8. „Beträgt", so heißt es dort, „das Vermögen am 31. Dezember 1916 nicht mehr als 15000 *M*, so unterliegt der nach Abs. 1 abgabepflichtige Vermögenszuwachs nur insoweit der Abgabe, als durch ihn ein Vermögensbetrag von 10000 *M* überschritten wird." Es kann hierdurch bei einem Gesamtzuwachs von mehr als 3000 *M* auch zu einer Versteuerung eines geringeren Betrages kommen. Beispiel: Hat das Vermögen von B eine Vergrößerung von 1000 *M* auf 12000 *M*, also um 11000 *M* erfahren, dann ist der Zuwachs von 11000 *M* nur steuerpflichtig, insoweit durch ihn das Vermögen den Betrag von 10000 *M* übersteigt, im vorliegenden Falle also 2000 *M* (vgl. die Erläuterungen zu § 9).

Die Bestimmungen des § 8 beziehen sich auf den Vermögenszuwachs, die Besteuerung des unverändert gebliebenen oder (im Sinne des Gesetzes) wenig veränderten Vermögens beginnt nach § 9 Abs. 1 Nr. 2 erst bei Vermögen, die den Betrag von 20000 *M* am 31. Dezember 1916 überschreiten. Mittelbar haben indes die Bestimmungen des § 8 auch für das unverändert gebliebene oder wenig veränderte Vermögen eine gewisse Bedeutung. Hatte nämlich z. B. jemand am 31. Dezember 1913 ein Vermögen im Werte von 360000 *M*, am 31. Dezember 1916 aber ein solches im Werte von 362000 *M*, so beträgt der Vermögenszuwachs nur 2000 *M*. Es sind infolgedessen die Voraussetzungen für die Erhebung einer Kriegssteuer nach dem Zuwachs (ebenso die Voraussetzungen für Erhebung der Besitzsteuer) nicht gegeben, und es kommen die Bestimmungen des § 9 Nr. 2 in Anwendung, wonach von dem für den 31. Dezember 1916 festgestellten Vermögen, insoweit es 90% des für den Beginn des Veranlagungszeitraums festgestellten Vermögens übersteigt und insoweit es weder der Besitzsteuer, noch der Kriegssteuer unterliegt, eine Abgabe in Höhe von 1% erhoben wird. Bei dem von uns gewählten Beispiele würde die Abgabe 380 *M* betragen. Zu diesem Resultat gelangen wir folgendermaßen: 90% von 360000 *M* = 324000 *M*. Diesem Betrage stehen gegenüber 362000 *M*, mithin steuerpflichtiger Vermögensteil 38000 *M*. Davon 1% = 380 *M*.

Sind die 360000 M (vom 31. Dezember 1913) auf 324000 M oder weniger (am 31. Dezember 1916) zurückgegangen, so ist gar keine Steuer zu zahlen; denn der **Vermögensverlust** beträgt mindestens 10 %, oder um die vom Gesetzgeber gewählte Ausdrucksweise anzuwenden: Das am 31. Dezember 1916 festgestellte Vermögen übersteigt nicht 90 % des für den Beginn des Veranlagungszeitraums festgestellten Vermögens.

§ 9

Die Abgabe beträgt:

1. von dem Vermögenszuwachs

für die ersten 10000 Mark des Vermögenszuwachses 5 vom Hundert,

für die nächsten angefangenen oder vollen 10000 Mark 10 vom Hundert,

für die nächsten angefangenen oder vollen 10000 Mark 15 vom Hundert,

für die nächsten angefangenen oder vollen 20000 Mark 20 vom Hundert,

für die nächsten angefangenen oder vollen 50000 Mark 25 vom Hundert,

für die nächsten angefangenen oder vollen 100000 Mark 30 vom Hundert,

für die nächsten angefangenen oder vollen 200000 Mark 35 vom Hundert,

für die nächsten angefangenen oder vollen 300000 Mark 40 vom Hundert,

für die nächsten angefangenen oder vollen 300000 Mark 45 vom Hundert,

für die weiteren Beträge 50 vom Hundert;

2. von dem nach dem Besitzsteuergesetze für den 31. Dezember 1916 festgestellten Vermögen, insoweit es neunzig vom Hundert des für den Beginn des Veranlagungszeitraums festgestellten Vermögens übersteigt und insoweit es weder der Besitzsteuer noch der Abgabe nach Nr. 1 unterliegt, 1 vom Hundert.

Von der Abgabe nach Nr. 2 sind befreit Vermögen, die zwanzigtausend Mark nicht übersteigen. Abgabebeträge unter zehn Mark werden nicht erhoben.

Erläuterungen.

Das Gesetz setzt im § 9 Nr. 1 einen nach der Höhe des Vermögenszuwachses im Wege der **Durchstaffelung** abgestuften Steuersatz für den abgabepflichtigen Vermögenszuwachs fest. Irrtümlicherweise wurde bei Erscheinen des Entwurfes zum „Kriegsgewinnsteuergesetz" von vielen Seiten angenommen, daß, wenn jemand z. B. in der Zeit vom 31. Dezember 1913 bis zum 31. Dezember 1916 100000 *M* Vermögenszuwachs hat, seine Steuerabgabe sich auf 30 v. H. = 30000 *M* berechne. Das ist indes, wie sich bei genauer Beachtung des Gesetzestextes ergibt, nicht der Fall. Vielmehr hat jemand, bei dem sich ein Vermögenszuwachs in Höhe von 100000 *M* ergibt, eine Kriegsabgabe im Betrage von nur 19500 *M* zu leisten. Der § 9 muß nämlich so verstanden werden, daß ein jeder Steuerpflichtiger, also nicht nur der, der überhaupt nur 10000 *M* Vermögenszuwachs hat, sondern auch der, der 20000, 30000, 50000 *M* usw. Vermögenszuwachs hat, die **ersten 10000 *M* mit 5, die nächsten 10000 *M* mit 10**, die nächsten 10000 *M* mit 15, die weiteren 20000 *M* mit 20 v. H. usw. versteuern muß (Durchstaffelung). Die Berechnung, die bei einem Vermögenszuwachs von 100000 *M* aufzumachen ist, lautet folgendermaßen:

Vermögenszuwachs	Steuer	Prozent
10000 *M*	500 *M*	5
10000 *M*	1000 *M*	10
10000 *M*	1500 *M*	15
20000 *M*	4000 *M*	20
50000 *M*	12500 *M*	25
100000 *M*	19500 *M*	(= 19,5)

Die Höhe der Belastung des Vermögenszuwachses ist im einzelnen aus nachstehender Darstellung zu ersehen, der vorausgeschickt sei, daß nach § 8 die Abgabe vom Zuwachs nur erhoben wird, wenn der Vermögenszuwachs 3000 *M* übersteigt. Bei einem Vermögenszuwachs **bis zu 10000 *M*** beträgt die Belastung 5 v. H.

Abgabebeträge für Einzelpersonen

bei einem Vermögens-zuwachs von ℳ	Höhe des Steuer-betrages ℳ	bei einem Vermögens-zuwachs von ℳ	Höhe des Steuer-betrages ℳ	bei einem Vermögens-zuwachs von ℳ	Höhe des Steuer-betrages ℳ
10000	500	150000	34500	850000	307000
11000	600	160000	37500	900000	329500
12000	700	170000	40500	950000	352000
13000	800	180000	43500	1000000	374500
14000	900	190000	46500	1040000	394500
15000	1000	200000	49500	1100000	424500
16000	1100	205000	51250	1175000	462000
17000	1200	210000	53000	1200000	474500
18000	1300	220000	56500	1250000	499500
19000	1400	240000	63500	1300000	524500
20000	1500	250000	67000	1350000	549500
21000	1650	265000	72250	1400000	574500
22000	1800	300000	84500	1480000	614500
23000	1950	330000	95000	1500000	624500
24000	2100	350000	102000	1600000	674500
25000	2250	380000	112500	1700000	724500
30000	3000	400000	119500	1750000	749500
35000	4000	450000	139500	1800000	774500
40000	5000	500000	159500	1900000	824500
45000	6000	510000	163500	1960000	854500
50000	7000	550000	179500	2000000	874500
60000	9500	590000	195500	2200000	974500
70000	12000	600000	199500	2500000	1124500
80000	14500	640000	215500	2550000	1149500
90000	17000	650000	219500	3000000	1374500
100000	19500	695000	237500	3500000	1624500
110000	22500	700000	239500	4000000	1874500
120000	25500	750000	262000	5000000	2374500
130000	28500	760000	266500	6000000	2874500
140000	31500	800000	284500	8000000	3874500

Die Abgabe vom Zuwachs wird, wie schon oben gesagt, laut § 8 Abs. 1 nur erhoben, wenn der Vermögenszuwachs den Betrag von 3000 ℳ und das Vermögen am 31. Dezember 1916 den Gesamtwert von 10000 ℳ übersteigt. Beträgt das Vermögen am 31. Dezember 1916 nicht mehr als 15000 ℳ, so unterliegt der Vermögenszuwachs nur insoweit der Abgabe, als durch ihn ein Vermögensbetrag von 10000 ℳ überschritten wird. Es kann hierdurch bei einem Gesamtzuwachs von mehr als 3000 ℳ (vgl. die Erläuterungen zu § 8) auch zu einer Versteuerung eines geringeren Betrages kommen. Es kann also beispielsweise vorkommen, daß nur ein Vermögenszuwachs von 2000 ℳ steuerpflichtig wird.

1. Beispiel: Gesamtwert des Vermögens am 31. Dezember 1913 7000 ℳ, Gesamtwert des Vermögens am 31. Dezember 1916 11000 ℳ. In diesem Falle ist der Zuwachs von 4000 ℳ nur steuerpflichtig, soweit er das Vermögen von 10000 ℳ übersteigt, das sind 1000 ℳ, auf die 50 ℳ Abgabe zu zahlen wären.

2. Beispiel: Gesamtwert des Vermögens am 31. Dezember 1913 2000 ℳ, Gesamtwert des Vermögens am 31. Dezember 1916 14000 ℳ. In diesem Falle ist der Zuwachs von 12000 ℳ nur steuerpflichtig, soweit er das Vermögen von 10000 ℳ übersteigt, das sind 4000 ℳ. Es entsteht nun aber die Frage, wie hoch ist die Abgabe auf diese 4000 ℳ. Nach § 9 Nr. 1 beträgt die Abgabe für die ersten 10000 ℳ des Vermögenszuwachses 5 v. H., für die nächsten angefangenen oder vollen 10000 ℳ 10 v. H. In unserem Falle beläuft sich der eigentliche Zuwachs auf 12000 ℳ, davon sind aber nur die letzten 4000 ℳ steuerpflichtig. Diese letzten 4000 ℳ liegen mit 2000 ℳ in der ersten und mit gleichfalls 2000 ℳ in der zweiten Steuerstufe. Die Abgabe beträgt mithin 5 % von 2000 ℳ und 10 % von 2000 ℳ = 300 ℳ.

Der § 9 Nr. 1 des Kriegssteuergesetzes enthält die Staffel, nach der die Abgabe von dem Vermögenszuwachs berechnet wird, der § 9 Nr. 2 nennt den Abgabesatz für das in der Zeit vom 31. Dezember 1913 bis zum 31. Dezember 1916 **unverändert gebliebene** oder (im Sinne des Gesetzes) **wenig veränderte Vermögen.** Eine solche Abgabe wird von dem Vermögen nur insoweit erhoben, als es weder der Besitzsteuer unterliegt, noch von der Kriegsabgabe des § 9 Nr. 1 betroffen wird. Für die Aufnahme des Vermögensbestandes zum Zwecke der Besteuerung nach § 9 Nr. 2 sind die Bestimmungen des Besitzsteuergesetzes, wie sie in den Erläuterungen zu § 2 dieses Gesetzes geschildert sind, maßgebend, und zwar ohne Berücksichtigung der im § 3—6 des Kriegssteuergesetzes vorgesehenen, für die Feststellung des Vermögenszuwachses geltenden Abweichungen. Um das an einem Beispiel zu zeigen:

Das Vermögen von A betrug am 31. Dezember 1913 300000 ℳ, am 31. Dezember 1916 beläuft sich das Vermögen auf 390000 ℳ. A hat, wie hierzu angenommen sei, im Veranlagungszeitraum aus einer Erbschaft 100000 ℳ erhalten. Nach dem Besitzsteuergesetz beläuft sich der Vermögenszuwachs auf 90000 ℳ, nach dem Kriegssteuergesetz hingegen ergibt sich eine Vermögensminderung um 10000 *M*; denn laut § 3 Nr. 1 des Kriegssteuergesetzes sind von dem nach den Vorschriften des Besitzsteuergesetzes festgestellten Vermögen u. a. Erbschaftsbeträge abzuziehen. A würde mithin nach dem Besitzsteuergesetz mit 90000 *M* steuerpflichtig werden. Was die Frage der Heranziehung zur Kriegsabgabe betrifft, so kommt eine solche nach § 9 Nr. 1 keinesfalls in Betracht; denn es ist ja, wie wir gesehen haben, im steuerlichen Sinne eine Vermögensminderung eingetreten. Es könnte sich nur darum handeln, ob eine Abgabe nach § 9 Nr. 2 zu entrichten ist. Diese Frage ist zu bejahen, und zwar erfolgt die Besteuerung von dem Vermögen, **insoweit es nicht der Besitzsteuer unterliegt.** Da das Gesamtvermögen sich auf 390000 *M* beläuft und hiervon 90000 *M* besitzsteuerpflichtig sind, hat die Kriegsbesteuerung von einem Vermögen von 300000 *M* auszugehen, das ist der gleiche Betrag wie er am Beginn des Veranlagungszeitraums vorhanden war. Die Abgabe beläuft sich auf 1 v. H. des Betrages, um den der am 31. Dezember 1916 festgestellte Vermögensbetrag über 90 % des am 31. Dezember 1913 ermittelten hinausgeht. Im vorliegenden Falle sind (neben der Besitzsteuer) 300 *M* Kriegssteuer zu zahlen, das sind 1 % von 30000 *M*.[1])

Was zum **steuerbaren Vermögen auf Grund des Besitzsteuergesetzes** gehört und in welcher Weise die Bewertung des Vermögens

[1]) Die Frage, ob bei der staatlichen Einkommenbesteuerung die Ausgabe für die Kriegssteuer in Abzug gebracht werden darf, ist bei der Verschiedenartigkeit der in Betracht kommenden einzelstaatlichen Steuergesetze einheitlich nicht zu beantworten. Auf Grund des preußischen Einkommensteuergesetzes wird man zunächst für die Einzelpersonen zu einer Verneinung gelangen. Nach § 8 des Gesetzes sind als Werbungskosten auch die direkten Kommunalsteuern in gewissem Umfang für abzugsberechtigt erklärt. Einkommensteuer, Ergänzungssteuer, Wehrbeitrag ist nicht absetzbar, ebensowenig die Kriegssteuer. Für die Aktiengesellschaften kommt hinsichtlich des Abzugsrechts in Betracht, ob die Kriegssteuerrücklage den Charakter eines Reservefonds im Sinne des § 15 des preuß. Staatseinkommensteuergesetzes trägt. Das preuß. Oberverwaltungsgericht hat den Rücklagen der hier in Betracht kommenden Art die Natur echter Reservefonds zugesprochen. Danach kann auch die Kriegssteuerrücklage der Aktiengesellschaften und Aktienkommanditgesellschaften nach preußischem Recht nicht als abzugsberechtigt angesehen werden. Das steuerpflichtige Einkommen der Gesellschaften mit beschränkter Haftung wird in Preußen abweichend von den für die übrigen juristischen Personen geltenden Grundsätzen berechnet. Als Einkommen dieser Gesellschaften gilt ihr Geschäftsgewinn; dieser wird nach den für die physischen Personen in bezug

erfolgt, ist in den ausführlichen Erläuterungen zu § 2 gesagt. Hier sei zusammenfassend erwähnt, daß zu dem maßgebenden Vermögen rechnet das gesamte bewegliche und unbewegliche Vermögen.

Es umfaßt insbesondere Grundstücke einschließlich Zubehör (Grundvermögen); das dem Betriebe der Land- oder Forstwirtschaft, des Bergbaues oder eines Gewerbes dienende Vermögen, das nicht Grund- oder Betriebsvermögen ist (Kapitalvermögen). Zu diesem rechnen auch die Rechte auf Renten und andere wiederkehrende Nutzungen und Leistungen und die noch nicht fälligen Ansprüche aus Lebens-, Kapital- oder Rentenversicherungen. Zu dem steuerbaren Vermögen gehört nicht das im Ausland befindliche Grund- und Betriebsvermögen. Es rechnen weiter nicht zum steuerbaren Vermögen Möbel, Hausrat und andere bewegliche körperliche Gegenstände, sofern sie nicht als Kapitalvermögen oder als Zubehör eines Grundstückes oder als Bestandteile eines Betriebsvermögens anzusehen sind. Zu den bei der Vermögensberechnung nicht zu berücksichtigenden Werten gehören auch die Ansprüche aus der gesetzlichen Versicherung der Angestellten. Bei der Freilassung aller Ansprüche aus Kranken- und Unfallversicherungen und aus der Reichsversicherungsordnung müssen auch diese Ansprüche freigelassen werden. Von dem Vermögen sind abzuziehen die dinglichen und persönlichen Schulden des Steuerpflichtigen und der Wert der ihm obliegenden Leistungen, wenn diese nach den Vorschriften des Gesetzes bei dem Empfänger als steuerbares Vermögen gelten. Es sind nicht abzugsfähig Haushaltungsschulden und Schulden und Lasten, die in wirtschaftlicher Beziehung zu den nicht steuerbaren Vermögensteilen stehen. Unterliegt nur inländisches Grund- oder Betriebsvermögen der Besteuerung, so sind nur die Schulden und Lasten abzugsfähig, die in wirtschaftlicher Beziehung zu diesen Vermögensteilen stehen.

Um zu prüfen, ob das nach den Vorschriften des Besitzsteuergesetzes für den 31. Dezember 1916 festgestellte Vermögen der Abgabe nach § 9 Nr. 2 unterliegt, muß, wie schon oben gezeigt, eine besondere Berechnung angestellt werden. Das Vermögen am 31. Dezember 1916 ist nämlich nur dann nach § 9 Nr. 2 **abgabepflichtig**, wenn es **neunzig vom Hundert** des für den Beginn des Veranlagungszeitraums festgestellten Vermögens **übersteigt.** Eine weitere Voraussetzung der Abgabepflicht nach § 9 Abs. 2 ist, daß das am 31. Dezember 1916 ermittelte Vermögen einen Wert von mehr als 20000 ℳ hat. Die Abgabe beläuft sich auf 1 % des Betrages, um den der am 31. Dezember 1916 festgestellte Vermögensbetrag über 90 % des am 31. Dezember 1913 ermittelten hinausgeht. Abgabebeträge

---

auf ihr Einkommen aus Handel und Gewerbe geltenden Vorschriften berechnet. Da die letzteren, wie gezeigt, nicht das Recht zum Abzug der Kriegssteuerabgabe haben, kann es auch den Gesellschaften m. b. H. nicht zustehen.

unter 10 ℳ, also von einer hinter 1000 ℳ zurückbleibenden fiktiven Vermögenszunahme, werden nicht erhoben. Nicht in allen Fällen ist der Betrag, von dem die Abgabe nach § 9 Nr. 2 zu zahlen sein wird, in vollem Umfange eine fiktive Vermögensvermehrung; es kann sich auch zum Teil um einen **wirklichen Vermögenszuwachs** handeln, der aber nicht unter die Bestimmungen des § 9 Nr. 1 fällt, weil er den Betrag von 3000 ℳ nicht übersteigt. Ein solcher Fall ist in dem nachstehenden Beispiel 3 enthalten. Dort wird angenommen, daß jemand am Beginn der Veranlagungszeit ein Vermögen von 360000 ℳ und am Ende der Veranlagungszeit ein Vermögen in Höhe von 362000 ℳ hat. Die Vermögensmehrung im steuerlichen Sinne ist mit 38000 ℳ berechnet (Differenz zwischen 362000 und [360000 — 36000] 324000 ℳ). Von diesen 38000 ℳ sind 36000 ℳ fiktive und 2000 ℳ wirkliche Vermögensvermehrung; die Abgabe beträgt (1 % =) 380 ℳ.

Beispiele: 1. A hat am 31. Dezember 1916 ein Vermögen von 195000 ℳ, am Beginn des Veranlagungszeitraums, d. h. am 31. Dezember 1913 betrug sein Vermögen 200000 ℳ. Das Vermögen am 31. Dezember 1916 übersteigt mithin um 15000 ℳ 90 v. H. des für den Beginn des Veranlagungszeitraums festgestellten Vermögens. Es liegt der Fall eines (im Sinne des Gesetzes) wenig veränderten Vermögens vor. Die Abgabe beläuft sich auf 1 % von 15000 ℳ = 150 ℳ.

2. Wer 360000 ℳ (a 90 % = 324000 ℳ) am 31. Dezember 1913 besessen hat und 340000 ℳ am 31. Dezember 1916 sein Eigentum nennt, bei dem beläuft sich der steuerpflichtige Vermögensteil auf 16000 ℳ und der Steuerbetrag auf 1 % = 160 ℳ.

3. Haben die 360000 ℳ sich in der Veranlagungszeit auf 362000 ℳ vermehrt, so beträgt der steuerpflichtige Betrag 38000 ℳ, die Steuer 380 ℳ. Ein Zuwachs von nur 2000 ℳ ist nämlich weder nach § 9 Nr. 1 des Kriegssteuergesetzes noch nach dem Besitzsteuergesetz steuerpflichtig. Infolgedessen wird das Vermögen von 362000 ℳ in dem vorliegenden Falle nach den gleichen Prinzipien behandelt, wie das unverändert gebliebene oder um weniger als 10 % verminderte Vermögen.

4. Sind die 360000 ℳ (vom 31. Dezember 1913) auf 324000 ℳ oder weniger zurückgegangen, so ist gar keine Steuer zu zahlen; denn der Vermögensverlust beträgt mindestens 10 %.

Bei den vorstehend gewählten Beispielen ist in keinem Falle ein nach dem Kriegssteuergesetz steuerpflichtiger Vermögens*zuwachs* eingetreten. Liegt ein solcher vor, so wird meistens **neben der Abgabe vom Zuwachs, die Abgabe vom unverändert gebliebenen Vermögen** und schließlich die Besitz**steuer** zu zahlen sein.

Beispiele: 5. Vermögen am 31. Dezember 1913 400000 ℳ, am 31. Dezember 1916 500000 ℳ. Der Zuwachs von 100000 ℳ ist erstens nach dem Besitzsteuergesetz steuerpflichtig und zweitens nach dem Kriegssteuergesetz, und zwar nach letzterem mit 19500 ℳ. Insoweit das Vermögen weder von der Besitzsteuer noch von der Kriegsvermögenszuwachssteuer betroffen wird, ist es auf Grund des § 9 Abs. 2 steuerpflichtig. Es sind im vorliegenden Falle also noch zu zahlen 1 % von 40000 ℳ; denn das im Sinne des Gesetzes unverändert gebliebene Vermögen beträgt 400000 ℳ und übersteigt nach der Fiktion aus § 9 Abs. 2 das Vermögen vom 31. Dezember 1913 um 40000 ℳ.

6. Hat das Vermögen sich nur von 400000 ℳ auf 409000 ℳ erhöht, so ist zwar die Kriegsabgabe nach § 9 Abs. 1 u. 2 zu zahlen, nicht aber die Besitzsteuer; denn diese wird nur erhoben, wenn der Zuwachs den Betrag von 10000 ℳ übersteigt.

7. Hat das Vermögen sich nur von 400000 ℳ auf 402000 ℳ erhöht, so ist weder die Besitzsteuer noch die Kriegsabgabe nach § 9 Abs. 1, wohl aber die Kriegsabgabe nach § 9 Abs. 2 zu zahlen, und zwar von einem fiktiven Zuwachs von 42000 ℳ, mithin 420 ℳ.

8. Hat das Vermögen sich von 400000 ℳ auf 500000 ℳ vermehrt, wovon 100000 ℳ aus einer während des Krieges entstandenen Erbschaft stammen, so tritt die Steuerpflicht für 100000 ℳ Zuwachs nach dem Besitzsteuergesetz ein und für 40000 ℳ fiktiven Zuwachs nach § 9 Abs. 2 des Kriegssteuergesetzes.

9. Hat das Vermögen sich von 400000 ℳ auf 450000 ℳ vermehrt, worin eine Erbschaft in Höhe von 100000 ℳ enthalten ist, so sind 50000 ℳ Zuwachs nach dem Besitzsteuergesetz steuerpflichtig; eine Abgabe nach § 9 Abs. 1 ist nicht zu zahlen, wohl aber eine Abgabe nach § 9 Abs. 2 insoweit das Vermögen nicht der Besitzsteuer unterliegt. Das heißt, es ist wieder von einem Betrage von 400000 ℳ, also von einem fiktiven Vermögenszuwachs von 40000 ℳ auszugehen.

10. Hat das Vermögen sich von 400000 ℳ auf 550000 ℳ erhöht, worin eine Erbschaft von 100000 ℳ enthalten ist, so ist die Besitzsteuer auf 150000 ℳ, die Kriegsabgabe nach § 9 Abs. 1 auf 50000 ℳ und die Kriegsabgabe nach § 9 Abs. 2 auf 40000 ℳ zu zahlen.

11. Ist das Vermögen, das am 31. Dezember 1913 400000 ℳ

betrug, am 31. Dezember 1916 nach dem Besitzsteuergesetz ebenfalls mit 400000 ℳ ermittelt, unter Berücksichtigung der Bestimmungen des § 4 des Kriegssteuergesetzes aber mit 450000 ℳ, weil der Vermögensinhaber im Veranlagungszeitraum 50000 ℳ verschenkt hat, so ist auf 50000 ℳ Zuwachs die Abgabe nach § 9 Abs. 1 und auf 40000 ℳ fiktiven Zuwachs die Abgabe nach § 9 Abs. 2 zu zahlen. Eine Besitzsteuer ist hingegen nicht zu entrichten.

12. Ist das Vermögen, das am 31. Dezember 1913 400000 ℳ betrug, am 31. Dezember 1916 nach dem Besitzsteuergesetz mit 350000 ℳ ermittelt, unter Berücksichtigung der Bestimmungen des § 4 des Kriegssteuergesetzes aber mit 450000 ℳ, weil der Vermögensinhaber im Veranlagungszeitraum 100000 ℳ verschenkt hat, so ist auf 50000 ℳ Zuwachs die Abgabe nach § 9 Abs. 1 zu zahlen, eine Besitzsteuer sowie eine Kriegssteuer nach § 9 Abs. 2 kommen indes hier nicht in Frage.

Auf die Feststellung des der Abgabe nach § 9 Nr. 2 des Gesetzes unterliegenden Vermögensteiles bezieht sich der § 17 der **Ausführungsbestimmungen** des Bundesrats (s. Anhang).

§ 10

Bei Steuerpflichtigen, die Gesellschafter einer inländischen Gesellschaft mit beschränkter Haftung sind, bleibt derjenige Abgabebetrag (§ 9 Nr. 1) zur Hälfte unerhoben, der verhältnismäßig auf den Vermögenszuwachs in Höhe des der Beteiligung entsprechenden Betrags des abgabepflichtigen Mehrgewinns der Gesellschaft entfällt. Der unerhoben bleibende Abgabebetrag darf jedoch nicht höher sein als der verhältnismäßige Betrag der Gesellschaftsabgabe.

Abs. 1 findet nur Anwendung

1. **auf Gesellschafter, die Geschäftsanteile in Höhe von mindestens der Hälfte des Stammkapitals besitzen, sowie auf Gesellschafter, die zueinander im Verhältnis von Ehegatten, von Verwandten in gerader Linie, von Geschwistern oder Erben von Geschwistern stehen und zusammen Geschäftsanteile in Höhe von mindestens der Hälfte des Stammkapitals besitzen, in beiden**

Fällen vorausgesetzt, daß während der ganzen Dauer der Kriegsgeschäftsjahre das eingezahlte Stammkapital der Gesellschaft dreihunderttausend Mark nicht überstiegen hat,

2. auf Gesellschafter, die vor dem 1. August 1914 als Geschäftsführer oder Prokuristen der Gesellschaft bestellt waren und aus dieser Stellung bis zum Schlusse des letzten Kriegsgeschäftsjahrs nicht ausgeschieden sind, es sei denn infolge Ablebens oder Krankheit, sowie auf Gesellschafter, die Ehegatten oder Erben solcher Personen sind, wenn diese Gesellschafter in beiden Fällen allein oder zusammen Geschäftsanteile in Höhe von mindestens der Hälfte des Stammkapitals besitzen.

Erläuterungen.

Die Vorschrift des § 10 ist dazu bestimmt, eine **Milderung der Wirkungen der mehrfachen Besteuerung** ein und desselben Vermögens, die durch das Kriegssteuergesetz eintreten kann, herbeizuführen. Eine solche mehrfache Besteuerung liegt nämlich darin, daß **Aktionäre** und **Gesellschafter** von Gesellschaften m. b. H. unter Umständen eine Abgabe von einem Vermögenszuwachs aus dem Erträgnis ihres Aktien- oder Gesellschaftsanteilbesitzes zu versteuern haben, während gleichzeitig die Gesellschaften selber einen Teil ihrer Geschäftsgewinne, aus denen sie die Ausschüttung an ihre Anteilsinhaber vornehmen, als Mehrgewinn versteuern müssen. Bei Gesellschaftern einer **inländischen Gesellschaft m. b. H.** will das Kriegssteuergesetz in gewissen Fällen auf diese Rechtslage Rücksicht nehmen und will die Gesellschafter von einem Teil der Steuer befreien. Es soll nämlich bei Einzelpersonen unter bestimmten, gleich zu erörternden **Voraussetzungen** derjenige Abgabebetrag **zur Hälfte unerhoben** bleiben, der „verhältnismäßig auf den Vermögenszuwachs in Höhe des der Beteiligung des Anteilinhabers entsprechenden Betrages des abgabepflichtigen Mehrgewinnes der Gesellschaft entfällt". Der unerhoben bleibende Abgabebetrag darf jedoch nicht höher sein als der verhältnismäßige Betrag der Gesellschaftsabgabe (vgl. die die Vorschriften erläuternden Rechnungsbeispiele im weiteren Text).

Zu den dergestalt steuerlich begünstigten Gesellschaftern gehören **vier Gruppen von Personen:** Einmal solche Gesellschafter, die allein mindestens die Hälfte des Stammkapitals besitzen; ferner solche Gesellschafter, die zueinander in einem nahen Verwandtschaftsverhältnis stehen und zusammen mindestens die Hälfte des Stammkapitals besitzen; drittens Gesellschafter, die bereits aus der Zeit vor Kriegsausbruch her Geschäftsführer oder Prokuristen der Gesellschaft sind, und viertens Gesellschafter, die Ehegatten oder Erben von Geschäftsführern oder Prokuristen (der Gruppe drei) sind. Für die letzten beiden Gruppen gilt das Steuervorrecht ebenfalls nur, wenn diese Gesellschafter allein oder zusammen Geschäftsanteile in Höhe von mindestens der Hälfte des Stammkapitals besitzen. In den ersten beiden Fällen, also bei dem begünstigten Einzelgesellschafter mit mindestens der Hälfte des Stammkapitals, und bei den verwandten Gesellschaftern mit zusammen mindestens der Hälfte des Stammkapitals kommt als **weitere Voraussetzung** hinzu, daß das eingezahlte Stammkapital (also ohne Rücksicht auf die Höhe des noch ausstehenden) während der ganzen Dauer der Kriegsgeschäftsjahre (s. zu § 15) **300000 ℳ nicht überstiegen** hat. Diese Voraussetzung braucht indessen nicht vorzuliegen bei den Gesellschaftern der dritten und vierten Gruppe.

Steuerlich bevorzugt sind die soeben aufgezählten Gruppen aus verschiedenartigen **Gründen.** Der Gesellschafter, der allein mindestens die Hälfte des Stammkapitals besitzt, ist es deshalb, weil er die zweifache Besteuerung des Mehrgewinns und seines Vermögenszuwachses besonders nachteilig empfinden muß, zumal da er, falls sein Anteilsbesitz eine große Mehrheit oder gar die Gesamtheit der — auf 1200000 ℳ begrenzten — Stammanteile erreicht, einem Alleininhaber des Unternehmens nahekommt oder gleichsteht. Die zweite Gruppe ist deswegen bevorzugt, weil die Gesellschaft sich als **Familienunternehmen** auf mehr persönlicher als kapitalistischer Grundlage darstellt; die dritte Gruppe soll das Steuervorrecht deshalb genießen, weil die bei ihr in Betracht kommenden Gesellschafter **persönliche Arbeit** für das Unternehmen geleistet und darum eine besondere Schadloshaltung verdient haben. Die Erben und Ehegatten der Geschäftsführer und Prokuristen sind diesen in gewissem Umfange in Anbetracht ihrer Eigenschaft als nahe Angehörige oder Rechtsnachfolger gleichgestellt.

Im einzelnen gilt **für die erste Gruppe,** daß bei einer und derselben Gesellschaft höchstens zwei Gesellschafter das Steuervorrecht haben können; denn nur zwei können zur Zeit der Veranlagung im Besitz von mindestens der Hälfte des Stammkapitals sein. Besitzt einer der Gesellschafter mehr als die Hälfte des Stammkapitals, so kommen andere Begünstigte bei derselben Gesellschaft nicht in Frage. Das Stammkapital der Gesellschaften, deren Anteilsinhaber (der Gruppen 1 und 2) steuerlich bevorzugt sind, kann höchstens 1200000 ℳ betragen. Denn da gefordert wird, daß nicht mehr als 300000 ℳ eingezahltes Stammkapital vorhanden sein dürfen, und da nach § 7 des Gesetzes betr. die Gesellschaften m. b. H., mindestens 25 % des Stammkapitals bei der Eintragung der Gesellschaft im Handelsregister eingezahlt sein müssen (sei es in bar oder in Sacheinlagen), so ergibt sich die Begrenzung des Gesamtkapitals auf 1200000 ℳ. Liegen beide Voraussetzungen vor, so bleibt die (zunächst in voller Höhe zu berechnende) Abgabe des steuerpflichtigen Gesellschafters unter den eingangs näher dargelegten Modalitäten **zum Teil unerhoben.**

Beispiel 1.

Eine mit einem eingezahlten Kapital (25 % auf 1 Mill. ℳ) von 250000 ℳ ausgestattete inländische Gesellschaft m. b. H. hat zwei (nicht miteinander verwandte) Gesellschafter A und B, von denen A 600000 ℳ Anteil, B 400000 ℳ Anteile besitzt. Die Gesellschaft, deren Geschäftsjahr mit dem Kalenderjahr zusammenfällt, hat in den fünf, dem ersten Kriegsgeschäftsjahre vorangegangenen Friedensgeschäftsjahren folgende Gewinne erzielt:

1909	50000 ℳ
1910	48000 ℳ
1911	64000 ℳ
1912	70000 ℳ
1913	45000 ℳ

Die Gewinne der drei Kriegsgeschäftsjahre betrugen:

1914	120000 ℳ
1915	95000 ℳ
1916	90000 ℳ

Zur Feststellung des „Mehrgewinns“ muß zunächst (laut § 14) der sog. „Durchschnittsgewinn“ gesucht werden. Diesen findet man, indem man den Durchschnitt der letzten fünf Friedensjahre zieht unter Ausscheidung des besten und schlechtesten Geschäftsjahres:

1909	50000 *M*
1910	48000 *M*
1911	64000 *M*
	162000 *M*
Durchschnittsgewinn:	54000 *M*

Diesem Durchschnittsgewinn werden die Gewinne der Kriegsgeschäftsjahre gegenübergestellt, die Differenz ist der Mehrgewinn.

Durchschnittsgewinn	Geschäftsgewinn der Kriegsjahre	Mehrgewinn
54000 *M*	120000 *M*	66000 *M*
54000 *M*	95000 *M*	41000 *M*
54000 *M*	90000 *M*	36000 *M*
		143000 *M*

B kann keine Steuererleichterung beanspruchen, weil er nicht mindestens die Hälfte des Stammkapitals der Gesellschaft besitzt. (Die Steuervergünstigung würde ihm zugute kommen, wenn er und A Geschäftsführer oder Prokuristen der G. m. b. H. wären.) Für A, der, wie wir annehmen wollen, einen steuerpflichtigen Vermögenszuwachs in Höhe von 1000000 *M* hat, ergibt sich folgendes: Ein Vermögenszuwachs von 1000000 *M* wird mit 374500 *M* besteuert. „Derjenige Abgabebetrag bleibt zur Hälfte unerhoben, der verhältnismäßig auf den Vermögenszuwachs in Höhe des der Beteiligung entsprechenden Betrages des abgabepflichtigen Mehrgewinns der Gesellschaft entfällt." A ist mit sechs Zehnteln an der Gesellschaft, deren Mehrgewinn 143000 *M* beträgt, beteiligt. Es sind infolgedessen sechs Zehntel von 143000 *M* = 85800 *M* in Beziehung zu setzen zu dem Vermögenszuwachs von A in Höhe von 1 Million *M*. Da 85800 *M* gleich 8,58 % des Vermögenszuwachses von A sind, müssen von der Steuerabgabe ebenfalls 8,58 % berechnet werden, das heißt von 374500 *M* 32132 *M*. Hiervon bleibt die Hälfte mit 16066 *M* unerhoben.

Es ist nunmehr noch nach Abs. 1 Satz 2 zu prüfen, wie der als unerhoben berechnete Abgabebetrag sich zu der Gesellschaftsabgabe verhält. Die Gesellschaftsabgabe beträgt 64350 *M*. Zu diesem Resultat gelangen wir folgendermaßen: Im Durchschnitt der drei Kriegsgeschäftsjahre hat die Gesellschaft einen Mehrgewinn in Höhe von rund 47700 *M* erzielt gleich 19,08 % des eingezahlten Grundkapitals von 250000 *M*. Infolgedessen kommt zur Anwendung der

Grundsteuersatz laut § 19 mit 30% des gesamten Mehrgewinns. Der durchschnittliche Geschäftsgewinn der Kriegsjahre stellt sich auf rund 101000 ℳ und übersteigt 25% des Grundkapitals, so daß nach § 19 der Grundsteuersatz auf 45% des Mehrgewinns steigt. Die Abgabe der Gesellschaft beläuft sich mithin auf 45% von 143000 ℳ = 64350 ℳ. Von dieser Abgabe hat A rechnungsmäßig, als Teilhaber der Gesellschaft, sechs Zehntel zu tragen = 38610 ℳ. Da, wie wir oben gesehen haben, bei A von der Abgabe auf seinen Vermögenszuwachs nur 16066 ℳ unerhoben bleiben, sind die Voraussetzungen des § 10 Abs. 1 Satz 2: „Der unerhoben bleibende Abgabebetrag darf jedoch nicht höher sein als der verhältnismäßige Betrag der Gesellschaftsabgabe“ erfüllt.

Würde der rechnerische Anteil des Gesellschafters an der Steuerabgabe der Gesellschaft einmal niedriger sein, als der unerhoben bleibende Betrag der persönlichen Steuerabgabe des Gesellschafters, so würde der Steuernachlaß nur in Höhe seines anteiligen Betrages an der Steuerlast der Gesellschaft gewährt werden.

Der Personenkreis der steuerlich bevorzugten **Gesellschafter eines „Familienunternehmens“** wird im Gesetz wie folgt begrenzt: Die Ermäßigung der Steuer soll auch zugute kommen solchen Gesellschaftern, die miteinander **verheiratet** oder untereinander **in gerader Linie** (Eltern, Kinder, Enkel usw.) **verwandt** sind, ferner solchen, die **Geschwister** oder (gesetzliche sowohl wie testamentarische) **Erben von Geschwistern** sind. Zusammen müssen die zur Gruppe 2 gehörenden Gesellschafter, soll die Begünstigung eintreten, mindestens die **Hälfte des Stammkapitals** bei der Steuerveranlagung besitzen, und die Gesellschaft selber darf während der Kriegsgeschäftsjahre (s. zu § 15) nicht mehr als 300000 ℳ eingezahltes Stammkapital gehabt haben. Der Verwandtenkreis ist, wie man sieht, ziemlich eng gezogen; nicht begünstigt sind beispielsweise verschwägerte Personen, ebenfalls nicht Geschwisterkinder. Dagegen kann das Erfordernis der nahen Verwandtschaft für das Steuervorrecht ganz in Fortfall kommen, dann nämlich, wenn Erben von Geschwistern als Gesellschafter eingetreten sind. Denn das Gesetz beschränkt das Steuervorrecht nicht auf die gesetzlichen Erben (die in der Regel Blutsverwandte der Geschwister sind), sondern erkennt allen, **auch den Testamentserben**, schlechthin das Vorrecht zu. Das Vorrecht sollen jedoch nur die Erben haben, die durch einen gemeinsamen Erbanfall miteinander verbunden sind; die Gesellschafter müssen, wie das Gesetz besagt, **zueinander im Verhältnis von Erben** von Geschwistern stehen. (Dabei müssen gleichzeitig die allgemeinen Voraussetzungen, nämlich der Besitz von mindestens der Hälfte des Stammkapitals, und die Begrenzung des eingezahlten Stammkapitals auf nicht mehr als 300000 *M*, gegeben sein.) **Nicht zueinander** stehen im Erbenverhältnis, also **nicht steuerlich begünstigt** sind, die Erben des einen Geschwisterteils zu den Erben eines anderen Geschwisterteiles; es kommt auch für das Vorrecht der Erben eines Geschwisterteiles nicht darauf an, welchen Teilbetrag des Stammkapitals der Erblasser zusammen mit einem anderen Gesellschafter besessen hat, sondern nur darauf, wieviel die Gruppe, deren Mitglieder **zueinander** im Verhältnis von Erben eines Geschwisterteils stehen, nunmehr vom Stammkapital besitzt. Nur wenn dieser Besitz, soweit er aus der Erbschaft stammt (früherer Anteilsbesitz zählt nicht mit), mindestens die Hälfte des gesamten Stammkapitals beträgt, tritt für die Erben eines Geschwisterteils — unter der weiteren Voraussetzung der Beschränkung des eingezahlten Stammkapitals auf 300000 *M* — die Steuerbegünstigung ein.

Das Schwergewicht für das Verständnis des Familiengesellschafterprivilegs liegt somit auf dem Wort „zueinander" im Gesetzestext. Zueinander müssen die Gesellschafter, sollen sie nach § 10 Nr. 1 steuerlich bevorzugt werden, im Verhältnis von Ehegatten, von Verwandten in gerader Linie, von Geschwistern oder von Erben von Geschwistern stehen. So kommen wir zu dem Ergebnis, daß, die sonstigen Voraussetzungen als gegeben angenommen, Ehegatten, Vater und Sohn (nicht Schwiegervater und Schwiegersohn) zusammen als bevorrechtigt gelten, ebenso zwei Brüder, und schließlich die Erben (testamentarische sowohl wie gesetzliche) von jedem der Brüder. Nicht dagegen kommen als begünstigt in Betracht die Erben des einen Bruders zusammen mit dem andern Bruder, ebensowenig wie die Erben des einen zusammen mit denen des andern Bruders. Denn in den beiden letzten Fällen stehen die betreffenden Gesellschafter in keinem für bevorrechtigt erklärten Verhältnis „zueinander".

Für die **Berechnung** des zur Erhebung gelangenden Steuerbetrages bei „Familiengesellschaften" gilt folgendes Beispiel, bei dem wir in mehrfacher Hinsicht von den gleichen Verhältnissen ausgehen wie bei Beispiel 1.

Beispiel 2.

Eine mit einem eingezahlten Kapital von 250000 ℳ ausgestattete inländische Gesellschaft m. b. H. hat vier Gesellschafter, von denen zwei, A und B (Vater und Sohn), jeder 75000 ℳ Anteile, zusammen 150000 ℳ Anteile besitzen. Die Gesellschaft hat (vgl. Beispiel 1) einen „Mehrgewinn“ in Höhe von 143000 ℳ erzielt und muß eine Kriegssteuer in Höhe von 64350 ℳ zahlen. A hat einen Vermögenszuwachs von 100000 ℳ, B (bei dem sich der größte Teil der Mehreinnahme „verflüchtigt“ hat) einen solchen von 10000 ℳ zu verzeichnen. Die Steuerabgabe für A würde danach ohne Berücksichtigung der Begünstigung 19500 ℳ, die für B 500 ℳ betragen. A und B sind jeder mit 30% des Gesellschaftskapitals an der Gesellschaft beteiligt, deren „Mehrgewinn“ 143000 ℳ beträgt. Es sind infolgedessen drei Zehntel von 143000 ℳ = 42900 ℳ in Beziehung zu setzen zu dem Vermögenszuwachs von A in Höhe von 100000 ℳ, und 42900 ℳ in Beziehung zu setzen zu dem Vermögenszuwachs von B in Höhe von 10000 ℳ. Da 42900 ℳ gleich 42,9% von 100000 ℳ sind, ist die Steuerabgabe von A um die Hälfte von 42,9%, d. h. um 4182 ℳ zu kürzen. B hat überhaupt keine Abgabe zu zahlen.

Es ist nunmehr noch zu prüfen, wie sich der als nicht zu erheben berechnete Betrag zu der Gesellschaftsabgabe verhält, die sich (vgl. Beispiel 1) auf 64350 ℳ beläuft. Von dieser Abgabe haben A und B jeder rechnerisch drei Zehntel als Gesellschaftsteilhaber zu tragen = 19305 ℳ. Da bei A der Steuernachlaß auf den Vermögenszuwachs sich auf 4182 ℳ berechnet, bei B auf 10 ℳ, sind bei beiden die Voraussetzungen des § 10 Abs. 1 Satz 2 erfüllt: „Der unerhoben bleibende Abgabebetrag ist nicht höher als der verhältnismäßige Betrag der Gesellschaftsabgabe.“

Die dritte Gruppe der Bevorrechtigten bilden die Personen, die vor dem 1. August 1914 als **Geschäftsführer oder Prokuristen** einer Gesellschaft m. b. H. bestellt waren. Den Geschäftsführern und Prokuristen stehen (als vierte Gruppe) gleich deren Ehegatten und Erben. **Voraussetzung** für beide Gruppen (3 und 4) ist, daß die zu ihnen gehörenden Gesellschafter allein oder zusammen Geschäftsanteile in Höhe von mindestens der Hälfte des Stammkapitals besitzen. Für beide Gruppen (3 und 4) ist **dagegen** eine bestimmte **Höhe des eingezahlten Stammkapitals** (im Gegensatz zu den Gruppen 1 und 2) **nicht** vorgeschrieben. Das Vorrecht gilt daher hier, wenn die sonstigen Voraussetzungen gegeben sind, für die betreffenden Gesellschafter bei allen Gesellschaften m. b. H.

In Gruppe 3 werden also solche Gesellschafter begünstigt, die außer ihrer Einlage noch Arbeit für die Gesellschaft leisten. Diese Gesellschafter **(Geschäftsführer und Prokuristen)** sind aber nur dann bevorrechtigt, wenn sie von mindestens dem 31. Juli 1914 an bis zum Schluß des letzten Kriegsgeschäftsjahres (s. § 15) ihr Amt innegehabt haben, es sei denn, daß sie vorher — d. h. also entweder während der Veranlagungszeit vor dem Schluß des letzten Kriegsgeschäftsjahres, oder noch vor dem 31. Juli 1914 — verstorben oder infolge Krankheit ausgeschieden sind; **vorausgesetzt ferner,** daß sie an dem für die Veranlagung maßgebenden Stichtage allein oder zusammen (eventuell auch zusammen mit den Angehörigen der Gruppe 4) mindestens die Hälfte des Stammkapitals besitzen.

Als Geschäftsführer der Gesellschaft **gilt** nur, wer in Gemäßheit des § 6 des Gesetzes betr. die Gesellschaften m. b. H., zum gesetzlichen Vertreter und handlungsberechtigten Organ der Gesellschaft bestellt und im Handelsregister als solcher eingetragen ist. Es genügt also nicht, daß jemand die „Führung der Geschäfte" im landläufigen Sinne hat, sondern es muß sich um den — allein oder in Gemeinschaft mit anderen — verantwortlichen Leiter der Gesellschaft handeln. Den Geschäftsführern gleichgestellt sind, ohne daß es im Gesetz einer besonderen Erwähnung bedurfte, die — im Handelsregister eingetragenen — **stellvertretenden Geschäftsführer.**

Ferner ist laut § 10 gleichgestellt dem Geschäftsführer der **Prokurist** (§ 48 Handelsgesetzbuch); nur er, nicht der bloße „Handlungsbevollmächtigte" (§ 54 Handelsgesetzbuch) gehört zu der begünstigten Personengruppe. Er gehört aber auch dann dazu, wenn er nicht allein, sondern nur in Gemeinschaft mit einem oder mehreren anderen Prokuristen (Gesamtprokura) die Gesellschaft zu zeichnen, d. h. rechtsgeschäftlich zu vertreten, berechtigt ist.

Was die vierte Gruppe der Begünstigten, die **Ehegatten** und die (testamentarischen oder gesetzlichen) **Erben** der Angehörigen der Gruppe 3 betrifft, so ist hier zunächst wiederum zu beachten, daß für sie ebenfalls das Erfordernis eines Anteilbesitzes in bestimmter Höhe gilt. Sie müssen — entweder der einzelne Begünstigte oder die Begünstigten der Gruppe 3 und 4 zusammen — wiederum mindestens die Hälfte des Stammkapitals der Gesellschaft besitzen. Gesellschafter, die miteinander verheiratet sind, und zusammen mindestens die Hälfte des Stammkapitals besitzen, genießen bereits das Steuervorrecht der Gruppe 2, wenn das eingezahlte Stammkapital 300000 ℳ während der Kriegsgeschäftsjahre nicht überstiegen hat. In Gruppe 4 ist der Ehegatte eines Geschäftsführers oder Prokuristen, wenn der Ehegatte mindestens die Hälfte des Stammkapitals besitzt, nochmals für steuerbevorrechtigt erklärt. Hier ist jedoch die Beschränkung des eingezahlten Stammkapitals auf 300000 ℳ nicht ausgesprochen, so daß es sich in Gruppe 4 um ein erweitertes Vorrecht des Ehegatten eines Gesellschafters handelt, ebenso wie die Zugehörigkeit zu der Gruppe 3 ein erweitertes Vorrecht für den Inhaber von mindestens der Hälfte des Stammkapitals, die an sich schon in Gruppe 1 begünstigt sind, bedeuten kann.

Von den zu den Gruppen 3 und 4 gehörigen steuerlich begünstigten Gesellschaftern gilt, wie wiederholt bereits hervorgehoben, daß das **Erfordernis** des Besitzes von mindestens der Hälfte des Stammkapitals **als erfüllt anzusehen** ist, wenn irgendein Angehöriger einer dieser beiden Gruppen mit irgendeinem Angehörigen derselben oder der anderen Gruppe zusammen die Hälfte des Stammkapitals besitzt. Nicht nur ist diesem Erfordernis der Steuerbegünstigung — abgesehen von dem Fall, daß ein einziger aus einer der beiden Gruppen die Hälfte des Kapitals hat — nachgekommen, wenn mehrere Geschäftsführer zusammen die Hälfte des Kapitals besitzen, sondern die Voraussetzung der Steuerbegünstigung ist auch dann als gegeben anzusehen, wenn ein oder mehrere Geschäftsführer zusammen mit einem oder mehreren Prokuristen, sowie ferner wenn eine dieser Personen zusammen mit dem Ehegatten eines von ihnen, weiterhin wenn irgendeiner von den in Gruppe 3 und 4 genannten begünstigten Personen zusammen mit den Erben eines Geschäftsführers oder Prokuristen, sowie schließlich wenn die mehreren Erben eines der letztgenannten zusammen Geschäftsanteile in Höhe von mindestens der Hälfte des Stammkapitals der Gesellschaft (das auf keinen Betrag beschränkt ist) besitzen. Hat also ein Prokurist einer Gesellschaft m. b. H. mit 1 Mill. ℳ Stammkapital Geschäftsanteile in Höhe von 10000 ℳ, während die Erben eines Geschäftsführers (oder die Ehegatten der beiden bestellten Geschäftsführer) zusammen 490000 ℳ Anteile besitzen, so sind die Erben (oder Ehegatten) zusammen mit dem Prokuristen, weil ihr Anteilsbesitz die Hälfte des Stammkapitals erreicht, nach § 10 Nr. 2 steuerlich begünstigt. **Jede denkbare Zusammensetzung** der in § 10 Nr. 2 als vorberechtigt genannten Personen ergibt, die *sonstigen* Voraussetzungen als vorhanden angenommen, den Anspruch auf die steuerliche Begünstigung.[1])

Hervorzuheben ist noch, daß das Kriegssteuergesetz nur für Gesellschafter einer **inländischen Gesellschaft m. b. H.**, nicht aber für solche ausländischer Gesellschaften m. b. H. und anderer kriegsabgabepflichtiger juristischer Personen, wie z. B. für Aktionäre von Aktiengesellschaften, Aktienkommanditgesellschaften usw. eine Steuererleichterung nach den hier geschilderten Grundsätzen vorsieht. Die nach § 10 begünstigten Gesellschafter müssen ferner **Einzelpersonen** sein; Gesellschaften (juristische Personen), die Gesellschafter einer anderen Gesellschaft sind, genießen aber unter gewissen Voraussetzungen die im § 18 (für Schachtelgesellschaften) vorgesehene Bevorzugung.

Zu beachten ist schließlich, daß das Stammkapital einer Gesellschaft m. b. H. nicht immer mit dem in der Gesellschaft **arbeitenden Kapital** übereinzustimmen braucht. Häufig findet sich gerade bei Gesellschaften mit niedrigem Stammkapital, daß das Unternehmen durch Obligationenausgabe Kredite in Anspruch genommen oder hypothekarische und andere Darlehen aufgenommen hat. Die für die Gesellschafter der Gruppe 1 und 2 vorgesehene Voraussetzung für die Begünstigung nimmt hierauf indes keine Rücksicht.

§ 11

Der Inhaber eines Lehens, Fideikommisses oder Stammguts ist berechtigt, den Betrag der Abgabe, der auf eine

[1]) Nicht zu verkennen ist, daß der Wortlaut des Gesetzes auch eine abweichende Auslegung zuläßt. Die Worte „*in beiden Fällen allein oder zusammen*“ können auch dahin verstanden werden, daß die in den Gruppen 3 und 4 genannten Personen *nicht in jeder Zusammensetzung* mit ihrem Aktienbesitz zusammengerechnet werden dürfen, sondern daß die „beiden Fälle“, nämlich die Bevorrechtigten der Gruppe 3 und die Bevorrechtigten der Gruppe 4, voneinander streng zu scheiden sind; nimmt man dies an, so würde nnr die Zusammenzählung der in Gruppe 3 genannten Personen (Geschäftsführer und Prokuristen), und ferner, getrennt davon, die Zusammenzählung der in Gruppe 4 Bevorrechtigten (Ehegatten und Erben), nicht aber die Zusammenzählung eines Angehörigen der Gruppe 3 mit einem Angehörigen der Gruppe 4 zulässig sein. Diese Auffassung würde aber unseres Erachtens zu unbilligen Konsequenzen führen, und sie kann nicht als dem Sinne des Gesetzes entsprechend angesehen werden.

Vermehrung des Lehens-, Fideikommiß- oder Stammgutvermögens entfällt, aus diesem Vermögen zu entnehmen und zu diesem Zwecke über das Vermögen selbständig zu verfügen. Ist eine Aufsichtsbehörde vorhanden, so ist ihre Genehmigung zu der Verfügung erforderlich.

Erläuterungen.

Lehen, Fideikommisse, Stammgüter (s. auch Erläuterungen zu § 3 Nr. 1) sind gebundene Vermögensstücke, die im Obereigentum der Familie oder des Lehensverbandes stehen, und deren jeweiliger Nutzungsberechtigter nur eine dem **Eigentümer ähnliche Stellung** hat. Er kann Früchte und Nutzungen des Vermögens ziehen und für sich verwenden, kann auch in gewissem Umfange dingliche Rechtsgeschäfte über das gebundene Eigentum vornehmen (z. B. Verpfändung durch Bestellung von Revenuenhypotheken). Über die Substanz des gebundenen Gutes verfügen und es veräußern kann aber der Nutzungsberechtigte nach Lehen- und Fideikommißrecht, sowie meist auch nach den für die Stammgüter geltenden Satzungen oder Observanzen nur mit Zustimmung (Familienschluß) des Familien- oder sonstigen Verbandes, dem das Obereigentum an dem Lehen, Fideikommiß oder Stammgut zusteht. Diese Verfügungsbeschränkung hat zur Folge, daß die Inhaber solcher gebundenen Vermögen bei der Entrichtung von Abgaben, die auf den Vermögensstamm gelegt sind, zunächst nur auf die Einkünfte aus dem gebundenen Vermögen oder auf ihr freies (Allodial-) Vermögen angewiesen sind, die Substanz des gebundenen Gutes aber nur angreifen können, wenn die entfernteren Berechtigten (namentlich die Anwärter, meist sämtliche lebenden Agnaten) ihre Zustimmung gegeben haben. Die Bestimmung des § 11 des Kriegssteuergesetzes will diese Rechtslage für die Inhaber gebundener Güter hinsichtlich der Kriegsabgabe **günstiger gestalten.** Deshalb ist bestimmt, daß der Betrag der Kriegsabgabe, der auf eine Vermehrung (Wertzuwachs) des Lehens-, Fideikommiß- oder Stammgutsvermögens entfällt (wegen der Berechnung des Vermögens s. Erläuterungen zu § 2), aus diesem Vermögen entnommen werden darf, und daß der Inhaber zu diesem Zweck über das Vermögen **selbständig**, also ohne Rücksicht auf die bestehenden Beispruchsrechte des „Obereigentümers", **verfügen** kann. Die Verfügung darf aber nur „zu diesem Zweck", d. h. um die Abgabe zu zahlen, erfolgen. Eine anderweitige Verwendung des freiwerdenden Vermögensteiles ist unzulässig. Die Verfügung kann in der Veräußerung, hypothekarischen Belastung oder sonstigen (dinglichen, d. h. endgültigen) Nutzbarmachung (Nießbrauchbestellung) des gebundenen Vermögens — immer jedoch nur im Rahmen der Erforderlichkeit — bestehen. Ist eine **Aufsichtsbehörde** für das gebundene Vermögen vorhanden, so ist ihre Genehmigung zu der Verfügung einzuholen. In Preußen sind in Fideikommißsachen (vgl. auch Art. 17 des Ausführungsgesetzes zur Grundbuchordnung) die Oberlandesgerichte zur Beaufsichtigung bestellt; das gilt aber nicht für ältere Fideikommisse, die in Gemäßheit ihrer Stiftungsurkunde anderen Aufsichtsbehörden unterstehen können. Die Genehmigung der Aufsichtsbehörde ist erforderlich; das bedeutet, daß ohne Genehmigung (vorangehende Zustimmung) erfolgte Verfügungen nichtig sind; grundbuchliche Eintragungen ohne Beibringung der Genehmigung finden nicht statt.

§ 12

Die Pflicht zur Entrichtung der nach diesem Gesetze geschuldeten Abgabe entfällt nicht dadurch, daß ein Steuerpflichtiger vor dem 1. Januar 1917 seinen inländischen Wohnsitz oder Aufenthalt aufgibt.

Hat die Aufgabe des inländischen Wohnsitzes oder Aufenthalts den Wegfall der Steuerpflicht nach dem Besitzsteuergesetze zur Folge, so ist der der außerordentlichen Abgabe unterliegende Vermögenszuwachs mit der Maßgabe festzustellen, daß der Veranlagungszeitraum statt mit dem 31. Dezember 1916 mit dem Zeitpunkt der Aufgabe des inländischen Wohnsitzes oder Aufenthalts abläuft.

Der Steuerpflichtige hat vor Verlegung seines Wohnsitzes oder Aufenthalts in das Ausland für die geschuldete Abgabe Sicherheit zu leisten. Die Steuerbehörde bestimmt den Betrag der Sicherheit und ist berechtigt, diesen Betrag nach den für die Einziehung öffentlicher Abgaben geltenden Vorschriften beizutreiben. Das gleiche gilt, wenn Tatsachen vorliegen, welche die Annahme rechtfertigen, daß der Steuerpflichtige auf andere Weise, insbesondere durch Verbringung von Vermögen ins Ausland, die Erhebung der Abgabe gefährdet.

Erschwert oder vereitelt ein im Ausland sich aufhaltender Steuerpflichtiger die Veranlagung der außerordentlichen Abgabe dadurch, daß er eine Steuererklärung nicht rechtzeitig abgibt, so kann sein im Inland befindliches Vermögen mit Beschlag belegt werden.

Im Sinne der Abs. 3 und 4 gelten die deutschen Schutzgebiete als Inland.

Erläuterungen.

Der vorliegende Paragraph enthält Schutzvorschriften **gegen die Steuerflucht.** Schon in den Beratungen der Reichstagskommission über den Entwurf des „Sicherungsgesetzes" (über vorbereitende Maßnahmen zur Besteuerung der Kriegsgewinne) war die Besorgnis geäußert worden, daß sich möglicherweise verhältnismäßig zahlreiche Steuerpflichtige der ihnen unbequemen Steuer durch **Auswanderung, Überweisung von Geld ins Ausland** oder auf ähnliche Weise zu entziehen versuchen werden. Damals wurde von Regierungsseite diese Gefahr anerkannt und eine Regelung im endgültigen Gesetz zugesagt. Gegen die Steuerflucht, die in der Anlegung des Verdienstes in Luxussachen liegen kann, wendet sich § 5 Abs. 1 des Kriegssteuergesetzes (s. die Erläuterungen dazu). Gegen die Steuerflucht durch Verlegung des Wohnsitzes ins Ausland und durch sonstige die Steuerzahlung gefährdende Maßnahmen trifft der vorliegende § 12 Vorsorge. Hier wird zunächst bestimmt, daß die Pflicht zur Entrichtung der nach dem Kriegssteuergesetz von Einzelpersonen geschuldeten Abgabe **nicht dadurch entfällt**, daß der Steuerpflichtige innerhalb des Veranlagungszeitraums, also vor dem 1. Januar 1917, seinen inländischen Wohnsitz oder Aufenthalt aufgibt. Das bedeutet, wer einmal steuerpflichtig geworden ist (s. Erläuterungen zu § 1), bleibt es, auch wenn er Deutschland verläßt. Nach dem Besitzsteuergesetz, das für die Entstehung und das Erlöschen der persönlichen Steuerpflicht auch hier an sich heranzuziehen wäre, würde die Rechtslage die sein, daß bei den in § 11 I Nr. 2 des Besitzsteuergesetzes genannten Personen die Aufgabe des inländischen Wohnsitzes oder Aufenthalts den Wegfall der Steuerpflicht zur Folge hätte, so z. B. wenn im Inland wohnhafte oder aufhältliche Ausländer (Besitzsteuergesetz § 11 Nr. 2) das Inland wieder verlassen, in der Absicht, nicht wieder dauernd zurückzukehren.

Die persönliche Steuerpflicht nach dem Besitzsteuergesetz kommt auch in Fortfall, wenn eine steuerpflichtige Deutsche einen nicht steuerpflichtigen Ausländer heiratet. Sie wird damit eine nicht steuerpflichtige Ausländerin.

Das Kriegssteuergesetz läßt für solche Tatbestände, soweit der steuerpflichtige Vermögenszuwachs in Betracht kommt, ein **Erlöschen der Steuerpflicht nicht zu.** Für die nach dem Kriegssteuergesetz (außer dem Vermögenszuwachs) steuerpflichtigen Vermögensteile unveränderter oder wenig veränderter Vermögen ist dagegen (ebenso wie nach Besitzsteuergesetz) eine Bestimmung über das Fortbestehen der Steuerpflicht in den oben genannten Fällen nicht getroffen.

Nach dem Kriegssteuergesetz sind also **zwei Fälle der Abwanderung** Steuerpflichtiger zu unterscheiden: Einmal eine Person, die — auch nach dem Besitzsteuergesetz — steuerpflichtig bleibt, gibt den inländischen Wohnsitz oder Aufenthalt auf (z. B. ein steuerpflichtiger Deutscher verläßt während des Krieges Deutschland unter — dauernder — Aufgabe seines Wohnsitzes oder Aufenthaltsorts — ein seltener Fall —); dann bleibt der Steuerpflichtige zur Entrichtung der Steuer nach den gewöhnlichen Vorschriften und unter Zugrundelegung einer nach Ablauf des Veranlagungszeitraumes vorzunehmenden Veranlagung steuerpflichtig. Es können aber, wie alsbald zu erörtern sein wird, unter Umständen besondere **Sicherungsmaßnahmen** hinsichtlich der Steuerzahlpflicht gegen ihn getroffen werden.

Der zweite Fall der Abwanderung ist nach dem vorhin dargelegten der, daß ein im Inlande wohnhafter oder ansässiger, also kriegssteuerpflichtig gewordener Ausländer während des Veranlagungszeitraums abwandert, mit der Wirkung, daß seine Steuerpflicht nach Besitzsteuergesetz erlöschen würde. Dieses Erlöschen tritt aber für die Kriegssteuer nicht oder wenigstens nicht in vollem Umfange ein; der Abwandernde bleibt kriegssteuerpflichtig, nur wird der der Kriegsabgabe unterliegende Vermögenszuwachs anders als in den gewöhnlichen Fällen, nämlich mit der Maßgabe festgestellt, daß der Veranlagungszeitraum statt mit dem 31. Dezember 1916 mit dem Zeitpunkt der **Aufgabe des inländischen Wohnsitzes oder Aufenthalts** endet (die deutschen Schutzgebiete gelten, wie hier bereits zu bemerken ist, im Sinne dieser Bestimmung als Inland). Wandert also beispielsweise ein seit 1912 in Deutschland wohnhafter Ausländer (s. Erläuterungen zu § 1) im Juni 1916 in das Ausland ab, so ist zuvor eine Veranlagung des Steuerpflichtigen nach §§ 1 ff. und §§ 25 ff. des Kriegsgesetzes vorzunehmen, wobei als Endstichtag für den Veranlagungszeitraum der Tag der Abwanderung angenommen wird.

Die Schaffung der bloßen Verpflichtung zur Entrichtung der Steuer für Abwandernde hätte sich leicht als wirkungslos erweisen können, wenn mit der Entfernung des Abwandernden zugleich auch dessen Vermögen dem Zugriff des Staates entzogen worden wäre. Auf die freiwillige Erfüllung der Steuerpflicht durch die abwandernden Steuerpflichtigen hat sich das Gesetz denn auch nicht verlassen. Der § 12 bestimmt, daß der Steuerpflichtige, der seinen Wohnsitz ins Ausland verlegen will, vorher für **die geschuldete Abgabe Sicherheit** zu leisten hat. Die Steuerbehörde bestimmt den Betrag der Sicherheit und ist berechtigt, diesen Betrag nach den für die Einziehung öffentlicher Abgaben geltenden Vorschriften, also ohne Klage und Urteil, im Verwaltungszwangsverfahren, einzuziehen. Die Sicherheit wird an Staatsstelle hinterlegt und haftet für die künftig nach Ablauf des Veranlagungszeitraumes nach dem Fortzuge des Steuerpflichtigen zu veranlagende und fällig werdende Steuer. Welche Maßregeln im einzelnen zur Verhinderung der Steuerflucht und zur Herbeiführung der Sicherheitsleistung zu treffen sein mögen, werden die **Landesbehörden** zu überlegen haben. Das Kriegssteuergesetz gibt ihnen die Handhabe, vermittelst deren sie kräftig zugreifen können.

Polizeibehörden, die von der **Absicht eines Steuerpflichtigen, ins Ausland auszuwandern**, oder von Tatsachen, die ihn der Gefährdung der Abgabeerhebung verdächtig machen, Kenntnis erhalten, haben hiervon dem zuständigen Besitzsteueramte Mitteilung zu machen. Das Besitzsteueramt hat alsbald die erforderlichen Ermittlungen vorzunehmen und, falls ein Anlaß hierzu besteht, die **Sicherheitsleistung** anzuordnen. Die Sicherheitsleistung ist gemäß § 12 Abs. 3 Satz 2 **zu erzwingen**, falls der Steuerpflichtige nicht freiwillig anderweite ausreichende Sicherheit leistet. In welcher Art Sicherheit geleistet werden kann, richtet sich nach den landesrechtlichen Bestimmungen. Gegen die Verfügung steht dem Steuerpflichtigen die Verwaltungsbeschwerde offen. Die Beschwerde hat keine aufschiebende Wirkung (§ 19 Ausführungsbestimmungen).

Der Zugriff — d. h. die Forderung der Sicherheitsleistung — ist außer in dem Falle des Verdachts der direkten Steuerflucht auch dann zulässig, wenn Tatsachen vorliegen, die die Annahme rechtfertigen, daß der Steuerpflichtige nicht gerade durch Abwanderung, aber auf andere Weise, insbesondere durch **Verbringung von Vermögen ins Ausland**, die Erhebung der Abgabe gefährdet. Es handelt sich hier um eine Art öffentlichrechtliches „Arrest“verfahren. Der Staat hat das Recht auf sofortigen Zugriff, und den Anspruch, wegen seiner künftig fälligen Steuerforderung alsbald sichergestellt zu werden, wenn durch Vermögensverschleppung die Gefahr besteht, der Steueranspruch werde unerfüllt bleiben. Wie aus dem Wort „insbesondere“ im Text des § 12 hervorgeht, ist der Fall der Vermögensverschleppung nur ein Beispiel für die Gefährdung der Erhebung der Abgabe und des daraus folgenden Sicherungsanspruchs des Staates. Außer dem Falle der Vermögensverschleppung ins Ausland sind auch noch andere Fälle der Gefährdung der künftigen Abgabe denkbar, so beispielsweise die **Vergeudung des Vermögens** durch Übernahme sinnloser oder unbegründeter geschäftlicher Risiken, Bürgschaften u. dgl. Ob auch die Verschwendung im allgemeinen durch luxuriöse Ausgaben u. dgl. hierher zu zählen ist, also als „Beitreibungsgefährdung“ zu gelten hat, erscheint zweifelhaft.

Eine **allgemeine Sicherungsbestimmung** enthält schließlich der vierte Absatz des § 12. Erschwert oder vereitelt ein im Ausland sich aufhaltender Steuerpflichtiger — gleichgültig, ob er den inländischen Wohnsitz aufgegeben hat oder nicht — die Veranlagung der Abgabe dadurch, daß er eine Steuererklärung, zu der er nach §§ 25 ff. (s. dort) verpflichtet ist, nicht abgibt, so kann sein im **Inland befindliches Vermögen mit Beschlag belegt** werden. Die Beschlagnahme ist keine Sicherungsmaßregel, wie die Hinterlegung bei Beitreibungsgefährdung, sondern sie ist **als Zwangsmaßregel** gedacht, um den Steuerpflichtigen zur Erfüllung seiner öffentlichrechtlichen Steuererklärungspflicht (§ 25) anzuhalten. Die Beschlagnahme des Vermögens des Steuerpflichtigen hat die Wirkung, daß er das Verfügungsrecht über das Vermögen verliert. Die Beschlagnahme ist wieder aufzuheben, wenn die Steuererklärung des Pflichtigen erfolgt ist. Neben der Beschlagnahme kann auch das Sicherungsverfahren (Hinterlegung des zwangsweise beigetriebenen Steuerbetrages) eingeleitet werden, wenn die Voraussetzungen dafür vorliegen.

II. Steuerpflicht der Gesellschaften.

§ 13

Inländische Aktiengesellschaften, Kommanditgesellschaften auf Aktien, Berggewerkschaften und andere Bergbau trei-

bende Vereinigungen, letztere sofern sie die Rechte juristischer Personen haben, Gesellschaften mit beschränkter Haftung und eingetragene Genossenschaften haben von dem nach den Vorschriften der §§ 14 bis 18 festgestellten Mehrgewinn eine außerordentliche Kriegsabgabe zu entrichten.

Erläuterungen.

Die im § 13 erwähnten Gesellschaften sind dieselben wie die, die nach dem Gesetz über vorbereitende Maßnahmen zur Besteuerung der Kriegsgewinne vom 24. Dezember 1915 (auch Sicherungs- oder Rücklagengesetz genannt) von dem in den Kriegsgeschäftsjahren erzielten Mehrgewinn eine Sonderrücklage zu bilden haben. Die Bestimmungen über „Mehrgewinn", „Geschäftsgewinn", „Kriegsgeschäftsjahr" usw. sind im Kriegssteuergesetz im allgemeinen **die gleichen wie im Rücklagegesetz**; auch decken sich im übrigen die die Gesellschaften betreffenden Bestimmungen des Kriegssteuergesetzes (namentlich soweit sie in den §§ 14—17 enthalten sind) teilweise mit denen des Rücklagengesetzes. Aus diesem Grunde, besonders aber weil ein Zwang zur Schaffung der Rücklage besteht, wird nachstehend das Rücklagengesetz erläutert unter jeweiligem Hinweis auf die Abweichungen gegenüber dem Kriegssteuergesetz selbst. Auf diese Weise liefern die Erläuterungen zu § 13 in Verbindung mit denen zu § 22 gleichzeitig einen vollständigen Kommentar zum Rücklagengesetz.

Erläuterungen zum Rücklagengesetz.

Das Gesetz über vorbereitende Maßnahmen zur Besteuerung der Kriegsgewinne[1]) (Rücklagengesetz) gilt nur für juristische Personen. Es bezweckt, einer „Verflüchtigung" der Kriegsgewinne vorzubeugen. Nach der Meinung des Gesetzgebers war damit zu rechnen, daß durch eine Verteilung der Gewinne an die Gesellschafter die spätere steuerliche Erfassung der Gewinne durch die Kriegssteuer vereitelt oder erschwert würde. Das Gesetz sucht seinen Zweck dadurch zu erreichen, daß die für die Kriegsbesteuerung in Betracht kommenden Gesellschaften einen Teil ihrer Kriegsgewinne von der Ausschüttung an ihre Mitglieder ausschließen und zu einer besonderen Rücklage an-

---

[1]) Da die das Gesetz enthaltende Nr. 187 des Reichsgesetzblattes am 28. Dezember 1915 ausgegeben wurde, ist das Gesetz an diesem Tage in Kraft getreten.

sammeln müssen. Als **pflichtige Gesellschaften** sieht das Rücklagengesetz (ebenso wie im § 13 des Kriegssteuergesetzes) vor: Aktiengesellschaften, Kommanditgesellschaften auf Aktien, Berggewerkschaften und andere Bergbau treibende Vereinigungen (letztere, sofern sie die Rechte juristischer Personen haben), Gesellschaften m. b. H. und eingetragene Genossenschaften. Voraussetzung für die Pflicht zur Bildung der Sonderrücklage ist, daß während der als Kriegsgeschäftsjahre geltenden Periode gegenüber den als Friedensjahre geltenden **Mehrgewinne erzielt** sind.

Soweit andere juristische Personen des bürgerlichen Rechtes als die im § 1 des Rücklagengesetzes bezeichneten eine auf **Erwerb gerichtete Tätigkeit** ausüben, bestimmt der Bundesrat (§ 1 der Ausführungsbestimmungen zum Rücklagengesetz), ob und in welchem Umfange die Vorschriften des Gesetzes auf sie auszudehnen sind. Die obersten Landesbehörden teilen dem Reichskanzler mit, für welche juristische Personen in ihrem Verwaltungsbereiche die Ausdehnung der Vorschriften des Gesetzes in Betracht kommt. Die **Reichsbank** gehört nicht zu den unter das Rücklagen- und Kriegssteuergesetz fallenden juristischen Personen; die Kriegsabgaben der Reichsbank sind vielmehr in einem besonderen Gesetz geordnet.

Gesellschaften der bezeichneten Art (Aktiengesellschaften, Kommanditgesellschaften auf Aktien usw.), die ihren **Sitz im Ausland**[1]) haben, aber im Inland einen Geschäftsbetrieb unterhalten, sind ebenso wie zur Zahlung einer Abgabe (§ 19 des Kriegssteuergesetzes), zur Bildung einer Sonderrücklage verpflichtet (§ 6 des Rücklagengesetzes). Die Pflicht beschränkt sich auf den Mehrgewinn, der auf den inländischen Geschäftsbetrieb entfällt. Die Grundsätze, die bei einer bundesstaatlichen Einkommensteuerveranlagung für die Ausscheidung des auf den inländischen Geschäftsbetrieb entfallenden Teiles des steuerbaren Gesamteinkommens maßgebend waren, sind auch bei der Berechnung des auf den inländischen Betrieb entfallenden Teiles des Mehrgewinns anzuwenden (vgl. die Erläuterungen zu § 20). Wo eine Einkommen-

[1]) Die Rechtsverhältnisse dieser ausländischen Gesellschaften bestimmen sich nach ausländischem Recht. Als pflichtige Gesellschaften haben alle Geschäftsformen zu gelten, die in dem fremden Rechtsgebiet die Funktion einer der im § 1 Abs. 1 des Rücklagengesetzes bezeichneten Gesellschaften deutschen Rechtes erfüllen. Unerheblich ist es, ob eine Gesellschaft nach ausländischem Recht Rechtspersönlichkeit hat oder nicht (Moesle).

steuer nicht eingeführt ist (nur in Elsaß-Lothringen), hat die Landesregierung entsprechende Vorschriften zu erlassen. Darüber, ob eine Gesellschaft als inländische oder als ausländische anzusehen ist, entscheidet ihr Sitz im bürgerlich-rechtlichen (handelsrechtlichen) Sinne, also der Ort, von wo aus die Verwaltung geführt wird. Bei inländischen Gesellschaften sind auch die Gewinne ausländischer Niederlassungen zu berücksichtigen. Von der Verpflichtung zur Bildung einer Sonderrücklage sind **befreit** inländische Gesellschaften, die nach Entscheidung des Bundesrats ausschließlich **gemeinnützigen Zwecken** dienen (§ 7 des Rücklagengesetzes). Wird die Befreiung von der Verpflichtung zur Bildung einer Sonderrücklage auf Grund des § 7 beansprucht, so ist der entsprechende **Antrag** der zuständigen Steuerbehörde mit der Bitte um Weitergabe an den Bundesrat zu überreichen. Die **kriegswirtschaftlichen Gesellschaften** (Kriegsmetallgesellschaft, Kriegsledergesellschaft usw.) fallen nicht unter den § 7 des Rücklagengesetzes; sie sind nach einer Erklärung des Reichsschatzsekretärs (vgl. Kommissionsbericht zum Rücklagengesetz) nicht ausschließlich gemeinnützige Gesellschaften. Eine Rücklage werden sie indes doch nicht zu bilden haben, weil sie nach ihren Statuten verpflichtet sind oder verpflichtet werden sollen, alles, was sie über 5 % des Kapitals hinaus verdienen, an die Reichskasse abzuführen. Das Kriegssteuergesetz selbst spricht nicht ausdrücklich von den gemeinnützigen Gesellschaften; das erübrigt sich schon deshalb, weil, wo keine Rücklage gebildet ist, auch keine Pflicht zur Zahlung einer Abgabe besteht.

In die Sonderrücklage sind zu legen 50 % des Unterschiedes zwischen dem Geschäftsgewinn einer jeden als „Kriegsgeschäftsjahr“ geltenden Zeit und dem durchschnittlichen Geschäftsgewinn der letzten fünf noch näher zu erläuternden Friedensjahre, wobei für die Berechnung des Durchschnittsgewinnes die beiden Geschäftsjahre mit den besten und schlechtesten Geschäftsergebnissen ausscheiden (§ 5 des Rücklagengesetzes und § 17 des Kriegssteuergesetzes). Man muß also von dem Geschäftsgewinn eines Kriegsgeschäftsjahres den durchschnittlichen Geschäftsgewinn der Friedensjahre abziehen, um den „Mehrgewinn“ zu erhalten. Von diesem Mehrgewinn, der **auf volle Tausende** nach unten **abgerundet** wird und **mindestens 5000 ℳ** erreichen muß (§ 4 des Rücklagengesetzes und § 14 des Kriegssteuergesetzes), ist dann die Hälfte der „Sonderrücklage“ zuzuführen. Besteht eine Gesellschaft noch nicht solange, um fünf Friedensjahre nachweisen zu können, so ist der durchschnittliche Geschäftsgewinn nach den Ergebnissen der kürzeren Zeit, für die Jahresabschlüsse vorliegen, zu berechnen. Danach würde eine Gesellschaft, die so lange besteht, daß sie vier Geschäftsjahre nachweisen kann, den Durchschnitt dieser vier Jahre festzustellen haben. Eine Gesellschaft, die so lange besteht, daß sie $3^1/_2$ Friedensgeschäftsjahre nachweisen kann, würde den Durchschnitt von $3^1/_2$ Jahren festzustellen haben. Ist im Durchschnitt der Friedensjahre kein oder nur ein geringer Geschäftsgewinn erzielt oder liegt kein volles Geschäftsjahr vor den Kriegsgeschäftsjahren vor, so wird zur Ermittlung des in die Sonderrücklage abzuführenden Mehrgewinnes als früherer (fiktiver) „Durchschnittsgewinn" **mindestens ein Betrag von 5 v. H.** (für die tatsächliche Abgabe 6%; vgl. § 17) des eingezahlten Grund- oder Stammkapitals (siehe unten) angenommen zuzüglich des Mehrbetrages, der zur Verteilung einer etwaigen höheren festen **Vorzugsdividende** für bevorrechtigte Aktien notwendig gewesen wäre. (Das Gesetz spricht ganz allgemein von bevorrechtigten Aktien und macht keinen Unterschied zwischen Vorzugsaktien mit begrenzter und unbegrenzter Dividende. In Frage kommt indes immer nur der bevorrechtigte Teil der Dividende.) Beispiel: eine Aktiengesellschaft, deren Grundkapital aus 2 Mill. M eingezahlten Stammaktien und 1 Mill. M volleingezahlten 6%-Vorzugsaktien besteht, hat im Durchschnitt der letzten fünf Friedensjahre nach Ausscheidung der beiden Geschäftsjahre mit den besten und schlechtesten Geschäftsergebnissen einen Geschäftsgewinn in Höhe von 100000 M, im ersten Kriegsgeschäftsjahr hingegen einen Geschäftsgewinn in Höhe von 500000 M erzielt. Da der Betrag von 100000 M keine Verzinsung von 5% des Grundkapitals darstellt, als früherer Durchschnittsgewinn aber mindestens ein Betrag von 5% des Grund- oder Stammkapitals angenommen wird zuzüglich des Mehrbetrages, der zur Verteilung der höheren Dividende auf die Vorzugsaktien erforderlich ist, so muß die Berechnung des „Durchschnitts" und des „Mehrgewinnes", sowie des in die Sonderrücklage abzuführenden Betrages folgendermaßen vorgenommen werden:

(Fiktiver) Durchschnittsgewinn:	
auf die 3 Millionen M Grundkapital à 5%	150000 M
„ „ 1 Million M Vorzugsaktien (6 — 5%)	10000 M
	160000 M
Erstes Kriegsgeschäftsjahr	500000 M
Mehrgewinn	340000 M
Sonderrücklage	170000 M

Liegt ein volles Geschäftsjahr vor den Kriegsgeschäftsjahren nicht vor, so wird — wohlgemerkt **als Mindestbetrag** — zur Berechnung des in die Sonderrücklage abzuführenden Betrages gleichfalls der Betrag von 5% (für die tatsächliche Abgabe laut § 17 6%) des Grundkapitals zugrunde gelegt. In diesem Falle werden jedoch für Aktien oder Anteile, die zu einem den **Nennwert übersteigenden Preise** ausgegeben worden sind, die fünf Hundertstel (oder sechs Hundertstel nach dem Kriegssteuergesetz) von dem Kapital berechnet, das der Gesellschaft als Einzahlung auf ihre Aktien oder Anteile tatsächlich zugeflossen ist. Das heißt also: Sind 3 Mill. ℳ Aktien à 130% ausgegeben und ist von der Gesellschaft eine Summe von 3900000 ℳ vereinnahmt worden, so gilt als Durchschnittsgewinn (5% von 3900000 ℳ) der Betrag von 195000 ℳ. Hat nun etwa das erste Kriegsgeschäftsjahr einer neugegründeten Gesellschaft nur eine Dauer von sechs Monaten gehabt, so wären nicht 195000 ℳ, sondern nur (195000 : 2) 97500 ℳ zum Vergleich zu stellen. Hat die Gesellschaft schon vor dem als erstes Kriegsgeschäftsjahr geltenden Zeitraum bestanden, z. B. ein halbes Jahr, so ist besonders zu beachten, daß der Betrag von 5% (oder 6%) nur „Mindestbetrag" ist. Ist der Gewinn größer gewesen, z. B. für ein halbes Jahr 100000 ℳ (Kapitalverhältnisse wie oben), so würde sich der zum Vergleich zu stellende Durchschnittsgewinn auf 2 × 100000 = 200000 ℳ belaufen; denn 195000 ℳ gilt nur als „Mindestbetrag".

Hat sich das eingezahlte **Grund- oder Stammkapital** einer Gesellschaft während der Kriegsgeschäftsjahre **vermehrt**, so ist für die Zeit nach der Vermehrung dem durchschnittlichen früheren Geschäftsgewinn ein Betrag von 5% (für die tatsächliche Abgabe 6%) jährlich des der Gesellschaft durch die Neueinzahlungen tatsächlich zugeflossenen Kapitalbetrags hinzuzurechnen. Beispiel: Eine Gesellschaft hat in dem für die Zwecke der Berechnung des Durchschnitts- und Mehrgewinns zum Vergleich stehenden Friedensgeschäftsjahre ein Kapital von 1 Mill. ℳ gehabt, ebensoviel in der ersten Hälfte des ersten Kriegsgeschäftsjahres. In der zweiten Hälfte des ersten Kriegsgeschäftsjahres beträgt das Kapital $1^1/_2$ Mill. ℳ. Die 500000 ℳ neuer Aktien sind à 120% begeben worden und haben einen Nettoerlös von (120% abzüglich 5% Spesen) 575000 ℳ gebracht. Der Geschäftsgewinn betrug im Durchschnitt der Friedensjahre 100000 ℳ, im ersten Kriegsgeschäftsjahr 400000 ℳ. Es ist folgende Berechnung aufzumachen:

Kriegsgeschäftsgewinn		400000 *M*
Durchschnittlicher Friedensgeschäftsgewinn.	100000 *M*	
Zuzüglich 5% (auf 575000 *M*) für ein halbes Jahr	14375 *M*	114375 *M*
Mehrgewinn abgerundet		285000 *M*
Sonderrücklage		142500 *M*

Hat innerhalb der fünf den Kriegsgeschäftsjahren vorangegangenen Geschäftsjahre eine **Vermehrung**[1]) **des eingezahlten Grund- oder Stammkapitals** stattgefunden, so wird dem Geschäftsgewinne für die vor der Vermehrung liegende Zeit ein Betrag von 5% (für die tatsächliche Abgabe 6%) jährlich des der Gesellschaft durch die Neueinzahlungen tatsächlich zugeflossenen Kapitalbetrags zugerechnet. Beispiel: Eine Gesellschaft hat in den beiden ersten Friedensgeschäftsjahren ein Kapital von 3 Mill. *M* gehabt, während der drei letzten Friedensgeschäftsjahre ein Kapital von 5 Mill. *M* (die neuen 2 Mill. *M* Aktien erbrachten einen Erlös von 2240000 *M*). In den ersten neun Monaten des ersten Kriegsgeschäftsjahres betrug das Kapital gleichfalls 5 Mill. *M*, im letzten Viertel des ersten Kriegsgeschäftsjahres 8 Mill. *M* (die neuen 3 Mill. *M* Aktien ergaben einen Erlös von 3600000 *M*). Der Geschäftsgewinn betrug, wie angenommen werden soll,

im ersten Friedensgeschäftsjahr	. . . .	250000 *M*
„ zweiten „	. . . .	300000 *M*
„ dritten „	. . . .	350000 *M*
„ vierten „	. . . .	400000 *M*
„ fünften „	. . . .	500000 *M*
„ ersten Kriegsgeschäftsjahr	. . . .	800000 *M*

Da im ersten und zweiten Friedensgeschäftsjahre das Kapital 3 Mill. *M* betrug, in dem dritten, vierten und fünften 5 Mill. *M*, so ist dem Geschäftsgewinn (nicht etwa dem Durchschnittsgewinn) für die vor der Vermehrung liegende Zeit ein Betrag von 5 v. H. des der Gesellschaft durch die Neueinzahlungen tatsächlich zugeflossenen Kapitals zuzurechnen. Der tatsächlich zugeflossene Betrag stellt sich auf 2240000 *M*. Es ist mithin dem Geschäftsgewinn des ersten und des zweiten Friedensgeschäftsjahres je ein Betrag von (5% von 2240000 *M*) 112000 *M* hinzuzurechnen.

---

[1]) Eine Vermehrung des in einer Gesellschaft mit beschränkter Haftung arbeitenden Kapitals kann auch, falls das Statut dies vorsieht, durch Einforderung von Nachschüssen erfolgen.

Die fünf Friedensgeschäftsjahre erbrachten sonach (250000 plus 112000) 362000 ℳ, 412000 ℳ, 350000 ℳ, 400000 ℳ, 500000 ℳ. Das Geschäftsjahr mit 350000 ℳ und das mit 500000 ℳ scheiden für die Durchschnittsberechnung aus. Es bleiben infolgedessen zu berücksichtigen:

erstes Geschäftsjahr mit . . .	362000	ℳ
zweites „ „ . . .	412000	ℳ
viertes „ „ . . .	400000	ℳ
Summa:	1174000	ℳ
Durchschnitt	391333	ℳ

Nun ist aber noch die weitere Kapitalerhöhung zu berücksichtigen, die im ersten Kriegsgeschäftsjahr vorgenommen wurde. Denn — so sagt das Rücklagengesetz in seinem § 5 — hat sich das Kapital einer Gesellschaft während der Kriegsgeschäftsjahre vermehrt, so ist für die Zeit nach der Vermehrung dem durchschnittlichen (hier also wohl gemerkt dem durchschnittlichen) früheren Geschäftsgewinn ein Betrag von 5% des der Gesellschaft durch die Neueinzahlungen tatsächlich zugeflossenen Kapitalbetrages hinzuzurechnen. In unserem Falle 5% von 3600000 ℳ auf ein Vierteljahr = 45000 ℳ. Dadurch steigt der oben berechnete Durchschnittsgewinn von 391333 ℳ auf 436333 ℳ; die Differenz zwischen dem Durchschnittsgewinn und dem Gewinn für das erste Kriegsgeschäftsjahr beläuft sich auf 363667 ℳ, abgerundet (gemäß § 4 des Rücklagengesetzes) auf 363000 ℳ. Davon ist in die Sonderrücklage die Hälfte mit 181500 ℳ zu legen.

Der Ausdruck „Kapitalbetrag" (§ 5 Abs. 2 des Rücklagengesetzes, ebenso § 17 des Kriegssteuergesetzes) und „Kapital" (§ 5 Abs. 4 des Rücklagengesetzes, ebenso § 17 des Kriegssteuergesetzes) umfaßt nicht nur die Barzahlungen, sondern auch die Sacheinlagen. Die **Sacheinlagen** sind aber nicht mit dem Nennbetrage der als Gegenwert ausgegebenen Aktien oder Anteile, sondern **mit ihrem gemeinen Wert** anzusetzen.

Ist zur Fortführung desselben Unternehmens eine Gesellschaft der im § 1 des Rücklagengesetzes bezeichneten Art (Aktiengesellschaft, Kommanditgesellschaft auf Aktien usw.) in eine andere Gesellschaft der im § 1 des Gesetzes bezeichneten Art **umgewandelt** worden (§ 9 der Ausführungsbestimmungen zum Rücklagengesetz), so sind für die Festsetzung des durchschnittlichen früheren Geschäftsgewinnes die Ergebnisse der Gesellschaft in der früheren Form mitzuberücksichtigen. Eine Aktiengesellschaft, die in eine Gesellschaft m. b. H. umgewandelt worden ist, würde mithin den Mehrgewinn genau so zu berechnen haben, als ob in der Gesellschaftsform keine Veränderung vor sich gegangen wäre. Auf etwaige mit der **Änderung der Gesellschaftsform** verbundene Kapitalveränderungen würden die oben näher erläuterten Bestimmungen analog zur Anwendung kommen. Auf die **Vereinigung (Fusion) von Gesellschaften** finden (§ 9 Abs. 2 der Ausführungsbestimmungen des Rücklagengesetzes), soweit die Fusion mit einer Kapitalvermehrung der aufnehmenden Gesellschaft verbunden ist, gleichfalls die Bestimmungen des Rücklagengesetzes (§ 5 Abs. 2 und 5) über Vermehrungen des Grund- oder Stammkapitals entsprechende Anwendung. Hat also in einem der zur Berechnung des Geschäfts- oder Mehrgewinns zu berücksichtigenden Friedensgeschäftsjahre eine Vermehrung des Aktienkapitals der aufnehmenden Gesellschaft stattgefunden, so wird dem Geschäftsgewinn für die vor der Vermehrung liegende Zeit ein Betrag von 5 v. H. für die Rücklagenberechnung (6 v. H. für die Steuerberechnung) jährlich des der Gesellschaft durch die Neueinzahlungen zugeflossenen Kapitalbetrages zugerechnet. Bei der Feststellung des der aufnehmenden Gesellschaft tatsächlich zugeflossenen Kapitalbetrages sind, wie schon bemerkt, **Sacheinlagen mit ihrem gemeinen Wert** anzusetzen. Die Aktiengesellschaft A (mit 10 Mill. *M* Kapital) nimmt z. B. die Aktiengesellschaft B (mit 5 Mill. *M* Kapital) im Wege der Fusion in sich auf. A erhöht zu diesem Zweck ihr Kapital um 5 Mill. *M*, empfängt aber durch die Fusion einen Überschuß der Aktiven über die Passiven im Werte von 7 Mill. *M*. Dann würde „der der Gesellschaft zugeflossene Kapitalbetrag" in dieser Höhe zu berechnen sein. Hat sich das eingezahlte Grund- oder Stammkapital der aufnehmenden Gesellschaft während der Kriegsgeschäftsjahre vermehrt, so ist für die Zeit nach der Vermehrung dem durchschnittlichen früheren Geschäftsgewinn ein Betrag von 5 % jährlich für die Rücklagenberechnung (6 % für die Steuerberechnung) des der Gesellschaft durch die Neueinzahlungen tatsächlich zugeflossenen Kapitalbetrages hinzuzurechnen.

Sollte die **Anwendung der Vorschriften** des § 5 des Rücklagengesetzes in einem einzelnen Falle zu einer **besonderen Härte** führen, so kann (§ 9 Abs. 3 der Ausführungsbestimmungen zum Rücklagengesetz) der Reichskanzler vorbehaltlich der späteren Beschlußfassung des Bundesrats eine anderweitige Festsetzung des durchschnittlichen früheren Geschäftsgewinnes auf Antrag der pflichtigen Gesellschaft vorläufig genehmigen. Derartige Anträge sind dem Reichskanzler durch Vermittlung der obersten Landesfinanzbehörde vorzulegen; sie müssen also bei dieser gestellt werden.

Wie an anderer Stelle gesagt, ist solchen Gesellschaften, die in den Friedensjahren mit gar keinem oder nur mit geringem Erfolge gearbeitet haben, dadurch eine Konzession gemacht worden, daß der in der Kriegszeit erzielte tatsächliche Mehrgewinn (mit 50 % für die Überweisung an die Sonderrücklage) nur insoweit in Anspruch genommen wird, als er über einen Mindestbetrag hinausgeht, der eine gewisse Verzinsung des investierten Kapitals ermöglicht. In ähnlicher Weise werden, wie schon angeführt, Kapitalerhöhungen während der Friedens- oder Kriegsgeschäftsjahre berücksichtigt; es wird auch hier eine gewisse Verzinsung angenommen. Als angemessene Verzinsung ist, wie unsere vorstehenden Erläuterungen und Beispiele gezeigt haben, im Rücklagengesetz (§ 5 Abs. 2—5) der Zinssatz von 5 % angesehen worden; das Kriegssteuergesetz, das sich im übrigen, soweit es die juristischen Personen betrifft, fast durchweg auf dem Rücklagengesetz aufbaut, und dessen Bestimmungen vielfach sinngemäß übernimmt, hat bestimmt (§ 17), daß für die **Berechnung des Mehrgewinns** in den Fällen, in denen das Rücklagengesetz einen Zinssatz von 5 % vorsieht (§ 5 Abs. 2—5) 6 % zugrunde gelegt werden sollen. Begründet wird diese Erhöhung damit, daß die Anrechnung einer nur 5prozentigen Verzinsung vielfach als eine Härte empfunden worden sei, da bei Annahme einer 5prozentigen Verzinsung im Sinne des Sicherungsgesetzes nicht auch die Verteilung einer Dividende in dieser Höhe möglich ist. Das Kriegssteuergesetz ist danach milder ausgefallen, als das die Steuer vorbereitende Rücklagengesetz; es wird denn auch (abgesehen von den Ausnahmen, die sich aus § 22 ergeben) ein ansehnlicher Teil der zunächst an die Sonderrücklage gebundenen Beträge den Gesellschaften wieder zufließen, weil ja die vom Rücklagengesetz geforderte Zurückstellung von 50 % des Mehrgewinns über den Höchststeuersatz des Kriegssteuergesetzes hinausgeht.

In unseren das Kriegsrücklagengesetz erläuternden Ausführungen war wiederholt vom „Grundkapital“ die Rede. Zu erwähnen ist in dieser Hinsicht noch (§ 5 Abs. 3 des Rücklagengesetzes und § 17 Abs. 3 des Kriegssteuergesetzes), daß das **Grundkapital einer Berggewerkschaft** oder einer Bergbau treibenden Vereinigung folgendermaßen zu berechnen ist: Erwerbspreis plus Anlage- und Erweiterungskosten minus durch Schuldaufnahme gedeckter Aufwand hierfür.[1]) Bei den **eingetragenen Genossenschaften** tritt an Stelle des Grundkapitals die Summe der eingezahlten Genossenanteile.

In die Sonderrücklage sind, wie schon gesagt, zu legen 50% des Unterschiedes (Mehrgewinns) zwischen dem Geschäftsgewinn einer jeden als „Kriegsgeschäftsjahr" geltenden Periode und dem durchschnittlichen Geschäftsgewinn der Friedenszeit, die der Regel nach von dem Ergebnis der fünf letzten Friedensgeschäftsjahre ausgeht. Da die tatsächliche (aus der Sonderrücklage zu deckende) Steuerabgabe laut dem hier zur Erläuterung stehenden § 15 des Kriegssteuergesetzes im wesentlichen nach denselben Grundsätzen ermittelt wird, wie die Sonderrücklage, so ist es zunächst erforderlich, den Begriff „**Geschäftsgewinn**" im Sinne der beiden Gesetze zu erklären. Der § 3 des Rücklagengesetzes, der auch für das Kriegssteuergesetz (§ 16 erster und zweiter Satz) maßgebend ist, lautet:

> „Geschäftsgewinn im Sinne des Gesetzes ist der in einem Geschäftsjahr erzielte, nach den gesetzlichen Vorschriften und den Grundsätzen ordnungsmäßiger kaufmännischer Buchführung berechnete Bilanzgewinn. Abschreibungen sind insoweit zu berücksichtigen, als sie einen angemessenen Ausgleich der Wertverminderung darstellen."

Es könnten Zweifel darüber auftauchen, ob der „Geschäftsgewinn" erst zu ermitteln ist, wenn eine von früher übernommene **Unterbilanz (Verlustvortrag) getilgt** ist. Dem in den Friedensjahren erzielten Geschäftsgewinn sind die Beträge zuzurechnen, die zur Deckung eines aus früheren Jahren herrührenden Verlustes verwendet worden sind (§ 23 Abs. 1 Satz 1 der Ausführungsbestimmungen zum Kriegssteuergesetz). Ist hingegen eine Gesellschaft mit einer Unterbilanz in das erste Kriegsgeschäftsjahr eingetreten, so können die zur Beseitigung der Unterbilanz erforderlichen Beträge von dem Geschäftsgewinn der Kriegsgeschäftsjahre abgesetzt werden (§ 23 Abs. 1 Satz 2). Das gleiche muß übrigens auch gelten, wenn die Gesellschaft beim Eintritt in das zweite oder dritte Kriegsjahr mit einer Unterbilanz eingetreten ist. In der „Kommission für den Reichshaushaltetat" erklärte bereits der Staats-

[1]) Der Zusatz „abzüglich des durch Schuldaufnahme gedeckten Aufwandes hierfür" ist in den § 5 Abs. 3 des Rücklagengesetzes eingesetzt worden, um abweichend von der Rechtsprechung des preuß. Oberverwaltungsgerichtes zu § 15 Abs. 1 des Einkommensteuergesetzes, klarzustellen, daß der mit fremden Mitteln bestrittene Kapitalaufwand bei der Ermittlung des Grundkapitals auszuscheiden hat, was auch (vgl. Moesle) ganz gerechtfertigt ist, da die für die Verzinsung fremder Gelder erforderlichen Beträge zu den Geschäftsunkosten gehören.

sekretär des Reichsschatzamts bei der Beratung des Entwurfs des Rücklagengesetzes: „Wenn eine Gesellschaft vor dem Kriege schlecht gearbeitet hat, so daß sie eine Unterbilanz hatte, wird ihr als Mehrgewinn nur das berechnet, was sie über 5 % hinaus verdient hat. Ein Verlustvortrag muß nach den handelsgesetzlichen Bestimmungen zunächst aus dem Rohgewinn eines folgenden Jahres abgedeckt werden, ehe überhaupt ein Bilanzgewinn in Erscheinung treten kann. Da nun (nach § 3 des Rücklagengesetzes und § 13 des Kriegssteuergesetzes) auf die handelsgesetzlichen Vorschriften Bezug genommen ist, so kann ein Reingewinn erst in die Erscheinung treten, wenn der Verlustvortrag durch den Rohgewinn gedeckt ist.“ Voraussetzung jeder Gewinnberechnung ist (da die Ausnahmebestimmung des § 23 der Ausführungsbestimmungen nur die Friedensjahre betrifft) in den Kriegsgeschäftsjahren die Tilgung früherer Unterbilanzen. Beispiel: Eine Gesellschaft mit 5 Mill. *M* Aktienkapital hat die fünf letzten Friedensjahre mit folgenden Ergebnissen abgeschlossen:

Erstes Geschäftsjahr:	Gewinn	....	650000 *M*
zweites „	„	....	500000 *M*
drittes „	„	....	450000 *M*
viertes „	„	....	250000 *M*
fünftes „	Unterbilanz	...	100000 *M*

Für die Berechnung des durchschnittlichen Geschäftsgewinns scheiden das erste und fünfte Geschäftsjahr (§ 5 des Rücklagengesetzes) aus. Der Durchschnitt des zweiten, dritten und vierten Geschäftsjahres ergibt 400000 *M*. Im ersten Kriegsgeschäftsjahr sieht die Gewinn- und Verlustrechnung folgendermaßen aus:

Debet:		Kredit:	
Verlustvortrag	100000 *M*	Fabrikationsgewinn ..	1400000 *M*
Unkosten	300000 *M*		
Abschreibungen	200000 *M*		
Reingewinn 900000 *M* ab Verlustvortrag . 100000 *M*	800000 *M*		
	1400000 *M*		1400000 *M*

Es ist danach im ersten Kriegsgeschäftsjahr ein Reingewinn von 900000 *M* erzielt worden; der bilanzmäßige Gewinn mindert sich aber nach Tilgung des Verlustvortrages auf 800000 *M*. Ihm steht ein durchschnittlicher Geschäftsgewinn in den Friedensjahren in Höhe von 400000 *M* gegenüber. Der Mehrgewinn beträgt 400000 *M*;

in die Sonderrücklage sind 200000 ℳ zu legen. Hätte sich im Durchschnitt der Friedensjahre statt eines Gewinnes von 400000 ℳ ein Verlust von 400000 ℳ ergeben und die Abrechnung für das erste Kriegsgeschäftsjahr wie oben ausgesehen, so würde für die Friedensjahre zur Berechnung der Sonderrücklage ein Normalgewinn von (5% auf 5 Mill. ℳ Kapital) 250000 ℳ (für die Berechnung der Kriegsabgabe ein Normalgewinn von 6%) zu berücksichtigen sein. Dem Betrage von 250000 ℳ oder 300000 ℳ würde dann gegenüberstehen der bilanzmäßige Gewinn des ersten Kriegsgeschäftsjahres mit 800000 ℳ.

Während der aus dem Vorjahre übernommene Verlustvortrag (Unterbilanz) zu berücksichtigen ist, muß der aus dem Vorjahr übernommene **Gewinnvortrag** vor Feststellung des steuerpflichtigen Gewinnes ausgesondert werden. Beispiel:

Debet:		Kredit:	
Unkosten	300000 ℳ	Gewinnvortrag	100000 ℳ
Abschreibungen	200000 ℳ	Fabrikationsgewinn . .	1400000 ℳ
Reingewinn 900000 ℳ			
plus Vortrag 100000 ℳ	1000000 ℳ		
	1500000 ℳ		1500000 ℳ

Für die Berechnung des der Sonderrücklage zu überweisenden Betrages resp. der Steuerabgabe kommen danach 900000 ℳ und nicht etwa 1000000 ℳ in Betracht.

Aus den vorstehenden Darlegungen haben wir einen Überblick über das gewonnen, was als Geschäftsgewinn[1]) im bilanztechnischen Sinne gilt. Nun sind aber bekanntermaßen die Geschäftsbilanzen nicht ohne weiteres gleichbedeutend mit den Aufstellungen, die für den Steuerfiskus gemacht werden müssen. Daran erinnert der zweite Satz des § 3 des Rücklagengesetzes: „**Abschreibungen** sind insoweit zu berücksichtigen, als sie einen angemessenen Ausgleich der Wertverminderung darstellen." Es ergibt sich aus dieser Bestimmung, daß in der Bilanzaufstellung (vgl. Kommissionsbericht zum Rücklagengesetz) noch nicht das Entscheidende liegt, ob die vorgenommenen Abschreibungen einen angemessenen Ausgleich für eingetretene Wertminderungen darstellen oder inwieweit sie darüber hinaus als **steuerpflichtige stille Reserven** anzusehen sind. Bei den

[1]) Zum Geschäftsgewinn gehört nicht der Agiogewinn und ebensowenig ein etwaiger Buchgewinn, der sich durch eine Zusammenlegung der Aktien ergeben hat.

Erklärungen, die die verantwortlichen Leiter der Gesellschaften den Steuerbehörden abzugeben haben, wird die oft recht schwierige Frage, in welchem Umfange die Abschreibungen ein Erfordernis sind, **nach bestem Ermessen und Gewissen** zu beantworten sein. Bereits ergangene Entscheidungen darüber, inwieweit vorgenommene Abschreibungen als stille Reserven anzusehen sind, werden die verantwortlichen Organe der pflichtigen Gesellschaft zu beachten haben, wollen sie sich nicht den aus § 9 des Rücklagengesetzes (Geldstrafe bis zu 30000 ℳ und Haftung für den dem Fiskus erwachsenen Schaden) drohenden Nachteilen aussetzen.

Wenn während und speziell **für den Krieg eine Anlage geschaffen** worden ist, die nach dem Kriege für die betreffende Fabrik nicht mehr in Betracht kommt, so wird sie häufig bis auf den Alteisenwert abgeschrieben werden müssen. Dagegen wird die Steuerbehörde keine Einwendungen erheben können (vgl. hierzu § 8 Abs. 2 der Ausführungsbestimmungen zum Rücklagengesetz). Den Abschreibungen gleich zu achten sind Rückstellungen, die eine Wertverminderung ausgleichen sollen, z. B. **Delkrederekonto, Erneuerungskonto** (§ 8 Abs. 1 der Ausführungsbestimmungen zum Rücklagengesetz).

Stille Reserven, die etwa aus dem Gewinn der Kriegsgeschäftsjahre gebildet werden, unterliegen zweifelsohne der Besteuerung. Eine Zweifelsfrage könnte entstehen, wenn etwa **stille Reserven** (vgl. die Erläuterungen zu § 16) **aus früheren Jahren** während eines Kriegsgeschäftsjahres **realisiert** worden sind. Diese Frage ist im § 23 Abs. 2 der Ausführungsbestimmungen zum Kriegssteuergesetz geregelt. Danach dürfen Vermögensgegenstände, insbesondere Warenvorräte, die in einem Kriegsgeschäftsjahre veräußert worden sind, statt mit dem Buchwert **der letzten Friedensbilanz mit dem wirklichen Werte** angesetzt werden, den sie zur Zeit der letzten Friedensbilanz, spätestens jedoch am 30. Juni 1914 hatten. (Näheres hierüber ergeben die Erläuterungen zu § 16).

Der § 3 des Rücklagegesetzes (und § 16 des Steuergesetzes) hat, wie wir hervorheben möchten, nicht nur für die Kriegsgeschäftsjahre, sondern auch für die Friedensgeschäftsjahre Geltung (§ 6 der Ausführungsbestimmungen zum Rücklagengesetz). Daraus folgt, daß auch bei den zum Vergleich stehenden früheren Jahren der Geschäftsgewinn die Abschreibungen umfaßt, die über einen der tatsächlichen Wertverminderung hinausgehenden Betrag vorgenommen worden sind. Der § 3 (ebenso § 16 des Kriegssteuergesetzes) wirkt demnach unter Umständen nicht nur steuerverschärfend, sondern auch steuermildernd, das eine hinsichtlich der Abschreibungen in den Kriegsgeschäftsjahren, das andere hinsichtlich der Abschreibungen in den Friedensgeschäftsjahren. Denn je höher der Kriegsgeschäftsgewinn, desto höher der „Mehrgewinn" und dementsprechend die Abgabe; je höher aber der Friedensgeschäftsgewinn, desto niedriger der Mehrgewinn. Bei den ganz erheblichen Interessen, die für die Gesellschaften auf dem Spiele stehen, werden sie nachträglich ihre Friedensbilanzen nach diesen Gesichtspunkten nachprüfen, es sei denn, daß sie schon ohnehin durch die Landessteuergesetze genötigt waren, **besondere Steuerbilanzen** neben der „Generalversammlungsbilanz" aufzumachen. (Über **Nachteile**, die sich aus der nachträglichen Abänderung von Friedensbilanzen ergeben können, siehe die Erläuterungen zu § 16.)

Es kann übrigens vorkommen, daß die Gefährdung der Kriegssteuer nicht durch zu große Abschreibungen (stille Reserven) erfolgt, sondern dadurch, daß die **Abschreibungen unzureichend** festgesetzt wurden zum Zwecke der Ausschüttung hoher Dividenden oder zum Zwecke von Kurstreibereien. Dem hat der Gesetzgeber dadurch vorzubeugen gesucht, daß er bestimmt hat: „Abschreibungen sind insoweit zu berücksichtigen, als sie einen angemessenen Ausgleich der Wertminderung darstellen." Wenn aus Nachlässigkeit oder grober Fahrlässigkeit nicht die notwendigen Abschreibungen vorgenommen werden, dann kann die Leitung der Gesellschaft nach den Strafbestimmungen verantwortlich gemacht werden.

Die allgemeinen Grundsätze über das, was als Geschäftsgewinn zu verstehen ist, erfahren gewisse Ausnahmen: „**Versicherungsgesellschaften** können vom Reingewinn den Teil absetzen, der als sog. Versichertendividende auf die den Versicherten selbst zurückzugewährenden Prämienüberschüsse entfällt. Bei **Gesellschaften m. b. H. und eingetragenen Genossenschaften**, die ausschließlich der gemeinschaftlichen Verwertung von Erzeugnissen der Gesellschafter oder Genossen oder dem gemeinschaftlichen Einkauf von Waren dienen, können vom Reingewinn diejenigen Beträge abgesetzt werden, die als Entgelt für die von den Gesellschaftern oder Genossen gelieferten Erzeugnisse oder als Rückvergütung auf den Kaufpreis der von den Gesellschaftern oder Genossen bezogenen Waren anzusehen sind". Es handelt sich hierbei um die sog. „**Produktivgenossenschaften**", von denen aber nicht alle eingetragene Genossenschaften, sondern manche auch Gesellschaften m. b. H. sind. Das System ist juristisch verschieden geregelt (vgl. Kommissionsbericht über das Rücklagengesetz), in der Sache besteht aber Übereinstimmung, daß die Mitglieder der Gesellschaften ihre Erzeugnisse der Gesellschaft zum Zwecke der gemeinschaftlichen Verarbeitung und des gemeinschaftlichen Verkaufs übergeben. Meist wird ein Abschlagspreis für die Einlieferungen ausbedungen, der in der Regel mäßig ist. Daneben wird eine Nachzahlung vorgesehen. Der Gewinn solcher Gesellschaften oder Genossenschaften zerfällt in zwei Teile, nämlich in den Teil, der pro rata des eingezahlten Kapitals ausgeschüttet wird, und zweitens in den Teil, der pro rata der Einlieferungen der Erzeugnisse an die Genossen oder Gesellschafter als Nachzahlung gewährt wird. Im allgemeinen wird Geschäftsgewinn der Gesellschaft nur der pro rata der Kapitalbeteiligung ausgeschüttete Gewinn sein, während die pro rata der eingelieferten Erzeugnisse erfolgten Nachzahlungen einen Bestandteil des Kaufpreises bilden. Das hat den Bundesrat veranlaßt, in den Ausführungsvorschriften zum Rücklagengesetz die obige Bestimmung zu treffen.

Wir haben erfahren, daß Versicherungsgesellschaften die „Versichertendividende" und Produktivgenossenschaften die Nachzahlung vom „Geschäftsgewinn" absetzen dürfen. Nun ist aber noch eine weitere, **alle Gesellschaften betreffende Absetzungsmöglichkeit** zu erwähnen:

Nach § 1 Abs. 3 des Rücklagengesetzes, dessen Vorschriften auch für das Kriegssteuergesetz Bedeutung haben, dürfen **Gewinnbeträge**, die **zu ausschließlich gemeinnützigen Zwecken** bestimmt worden sind, und deren Verwendung zu solchen Zwecken gesichert ist, von dem Geschäftsgewinn des beim Inkrafttreten des Rücklagengesetzes (28. Dezember 1915) abgelaufenen Kriegsgeschäftsjahres abgezogen werden. Voraussetzung hierfür ist (§ 1 Abs. 2 und 3 des Rücklagengesetzes), daß der Gewinn des Kriegsgeschäftsjahres bereits verteilt ist. Wenn z. B. eine Gesellschaft im ersten, vor dem 28. Dezember 1915 abgelaufenen Geschäftsjahr einen Mehrgewinn von 1 Mill. *M* gegenüber dem Durchschnitt der Friedensgeschäftsjahre erzielt und diesen Betrag in voller Höhe für gemeinnützige Zwecke bestimmt hat, dann ist kein Mehrgewinn vorhanden, keine Sonderrücklage zu bilden und dementsprechend von dem Gewinn des betreffenden Jahres keine Kriegssteuer zu zahlen. Die in Frage kommenden Zuwendungen müssen dauernd dem Zugriff der Gesellschaft entzogen sein und scheiden regelmäßig nicht nur wirtschaftlich, sondern auch formalrechtlich aus dem Gesellschaftsvermögen aus. (Hierzu gehören besondere Stiftungen für Angestellte der Gesellschaft, Zuwendungen an den Invalidendank, an die Nationalstiftung usw.)

Während die Absetzung der zu gemeinnützigen Zwecken bestimmten Beträge vom Geschäftsgewinn zum Zweck der Bildung der Sonderrücklage nur für die vor dem 28. Dezember 1915 abgelaufenen Kriegsgeschäftsjahre erfolgen darf, bestimmt das Kriegssteuergesetz (vgl. § 22 Abs. 1) allgemein, daß „die Abgabe von den Gesellschaften insoweit nicht erhoben wird, als sie verhältnismäßig auf Gewinnbeträge entfällt, die zu ausschließlich gemeinnützigen Zwecken bestimmt worden sind und deren dauernde Verwendung zu solchen Zwecken gesichert ist".

Als das Kriegssteuerrücklagengesetz herauskam, wurde viel darüber gestritten, ob die **Tantiemen an Aufsichtsrat und Vorstand** der Aktiengesellschaften usw. von dem in der üblichen Weise festgestellten Gewinn zu berechnen sind oder ob der ermittelte Gewinn vorweg um die Steuerrücklage zu kürzen ist. Ein Befürworter (Hirschfeld) der Tantiemepflicht, und zwar ohne Beschränkung auf die Vorstandstantieme, führt u. a. aus:

„Die Tantiemen sind meines Erachtens vor Absonderung der Sonderrücklage aus dem ganzen dann noch vorhandenen Gewinn zu berechnen, weil die Sperrücklage erst dann ermittelt werden kann, wenn feststeht, wieviel die Gesellschaft ohne die Sonderrücklage bilanzmäßig verdient hat. Wäre die Bildung der Sonderrücklage eine Bilanzvorschrift, was sie ja bestimmt nicht ist, dann könnte man vielleicht daran denken, ob sie eine Rücklage im Sinne der §§ 237 und 245 HGB. bildet. Aber auch hier sind unter Rücklagen nur solche Gewinnteile gemeint, welche dem Wohle der Gesellschaft weiter dienen sollen und ihrer freien Verfügung und Verwaltung überlassen bleiben, so daß sich dem Gesamtwohl der Gesellschaft das Einzelinteresse ihrer Glieder unterzuordnen hat."

Diese Ausführungen sind unseres Erachtens nicht überzeugend. Der **Gewinn** ist **nach den üblichen Grundsätzen** festzustellen. Er ist dann um die Rücklagen (einschließlich der Kriegssteuerrücklage) zu kürzen, und der so ermittelte Betrag — für den Aufsichtsrat abzüglich 4% Dividende — bildet die Basis der Tantiemeberechnung. Durchaus verfehlt ist die Meinung, daß die §§ 237 und 245 des Handelsgesetzbuches nicht anwendbar sind. Gerade diese stellen mit aller Klarheit und ohne jede Einschränkung den Grundsatz auf, daß die Tantieme von dem „nach Vornahme sämtlicher Abschreibungen und Rücklagen" verbleibenden Reingewinn zu berechnen ist. Will man nun trotzdem, wie es Hirschfeld tut, einen Unterschied zwischen Rücklagen, die dem Wohle der Gesellschaft weiter dienen und anderen machen, so ist festzustellen, daß die Kriegsgewinnreserve etwa in gleicher Weise wie die Talonsteuerreserve später der Gesellschaft zugute kommt, also „ihrem Wohle dient". Sowohl durch die eine als auch durch die andere wird nämlich dafür Vorsorge getroffen, daß die in absehbarer Zeit fällige Steuerverpflichtung aus einem bereits vorhandenen Fonds ohne Beeinträchtigung der sonstigen Aktiva der Gesellschaft abgelöst werden kann. Würde eine solche Rücklage nicht geschaffen werden, so würde die Steuer die Abrechnungen kommender Jahre (und bei der Höhe der Steuer zumeist recht erheblich) beeinflussen. Damit beantwortet sich aber — wenn man überhaupt noch an den §§ 237 und 245 des Handelsgesetzbuches herumgehen[1]) oder an ihnen herumdeuteln will — auch die Frage, wie die Sperrücklage zu beurteilen und vom Standpunkte der Tantiemeberechnung aus zu behandeln ist. Ebenso wie die Steuer selbst nach dieser Meinung zu Lasten der Gewinn- und Verlustrechnung geht und somit die Tantieme entsprechend vermindert, ebenso sollte der für diese Zwecke gebildete Fonds **der Tantiemepflicht entzogen** sein. Stellt sich später heraus, daß die Rücklage nicht in vollem Umfange durch den Steuerbetrag verbraucht wird, so würde die Differenz unbedenklich kommenden Gewinnen hinzugerechnet und als tantiemepflichtig angesehen werden können. Daraus ergäbe sich allerdings, falls inzwischen die Zusammensetzung des Vorstandes oder Aufsichtsrats eine Veränderung erfahren hat, die Ungerechtigkeit, daß ein Teil der in der Kriegszeit verdienten Erträge denen zugute kommt, die nicht an der Erzielung dieser Gewinne mitgewirkt haben. Aber diese Ungerechtigkeit, die übrigens auch bei anderen Rücklagen (insbesondere bei den stillen Reserven) nicht zu vermeiden ist, hätte weniger Bedeutung, als wenn man die Steuerrücklage als tantiemepflichtig behandelte. Dann würde nämlich den Aktionären außer der Steuer das Plus an Tantieme zur Last fallen, und selbst in dem Zeitpunkte, in dem aus der Rücklage die Steuer bezahlt wird, würde sich kein Ausgleich zugunsten der Aktionäre ergeben, weil nämlich dann kein Anlaß mehr vorliegt, die Steuer der Abrechnung zu belasten. Ja, eine wenig peinliche Verwaltung könnte die etwa aus der Rücklage freiwerdenden Beträge nochmals als tantiemepflichtige Gewinne behandeln und so die Aktionäre doppelt schädigen.

---

[1]) Eine Reichsgerichtsentscheidung vom 20. März 1905 (veröffentlicht in Nr. 11 der Juristischen Wochenschrift, 34. Jahrgang) enthält folgenden Passus: „Reservefonds ist jeder Betrag des festgestellten Reingewinns einer Aktiengesellschaft oder Gesellschaft m. b. H., welcher nicht verteilt oder anderweit verwendet, sondern für die Zwecke der Gesellschaft zurückbehalten wird, gleichviel, ob die Rücklage für längere oder kürzere Dauer erfolgt."

Das Resultat dieser Untersuchung, die sich in erster Reihe auf die Aktiengesellschaften und Kommanditgesellschaften auf Aktien erstreckt, lautet: Die Tantieme darf nicht von dem für die Rücklage bestimmten Betrage (und ebenso nicht von dem für die Steuer selbst verausgabten Betrage) berechnet werden[1].)

Eine weitere (durch die Ausführungsbestimmungen erledigte) Streitfrage war die, ob als Reingewinn zum Zwecke der Berechnung der Steuerabgabe der **um die Tantieme gekürzte Überschuß** oder der unverkürzte Betrag anzusehen ist. Hierzu sagt nun § 20 Abs. 2 der Ausführungsbestimmungen zum Kriegssteuergesetz:

„Die Anteile der Vorstandsmitglieder oder Geschäftsführer wie der sonstigen Beamten und Angestellten am Jahresgewinn, auf welche diese einen Rechtsanspruch haben, sind als abzugsfähige Betriebskosten anzusehen. Dagegen sind Vergütungen (Tantiemen) der Aufsichtsratsmitglieder, die von der Höhe des Reingewinns und von dessen Feststellung durch die Generalversammlung oder Gesellschafterversammlung abhängig sind, von dem Geschäftsgewinne nicht abzusetzen."

Es wird danach unterschieden — und zwar in gleicher Weise wie das seitens einzelner Bundesstaaten bei der Einkommenbesteuerung der Aktiengesellschaften geschieht — zwischen den **Vorstands- und den Aufsichtsratstantiemen.** Nach unserer Meinung ist diese Unterscheidung nicht berechtigt, denn sowohl die Gewinnanteile der Vorstandsmitglieder, wie die der Aufsichtsratsmitglieder werden vom Reingewinn berechnet, und sowohl die Vorstandsmitglieder, als auch die Aufsichtsratsmitglieder haben einen Rechtsanspruch auf die in Frage kommende Vergütung, der in dem einen Falle durch das zwischen der Gesellschaft und dem Vorstandsmitglied getroffene Abkommen, in dem anderen Falle durch die Vorschriften des Gesellschaftsvertrages gegeben ist. Die Deduktion, die zu einer entgegengesetzten Auffassung als der unsrigen geführt hat, und vom Reichsschatzamt, wo die Ausführungsbestimmungen ausgearbeitet worden sind, vertreten wird, lautet etwa folgendermaßen: „Nicht jeder Gewinn, der bilanzmäßig als sogenannter Reingewinn berechnet wird, ist Reingewinn im Sinne des (Kriegssteuer-)Gesetzes. Der bilanzmäßig berechnete Reingewinn kann zunächst noch ein

[1]) Nicht gelöst ist der Zweifel, ob die Sonderrücklage der Gesellschaften der landesrechtlichen Einkommensteuerpflicht unterliegt. Die Frage ist auf Seite 69 näher erörtert. Der preußische Finanzminister hat sich durch Erlaß vom 18. Februar 1916 dafür ausgesprochen, doch ist seine Ansicht nicht unwidersprochen geblieben. Da seine Äußerung nicht rechtsverbindlich ist, wird die Frage noch vor das Oberverwaltungsgericht gebracht und erst dort endgültig entschieden werden.

roher Reingewinn sein. Ein roher Reingewinn ist ferner auch der Reingewinn, der um die Tantiemen der Gesellschaftsbeamten noch nicht gekürzt ist. Die Tantieme, auf welche die Gesellschaftsbeamten einen rechtlich gesicherten Anspruch haben, gilt als Gehaltsteil, auch wenn sie vom Reingewinn berechnet wird. Insoweit gehört die Tantieme der Vorstandsmitglieder und der sonstigen Gesellschaftsbeamten zu den abzugsfähigen Geschäftsunkosten." Den Gesellschaften kann diese Auslegung nur willkommen sein. Wir sehen sie, soweit die Tantiemen in Frage kommen, als unhaltbar an. Hinsichtlich der **Geschäftsführer der Gesellschaften mit beschränkter Haftung** wird im § 20 Abs. 3 der Ausführungsbestimmungen noch im besonderen folgendes gesagt:

„Sind Gesellschafter zu Geschäftsführern einer Gesellschaft mit beschränkter Haftung bestellt, so sind die ihnen zukommenden Gewinnanteile nur insoweit als abzugsfähige Betriebskosten zu behandeln, als sie sich als Entgelt für die auf Grund eines mit der Gesellschaft abgeschlossenen Dienstvertrages ausgeübte Tätigkeit als Geschäftsführer darstellen. Der Umstand, daß die Bestellung der Geschäftsführer im Gesellschaftsvertrage selbst erfolgt ist, schließt die Annahme eines Dienstvertragsverhältnisses nicht aus."

Hier soll also vorgebeugt werden, daß die Bezüge der Geschäftsführer und gleichzeitig Gesellschafter einer Gesellschaft m. b. H. über das ihnen als Vergütung für ihre Tätigkeit als Geschäftsführer hinaus aus der Kasse der Gesellschaft Zufließende, als abzugsfähig behandelt werden. Der abzugsfähige Betrag soll nicht über den hinausgehen, auf den sie laut ihrem Dienstvertrag Anspruch haben. Es braucht aber kein besonderer Vertrag zwischen der Gesellschaft und dem Geschäftsführer abgeschlossen zu sein, es genügt gegebenen Falles die Vereinbarung, die bei der Bestellung des Geschäftsführers im Gesellschaftsvertrage selbst getroffen ist.

Von besonderer Wichtigkeit für die Feststellung der Sonderrücklage und der Kriegssteuer ist die Frage, was hat man unter **Kriegsgeschäftsjahr**, was unter **Friedensgeschäftsjahr** in zeitlicher Hinsicht zu verstehen? Der § 2 des Rücklagengesetzes, der vom § 15 des Kriegssteuergesetzes übernommen wird, antwortet auf die Frage, was hat man unter einem Kriegsgeschäftsjahr zu verstehen: „Als Kriegsgeschäftsjahre gelten die drei aufeinanderfolgenden Geschäftsjahre, deren erstes noch den Monat August 1914 mitumfaßt oder bei einer später gegründeten Gesellschaft mitumfassen würde, wenn sie damals schon bestanden hätte."

Es ergibt sich danach folgendes:

Wenn das Geschäftsjahr

vom	1. 1.—31. 12.	läuft, so gilt als erstes Kriegsjahr	1. 1. 1914—31. 12. 1914
„	1. 2.—31. 1.	„ „ „ „ „ „	1. 2. 1914—31. 1. 1915
„	1. 3.—28. 2.	„ „ „ „ „ „	1. 3. 1914—28. 2. 1915
„	1. 4.—31. 3.	„ „ „ „ „ „	1. 4. 1914—31. 3. 1915
„	1. 5.—30. 4.	„ „ „ „ „ „	1. 5. 1914—30. 4. 1915
„	1. 6.—31. 5.	„ „ „ „ „ „	1. 6. 1914—31. 5. 1915
„	1. 7.—30. 6.	„ „ „ „ „ „	1. 7. 1914—30. 6. 1915
„	1. 8.—31. 7.	„ „ „ „ „ „	1. 8. 1914—31. 7. 1915
„	1. 9.—31. 8.	„ „ „ „ „ „	1. 9. 1913—31. 8. 1914
„	1. 10.—30. 9.	„ „ „ „ „ „	1. 10. 1913—30. 9. 1914
„	1. 11.—31. 10.	„ „ „ „ „ „	1. 11. 1913—31. 10. 1914
„	1. 12.—30. 11.	„ „ „ „ „ „	1. 12. 1913—30. 11. 1914

Das erste Kriegsgeschäftsjahr einer Gesellschaft, die ihre Jahresbilanz am 31. August aufstellt, umfaßt demnach elf Friedensmonate und nur einen Kriegsmonat. In dem von der Reichsregierung zuerst ausgearbeiteten Gesetzentwurf sollte als erstes Kriegsgeschäftsjahr das Geschäftsjahr gelten, das noch mindestens den Monat Oktober 1914 umfaßt. Der Reichstag ging aber vom August 1914 aus, und zwar, weil er sich auf den Standpunkt stellte, daß gerade in den ersten Monaten des Krieges große Gewinne erzielt worden sind. Hinsichtlich der **neugegründeten Gesellschaften** wird für die Frage, welche Jahre als Kriegsgeschäftsjahre in Betracht kommen, ebenfalls von dem satzungsmäßigen Geschäftsjahre auszugehen sein. Das letzte Kriegsgeschäftsjahr einer solchen Gesellschaft ist dasjenige Geschäftsjahr, das als drittes Kriegsgeschäftsjahr anzusehen wäre, wenn ein längeres Bestehen mit dem gleichen satzungsmäßigen Geschäftsjahr unterstellt wird. Ist z. B. eine Gesellschaft im Dezember 1914 gegründet worden und fällt ihr Geschäftsjahr mit dem Kalenderjahr zusammen, so endet das letzte Kriegsgeschäftsjahr am 31. Dezember 1916; dagegen am 30. Juni 1917, wenn das Geschäftsjahr vom 1. Juli bis 30. Juni läuft. Eine im September 1914 gegründete Gesellschaft, die am 1. Oktober 1914 ihre Tätigkeit aufgenommen hat, als Geschäftsjahr aber das Kalenderjahr gelten läßt, hat als erstes Kriegsgeschäftsjahr die Zeit vom 1. Oktober 1914 bis 31. Dezember 1914, als zweites das Jahr 1915 und als drittes das Jahr 1916 anzusehen. Hat sie im ersten Kriegsgeschäftsjahr bei einem Aktienkapital von 1 Mill. ℳ einen „Geschäftsgewinn" von 45 000 ℳ erzielt, so kommt für die Berechnung des Mehrgewinns, wenn es sich um die Feststellung der Sonderrücklage handelt, ein Betrag von 12 500 ℳ (5 % von 1 Mill. ℳ auf $^1/_4$ Jahr) in Abzug, und wenn es sich um die Feststellung der Steuerabgabe handelt, ein Betrag von 15000 ℳ (6% von 1 Mill. ℳ auf 1/4 Jahr).

Als **Friedensgeschäftsjahre** gelten die fünf dem ersten Kriegsgeschäftsjahr vorangegangenen Geschäftsjahre.

* * *

Zum Verständnis für die Bedeutung des § 13 des Kriegssteuergesetzes war es erforderlich, das Rücklagengesetz besonders insoweit heranzuziehen und zu erklären, als seine Bestimmungen auch für das Kriegssteuergesetz Bedeutung haben. Weitere wichtige Fragen des Rücklagengesetzes sind in den Erläuterungen zu § 22 des Kriegssteuergesetzes enthalten.

Über Veranlagung und Erhebung der außerordentlichen Kriegsabgabe der steuerpflichtigen Gesellschaften s. Anmerkung zu § 28 S. 169 ff.

§ 14

Als Mehrgewinn (§ 13) gilt der Unterschied zwischen dem durchschnittlichen früheren Geschäftsgewinne (§§ 16, 17) und dem jeweils in einem Kriegsgeschäftsjahr (§ 15) erzielten Geschäftsgewinne (§ 16).

Die Unterschiedsbeträge werden auf volle Tausende nach unten abgerundet. Beträge unter fünftausend Mark bleiben außer Betracht.

Bleibt der Geschäftsgewinn eines Kriegsgeschäftsjahrs hinter dem durchschnittlichen früheren Geschäftsgewinne zurück, so darf der Mindergewinn mit dem Mehrgewinn anderer Kriegsgeschäftsjahre ausgeglichen werden.

Erläuterungen.

In den Erläuterungen zu § 13 ist ausführlich dargelegt worden, daß die Berechnung des steuerpflichtigen Mehrgewinns für die Zwecke der Steuerabgabe sich eng anschließt an die Berechnung des Mehrgewinns für die Gewinnsteuerrücklage, aus der ja die Steuerabgabe geschöpft werden soll. **Steuerpflichtiger Mehrgewinn** ist der Unterschied zwischen dem Durchschnittsergebnis der fünf letzten Friedensjahre (unter Ausscheidung des besten und des schlechtesten) und dem jeweils in einem Kriegsgeschäftsjahre erzielten Geschäftsgewinn. (Dabei ist es nicht erforderlich, daß der Mehrgewinn unmittelbar oder mittelbar mit dem Kriege zusammenhängt.) Man muß also jeweilig den Geschäftsgewinn eines Kriegsgeschäftsjahres dem durchschnittlichen Geschäftsgewinn der in Betracht kommenden Friedensgeschäftsjahre gegenüberstellen, um den Mehrgewinn zu erhalten. Besteht eine Gesellschaft noch nicht so lange, um fünf Friedensgeschäftsjahre nachweisen zu können, so ist der durchschnittliche Gewinn nach den Ergebnissen der kürzeren Zeit, für die Jahresabschlüsse vorliegen, zu berechnen (vgl. die ausführliche Erläuterung zum Rücklagengesetz, S. 88). Umfaßt bei einer neugegründeten Gesellschaft das erste Kriegsgeschäftsjahr nur einen **Bruchteil des ordentlichen Geschäftsjahres**, so ist der Gewinn dieses ersten Kriegsgeschäftsjahres auch nur mit dem entsprechenden Bruchteil des angenommenen Durchschnittsgewinnes zu vergleichen. Beispiel: Eine Gesellschaft mit einem Grundkapital von 1 Mill. *M* ist am 1. September 1914 gegründet worden; das erste Geschäftsjahr endet am 31. Dezember 1914, die folgenden Geschäftsjahre fallen mit dem Kalenderjahr zusammen. Fiktiver Durchschnittsgewinn nach § 17 Abs. 3 (6 % von 1 Mill. *M*) 60000 *M*, Geschäftsgewinn im ersten Kriegsgeschäftsjahr 30000 *M*. Da dieses nur vier Monate umfaßt, sind gegenüberzustellen: 30000 *M* und 20000 *M*, mithin Mehrgewinn 10000 *M*. Die Unterschiedsbeträge werden auf volle Tausend abgerundet, d. h. der Mehrgewinn eines jeden Jahres für sich (z. B. 33600 = 33000). Beträge, d. h. Unterschiedsbeträge, unter 5000 *M* bleiben außer Betracht. Gemeint sind die Unterschiedsbeträge, die sich bei Vergleichung eines Kriegsgeschäftsjahres mit dem Friedensdurchschnittsgewinn ergeben. Hat also eine Gesellschaft 4800 *M* Mehrgewinn im ersten, 4900 *M* im zweiten und 4300 *M* Mehrgewinn im dritten Geschäftsjahre erzielt, so würde an sich in allen drei Jahren eine Abrundung auf je 4000 *M* anzunehmen sein; eine Abgabe kommt aber nicht in Frage, da in keinem der Jahre ein Mehrgewinn von 5000 *M* erreicht ist.

Bleibt der Geschäftsgewinn eines Kriegsgeschäftsjahres hinter dem durchschnittlichen früheren Geschäftsgewinn zurück, so darf der **Mindergewinn mit dem Mehrgewinn** anderer Kriegsgeschäftsjahre **ausgeglichen** werden. Erstes Beispiel: Durchschnittlicher Geschäftsgewinn 63520 *M*. Gewinn im ersten Kriegsgeschäftsjahr 75820 *M*, im zweiten 60410 *M*, im dritten 67520 *M*. Der Mehrgewinn beträgt mithin im ersten Kriegsgeschäftsjahre 12300 *M*. Für das zweite Kriegsgeschäftsjahr ergibt sich ein Mindergewinn in Höhe von 3110 *M*, für das dritte ein Mehrgewinn von 4000 *M*. Der Mehrgewinn des ersten Kriegsgeschäftsjahres darf um den

Mindergewinn des zweiten Geschäftsjahres gekürzt werden und sinkt mithin auf 9190 *M*. Die Abrundung bringt den Betrag auf 9000 *M*. Er erhöht sich auch nicht um den Mehrgewinn des dritten Kriegsgeschäftsjahres; denn dieser beläuft sich auf weniger als 5000 *M* und bleibt infolgedessen unberücksichtigt. Zweites Beispiel: Die Gesellschaft hat in den fünf dem ersten Kriegsgeschäftsjahre vorangegangenen Geschäftsjahren mit Verlust gearbeitet; für das erste Kriegsgeschäftsjahr ergibt sich ebenfalls ein Verlust, und zwar (ein nicht durch Reserven ausgeglichener) in Höhe von 100000 *M* (vgl. die Erläuterungen zu § 13), für das zweite Kriegsgeschäftsjahr ergibt sich ein Gewinn von 390000 *M*, nachdem die aus dem ersten Kriegsgeschäftsjahre übernommene Unterbilanz in Höhe von 100000 *M* getilgt ist. Als durchschnittlicher früherer (fiktiver) Geschäftsgewinn gilt im vorliegenden Falle (nach § 17 Abs. 3), wenn die Gesellschaft mit einem Kapital von $2^1/_2$ Mill. *M* arbeitet, ein Betrag von 150000 *M*. Hinter diesem bleibt das Ergebnis des ersten Kriegsgeschäftsjahres um 250000 *M* zurück. Mithin darf der Mehrgewinn des zweiten Kriegsgeschäftsjahres um diesen Mindergewinn gekürzt werden. Der Mehrgewinn des zweiten Kriegsgeschäftsjahres beträgt (390000 — 150000 *M*) 240000 *M*. Wird dieser um 250000 *M* gekürzt, so verbleibt kein steuerpflichtiger Gewinn, sondern ein Manko von 10000 *M*, das mit dem eventuellen Gewinn des dritten Kriegsgeschäftsjahres verrechnet (ausgeglichen) werden darf.

Näheres über die Bedeutung und Berechnung des Mehrgewinns, des Durchschnittsergebnisses, des Geschäftsgewinns der Kriegs- und Friedensjahre ist an der Hand von Beispielen und unter Heranziehung der Bestimmungen des Rücklagengesetzes in den Erläuterungen zu § 13 gesagt worden.

§ 15

Als Kriegsgeschäftsjahre (§ 14) gelten die drei aufeinanderfolgenden Geschäftsjahre, deren erstes noch den Monat August 1914 mitumfaßt oder bei einer später gegründeten Gesellschaft mitumfassen würde, wenn sie damals schon bestanden hätte.

Erläuterungen.

Als Kriegsgeschäftsjahre kommen **drei aufeinanderfolgende Jahre** in Betracht, deren erstes noch den Monat August 1914 mitumfaßt.

Wenn das Geschäftsjahr		
vom 1. 1.—31. 12.	läuft, so gilt als erstes Kriegsjahr	1. 1. 1914—31. 12. 1914
„ 1. 2.—31. 1.	„ „ „ „ „ „	1. 2. 1914—31. 1. 1915
„ 1. 3.—28. 2.	„ „ „ „ „ „	1. 3. 1914—28. 2. 1915
„ 1. 4.—31. 3.	„ „ „ „ „ „	1. 4. 1914—31. 3. 1915
„ 1. 5.—30. 4.	„ „ „ „ „ „	1. 5. 1914—30. 4. 1915
„ 1. 6.—31. 5.	„ „ „ „ „ „	1. 6. 1914—31. 5. 1915
„ 1. 7.—30. 6.	„ „ „ „ „ „	1. 7. 1914—30. 6. 1915
„ 1. 8.—31. 7.	„ „ „ „ „ „	1. 8. 1914—31. 7. 1915
„ 1. 9.—31. 8.	„ „ „ „ „ „	1. 9. 1913—31. 8. 1914
„ 1. 10.—30. 9.	„ „ „ „ „ „	1. 10. 1913—30. 9. 1914
„ 1. 11.—31. 10.	„ „ „ „ „ „	1. 11. 1913—31. 10. 1914
„ 1. 12.—30. 11.	„ „ „ „ „ „	1. 12. 1913—30. 11. 1914

Würde, was wohl nur ausnahmsweise vorkommen dürfte, ein **Geschäftsjahr einen kürzeren Zeitraum als zwölf Monate** umfassen, so würden als Kriegsgeschäftsjahre so viele zusammenhängende Geschäftsjahre gelten müssen, daß sie sich auf einen Zeitraum von mindestens 36 Monaten erstrecken. Das gilt auch bei einer etwaigen Änderung des Geschäftsjahres für das kürzere Übergangsgeschäftsjahr.

Bei **neugegründeten Gesellschaften** ist ebenfalls von dem satzungsmäßigen Geschäftsjahr auszugehen. Das letzte Kriegsgeschäftsjahr einer solchen Gesellschaft ist das Geschäftsjahr, das als drittes Kriegsgeschäftsjahr anzusehen wäre, wenn ein längeres Bestehen mit dem gleichen satzungsmäßigen Geschäftsjahr unterstellt wird. Ist z. B. eine Gesellschaft im Dezember 1914 gegründet worden, so endet das letzte Kriegsgeschäftsjahr am 31. Dezember 1916, wenn ihr Geschäftsjahr mit dem Kalenderjahr zusammenfällt; dagegen am 30. Juni 1917, wenn ihr Geschäftsjahr vom 1. Juli bis 30. Juni läuft.

§ 16

Geschäftsgewinn (§§ 14, 17) ist der in einem Geschäftsjahr erzielte, nach den gesetzlichen Vorschriften und den Grundsätzen ordnungsmäßiger kaufmännischer Buchführung berechnete Bilanzgewinn. Abschreibungen sind insoweit zu berücksichtigen, als sie einen angemessenen Ausgleich der Wertverminderung darstellen.

Bei Kommanditgesellschaften auf Aktien bleiben diejenigen Gewinnbeträge, welche auf die von den persönlich haftenden Gesellschaftern nicht auf das Grundkapital gemachten Einlagen entfallen, außer Ansatz.

Erläuterungen.

Der **Begriff „Geschäftsgewinn“** im Sinne des Steuer- und des Rücklagengesetzes ist bereits ausführlich an der Hand von Beispielen bei der Besprechung des letzteren (siehe Erläuterungen zu § 13) dargelegt worden. Maßgebend ist bei inländischen Gesellschaften der Gewinn des Gesamtunternehmens ohne Rücksicht, ob die Gewinne im Inlande oder im Auslande erzielt sind. Es sind mithin auch die Gewinne ausländischer Niederlassungen zu berücksichtigen. **Agiogewinne** (aus der Ausgabe von Aktien entstehend) gehören ebensowenig zum Geschäftsgewinn, wie etwaige Buchgewinne, die auf der Zusammenlegung von Aktien beruhen. Agiogewinne hingegen, die die Hypothekenbanken aus dem Verkauf ihrer eigenen Obligationen erzielen, werden, soweit über sie nach den gesetzlichen Bestimmungen (Reichshypothekenbankgesetz) verfügt werden kann, als Geschäftsgewinn gelten müssen.

Zweifel können darüber auftauchen, ob der „Geschäftsgewinn“ erst zu ermitteln ist, wenn eine von früher her übernommene **Unterbilanz** (das heißt ein durch Reserven nicht gedeckter Verlustvortrag) getilgt ist. Diese Frage ist für die Kriegsgeschäftsjahre zu bejahen, für die Friedensgeschäftsjahre zu verneinen (vgl. S. 99 Erläuterungen zu § 13). Der Reichsschatzsekretär erklärte hierzu bei den Kommissionsberatungen, ein **Verlustvortrag** müsse nach den handelsgesetzlichen Bestimmungen zunächst aus dem Rohgewinn eines folgenden Geschäftsjahres abgedeckt werden, ehe überhaupt ein Bilanzgewinn in Erscheinung trete. Da nun auf die handelsgesetzlichen Bestimmungen Bezug genommen ist, so könne ein Reingewinn erst in Erscheinung treten, wenn der Verlustvortrag durch den Rohgewinn gedeckt sei.

Der aus dem früheren Geschäftsjahr übernommene **Gewinnvortrag** ist bei der Feststellung des Geschäftsgewinnes auszuscheiden. Dagegen ist der Gewinnvortrag auf neue Rechnung ein Teil des im Geschäftsjahre wirklich erzielten Gewinnes.

„**Abschreibungen** sind insoweit zu berücksichtigen, als sie einen angemessenen Ausgleich der Wertverminderung darstellen.“ Es ergibt sich aus dieser (ebenfalls bereits erläuterten) Bestimmung, daß in der Bilanzaufstellung noch nicht das Entscheidende liegt, ob die vorgenommenen Abschreibungen einen angemessenen Ausgleich für eingetretene Wertminderungen darstellen, oder inwieweit sie darüber hinaus als steuerpflichtige stille Reserven anzusehen sind. Vielmehr ist das Erforderliche erst durch die Verwaltungsbehörden festzustellen. Reserven, die in früheren Jahren gelegt worden sind, sollen an sich nicht zur Steuer herangezogen werden. Wenn jedoch (was sehr häufig der Fall sein wird) **stille Reserven aus früheren Jahren** während eines Kriegsgeschäftsjahres realisiert worden sind, dann gehen sie, da die stille Reserve ja keine in der Bilanz ausgewiesene Rücklage darstellt, zunächst in den Gewinn des betreffenden Geschäftsjahres hinein. Es ist indes hier auf den § 23 Abs. 2 der Ausführungsbestimmungen hinzuweisen, in dem eine besondere **Richtlinie für die Berechnung des** in einem Kriegsgeschäftsjahre erzielten **Geschäftsgewinnes** aufgestellt wird. Es heißt dort: Für die Berechnung des in einem Kriegsgeschäftsjahr erzielten Geschäftsgewinns dürfen Vermögensgegenstände, insbesondere Warenvorräte, die in einem Kriegsgeschäftsjahre **veräußert** worden sind, anstatt mit dem Buchwert der letzten Friedensbilanz, mit dem wirklichen Werte angesetzt werden, den sie zur Zeit der Aufstellung der letzten Friedensbilanz, jedoch zu keinem späteren Zeitpunkt als am 30. Juni 1914 gehabt haben. Es darf somit der **Unterschied** zwischen dem Buchwert und dem wirklichen Werte von dem Geschäftsgewinne des betreffenden Kriegsgeschäftsjahrs **abgesetzt** werden. (Die Gesellschaften sind demnach in den fraglichen Fällen **befugt**, eine **fingierte Bilanz** aufzustellen, in welcher andere Aktivwerte als die bilanzmäßig genehmigten erscheinen.) Als Veräußerung im Sinne dieser Vorschrift gilt jedoch nicht die Veräußerung durch Tausch, Fusion oder einen ähnlichen Rechtsvorgang.

Die Frage der über das etwaige Maß hinausgehenden Abschreibungen ist im übrigen, wie der Reichsschatzsekretär bei den Kommissionsberatungen hervorgehoben hat, in der Steuerpraxis aller Bundesstaaten sehr umstritten. Seines Wissens haben die meisten Betriebe hinsichtlich dieser Dinge Jahr für Jahr mit ihren Steuerverwaltungen zu verhandeln gehabt. Dabei hätten sich Grundsätze herausgebildet, und auf diese wird zu achten sein.

Diese Grundsätze werden freilich nicht ohne weiteres für alle Fälle gelten. Wenn während und speziell **für den Krieg eine Anlage geschaffen worden ist**, die nach dem Kriege für die betreffende Fabrik nicht mehr in Betracht kommt, so muß sie, wie der Reichsschatzsekretär weiter hervorgehoben hat, abgeschrieben werden auf 1 ℳ oder auf den Alteisenwert. Ferner wird zu berücksichtigen sein, daß die Abnutzung mancher Anlagen zur Kriegszeit viel stärker war als zur Friedenszeit. Hier können die Friedenssätze nicht als maßgebend für die Abschreibungen gelten. Inwieweit Abschreibungen einen angemessenen Ausgleich der Wertverminderung darstellen, ist vielmehr unter Berücksichtigung der besonderen Verhältnisse des einzelnen Unternehmens, insbesondere auch unter Berücksichtigung der durch den Krieg und durch die spätere Überführung in die Friedenswirtschaft bedingten Veränderungen nach den Grundsätzen eines ordentlichen Kaufmanns zu beurteilen.

Die Vorschriften des § 16 Abs. 1 gelten sowohl für die Feststellung des Kriegs- als auch des Friedensgeschäftsgewinnes. Während sie, besonders hinsichtlich der Abschreibungen, für die Kriegsgeschäftsjahre zugunsten des Fiskus wirken, wirken sie für die Friedensgeschäftsjahre zugunsten der Gesellschaften. Im übrigen ist zu beachten, daß die Vorschrift im § 16 Satz 2 nicht nur gilt für die Abschreibungen, die durch unmittelbare Einstellung des wirklichen zeitigen Wertes in die Bilanz erfolgen, sondern auch für die Abschreibungen, die durch Ansetzung des ursprünglichen Wertes unter bilanzmäßiger Gegenüberstellung eines besonderen, die Wertverminderung darstellenden Kontos (Erneuerungs-, Delkrederekonto) erfolgen. Vgl. hierzu § 22 der Ausführungsbestimmungen (s. Anhang).

Will eine Gesellschaft die früher (auch nicht der Steuerbehörde gegenüber) deklarierten **stillen Reserven nachträglich** zu dem Zwecke **in Erscheinung treten** lassen, daß der Friedensgewinn höher als aus der Bilanz ersichtlich, nachgewiesen wird, so muß sie sich die Frage vorlegen, ob sie nicht mit der **Einkommensteuerbehörde in Konflikt** gerät; einmal dadurch, daß diese Behörde die nachträgliche Versteuerung des damals nicht ausgewiesenen Einkommenteiles verlangt, dann aber auch insofern, als die Einkommensteuerbehörde die **Strafverfolgung** der für die damals abgegebenen und jetzt veränderten Steuererklärungen verantwortlichen Personen veranlassen könnte. Wie diese Frage zu beantworten ist, ergibt sich aus den nachstehenden, in der Handelszeitung des Berliner Tageblattes veröffentlichten Ausführungen des Oberverwaltungsgerichtsrats Mrozek: „Man hat zu unterscheiden zwischen Bewertungen, die nachträglich als unrichtig sich herausgestellt haben, und solchen, die bewußt zu hoch vorgenommen worden sind, um stille Reserven zu schaffen. Im ersteren Falle kommt in Betracht, daß Schätzungen Meinungssache sind und immer verschieden ausfallen. Die Bewertungen in den Bilanzen waren durch die hierzu gesetzlich oder statutenmäßig berufenen Organe vorgenommen worden, und zwar für den Stichtag der betreffenden Bilanz. Später eingetretene Umstände und nachträgliche Schätzungen, die doch auch nur subjektive Meinungen sind, ergeben noch nicht den Nachweis, daß die früheren Schätzungen unrichtig gewesen seien. Deshalb hat die Rechtsprechung des preußischen Oberverwaltungsgerichts immer daran festgehalten, daß Bewertungen in der Bilanz **nicht nachträglich** lediglich für die Steuerveranlagung **abgeändert** werden können (Entsch. d. Oberverwaltungsgerichts in Staatssteuersachen Bd. 2, S. 41; Bd. 7, S. 363; Bd. 11, S. 263; Bd. 14, S. 353). Die Urteile betreffen zwar nur die Berichtigung der bilanzmäßigen Abschreibungen nach oben, weil nur diese bei der Einkommensteuer im Interesse der Steuerpflichtigen liegt; sie müssen aber auch für die Berichtigung nach unten gelten, wenn eine solche die Steuer herabdrücken soll, wie das bei der Berechnung des Friedensgewinnes für die Berechnung des kriegsabgabepflichtigen Mehrgewinns der Fall wäre. Die steuerpflichtige Gesellschaft wird also mit ihrem Vorbringen, die Abschreibungen in einem Friedensgeschäftsjahre hätten sich nachträglich als zu hoch herausgestellt, nicht gehört werden dürfen. Anders liegt die Sache, wenn die Gesellschaft behauptet, die Abschreibungen in einem Friedensgeschäftsjahre seien **bewußt zu hoch vorgenommen** worden; es hätten stille Reserven geschaffen werden sollen. Sind diese stillen Reserven auch für die Einkommensteuer angegeben oder im Beanstandungs- oder Rechtsmittelverfahren festgestellt worden, so müssen sie auch für die Ermittlung des Geschäftsgewinnes für die Kriegssteuer Berücksichtigung finden. Ist das aber unterblieben, so liegt in der Geltendmachung der stillen Reserven zugleich das Zugeständnis, daß die Steuererklärung für die Einkommensteuer in der Absicht der Steuerhinterziehung wissentlich falsch abgegeben war. Die Vertreter der Gesellschaft, welche die falschen Angaben gemacht haben, würden dann der im § 72 des preußischen Einkommensteuergesetzes angedrohten Strafe des vier- bis zehnfachen Betrages der hinterzogenen Jahressteuer verfallen und die Gesellschaft zur Zahlung der Nachsteuer verpflichtet sein. Sind jene Vertreter dieselben Personen, welche die Kriegssteuererklärung abzugeben haben, so können sie sich allerdings **vor der Strafe schützen**, wenn sie gleichzeitig mit der Kriegssteuererklärung die früheren falschen Einkommensteuererklärungen **berichtigen** und die Gesellschaft die Nachsteuer in der ihr gesetzten Frist entrichtet (§ 72 Abs. 3

des preußischen Einkommensteuergesetzes). Jene Berichtigung muß aber ausdrücklich sein, d. h. es muß aus ihr hervorgehen, welche Erklärungen falsch waren, und durch welche wichtigen Erklärungen sie ersetzt werden sollen (Entsch. des Reichsgerichts in Zivilsachen Bd. 45, S. 393). Bei der für die Berechnung des steuerpflichtigen Einkommens maßgebenden Durchschnittsrechnung müßte also die Berichtigung aller Steuererklärungen erfolgen, in denen das betreffende Jahr in der Durchschnittsrechnung vorkommt. Sind aber die Vertreter, welche die Kriegssteuererklärung abgeben, nicht dieselben Personen wie diejenigen, welche die falsche Einkommensteuererklärung abgegeben haben, so können ihre berichtigenden Angaben die Straffreiheit der Täter nicht herbeiführen; vielmehr müßten diese veranlaßt werden, ihre falschen Angaben selbst zu berichtigen, bevor die Steuerbehörde durch die richtige Kriegssteuererklärung von der begangenen Steuerhinterziehung erfährt und so in die Lage kommt, alsbald die Untersuchung dieserhalb einzuleiten. Die Nachsteuer für die Einkommensteuer kann geringer sein als die Kriegsabgabe, welche bei Geltendmachung der stillen Reserven erspart werden kann, so daß das Eingeständnis der begangenen Einkommensteuerhinterziehung der Gesellschaft zum Vorteil gereicht. Dieser Umstand sowie der weitere, daß die Täter, wie oben dargelegt ist, sich Straffreiheit für die Einkommensteuerhinterziehung sichern können, wird aber die Veranlagungsbehörden dahin führen, solches Eingeständnis früherer Verfehlungen mit Vorsicht aufzunehmen und sie stets daraufhin zu prüfen, ob sie der Wahrheit entsprechen und nicht etwa gerade für die Kriegsabgabe eine falsche Angabe enthalten, während die früheren Erklärungen für die Einkommensteuer richtig waren."

Die allgemeinen Grundsätze über das, was als Geschäftsgewinn zu verstehen ist, erfahren gewisse Abweichungen: „Bei Gesellschaften m. b. H. und eingetragenen Genossenschaften, die ausschließlich der **gemeinschaftlichen Verwertung von Erzeugnissen der Gesellschafter** oder Genossen oder dem gemeinschaftlichen Einkauf von Waren für die Gesellschafter oder Genossen dienen, gilt als Geschäftsgewinn im Sinne des Gesetzes nicht derjenige Teil des Reingewinns, der als Entgelt für die von den Gesellschaftern oder Genossen eingelieferten Erzeugnisse oder als Rückvergütung auf den Kaufpreis der von den Gesellschaftern oder Genossen bezogenen Waren anzusehen ist. Ebenso scheidet bei Versicherungsgesellschaften für die Feststellung des Geschäftsgewinns im Sinne des Gesetzes derjenige Teil des Reingewinns aus, der auf die den Versicherten selbst als sog. Dividende zurückzugewährenden Prämienüberschüsse entfällt" (das Nähere hierüber siehe S. 98).

Der § 16 Abs. 2 sieht vor, daß bei **Kommanditgesellschaften auf Aktien** diejenigen Gewinnbeträge, die auf die von den persönlich haftenden Gesellschaftern nicht auf das Grundkapital gemachten **Einlagen** entfallen, von dem steuerpflichtigen Mehrgewinn der Gesellschaft ausgeschieden werden und ausschließlich für die Besteuerung des persönlich haftenden Gesellschafters selbst in Betracht kommen. Man muß bei der Kommanditgesellschaft auf Aktien unterscheiden zwischen dem Kommanditkapital, auch vielfach mit Aktienkapital bezeichnet, und der **Einlage der persönlich haftenden Gesellschafter.** Die persönlich haftenden Gesellschafter, auch „Komplementäre" genannt, brauchen nicht mit einer Einlage beteiligt zu sein, weder auf das Kommanditkapital, noch sonst. Sie dürfen es aber nach beiden Richtungen hin. Von dem steuerpflichtigen Mehrgewinn der Kommanditgesellschaft auf Aktien werden nur in Abzug gebracht solche Gewinnbeträge, die auf Vermögenseinlagen außerhalb des Grundkapitals entfallen. Wenn also beispielsweise der persönlich haftende Gesellschafter einer Kommanditgesellschaft auf Aktien von dem 1 Mill. ℳ betragenden Kommanditkapital 100000 ℳ Kommanditanteile (Aktien) besitzt, so darf nicht etwa der zehnte Teil des Mehrgewinns abgesetzt werden. Hat er dagegen außerhalb des Grundkapitals eine Geschäftseinlage gemacht, so darf der darauf entfallende Gewinnbetrag von dem steuerpflichtigen Mehreinkommen der Gesellschaft in Abzug gebracht werden. Unter „Gewinnbeträgen, die auf die von den persönlich haftenden Gesellschaftern gemachten Einlagen entfallen", wird man die den Komplementären zukommenden Gewinne verstehen, also den Betrag, den sie tatsächlich als Einnahme aus ihrer Beteiligung außerhalb des Grundkapitals beziehen. Was ihnen in ihrer Eigenschaft als Geschäftsleiter als Vergütung zufließt, wird ein allgemeiner Anteil am Reingewinn sein und darf ebensowenig abgesetzt werden wie die **Tantieme des Aufsichtsrates.** Persönliche Einlagen der Komplementäre außerhalb des Grundkapitals sind übrigens in neuerer Zeit selten zu beobachten; bei den beiden großen Berliner Kommanditgesellschaften, der Direktion der Diskonto-Gesellschaft und der Berliner Handels-Gesellschaft, lassen die Bilanzen keine persönlichen Einlagen erkennen.

§ 17

Der durchschnittliche frühere Geschäftsgewinn (§ 14) ist nach den Ergebnissen der fünf den Kriegsgeschäftsjahren vorangegangenen Geschäftsjahre oder, wenn eine Gesellschaft noch nicht so lange besteht, nach den Ergebnissen der kürzeren Zeit, für welche Jahresabschlüsse vorliegen, zu berechnen. Besteht eine Gesellschaft schon fünf Jahre, so haben für die Berechnung des Durchschnittsgewinns die beiden Geschäftsjahre mit den besten und den schlechtesten Geschäftsergebnissen auszuscheiden.

Hat innerhalb der fünf den Kriegsgeschäftsjahren vorangegangenen Geschäftsjahre eine Vermehrung des eingezahlten Grund- oder Stammkapitals stattgefunden, so wird dem Geschäftsgewinne für die vor der Vermehrung liegende Zeit ein Betrag von sechs vom Hundert jährlich des der Gesellschaft durch die Neueinzahlungen tatsächlich zugeflossenen Kapitalbetrags zugerechnet.

Als früherer Durchschnittsgewinn wird mindestens ein Betrag von sechs vom Hundert des eingezahlten Grund- oder Stammkapitals angenommen zuzüglich des Mehrbetrags, der zur Verteilung einer etwaigen höheren festen Vorzugsdividende für bevorrechtigte Aktien notwendig gewesen wäre. Das Grundkapital einer Berggewerkschaft oder einer Bergbau treibenden Vereinigung ist aus dem Erwerbspreis und den Anlage- und Erweiterungskosten abzüglich des durch Schuldaufnahme gedeckten Aufwandes hierfür zu berechnen. An Stelle des Grundkapitals tritt bei eingetragenen Genossenschaften die Summe der eingezahlten Geschäftsanteile der Genossen.

Der im Abs. 3 vorgesehene Betrag wird als Mindestbetrag auch zugrunde gelegt, wenn ein volles Geschäftsjahr vor den Kriegsgeschäftsjahren nicht vorliegt. In diesem Falle werden jedoch für Aktien oder Anteile, die zu einem den Nennwert übersteigenden Preise ausgegeben worden sind, die sechs Hundertstel von dem Kapitale berechnet, das der Gesellschaft

als Einzahlung auf ihre Aktien oder Anteile tatsächlich zugeflossen ist.

Hat sich das eingezahlte Grund- oder Stammkapital einer Gesellschaft während der Kriegsgeschäftsjahre vermehrt, so ist für die Zeit nach der Vermehrung dem durchschnittlichen früheren Geschäftsgewinn ein Betrag von sechs vom Hundert jährlich des der Gesellschaft durch die Neueinzahlungen tatsächlich zugeflossenen Kapitalbetrags hinzuzurechnen.

Erläuterungen.

Für jedes der fünf dem ersten Kriegsgeschäftsjahr vorausgegangenen Friedensgeschäftsjahre ist der **Geschäftsgewinn auf Grund der Bilanz** festzustellen. Besteht eine Gesellschaft noch nicht so lange, um **fünf Friedensjahre** nachweisen zu können, so ist der durchschnittliche Geschäftsgewinn nach den Ergebnissen der kürzeren Zeit, für die Jahresabschlüsse vorliegen, zu berechnen. Danach würde eine Gesellschaft, die so lange besteht, daß sie **vier Friedensgeschäftsjahre** nachweisen kann, den Durchschnitt dieser vier Jahre festzustellen haben. Eine Gesellschaft, die so lange besteht, daß sie $3^1/_2$ Friedensgeschäftsjahre nachweisen kann, würde den Durchschnitt von $3^1/_2$ Jahren festzustellen haben. Mindestens muß der Abschluß eines vollen satzungsmäßigen Geschäftsjahres vorliegen. Ist das nicht der Fall, so wird nach § 17 Abs. 4 — wohl zu beachten als Mindestbetrag — **ein fiktiver Durchschnittsgewinn** angenommen, nämlich ein Betrag von 6% des Kapitals, das der Gesellschaft als Einzahlung auf ihre Aktien oder Anteile zugeflossen ist. Ist z. B. eine Gesellschaft mit 1 Mill. ℳ Grundkapital (Aktien zum Nennwert ausgegeben), deren Geschäftsjahr das Kalenderjahr ist, am 1. April 1913 gegründet worden, so wird das Ergebnis des ersten nur neun Monate umfassenden Geschäftsjahres nicht ohne weiteres berücksichtigt, sondern nach Abs. 4 wird zunächst als „durchschnittlicher früherer Geschäftsgewinn" ein Betrag von 60000 ℳ angenommen. Hat die Gesellschaft aber nach dem Abschluß des ersten, drei Viertel eines normalen Jahres umfassenden Geschäftsjahres bereits einen Gewinn von beispielsweise 90000 ℳ erzielt, so wären als Durchschnittsgewinn (auf $^3/_4$ Jahre 90000 ℳ, mithin auf ein Jahr) 120000 ℳ zugrunde zu legen. Würde man in einem solchen Falle nur 60000 ℳ annehmen, so würde die Gesellschaft ungerecht behandelt werden. Infolgedessen ist bestimmt, daß die **6 % nur als „Mindestbetrag“** anzusehen sind.

Liegt der Abschluß eines vollen Normalgeschäftsjahres vor dem ersten Kriegsgeschäftsjahr vor, so findet das noch in den fünfjährigen Zeitraum fallende etwaige vorangegangene **kürzere Geschäftsjahr** ohne weiteres nach Abs. 1 Berücksichtigung, d. h. eine am 1. April 1912 gegründete Gesellschaft, deren Geschäftsjahr das Kalenderjahr ist, kann den Durchschnittsgewinn nach dem Erträgnis einer Periode von $1^3/_4$ Jahren berechnen. Ist in dem ersten, neun Monate umfassenden Geschäftsjahr ein Gewinn von 54000 *M* und in dem zweiten Geschäftsjahr ein Gewinn von 90000 *M* erzielt worden, so beträgt der Durchschnittsgewinn 81000 *M*.

Wenn zur Fortführung desselben Unternehmens eine Gesellschaft der im § 13 bezeichneten Art in eine andere Gesellschaft der im § 13 bezeichneten Art umgewandelt worden ist (z. B. **Umwandlung einer Gesellschaft m. b. H. in eine Aktiengesellschaft**), so sind für die Feststellung des Durchschnittsgewinns die Ergebnisse der Gesellschaft in der früheren Rechtsform mit zu berücksichtigen. Die Worte im Gesetzestext: „Besteht eine Gesellschaft“ sind also auszulegen: „Besteht eine Gesellschaft, wenn auch nicht in der gleichen Form, so doch in einer der im § 13 bezeichneten Formen.“ Hat innerhalb der fünf den Kriegsgeschäftsjahren vorangegangenen Geschäftsjahre eine **Vermehrung des eingezahlten Grund- oder Stammkapitals** stattgefunden, so wird dem Geschäftsgewinn für die vor der Vermehrung liegende Zeit ein Betrag von sechs v. H. jährlich des der Gesellschaft durch die Neueinzahlungen tatsächlich zugeflossenen Kapitalbetrages zugerechnet (§ 17 Abs. 2). Beispiel: Eine Gesellschaft, deren Geschäftsjahr das Kalenderjahr ist, hat im ersten Friedensgeschäftsjahr 1 Mill. *M* Kapital gehabt, im zweiten, sowie in der ersten Hälfte des dritten $1^1/_2$ Mill. *M* Kapital, in der zweiten Hälfte des dritten und im vierten Geschäftsjahre $2^1/_2$ Mill. *M* Kapital und im fünften Geschäftsjahr 4 Mill. *M* Kapital. Ihre Geschäftsgewinne beliefen sich

im ersten Geschäftsjahre	(1909)	auf . . .	70000 *M*
„ zweiten „	(1910)	„ . . .	95000 *M*
„ dritten „	(1911)	„ . . .	110000 *M*
„ vierten „	(1912)	„ . . .	150000 *M*
„ fünften „	(1913)	„ . . .	300000 *M*

Sind die jungen Aktien jeweilig zum Nennwert ausgegeben worden, so würden hinzuzurechnen sein:

dem Geschäftsgewinn für 1909 6 % auf 3 Mill. *M* Kapital . . . . = 180000 *M*
dem Geschäftsgewinn für 1910 6 % auf $2^1/_2$ Mill. *M* Kapital . . . . = 150000 *M*
dem Geschäftsgewinn für 1911 6 % für ein halbes Jahr auf $2^1/_2$ Mill. *M* = 75000 *M* und 6 % für ein halbes Jahr auf $1^1/_2$ Mill. *M* = 45000 *M*, zusammen . . . . 120000 *M*
dem Geschäftsgewinn für 1912 6 % auf $1^1/_2$ Mill. *M* = 90000 *M*
dem Geschäftsgewinn für 1913 nichts.

Es steigt mithin der Gewinn für	1909	auf . . .	250000 *M*
„ „ „ „ „ „	1910	„ . . .	245000 *M*
„ „ „ „ „ „	1911	„ . . .	230000 *M*
„ „ „ „ „ „	1912	„ . . .	240000 *M*
Unverändert bleibt der „ „	1913	mit . . .	300000 *M*

Für die Berechnung der Durchschnittsgewinnes scheiden die Jahre 1911 und 1913 aus. Die Jahre 1909, 1910, 1912 ergeben im Durchschnitt 245000 *M*.

Hat sich das eingezahlte **Grund- oder Stammkapital** einer Gesellschaft **während der Kriegsgeschäftsjahre vermehrt**, so ist für die Zeit nach der Vermehrung dem durchschnittlichen früheren Geschäftsgewinn ein Betrag von 6 v. H. jährlich des der Gesellschaft durch die Neueinzahlungen tatsächlich zugeflossenen Kapitalbetrags hinzuzurechnen (§ 17 Abs. 2). Beispiel: Die Gesellschaft X., deren Kapitalentwicklung in den Friedensgeschäftsjahren wir soeben kennen gelernt haben, hat im Jahre 1914 — dem ersten Kriegsgeschäftsjahr — ihr Kapital unverändert mit 4 Mill. *M* behalten, im Jahre 1915 und 1916 hat sie aber mit 6 Mill. *M* Kapital gearbeitet, und zwar wurden die 2 Mill. *M* neue Aktien mit 155 % ausgegeben, so daß der Gesellschaft nach Abzug der Ausgabespesen 3 Mill. *M* bar zuflossen. Der Kriegsgeschäftsgewinn für 1914 betrug 500000 *M*, für 1915 800000 *M*, für 1916 900000 *M*. Der Mehrgewinn für das erste Kriegsgeschäftsjahr berechnet sich danach folgendermaßen:

Kriegsgeschäftsgewinn (1914)	500000 *M*
Durchschnittlicher Friedensgeschäftsgewinn, oben ermittelt mit	245000 *M*
Mehrgewinn	255000 *M*

Für das zweite Kriegsgeschäftsjahr berechnet sich der Mehrgewinn folgendermaßen:

Kriegsgeschäftsjahr (1915)		800000 ℳ
Durchschnittlicher Friedensgeschäftsgewinn, oben ermittelt mit	245000 ℳ	
zuzüglich 6 % auf 3 Mill. ℳ . .	180000 ℳ	425000 ℳ
Mehrgewinn		375000 ℳ

Für das dritte Kriegsgeschäftsjahr berechnet sich der Mehrgewinn folgendermaßen:

Kriegsgeschäftsjahr (1916)	900000 ℳ
Durchschnittsfriedensgewinn wie vorstehend. .	425000 ℳ
Mehrgewinn	475000 ℳ

Ist im Durchschnitt der Friedensjahre **kein** oder **ein hinter dem fiktiven Mindestgewinn zurückbleibender Geschäftsgewinn** erzielt (Abs. 4), so wird zur Ermittlung des steuerpflichtigen Mehrgewinns als „früherer (fiktiver) Durchschnittsgewinn" ein Betrag von 6 v. H. des eingezahlten Grund- oder Stammkapitals angenommen zuzüglich des Mehrbetrages, der zur Verteilung einer etwaigen höheren festen Vorzugsdividende für bevorrechtigte Aktien notwendig gewesen wäre. Beispiel: Eine Aktiengesellschaft, deren Grundkapital aus 2 Mill. ℳ voll eingezahlter Stammaktien und 1 Mill. ℳ voll eingezahlter 7 %iger Vorzugsaktien besteht, hat im Durchschnitt der Friedensgeschäftsjahre einen Geschäftsgewinn in Höhe von 100000 ℳ; im ersten Kriegsgeschäftsjahr hingegen einen Geschäftsgewinn in Höhe von 500000 ℳ erzielt. Da der Betrag von 100000 ℳ keine Verzinsung von 6 % des Grundkapitals darstellt, als früherer Durchschnittsgewinn aber mindestens ein Betrag von 6 % des Grund- oder Stammkapitals angenommen wird, zuzüglich des Mehrbetrages, der zur Verteilung der höheren festen Dividende auf die Vorzugsaktien[1]) erforderlich ist, so muß die Berechnung des „Durchschnitts" und des Mehrgewinns folgendermaßen vorgenommen werden:

(fiktiver) Durchschnittsgewinn auf 3 Mill. ℳ Grundkapital a 6 %	180000 ℳ
auf 1 Mill. ℳ Vorzugsaktien (7 — 6 %) . . .	10000 ℳ
	190000 ℳ
erstes Kriegsgeschäftsjahr	500000 ℳ
Mehrgewinn	310000 ℳ

[1]) In Frage kommt immer nur der bevorrechtigte Teil der Dividende.

Auch beim Vergleich des zweiten und dritten Kriegsgeschäftsjahres mit der Friedenszeit wird als Durchschnittsgewinn der Friedenszeit der Betrag von 190000 *M* anzunehmen sein.

Das **Grundkapital einer Berggewerkschaft** oder einer Bergbau treibenden Vereinigung wird wie folgt berechnet: Erwerbspreis plus Anlage- und Erweiterungskosten minus durch Schuldaufnahme gedeckter Aufwand hierfür. Bei den **eingetragenen Genossenschaften** tritt an Stelle des Grundkapitals die Summe der eingezahlten Genossenanteile.[1])

Liegt ein **volles Geschäftsjahr** vor den Kriegsgeschäftsjahren **nicht vor,** so wird zur Berechnung des Mehrgewinns gleichfalls der Betrag von 6% des Grundkapitals als „Durchschnittsgewinn" zugrunde gelegt. In diesem Falle werden jedoch für Aktien oder Anteile, die zu einem den Nennwert übersteigenden Preise ausgegeben worden sind, die sechs Hundertstel von dem Kapital berechnet, das der Gesellschaft als Einzahlung auf ihre Aktien oder Anteile tatsächlich zugeflossen ist. Das heißt also: Sind 3 Mill. *M* Aktien a 130% ausgegeben und ist von der Gesellschaft eine Summe von 3900000 *M* vereinnahmt worden, so gilt als Mindestbetrag im Sinne der vorstehenden Erläuterung der Betrag von 234000 *M*.

Ist eine Gesellschaft im Laufe des vor dem ersten Kriegsgeschäftsjahre liegenden Jahres gegründet worden, so wird nach § 24 der Ausführungsbestimmungen der im § 17 Abs. 4 des Gesetzes vorgesehene Mindestbetrag als Friedensgewinn nur dann zugrunde gelegt, wenn der in dem ersten Geschäftsjahr erzielte Geschäftsgewinn auf ein volles Jahr umgerechnet keinen höheren Betrag ergibt.

Wir sehen, daß der § 17 in allen erwähnten Fällen den Zinssatz im Kriegssteuergesetz gegenüber dem Rücklagengesetz von 5% auf 6% erhöht hat. Das ist damit begründet worden, daß die Anrechnung einer nur fünfprozentigen Verzinsung gemäß § 5 Abs. 2—5 des Sicherungs- (Rücklagen-) Gesetzes vielfach als eine Härte empfunden worden ist. Eine gewisse Berechtigung sei den vorgebrachten Einwendungen nicht abzusprechen, da bei Annahme einer fünfprozentigen Verzinsung im Sinne des § 5 des Sicherungsgesetzes nicht auch die Verteilung einer Dividende in dieser Höhe möglich ist.

Bei Kapitalveränderungen, die dadurch entstehen, daß eine

---

[1]) Zu unterscheiden hiervon sind die Geschäftsguthaben (vgl. GenG.).

Gesellschaft der im § 13 des Kriegssteuergesetzes bezeichneten Art eine **andere Gesellschaftsform** erhält (z. B. Umwandlung einer Aktiengesellschaft in eine Gesellschaft m. b. H.), finden die vorstehend und zu dem § 13 gegebenen Erläuterungen sinngemäß Anwendung. Das gleiche gilt für **Fusionen**, soweit eine solche mit einer Kapitalvermehrung der aufnehmenden Gesellschaft verknüpft ist (§ 9 Abs. 2 Satz 1 der Ausführungsbestimmungen zum Rücklagengesetz und § 24 der Ausführungsbestimmungen zum Kriegssteuergesetz). Hat z. B. die Gesellschaft A die Gesellschaft B in sich aufgenommen und zu diesem Zwecke das Kapital erhöht, so werden für die Festsetzung des durchschnittlichen früheren Geschäftsgewinnes nicht die früheren Ergebnisse der Gesellschaft B berücksichtigt, sondern für die Zeit nach der Vermehrung des Grundkapitals der Gesellschaft A wird dem durchschnittlichen früheren Geschäftsgewinn der Gesellschaft A ein Betrag von 6 v. H. jährlich des der Gesellschaft A zugeflossenen Kapitalbetrages hinzugerechnet. Dabei kann die Frage auftauchen, wie soll der von der Gesellschaft A zugeflossene Kapitalbetrag berechnet werden, wenn, wie das bei Fusionen häufig der Fall ist, für die neuen Aktien kein bares Geld erlöst wird, sondern die verschiedenen, z. B. aus **Grundstücken, Maschinen** usw. bestehenden Anlagen von B auf A als **Gegenwert für die neuen Aktien** übergehen. Die Antwort auf diese Frage gibt § 9 Abs. 2 Satz 2 der Ausführungsbestimmungen zum Rücklagengesetz und § 24 der Ausführungsbestimmungen zum Kriegssteuergesetz: „Bei der Feststellung des der Gesellschaft tatsächlich zugeflossenen Kapitalbetrages sind Sacheinlagen mit ihrem gemeinen Werte anzusetzen."

Eine in **Liquidation befindliche Gesellschaft** wird, soweit sie im Erwerbsleben tätig ist, für etwaige Mehrgewinne, die sie gegenüber der Friedenszeit erzielt, genau so steuerpflichtig, wie andere Gesellschaften. Sie ist verpflichtet, die Rücklage zu bilden und die Kriegsabgabe zu zahlen. Besitzt z. B. eine in Liquidation befindliche Gesellschaft Hausgrundstücke, die sie während der Kriegszeit in besonders vorteilhafter Weise vermietet hat, so können steuerpflichtige Mehrgewinne entstanden sein. Wenn jedoch die Voraussetzungen der erwerbenden Gesellschaft fehlen, wird von Mehrgewinn im Sinne des Gesetzes nicht die Rede sein können. Gelingt es einer Liquidationsgesellschaft z. B. alte, vordem gar nicht oder schlecht verkäufliche Werte abzustoßen, Forderungen zu realisieren usw., so ist der hierdurch etwa unerwartet eintretende Gewinn, d. h. Überschuß über die bilanzmäßige Bewertung der betreffenden Aktiven in der Liquidationsbilanz nicht als Geschäftsgewinn im Sinne des Gesetzes anzusehen. Anders wenn die Gesellschaft etwa wieder in das Erwerbsleben eintritt (ebenso Hachenburg in der Juristischen Wochenschrift). In solchen Fällen, wie überhaupt bei Fortsetzung einer auf den Erwerb gerichteten Tätigkeit wird neben der Liquidationsbilanz eine Steuerbilanz aufzumachen sein. Tritt eine Gesellschaft **während der Kriegsgeschäftsjahre in Liquidation**, so ist die etwa vordem gebildete Sonderrücklage der freien Verfügung der Liquidatoren entzogen (§ 8 Abs. 5 des Rücklagengesetzes). Die Rücklage darf an die Gesellschafter nicht verteilt werden, auch wenn die Gläubigerschutzvorschriften die Ausschüttung des übrigen Vermögens gestatten würden; denn die Auflösung der Gesellschaft hat nicht den Wegfall der Steuerpflicht für etwa schon erzielten Mehrgewinn zur Folge.

Wird eine Gesellschaft nach dem 1. August 1914, vor Ablauf des Zeitraums, der im Falle ihres Weiterbestehens in die Kriegsgeschäftsjahre hineinfallen würde, **aufgelöst**, so bleibt die Steuerpflicht für die Zeit bis zur Auflösung der Gesellschaft bestehen.

§ 18

Gesellschaften, die mehr als ein Fünftel aller Aktien oder Anteile einer anderen Gesellschaft der im § 13 bezeichneten Art besitzen, dürfen von dem Geschäftsgewinn eines Kriegsgeschäftsjahrs die Mehreinnahme aus diesen Aktien oder Anteilen absetzen.

Als Mehreinnahme (Abs. 1) gilt der anteilige Betrag, der von der anderen Gesellschaft (Tochtergesellschaft) über den Durchschnitt der nach § 17 Abs. 1 in Betracht kommenden Jahre hinaus oder, wenn die Gesellschaft noch kein volles Jahr vor den Kriegsgeschäftsjahren bestanden hat, über eine fünfprozentige Dividende oder Ausbeute hinaus in einem Kriegsgeschäftsjahr als Dividende oder Ausbeute verteilt worden ist.

Erläuterungen.

Die Vorschrift im § 18 Abs. 1 u. 2 will eine **Doppelbesteuerung bei sog. Schachtelgesellschaften** beseitigen und gibt damit Anregungen Folge, die schon gelegentlich der Beratung des Rücklagengesetzes laut wurden, in diesem aber keine Berücksichtigung fanden. Nehmen wir beispielsweise an, daß die Aktiengesellschaft Schultz & Co. in Berlin, deren Aktienkapital und Reserven 3 Mill. *M* betragen, sämtliche Anteile der Gesellschaft m. b. H. Heinrich Müller in Hamburg besitzt. Die letzterwähnte, deren Kapital und Reserven $1^1/_2$ Mill. *M* betragen, hat in jedem der drei Kriegsgeschäftsjahre 500000 *M* Geschäftsgewinn erzielt, wovon je 300000 *M* für das Jahr einen steuerpflichtigen Mehrgewinn bedeuteten. Da der — insgesamt 900000 *M* betragende — Mehrgewinn im Jahresdurchschnitt 20 % des Grundkapitals und der Reserven beträgt, und da ferner der durchschnittliche Geschäftsgewinn eines Kriegsgeschäftsjahres sich auf $33^1/_3$ % des Grundkapitals und der Reserven beläuft, so hätte sie nach den noch zu erläuternden Bestimmungen des § 19 vom Mehrgewinn 45 % Abgabe zu zahlen. Das heißt auf 900000 *M* 405000 *M*. Sie könnte mithin im günstigsten Falle für die drei Kriegsgeschäftsjahre (3 × 500000 *M* minus 405000 *M*) = 1095000 *M* an die Gesellschaft Schultz (als Muttergesellschaft) in Form von Dividende abführen. Die Gesellschaft Schultz besitzt, wie wir zur Vereinfachung unseres Beispieles annehmen wollen, keine anderen Aktiva, als die Anteile der Gesellschaft Müller. Der Geschäftsgewinn, den die Gesellschaft Schultz erzielt hat, besteht lediglich aus der Einnahme, die ihr **als Dividende** der Aktiengesellschaft Müller zufließt. Sie hat auf diese Weise vereinnahmt im Durchschnitt der Friedensjahre 200000 *M* und empfängt in jedem Kriegsgeschäftsjahr 365000 *M*. Ihr durchschnittlicher Mehrgewinn beläuft sich mithin auf 165000 *M* und ihr durchschnittlicher Geschäftsgewinn auf 365000 *M* pro Kriegsgeschäftsjahr. Setzt man (gemäß den Vorschriften des § 19) den durchschnittlichen Geschäftsgewinn in Beziehungen zum Kapital und zu den Reserven, so verhält sich der erstere zum Kapital und zu den Reserven wie 12,17 : 100. Der Mehrgewinn verhält sich im Jahresdurchschnitt zum Kapital und zu den Reserven, wie 5,5 : 100. Die Steuerabgabe berechnet sich dadurch (auf Grund der Vorschriften des § 19) auf 24 % des gesamten Mehrgewinnes von 495000 *M* oder 118800 *M*. Müller und Schultze zahlen mithin zusammen 405000 *M* plus 118800 *M* = 523800 *M* Abgaben.

Voraussetzung der Steuermilderung ist erstens, daß beide Gesellschaften zu den im § 13 des Gesetzes aufgeführten gehören, und zweitens, daß die eine Gesellschaft von dem Aktien- oder Stammkapital der anderen mehr als den fünften Teil besitzt. Ist das der

Fall, so darf die Muttergesellschaft von dem Geschäftsgewinn eines Kriegsjahres die Mehreinnahmen aus ihrem Besitz an Aktien oder Anteilen der Tochtergesellschaft absetzen. Als Mehreinnahme gilt der anteilige Betrag, der von der Tochtergesellschaft über den Durchschnitt der nach § 17 Abs. 1 des Gesetzes in Betracht kommenden Jahre hinaus oder, wenn die Gesellschaft noch kein volles Jahr vor den Kriegsgeschäftsjahren bestanden hat, über eine 5 %ige Dividende oder Ausbeute hinaus in einem Kriegsgeschäftsjahr als Dividende oder Ausbeute verteilt worden ist. Beispiel: Die Gesellschaft Müller in Hamburg hat in den fünf letzten Friedensgeschäftsjahren folgende Gewinne ausgeschüttet: 1909: 220000 *M*, 1910: 180000 *M*, 1911: 200000 *M*, 1912: 200000 *M*, 1913: 200000 *M*. Nach § 17 Abs. 1 des Steuergesetzes scheiden die beiden Geschäftsjahre mit dem günstigsten und dem ungünstigsten Ergebnis für die Durchschnittsberechnung aus. Das sind im vorliegenden Falle die Jahre 1909 und 1910. Die Gesellschaft Müller hat im Durchschnitt der Friedensjahre 200000 *M* ausgeschüttet. Beläuft sich ihre Ausschüttung in den Kriegsgeschäftsjahren auf je 365000 *M*, so würde die Muttergesellschaft Schultz & Co. in Berlin, in deren Besitz sich sämtliche Anteile der Gesellschaft Müller befinden, von jedem Kriegsgeschäftsjahr 165000 *M* zur Berechnung des eigenen steuerpflichtigen Mehrgewinns absetzen dürfen. In unserem Falle sinkt der jährliche Geschäftsgewinn der Aktiengesellschaft Schultz & Co. von 365000 *M* auf 200000 *M*, die Pflicht zur Leistung der Kriegsabgabe entfällt hier völlig, die Abgabe ist ausschließlich von der Gesellschaft Müller aufzubringen, und zwar in Höhe von 405000 *M*, ohne Berücksichtigung von Ermäßigungen, die sich etwa durch Anwendung des § 19 Abs. 4 u. 5 ergeben. Die Ersparnis für Mutter- und Tochtergesellschaft zusammen beläuft sich auf Grund der Begünstigung des § 18 auf 118800 *M*. Würde die Aktiengesellschaft Schultz & Co. nur die Hälfte der Anteile der Gesellschaft Müller besitzen, so würde sie nur 82500 *M* für jedes Kriegsgeschäftsjahr absetzen dürfen.

Das hier gewählte Beispiel geht von den einfachsten Verhältnissen aus, nämlich es ist angenommen worden, daß bei der Tochtergesellschaft der gesamte Geschäftsgewinn jährlich in Form von Dividende zur Ausschüttung gelangt. Ferner ist angenommen worden, daß die gesamte Ausschüttung der Tochtergesellschaft an die Muttergesellschaft gelangt, so daß die Mehreinnahme der Muttergesellschaft in voller Höhe und nur auf den Erträgen der Tochtergesellschaft beruht. Sintenis wendet gegen die Vorschrift des § 18 ein, daß der erstrebte **Zweck nicht vollkommen erreicht** wird. Denn nur die in einem Kriegsgeschäftsjahr verteilten Mehrdividenden sollen anteilig abzugsfähig sein. Das sind aber bei Gesellschaften mit Kalendergeschäftsjahr die für 1913, 1914 und 1915 ausgeschütteten Gewinnanteile. Also kommen nur zwei Kriegsdividenden in Abzug.

§ 19

Die Abgabe beträgt für inländische Gesellschaften,

wenn der Mehrgewinn im Jahresdurchschnitt 2 vom Hundert des eingezahlten Grund- oder Stammkapitals zuzüglich der bei Beginn des ersten Kriegsgeschäftsjahrs ausgewiesenen wirklichen Reservekontenbeträge nicht übersteigt, 10 vom Hundert des Mehrgewinns,

wenn er 2 vom Hundert, aber nicht 5 vom Hundert übersteigt, 15 vom Hundert des Mehrgewinns,

wenn er 5 vom Hundert, aber nicht 10 vom Hundert übersteigt, 20 vom Hundert des Mehrgewinns,

wenn er 10 vom Hundert, aber nicht 15 vom Hundert übersteigt, 25 vom Hundert des Mehrgewinns,

wenn er 15 vom Hundert übersteigt, 30 vom Hundert des Mehrgewinns.

Die nach Abs. 1 festzusetzende Abgabe erhöht sich,

wenn der durchschnittliche Geschäftsgewinn in den Kriegsgeschäftsjahren 8 vom Hundert, aber nicht 10 vom Hundert des eingezahlten Grund- oder Stammkapitals zuzüglich der bei Beginn des ersten Kriegsgeschäftsjahrs ausgewiesenen wirklichen Reservekontenbeträge übersteigt, um 10 vom Hundert ihres Betrags,

wenn er 10 vom Hundert, aber nicht 15 vom Hundert übersteigt, um . . . . 20 vom Hundert ihres Betrags,

wenn er 15 vom Hundert, aber nicht 20 vom Hundert übersteigt, um . . . . . . 30 vom Hundert ihres Betrags,

wenn er 20 vom Hundert, aber nicht 25 vom Hundert übersteigt, um . . . . . . 40 vom Hundert ihres Betrags,

wenn er 25 vom Hundert übersteigt, um 50 vom Hundert ihres Betrags.

Hat sich das eingezahlte Grund- oder Stammkapital einer Gesellschaft während der Kriegsgeschäftsjahre vermehrt, so ist der Berechnung der Abgabe ein den Zeitraum, innerhalb dessen die Gesellschaft mit dem veränderten Grund- oder Stammkapitale bestanden hat, berücksichtigender Durchschnittsbetrag des Grund- oder Stammkapitals zugrunde zu legen.

Die zu zahlende Abgabe soll den Betrag nicht übersteigen, der sich bei Anwendung der nächstniedrigen Steuerstufe ergeben würde, zuzüglich desjenigen Betrags des Mehrgewinns, durch den sich die Anwendung des gesetzlichen Satzes ergeben hat.

Die Abgabe wird insoweit nicht erhoben, als sie den Abgabebetrag, der bei Anwendung der Vorschrift des § 21 zu berechnen wäre, übersteigt.

Erläuterungen.

Die Kriegssteuerabgabe ist bei inländischen Gesellschaften **abgestuft** einmal **nach dem Verhältnis des Mehrgewinns zum** eingezahlten **Grund- oder Stammkapital** zuzüglich der bei Beginn des ersten Kriegsgeschäftsjahres vorhandenen offenen (echten Reserven) und weiter noch nach dem **Verhältnis des ganzen Gewinns** zu diesem Kapital. Danach muß eine doppelte Berechnung aufgestellt werden. Zunächst ist zu untersuchen, welchen Prozentsatz des eingezahlten Grund- oder Stammkapitals der Mehrgewinn „im Jahresdurchschnitt", d. h. der Mehrgewinn aller Kriegsgeschäftsjahre durchschnittlich ausmacht, wobei zu dem Kapital die bei Beginn des ersten Kriegsgeschäftsjahres ausgewiesenen wirklichen Reservekontenbeträge zuzurechnen sind. Beträgt der Mehrgewinn im Jahresdurchschnitt weniger als 2% vom Kapital und Reserven, so stellt sich die Abgabe auf 10% des gesamten Mehrgewinns. Beträgt der Mehrgewinn mehr als 2%, aber weniger als 5% im Jahresdurchschnitt von Kapital und Reserven, so stellt sich die Abgabe auf 15% des gesamten Mehrgewinns. Sie **steigt staffelförmig** für jede ferneren 5% Mehrgewinn um 5% und erreicht bei einem Mehrgewinn von mehr als 15% des Kapitals zuzüglich Reserven den Höchstsatz von 30%. Alsdann ist durch eine **zweite Berechnung** festzustellen, auf welchen Prozentsatz des eingezahlten Grund- oder Stammkapitals zuzüglich

Reserven sich der durchschnittliche gesamte Geschäftsgewinn in den Kriegsgeschäftsjahren beläuft. Nur wenn dieser Gewinn weniger als 8 % des Kapitals einschließlich Reserven beträgt, verbleibt es bei den grundlegenden Steuersätzen. Stellt er sich zwischen 8 und 10 %, so erhöht sich die zunächst ermittelte Abgabe um 10 % ihres Betrages. Bei einem prozentual höheren Gewinn steigt die Zusatzabgabe staffelförmig und erreicht ihren Höchstsatz von 50 %, wenn der durchschnittliche gesamte Geschäftsgewinn 25 % von Kapital und Reserven übersteigt. Der **Höchstsatz der Kriegssteuer** für Gesellschaften ist hiernach mit 45 % des Mehrgewinnes vorgesehen (nämlich 30 % zuzüglich 50 % von 30 % = 15 %).

Beispiel: Grundkapital und Reserven der Gesellschaft 10 Mill. ℳ

	Geschäftsgewinn	Mehrgewinn
Erstes Kriegsgeschäftsjahr	1500000 ℳ	850000 ℳ
Zweites „	1550000 ℳ	900000 ℳ
Drittes „	1600000 ℳ	950000 ℳ
	4650000 ℳ	2700000 ℳ
Durchschnitt	1550000 ℳ	900000 ℳ

Der Mehrgewinndurchschnitt von 900000 ℳ ist gleich 9 % des Grundkapitals und der Reserven. Infolgedessen kommt zur Anwendung die dritte Grundsteuerstufe mit 20 % des gesamten Mehrgewinns (20 % von 2700000 ℳ) = 540000 ℳ. Der durchschnittliche Geschäftsgewinn übersteigt 15 % des Grundkapitals und der Reserven. Infolgedessen erhöht sich die Abgabe um 30 % von 20 %. Die Grundsteuerabgabe steigt durch diesen Zuschlag in unserem Falle auf 26 %, so daß die Abgabe insgesamt (26 % von 2700000 ℳ) 702000 ℳ beträgt — ohne Berücksichtigung der ev. ermäßigend wirkenden Bestimmungen des § 19 Abs. 4 u. 5 und § 22 Satz 1. Im übrigen wird die Kriegssteuerabgabe durch die nebenstehende Tabelle (S. 133) veranschaulicht.

Unter „ausgewiesenen **wirklichen Reservekontenbeträgen**" hat man im vorliegenden Falle neben dem gesetzlichen (für Aktiengesellschaften und Kommanditgesellschaften auf Aktien vorgesehenen) Reservefonds z. B. zu verstehen: Spezialreserve, Dividendenreserve, Verlustreserve usw. Voraussetzung ist, daß es sich um wirkliche, d. h. nicht schon verbrauchte Reserven handelt. Wenn eine Gesellschaft unter ihren Außenständen in Höhe von 500000 ℳ Forderungen im Betrage von 50000 ℳ hat, deren Nichteingang feststeht, und wenn sie als Gegengewicht gegen diese uneinbringlichen Beträge

Steuerbeträge für je 1000 M Mehrgewinn

wenn der Mehrgewinn im Jahresdurchschnitte vom Grund- oder Stammkapital usw. beträgt Prozent	bei einem Grundsteuersatz von Prozenten des Mehrgewinnes	wenn der durchschnittliche Geschäftsgewinn eines Kriegsgeschäftsjahres im Verhältnis zum eingezahlten Grund- oder Stammkapital usw. beträgt					
		bis 8 % (Steuersatz = Spalte 2) M	über 8—10 % (Steuersatz = Spalte 2 + 10 % = 1,1 fach) M	über 10—15 % (Steuersatz = Spalte 2 + 20 % = 1,2 fach) M	über 15—20 % (Steuersatz = Spalte 2 + 30 % = 1,3 fach) M	über 20—25 % (Steuersatz = Spalte 2 + 40 % = 1,4 fach) M	über 25 % (Steuersatz = Spalte 2 + 50 % = 1,5 fach) M
1	2	3	4	5	6	7	8
weniger als 2 und 2 .	10	100	110	120	130	140	150
über 2—5	15	150	165	180	195	210	225
über 5—10 . . .	20	200	220	240	260	280	300
über 10—15 . . .	25	250	275	300	325	350	375
über 15	30	300	330	360	390	420	450

eine Delkrederereserve in gleicher Höhe geschaffen hat, so kann man hierbei nicht von einem wirklichen Reservekonto sprechen. Man wird folgern dürfen, daß nicht gemeint sind die an Stelle von Abschreibungen auf die Passivseite gesetzten Delkredere-, Erneuerungsfonds usw. Auch Pensionsfonds, Unterstützungsfonds usw. gehören nicht zu den Reserven im Sinne des § 19. Das gleiche gilt hinsichtlich des **Gewinnvortrages**, obgleich er sich von einer wirklichen Reserve nicht sehr wesentlich unterscheidet.

Nach den Ausführungsbestimmungen (§ 26) gehören zu den „wirklichen Reservekontenbeträgen" nur solche Bilanzposten, die ausweislich der Bilanz eine **Kapitalsansammlung über den Betrag des Grundkapitals hinaus** darzustellen bestimmt sind (z. B. der gesetzliche Reservefonds, freiwillige Reservefonds, Dividendenausgleichsfonds, Rückstellungen für künftige, möglicherweise eintretende Verluste oder Ausgaben), dagegen u. a. nicht Posten, die einen Ausgleich für die Wertminderung von Vermögensgegenständen der Gesellschaft darstellen sollen (z. B. Erneuerungsfonds) oder die zur Deckung bereits begründeter Verpflichtungen eingestellt sind, bei Versicherungsgesellschaften die Rücklagen für die Versicherungssummen und für die den Versicherten selbst als sogenannte Dividende zurückzugewährenden Prämienüberschüsse. Hierbei ist **nicht die Benennung des Postens** in der Bilanz, **sondern seine** aus dem Gesetze, der Satzung, den Geschäftsberichten, Generalversammlungsbeschlüssen und anderen Anhaltspunkten zu entnehmende **Bestimmung** maßgebend.

Die Reserven müssen ausgewiesen sein, folglich können **stille Reserven** für die Berechnung der Abgabe **hier nicht** in Betracht kommen. Maßgebend für die Höhe der Reserven ist der Beginn des ersten Kriegsgeschäftsjahres. Es werden also noch die Überweisungen an die Reserven berücksichtigt, die aus dem Gewinn des letzten Friedensgeschäftsjahres vorgenommen worden sind. Dagegen finden die Veränderungen in den Reserven, die innerhalb der Kriegsgeschäftsjahre vor sich gegangen sind, keine Berücksichtigung. Wohl aber werden **Vermehrungen des Grund- oder Stammkapitals**, die während der Kriegsgeschäftsjahre vor sich gegangen sind, in Rechnung gestellt. Denn § 19 Abs. 3 besagt: „Hat sich das eingezahlte Grund- oder Stammkapital einer Gesellschaft während der Kriegsgeschäftsjahre vermehrt, so ist der Berechnung der Abgabe ein den Zeitraum, innerhalb dessen die Gesellschaft mit dem veränderten Grund- oder Stammkapital bestanden hat, berücksichtigender Durchschnittsbetrag des Grund- oder Stammkapitals zugrunde zu legen.“ Beispiel: Eine Gesellschaft hat zu Beginn des ersten Kriegsgeschäftsjahres 1 Mill. ℳ Kapital und 100000 ℳ Reserven gehabt; sie erhöht mit Wirkung vom zweiten Kriegsgeschäftsjahre ab ihr Kapital auf 1,9 Mill. ℳ und ihre Reserven steigen durch das Agio auf die neuen Aktien auf 200000 ℳ. Dann ist ein durchschnittliches Grundkapital für die drei Kriegsgeschäftsjahre in Höhe von (1+1,9+1,9 : 3) 1,6 Mill. ℳ zu berücksichtigen, dagegen würde der Reservefonds unverändert mit 100000 ℳ (und nicht mit 200000 ℳ) in Anrechnung zu bringen sein; denn das Gesetz spricht, ohne in dieser Hinsicht eine Ausnahme zuzulassen, von dem bei Beginn des ersten Kriegsgeschäftsjahres ausgewiesenen Reservekontenbeträgen. Es bleiben also auch die im Laufe der Kriegsgeschäftsjahre vorgenommenen Neudotierungen der Reserven aus den Gewinnen unberücksichtigt; der Gesetzgeber wollte offenbar verhüten, daß Reserven gebildet werden zum Zwecke der Herabdrückung der Steuer, wobei zu berücksichtigen ist, daß das Verhältnis zwischen Geschäftsgewinn und Kapital + Reserven mitentscheidend für die Höhe der Abgabe ist.

Der Abs. 4 u. 5 des § 19 enthält Vorschriften, durch deren Anwendung sich die **Möglichkeit** ergibt, daß eine **niedrigere Abgabe** zu zahlen ist als die im Abs. 1 u. 2 vorgesehene. Die zu zahlende Abgabe soll (nach Abs. 4) den Betrag nicht übersteigen, der sich bei Anwendung der nächst niedrigen Steuerstufe ergeben würde zuzüglich desjenigen Betrages des Mehrgewinns, durch den sich die Anwendung des gesetzlichen Satzes ergeben hat. Diese Vorschrift soll in erster Reihe verhindern, daß eine Gesellschaft A, die einen größeren Mehrgewinn erzielt hat als eine Gesellschaft B, durch Eintritt in eine höhere Steuerstufe im Endergebnis einen geringeren Mehrgewinn übrig behält als die Gesellschaft B. Folgendes Beispiel (Sintenis) zeigt den Vorteil der Bestimmungen des Abs. 4 zahlenmäßig:

Eine Gesellschaft, die ein eingezahltes Stammkapital zuzüglich Reserven von 10 Mill. ℳ besitzt, hat einen gesamten Geschäftsgewinn von 6015000 ℳ erzielt oder durchschnittlich 2005000 ℳ, wovon 3003000 ℳ oder durchschnittlich 1001000 ℳ Mehrgewinn sind. Alsdann würde sich der primäre Steuersatz auf 25 % stellen; hierzu käme der Zuschlag von 40 % auf 25 % = 10 %, die Steuer betrüge daher 35 % von 3003000 ℳ = 1051050 ℳ.

Hätte der Mehrgewinn nur 3000 ℳ weniger betragen, so wäre die Gesellschaft in die nächst niedrige Steuerstufe von 20 % gekommen, sie hätte daher einschließlich des Zuschlages von 8 % nur 28 % auf 2 998 000 *M* zu versteuern, d. h. die effektive Steuer würde sich auf 839 440 *M* stellen. Das sind über 200 000 *M* weniger als in dem erstgedachten Falle, so daß die Gesellschaft durch das geringfügige Plus des Mehrgewinnes einen außerordentlichen Schaden erleiden würde.

Nach der Vorschrift des § 19 Abs. 4 soll deshalb die Gesellschaft berechtigt sein, nur den Steuersatz von 28 % auf 3 003 000 *M* zu zahlen zuzüglich derjenigen 3000 *M*, durch die sie in die höhere Steuerstufe gekommen ist. Die Steuer beträgt daher 28 % auf

3 003 000 *M*	=	840 840 *M*
zuzüglich	=	3 000 *M*
	=	843 840 *M*

Greifen wir hingegen auf unser zuvor gewähltes Beispiel zurück, so zeigt sich, daß hier die Bestimmung des Abs. 4 keine praktische Bedeutung gewinnt:

Grundkapital und Reserven 10 Mill. *M*.

	Geschäftsgewinn	Mehrgewinn
Erstes Kriegsgeschäftsjahr	1 500 000 *M*	850 000 *M*
Zweites "	1 550 000 *M*	900 000 *M*
Drittes "	1 600 000 *M*	950 000 *M*
	4 650 000 *M*	2 700 000 *M*
Durchschnitt	1 550 000 *M*	900 000 *M*

Die Steuerabgabe beträgt 702 000 *M* (26 % von 2 700 000 *M*). Zu diesem Resultat sind wir gelangt auf Basis eines Steuersatzes (20 + 6) 26 %. Der nächstniedrige Steuersatz ist bei dem oben angenommenen durchschnittlichen Geschäftsgewinn von 1 550 000 *M* (15 + 4½) 19½ %. Seine Anwendung käme aber nur dann in Betracht, wenn der Mehrgewinn im Jahresdurchschnitt bei 10 Mill. *M* Kapital und Reserven 500 000 *M* nicht übersteigt. Berechnet man nun 19½ % von unserem Gesamtmehrgewinn in Höhe von 2 700 000 *M*, so ergäbe sich ein Betrag von 526 500 *M*. Dieser wäre indes noch zu erhöhen (nach Abs. 4) um denjenigen Betrag des Mehrgewinns, durch den sich die Anwendung des gesetzliches Satzes (26 %) ergeben hat. In unserem Falle wäre die Differenz zwischen 2 700 000 *M* und 1 500 000 *M* mithin 1 200 000 *M* dem Betrage von 526 500 *M* hinzuzurechnen, so daß die Anwendung des Abs. 4 nicht steuerermäßigend, sondern sehr stark steuerverschärfend wirken würde. Er bleibt mithin unberücksichtigt.

Prüfen wir nun, ob wir in unserem Falle auf Grund des **Abs. 5** zu einer **Milderung** gegenüber dem Tabellensatz kommen. Abs. 5 bestimmt: „Die Abgabe wird insoweit nicht erhoben, als sie den Abgabebetrag, der bei Anwendung der Vorschrift des § 21 zu berechnen wäre, übersteigt.“ Um diese Bestimmung zu verstehen, müssen wir uns also den § 21 ansehen. Dieser enthält folgende

Abgabenstaffel für ausländische Gesellschaften:

Bei einem Mehrgewinn im Jahresdurchschnitt

von nicht mehr als 20000 ℳ	. . . .	10 v. H.	des Mehrgewinns
von „ „ 20000 ℳ	bis zu 40000 ℳ	12 v. H.	„ „
„ „ „ 40000 ℳ	„ „ 60000 ℳ	14 v. H.	„ „
„ „ „ 60000 ℳ	„ „ 80000 ℳ	16 v. H.	„ „
„ „ „ 80000 ℳ	„ „ 100000 ℳ	18 v. H.	„ „
„ „ „ 100000 ℳ	„ „ 120000 ℳ	20 v. H.	„ „
„ „ „ 120000 ℳ	„ „ 140000 ℳ	22 v. H.	„ „
„ „ „ 140000 ℳ	„ „ 160000 ℳ	24 v. H.	„ „
„ „ „ 160000 ℳ	„ „ 180000 ℳ	26 v. H.	„ „
„ „ „ 180000 ℳ	„ „ 200000 ℳ	28 v. H.	„ „
„ „ „ 200000 ℳ	„ „ 250000 ℳ	30 v. H.	„ „
„ „ „ 250000 ℳ	„ „ 500000 ℳ	40 v. H.	„ „
„ „ „ 500000 ℳ	. . . .	45 v. H.	„ „

Der Gesetzgeber hat diese Skala, wie sich aus der obigen Vorschrift zeigt, **bedingungsweise auch für die inländischen Gesellschaften** akzeptiert. Sie sollen ihre Steuerabgabe zwar nach § 10 Abs. 1 u. 2 berechnen, aber die so ermittelte Abgabe wird insoweit nicht erhoben, als sie den Abgabebetrag übersteigt, den im gleichen Falle ausländische Gesellschaften zu zahlen hätten. Der Gesetzgeber will verhindern, daß in irgendeinem Falle eine ausländische Gesellschaft besser gestellt ist als eine entsprechende inländische; man will damit ferner der Lage der verschiedenartigen Gesellschaften Rechnung tragen. Die Gesellschaften, vor allem Gesellschaften m. b. H. nämlich, deren Kapital nominell sehr klein ist, während sie in Wirklichkeit mit sehr viel größeren Mitteln arbeiten, werden unter Umständen ungerecht hart betroffen, wenn man die Steuer nach der Relation von Mehrgewinn und Stammkapital abstuft; ihnen soll daher die Möglichkeit gegeben werden, die ihnen günstige Skala für ausländische Gesellschaften auf sich anzuwenden.

Um auf unser obiges Beispiel zurückzugreifen, so hätte eine Gesellschaft mit einem Mehrgewinn von insgesamt 2700000 ℳ, d. h. bei einem im Jahresdurchschnitt erzielten Mehrgewinn von 900000 ℳ nach der Skala für ausländische Gesellschaften eine Abgabe von (45% von 3 × 900000 ℳ = 2700000 ℳ) 1215000 ℳ zu zahlen. Die Abgabeberechnung nach der Skala für inländische Gesellschaften ist mithin in unserem Falle weit günstiger; die Bestimmung des Abs. 5 ist also hier bedeutungslos. Bedeutung gewinnt sie hingegen, wie schon gesagt, besonders bei **Gesellschaften, deren Grundkapital klein** ist und die sich die Betriebsmittel hauptsächlich durch Darlehen oder Obligationsausgaben beschaffen.

Unsere Darstellung zeigt, daß **zur Ermittlung der Steuer** inländischer Gesellschaften in jedem Falle **drei** voneinander getrennte **Berechnungen angestellt werden müssen:**

1. der Steuerbetrag ist zu errechnen, wie er sich auf Grund des § 19 Abs. 1 u. 2 ergibt (primärer Steuersatz und Zuschlagsabgabe);
2. demnächst ist der Betrag zu ermitteln, der sich bei Anwendung der nächst niedrigen Steuerstufe ergeben würde zuzüglich des Betrages des Mehrgewinnes, um den dieser die für Anwendung der niedrigeren Steuerstufe maßgebende Grenze überschreitet;
3. endlich ist festzustellen, ob die sonach ermittelte Abgabe die für ausländische Gesellschaften vorgesehenen Sätze übersteigt.

Sind Gewinnbeträge zu gemeinnützigen Zwecken bestimmt worden, so ist eine weitere aus § 22 sich ergebende Berechnung anzustellen.

Die **Kriegssteuer** der Gesellschaften wird nach dem Gesamtergebnisse der beiden ersten Kriegsgeschäftsjahre **vorläufig** und nach dem Gesamtergebnis aller Kriegsgeschäftsjahre endgültig **festgesetzt** und eingefordert (vgl. § 28). Wir greifen zur Verdeutlichung dieser Vorschrift wiederum auf unser oben gewähltes Beispiel in entsprechend abgeänderter Weise zurück:

Grundkapital und Reserven 10 Mill. ℳ.

	Geschäftsgewinn	Mehrgewinn
Erstes Kriegsgeschäftsjahr	1500000 ℳ	850000 ℳ
Zweites „	1550000 ℳ	900000 ℳ
	3050000 ℳ	1750000 ℳ
Durchschnitt	1525000 ℳ	875000 ℳ

Die vorläufige Steuerabgabe beträgt 455000 ℳ. Zu diesem Ergebnis gelangen wir folgendermaßen: Der Mehrgewinn im

Jahresdurchschnitt beträgt 875000 ℳ und ist gleich $8^3/_4$ % des Grundkapitals und der Reserven. Infolgedessen kommt zur Anwendung der dritte Grundsteuersatz mit 20 % des gesamten Mehrgewinns (20 % von 1750000 ℳ) = 350000 ℳ. Der durchschnittliche Geschäftsgewinn übersteigt 15 % des Grundkapitals und der Reserven. Infolgedessen erhöht sich die Abgabe um 30 % von 20 %. Die Grundsteuerabgabe steigt durch diesen Zuschlag in unserem Falle auf 26 %, so daß die Abgabe insgesamt (26 % von 1750000 ℳ) = 455000 ℳ beträgt. Diese Summe ist (laut § 31 Abs. 2) binnen drei Monaten nach Zustellung des (vorläufigen) Bescheids zu entrichten, und da die für unser Beispiel gewählte Gesellschaft in den beiden ersten Kriegsgeschäftsjahren eine Sonderrücklage in Höhe von 875000 ℳ bestellt hat, so darf sie über die Differenz zwischen 875000 ℳ und 455000 ℳ, also über 420000 ℳ frei verfügen. Bei der Feststellung der endgültigen Steuerabgabe, also bei der Feststellung der Steuerabgabe für alle drei Kriegsgeschäftsjahre stellt sich heraus, daß die Steuer 702000 ℳ beträgt (vgl. S. 31). Es sind mithin noch zu zahlen 242000 ℳ, die der für das dritte Kriegsgeschäftsjahr gebildeten Sonderrücklage entnommen werden.

§ 20

Gesellschaften der im § 13 bezeichneten Art, die ihren Sitz im Ausland haben, aber im Inland einen Geschäftsbetrieb unterhalten (ausländische Gesellschaften), haben die Abgabe von dem auf den inländischen Geschäftsbetrieb entfallenden Mehrgewinne zu entrichten. Die Grundsätze, die bei einer bundesstaatlichen Einkommensteuerveranlagung für die Ausscheidung des auf den inländischen Geschäftsbetrieb entfallenden Teiles des steuerbaren Gesamteinkommens maßgebend waren, sind auch bei der Berechnung des auf den inländischen Betrieb entfallenden Teiles des Mehrgewinns anzuwenden. Wo eine Einkommensteuer nicht eingeführt ist, hat die Landesregierung entsprechende Vorschriften zu erlassen.

Erläuterungen.

Außer den in § 13 aufgeführten inländischen Gesellschaften (Aktiengesellschaften, Kommanditgesellschaften auf Aktien, Gesellschaften m. b. H., Berggewerkschaften und sonstige Bergbau treibenden Vereinigungen mit juristischer Persönlichkeit) sind auch Gesellschaften dieser Art, die ihren **Sitz** (Hauptniederlassungsort) **im Auslande** haben, aber im **Inlande einen Geschäftsbetrieb** (Zweigniederlassung) unterhalten, abgabepflichtig. Die Abgabe ist aber nicht nach dem gesamten Geschäftsergebnis zu berechnen, sondern nur von dem auf den inländischen Geschäftsbetrieb entfallenden Mehrgewinn zu entrichten. Es handelt sich also für die ausländischen Gesellschaften darum, den Teil des Mehrgewinns, der auf den inländischen Geschäftsbetrieb entfällt, rechnerisch zu ermitteln. Das Kriegssteuergesetz schreibt in dieser Hinsicht vor, daß die Grundsätze, die bei einer bundesstaatlichen Einkommensteuerveranlagung für die Ausscheidung des auf den inländischen Geschäftsbetrieb entfallenden Teiles des steuerbaren Gesamteinkommens maßgebend waren, auch bei der Berechnung des auf den inländischen Betrieb entfallenden Teiles des Mehrgewinnes anzuwenden sind.

Wie der steuerbare Mehrgewinn im allgemeinen ermittelt wird, ist in den vorangehenden Erläuterungen näher dargelegt. Als Mehrgewinn gilt der Unterschied zwischen dem durchschnittlichen früheren Geschäftsgewinn und dem jeweils in einem Kriegsgeschäftsjahr erzielten Geschäftsgewinn. Für die Berechnung des auf den inländischen Geschäftsbetrieb einer ausländischen Gesellschaft entfallenden steuerpflichtigen Mehrgewinns ist es erforderlich, den Teil des Gesamtgewinns, der auf dem ausländischen Betrieb beruht, vom Jahresertrage abzusetzen. Das Kriegssteuergesetz schreibt vor, daß für diese rechnerische Ausscheidung die Grundsätze, die **bei einer bundesstaatlichen Einkommensteuerveranlagung** in einem solchen Falle maßgebend waren, entsprechend anzuwenden sind. Wo also in den einzelnen Bundesstaaten nach den in Betracht kommenden Einkommensteuergesetzen eine Besteuerung des aus inländischen Besitz oder gewerblichen Betrieben fließenden Einkommens eines nicht im Inland (sondern in einem andern Bundesstaat oder im nichtdeutschen Ausland) wohnhaften oder ansässigen Steuerpflichtigen erfolgt (vgl. z. B. preuß. Einkommensteuergesetz § 2), findet nach den bei dieser Besteuerung angewandten Grundsätzen für die Ausscheidung des inländischen Einkommens auch die Ermittlung des auf den inländischen Geschäftsbetrieb entfallenden Teiles des Geschäftsgewinnes statt. Falls das Steuergesetz selber diese Grundsätze nicht im einzelnen aufzählt, müssen sie aus den Ausführungsverordnungen oder der Steuerpraxis der in Betracht kommenden Staaten entnommen werden.

Für **Preußen** kommen die Grundsätze zur Anwendung, die im Anschluß an die Bestimmungen der §§ 15 u. 16 des Einkommensteuergesetzes in der Rechtsprechung des Oberverwaltungsgerichts, u. a. auf der Grundlage der Ausführungsanweisung des Finanzministers (vom 25. Juli 1906, in der vom 1. April 1909 ab gültigen Fassung) entwickelt worden sind. Danach gilt im wesentlichen folgendes: Soweit der aus dem inländischen Teil des Gewerbebetriebes erzielte besondere Gewinn sich nicht **unmittelbar aus den geführten Handlungsbüchern**, aus den getrennten Aufzeichnungen oder auf ähnliche Weise aus dem Rechnungswerk, der Statistik usw. des Unternehmens ergibt, erfolgt die Feststellung des (einkommensteuer)pflichtigen Teils der Überschüsse nach den aus den tatsächlichen Betriebsverhältnissen eines jeden Unternehmens sich ergebenden Merkmalen, die für die Gewinnerzielung vornehmlich bestimmend sind, z. B. bei Versicherungsgesellschaften nach dem Verhältnis der im Inland aufkommenden Prämien zur Gesamtprämieneinnahme (dabei ist aber die Gesamtgeschäftsleitung als vornehmlich für die Gewinnerzielung bestimmendes Merkmal zu berücksichtigen, s. unten). Ist eine gesonderte Gewinnberechnung in dieser Weise nicht ausführbar, so muß der Gewinn für den ganzen Betrieb berechnet und auf die einzelnen Betriebsstellen nach dem Verhältnis des Betriebsumfangs unter Berücksichtigung der besonderen Betriebskosten verteilt werden. Kann auch auf diesem Wege ein zutreffender Maßstab für die Gewinnverteilung nicht gefunden werden, so ist der Gesamtgewinn nach **verständigem Ermessen** auf die verschiedenen Gebiete zu verteilen. Als Merkmale, die für die Gewinnerzielung besonders bestimmend sind, kommen in Betracht die Leitung, die Fabrikation und der Verkauf. Für die allgemeine **Geschäftsleitung** ist im voraus eine angemessene Quote der Gesamtüberschüsse in Anrechnung zu bringen. Fabrikation und Verkauf sind in der Regel, falls nicht besondere Umstände das Vorwiegen der einen oder der andern Tätigkeit dartun, als gleichwertig zu behandeln. In dem auf die Fabrikation entfallenden Rechnungsanteil ist gleichzeitig die Bewertung der technischen Leitung enthalten.

Die vorstehend dargelegten Gesichtspunkte liegen der preußischen Steuerpraxis bei Ausscheidung des inländischen Betriebseinkommens vom Gesamtergebnis eines Unternehmens zugrunde. In den **anderen Bundesstaaten** sollen nach dem Kriegssteuergesetz die dort geltenden Bestimmungen Anwendung finden, und es kann bei dieser Rechtslage nicht ausbleiben, daß eine Ungleichmäßigkeit in der Berechnung des kriegsabgabepflichtigen Mehrgewinns ausländischer Gesellschaften entsteht, je nachdem in welchem deutschen Bundesstaat der inländische Geschäftsbetrieb der ausländischen Gesellschaft sich befindet, und je nach den Berechnungsgrundsätzen, die danach für die Ermittlung des auf den in ändischen Geschäftsbetrieb entfallenden Teiles des steuerbaren Gesamteinkommens als „Verteilungsschlüssel" in Anwendung kommen. In Bundesstaaten, wo eine Einkommensteuer noch nicht eingeführt ist (in Frage kommt nur **Elsaß-Lothringen**) hat nach dem Kriegssteuergesetz die Bundesregierung Vorschriften über die Ermittlung des kriegsabgabepflichtigen Teiles des Gewinnes ausländischer Gesellschaften, die in dem in Betracht kommenden Bundesstaat eine Zweigniederlassung haben, zu erlassen.

Zu bemerken ist, daß nur **wirkliche Zweigniederlassungen**, also Betriebsstellen, von denen aus selbständig Geschäfte abgeschlossen werden, kriegssteuerpflichtig sind; nicht also werden zur Abgabe herangezogen ausländische Gesellschaften, die im Inlande nur Zahlstellen (Kassen), Vertreter, Kommissionäre, Agenten oder Agenturen (wie z. B. häufig ausländische Versicherungsgesellschaften und Hypothekenbanken) unterhalten.

Außer den für die Ermittlung des steuerpflichtigen Mehrgewinns gegebenen besonderen Vorschriften enthält das Gesetz für die Steuerpflicht ausländischer Gesellschaften keine Abweichung. Es finden also im übrigen die allgemeinen Grundsätze entsprechende Anwendung.

Berechnet sich der Friedensgewinn nach den Vorschriften des § 17 Abs. 2—5 (fingierte Berechnungsart) ganz oder teilweise vom Grund- oder Stammkapital, so wird nach den vorstehenden Erläuterungen nur ein verhältnismäßiger **Teil des Grund- oder Stammkapitals** in Betracht zu ziehen sein. Auch hier werden für die Verteilung die Grundsätze der einzelstaatlichen Einkommensteuerveranlagung maßgebend sein müssen.

Die **Berechnung der Abgabe** selber ist nach § 21 des Kriegssteuergesetzes vorzunehmen.

§ 21

Die Abgabe beträgt für ausländische Gesellschaften bei einem Mehrgewinn im Jahresdurchschnitt von

nicht mehr als 20000 Mark

10 vom Hundert des Mehrgewinns,

mehr als 20000 bis zu 40000 Mark
12 vom Hundert des Mehrgewinns,
mehr als 40000 bis zu 60000 Mark
14 vom Hundert des Mehrgewinns,
mehr als 60000 bis zu 80000 Mark
16 vom Hundert des Mehrgewinns,
mehr als 80000 bis zu 100000 Mark
18 vom Hundert des Mehrgewinns,
mehr als 100000 bis zu 120000 Mark
20 vom Hundert des Mehrgewinns,
mehr als 120000 bis zu 140000 Mark
22 vom Hundert des Mehrgewinns,
mehr als 140000 bis zu 160000 Mark
24 vom Hundert des Mehrgewinns,
mehr als 160000 bis zu 180000 Mark
26 vom Hundert des Mehrgewinns,
mehr als 180000 bis zu 200000 Mark
28 vom Hundert des Mehrgewinns,
mehr als 200000 bis zu 250000 Mark
30 vom Hundert des Mehrgewinns,
mehr als 250000 bis zu 500000 Mark
40 vom Hundert des Mehrgewinns,
mehr als 500000 Mark
45 vom Hundert des Mehrgewinns.

§ 19 Abs. 4 findet Anwendung.

Erläuterungen.

Gesellschaften der im § 13 bezeichneten Art (Aktiengesellschaften, Gesellschaften m. b. H. usw.), die ihren **Sitz im Ausland** haben, aber im Inland einen Geschäftsbetrieb unterhalten, sind zur Kriegssteuerabgabe verpflichtet. Die Pflicht beschränkt sich auf den **Mehrgewinn**, der auf den **inländischen Geschäftsbetrieb** entfällt. Die Grundsätze, die bei einer bundesstaatlichen Einkommensteuerveranlagung für die Ausscheidung des auf den inländischen Geschäftsbetrieb entfallenden Teiles des steuerbaren Gesamteinkommens maßgebend waren, sind auch bei der Berechnung des auf den inländischen Betrieb entfallenden Teiles des Mehrgewinnes anzuwenden. Wo eine Einkommensteuer nicht eingeführt ist, hat die Landesregierung entsprechende Vorschriften zu erlassen.[1])

Die Abstufung der Steuer nach dem Verhältnis des Mehrgewinnes und Gewinnes zum Gesellschaftskapital wäre bei ausländischen Gesellschaften schwer durchführbar gewesen; § 21 des Gesetzes begnügt sich daher mit der Staffelung nach der Höhe des Mehrgewinnes. Dabei ist zu beachten, daß für die Ermittlung der Abgabe der **Jahresdurchschnitt** des in allen Kriegsgeschäftsjahren erzielten Mehrgewinnes maßgebend ist. Hat eine Gesellschaft z. B. in allen drei Kriegsgeschäftsjahren zusammen einen Mehrgewinn von 90000 ℳ gehabt, so beträgt der steuerpflichtige Mehrgewinn im Jahresdurchschnitt 30000 ℳ und die Abgabe 12 v. H. Es sind mithin dreimal 30000 ℳ = 90000 ℳ mit 12 % = 10800 ℳ zu versteuern. Hat die Gesellschaft hingegen nur ein Kriegsgeschäftsjahr hinter sich, weil sie (das Geschäftsjahr vom 1. Juli annehmend) erst am 1. Juli 1915 ins Leben getreten ist, so würde sie bei einem (nach § 17 Abs. 3 ermittelten) Mehrgewinn von 90000 ℳ eine Abgabe von 18 % = 16200 ℳ zu leisten haben. Hat eine Gesellschaft im ersten Kriegsgeschäftsjahr 10000 ℳ Mehrgewinn, im zweiten aber 10000 ℳ Mindergewinn (gegenüber der Friedenszeit) gehabt, sowie im dritten Kriegsgeschäftsjahr 90000 ℳ Mehrgewinn, so beträgt die Abgabe wieder wie oben 10800 ℳ.

Die im § 19 Abs. 4 vorgesehene **Vergünstigung** für inländische Gesellschaften gilt auch für ausländische. Diese Vergünstigung besagt: „Die zu zahlende Abgabe soll den Betrag nicht übersteigen, der sich bei Anwendung der nächstniedrigen Steuerstufe ergeben würde zuzüglich desjenigen Betrages des Mehrgewinns, durch den sich die Anwendung des gesetzlichen Satzes ergeben hat.“ Beispiel: Eine ausländische Gesellschaft hat in den drei Kriegsgeschäftsjahren im inländischen Geschäftsbetrieb einen Mehrgewinn im Sinne des Gesetzes in Höhe von 483000 ℳ erzielt. Nach der Steuerstaffel beträgt die Abgabe (26 % von 3 × 161000 ℳ) = 125580 ℳ. Die nächstniedrige Steuerstufe ist 24 %. Bringt man diese zur Anwendung

[1]) Für eine ausländische Gesellschaft, die zwar formell im Auslande ihren Sitz hat, aber im Auslande keinen Betrieb unterhält, sondern deren ganzes Geschäft einschließlich der Geschäftsleitung sich im Inlande befindet — ein vielleicht nicht häufiger Fall — kommt eine Verteilung des steuerbaren Gesamteinkommens nach den in § 19 näher erörterten Grundsätzen nicht in Betracht; vielmehr ist der gesamte Mehrgewinn solcher Gesell chaften zu versteuern; aber nach der im vorliegenden § 21 aufgestellten, für ausländische Gesellschaften geltenden Staffel.

auf 483000 ℳ, so ergibt sich ein Betrag von 115920 ℳ. Hierzu müssen aber nach der obigen Bestimmung 3000 ℳ hinzugerechnet werden; denn 3000 ℳ bilden bei unserem Beispiel die Differenz zwischen der Staffel von 24 und 26%. Durch die Hinzurechnung von 3000 ℳ steigt die „nächstniedrige" Abgabe auf 118920 ℳ. In unserem Falle ergibt die Begünstigung[1]) des § 19 Abs. 4 eine Ersparnis in Höhe von (125580 — 118920) 6660 ℳ.

Als pflichtige Gesellschaften haben alle Geschäftsformen zu gelten, die in dem fremden Rechtsgebiete die Funktion einer der im § 13 bezeichneten Gesellschaft deutschen Rechtes erfüllen. Unerheblich ist es, ob eine Gesellschaft nach ausländischem Recht Rechtspersönlichkeit hat oder nicht (vgl. Moesle).

Darüber, ob eine Gesellschaft als inländische oder als ausländische anzusehen ist, entscheidet ihr Sitz im bürgerlichrechtlichen (handelsrechtlichen) Sinne. Die Eintragung im Handelsregister kann einen Anhalt für die Beurteilung bieten.

Als Ausland im Sinne des Gesetzes gelten auch die **deutschen Schutzgebiete.**

Die Vorsteher inländischer Niederlassungen aller ausländischer Gesellschaften sind verpflichtet (vgl. § 26 Abs. 2 des Kriegssteuergesetzes), der Steuerbehörde eine Kriegssteuererklärung einzureichen.

§ 22

Die Abgabe wird von den Gesellschaften insoweit nicht erhoben, als sie verhältnismäßig auf Gewinnbeträge entfällt, die zu ausschließlich gemeinnützigen Zwecken bestimmt worden sind und deren dauernde Verwendung zu solchen Zwecken gesichert ist. Ob die Voraussetzungen des Satzes 1 vorliegen, wird nach näherer Bestimmung des Bundesrats im Verwaltungsweg entschieden.

Die Abgabe wird ferner auch insoweit nicht erhoben, als sie den Betrag der nach den Vorschriften des Gesetzes über vorbereitende Maßnahmen zur Besteuerung der Kriegsgewinne vom 24. Dezember 1915 zu bildenden Sonderrücklage übersteigt.

Abs. 2 gilt insoweit nicht, als bei der Bildung der Sonder-

[1]) Weitere Begünstigungen sieht der § 22 vor.

rücklage Abschreibungen, die gemäß § 3 Satz 2 des Gesetzes vom 24. Dezember 1915 als Bestandteil des Geschäftsgewinns eines Kriegsgeschäftsjahrs anzusehen waren, unberücksichtigt geblieben sind.

Erläuterungen.

Den besonderen Erläuterungen zum § 22 seien einige allgemeine hinsichtlich der

Sonderrücklage
(zweiter Teil der Erläuterungen zum Rücklagengesetz)

vorausgeschickt, wodurch in Verbindung mit den Erläuterungen zu § 13 ein Gesamtbild über die Bedeutung und Berechnung der Sonderrücklage gewonnen wird:

In die Sonderrücklage sind zu legen 50 % des Unterschiedes zwischen dem Geschäftsgewinn einer jeden als „Kriegsgeschäftsjahr" geltenden Periode und dem durchschnittlichen Geschäftsgewinn der Friedensjahre, worüber alles Nähere unter Berücksichtigung der verschiedenen Ausnahmebestimmungen bei der Besprechung des § 13 gesagt worden ist. Die **Sonderrücklage ist getrennt** von dem sonstigen Vermögen der Gesellschaft zu verwalten und — auch von ausländischen Gesellschaften — **im Inlande zu verwahren**; sie ist der freien Verfügung der Gesellschaft entrückt und darf von dieser weder veräußert noch verpfändet werden; die Veräußerung wie die Verpfändung wäre unwirksam, nur gutgläubige Erwerber würden geschützt sein. Die Sonderrücklage kann aber auch **nicht gepfändet** werden.

Die Sonderrücklage ist in **Schuldverschreibungen des Deutschen Reichs** oder eines Bundesstaats anzulegen. (Als solche werden auch Schuldverschreibungen einer rein staatlichen Verwaltung mit eigener Rechtspersönlichkeit gelten dürfen. So hat z. B. die Herzogl. Sächsische Landrentenbank in Koburg bekanntgemacht, daß ihre 4proz. Schuldverschreibungen als „zur Anlage von Kriegsgewinnrücklagen" geeignet erklärt worden sind).

Die Anlage in deutschen Reichs- oder Staatspapieren wird in manchen Fällen Schwierigkeiten bereiten, und zwar besonders dann, wenn die Gesellschaft ihre Betriebsmittel einschließlich der aus den Gewinnen stammenden, für neue Betriebsanschaffungen gebraucht hat oder gebraucht. Sie würde dann vielleicht genötigt sein, Bankkredit in Anspruch zu nehmen, um sich die erforderlichen Staatsanleihen zu beschaffen. Es ist deshalb gestattet, unter Beobachtung des im § 11 Abs. 2 der Ausführungsbestimmungen zum Rücklagengesetz vorgezeichneten Weges (z. B. in Preußen durch Vermittlung des Finanzministeriums) den Reichskanzler um Befreiung von der Anlageverpflichtung oder einer Gestattung von erleichternden **Abweichungen** anzugehen. Die meisten Gesellschaften werden die Sonderrücklage mit **Kriegsanleihen** belegen; denn nach § 32 (siehe diesen) des Kriegssteuergesetzes werden die 5proz. Schuldverschreibungen, Schuldbuchforderungen und Schatzanweisungen der Kriegsanleihen des Deutschen Reichs zum Nennbetrag und die $4^1/_2$proz. Schatzanweisungen dieser Kriegsanleihen zu einem vom Reichskanzler festzusetzenden Kurs an Zahlungsstatt angenommen. Dadurch, daß die 5proz. Kriegsanleihen **zum Nennwerte**, also zu pari **in Zahlung** gegeben werden dürfen, kann leicht die Vermutung entstehen, daß es den Gesellschaften gestattet sei, die Kriegsanleihen bei der Berechnung der Sonderrücklage trotz eines niedrigeren Erwerbspreises mit 100 % zu **bilanzieren.** Das ist indes nicht der Fall. Nach einer vom Reichsschatzsekretär bei den Kommissionsberatungen (Bericht über die Beratungen des Rücklagengesetzes) abgegebenen Erklärung hat die Anlage auch in Kriegsanleihen sich zunächst nur nach den handelsgesetzlichen Bestimmungen zu richten; d. h. die Papiere dürfen nicht höher angesetzt werden als zum Einstandspreis bzw. zum Tageskurse. Was die **Zinsen der Anleihen** betrifft, so ist vorgesehen, daß sie nicht der Sonderrücklage, sondern den laufenden Einnahmen der Gesellschaft zufließen. Das ist mit Vorbedacht geschehen, weil in diesem Punkt die Gesellschaften nicht schlechter gestellt werden sollten als jeder Private. Der Private behält ja zunächst den ganzen Kriegsgewinn bei sich und zahlt schließlich die Steuer etwa zu dem gleichen Zeitpunkt wie die Gesellschaften; er hat also auch zunächst den Zinsgenuß.

Da das Rücklagengesetz erst am 28. Dezember 1915 in Kraft getreten ist, so wird bei vielen Gesellschaften im Zeitpunkte des Bekanntwerdens des Gesetzes der **Gewinn** eines Kriegsgeschäftsjahres (bei manchen Gesellschaften der Gewinn zweier[1]) Kriegsgeschäftsjahre) **bereits verteilt** gewesen sein. Für diesen Fall hat der § 1 Abs. 2 des Rücklagengesetzes folgende Bestimmungen getroffen;

1. Ist der Gewinn aus einem beim Inkrafttreten dieses Gesetzes abgelaufenen Kriegsgeschäftsjahr bereits verteilt, so sind etwaige freiwillige Rückstellungen dieses Jahres bis zum Betrage von 50 v. H. des Mehrgewinns der Sonderrücklage zuzuführen.

[1]) Vgl. S. 154 u. 156.

2. Sind freiwillige Rückstellungen nicht gemacht worden oder erreichen sie diese Höhe nicht, so ist ein Betrag von 50 v. H. des Mehrgewinns oder der noch fehlende Betrag aus dem Mehrgewinn der nächsten Kriegsgeschäftsjahre jedesmal vorweg zu entnehmen und der Sonderrücklage zuzuführen. Außerdem ist daneben die Hälfte des restlichen Mehrgewinns in die Sonderrücklage einzustellen.

3. Rücklagen für Wohlfahrtszwecke sind nicht als freiwillige Rückstellungen im Sinne dieser Vorschrift anzusehen.

Der Abs. 2 des § 1 des Rücklagengesetzes bezieht sich, wie schon gesagt, auf die Fälle, in denen über den Gewinn eines abgelaufenen Kriegsgeschäftsjahres bereits verfügt ist. Er sieht vor, daß **freiwillige Rückstellungen** bis zur Höhe von 50 v. H. des Mehrgewinns eines abgelaufenen Geschäftsjahres — Rückstellungen aus den den Kriegsgeschäftsjahren vorangegangenen Jahren kommen für die Überführung in die Rücklage nicht in Betracht — nachträglich in die Sonderrücklage zu überführen sind. Als **freiwillige Rückstellungen** gelten alle Rücklagen außer den gesetzlich vorgeschriebenen, nicht jedoch die Rückstellungen für Wohlfahrtszwecke (siehe S. 144). Auch der **Gewinnvortrag** gehört zu den freiwilligen Rückstellungen, aber es kommt immer nur der ihm neu zugeführte Betrag in Frage, nicht der ganze Gewinnvortrag. Rückstellungen, die in zu hohen Abschreibungen bestehen und dementsprechend **stille Reserven** begründen, kommen nicht in Betracht. Wohl aber Reserven, die in einem übermäßig hohen Erneuerungs- oder Delkrederefonds enthalten sind.

Stehen freiwillige Rückstellungen nicht zur Verfügung, so ist jedesmal der Mehrgewinn der folgenden Kriegsgeschäftsjahre (des zweiten und dritten Kriegsgeschäftsjahrs) vorweg um die Hälfte des Mehrgewinns des abgelaufenen (ersten) Kriegsgeschäftsjahres zu kürzen, so daß also beim Abschluß des zweiten und dritten Kriegsgeschäftsjahres je die Hälfte des Mehrgewinns des ersten Kriegsgeschäftsjahres und die Hälfte des dann noch verbleibenden Mehrgewinns des zweiten und dritten Kriegsgeschäftsjahres der Sonderrücklage zuzuführen ist. Sind für das erste Kriegsgeschäftsjahr freiwillige Rückstellungen in einem geringeren Betrag als 50 v. H. des Mehrgewinns dieses Geschäftsjahres gemacht, so sind die freiwilligen Rückstellungen in die Sonderrücklage zu überführen; daneben ist aber der Mehrgewinn des zweiten und dritten Kriegsgeschäftsjahres noch je um den Betrag zu kürzen, um den die freiwilligen Rückstellungen hinter der Hälfte des Mehrgewinns des ersten Kriegsgeschäftsjahres zurückbleiben. Dadurch, daß nicht der Geschäftsgewinn des zweiten Kriegsgeschäftsjahr als solcher, sondern nur je der Mehrgewinn des zweiten und dritten Kriegsgeschäftsjahres zu kürzen ist, wird erreicht, daß jedenfalls nur der neue Mehrgewinn — dieser unter Umständen allerdings ganz — in Anspruch genommen wird, dagegen aber der ganze Geschäftsgewinn bis zur Höhe des früheren durchschnittlichen Gewinns unangetastet zur freien Verfügung der Gesellschaft verbleibt. Der **Rückgriff auf das erste Kriegsgeschäftsjahr** hält sich somit in erträglichen Grenzen. Andererseits ist es gerechtfertigt, die Kürzung nicht bloß beim zweiten, sondern auch beim dritten Kriegsgeschäftsjahr vorzunehmen, da ohne die Kürzung die Hälfte des ungeschmälerten Mehrgewinns des zweiten und dritten Kriegsgeschäftsjahres in die Sonderrücklage einzustellen wäre, infolge der Kürzung aber neben den vorweg zu nehmenden Beträgen nur die Hälfte der um jene Beträge geschmälerten Mehrgewinne des zweiten und dritten Kriegsgeschäftsjahres der Sonderrücklage zufließt. Nach der reinen rechnerischen äußerlichen Aufmachung wird zwar unter Umständen der ganze Betrag des Mehrgewinns aus dem ersten Kriegsgeschäftsjahr nachträglich in die Rücklage eingestellt, dafür verringert sich aber der Anteil am Mehrgewinn (Restgewinn) des zweiten und dritten Kriegsgeschäftsjahrs um den entsprechenden Betrag, so daß die Sonderrücklage im Endergebnis **höchstens nur je die Hälfte** aller Mehrgewinne aus den Kriegsgeschäftsjahren enthalten kann.

Einige Beispiele werden das Vorhergesagte näher erläutern.

1. Fall.

Eine Aktiengesellschaft, deren durchschnittlicher früherer Geschäftsgewinn 2 Mill. ℳ beträgt, hat erzielt im Geschäftsjahr

1914 einen Geschäftsgewinn von 4 Mill. ℳ, also einen Mehrgewinn von 2 Mill. ℳ,

1915 einen Geschäftsgewinn von 6 Mill. ℳ, also einen Mehrgewinn von 4 Mill. ℳ,

1916 einen Geschäftsgewinn von 4 Mill. ℳ, also einen Mehrgewinn von 2 Mill. ℳ.

Nach § 1 Abs. 1 des Sicherungsgesetzes sind in die Sonderrücklage einzustellen:

vom Mehrgewinn des Jahres 1914	1 Mill. ℳ
„ „ „ „ 1915	2 „ „
„ „ „ „ 1916	1 „ „
zusammen . .	4 Mill. ℳ

2. Fall.

Hat die Gesellschaft aus dem Gewinn des Jahres 1914 freiwillige Rückstellungen in Höhe von 1 Mill. ℳ oder darüber gemacht und den Rest verteilt, so sind für

1914 von den freiwilligen Rückstellungen in die Sonderrücklage zu überführen	1 Mill. ℳ
1915 vom Mehrgewinn in die Sonderrücklage einzustellen	2 „ „
1916 vom Mehrgewinn in die Sonderrücklage einzustellen	1 „ „
sind zusammen . .	4 Mill. ℳ

3. Fall.

Sind im Jahre 1914, dessen Gewinn bereits verteilt ist, 500000 ℳ freiwillige Rückstellungen vorgenommen, während der Rest ausgeschüttet ist, so sind

1914 in die Sonderrücklage zu überführen die freiwilligen Rückstellungen in Höhe von	0,5 Mill. ℳ
1915 a) der Fehlbetrag aus 1914 in Höhe von .	0,5 „ „
b) von dem um a) geminderten Mehrgewinn des Jahres 1915 die Hälfte mit $\frac{4-0{,}5}{2} =$	1,75 „ „
1916 a) der Fehlbetrag aus 1914 in Höhe von .	0,5 „ „
b) von dem um a) geminderten Mehrgewinn des Jahres 1916 die Hälfte mit $\frac{2-0{,}5}{2} =$	0,75 „ „
sind zusammen . .	4,0 Mill. ℳ

4. Fall.

Hat die Gesellschaft den Gewinn des Jahres 1914 verteilt und keine freiwilligen Rückstellungen zur Verfügung, so sind in die Sonderrücklage einzustellen:

1915 a) die Hälfte des Mehrgewinnes aus 1914	1 Mill. ℳ
b) von dem um a) geminderten Mehrgewinn des Jahres 1915 die Hälfte mit 4—1 =	1,5 „ „
1916 a) die Hälfte des Mehrgewinnes aus 1914	1 „ „
b) von dem um a) geminderten Mehrgewinn des Jahres 1916 die Hälfte mit 2—1 =	0,5 „ „
sind zusammen . . .	4,0 Mill. ℳ

5. Fall.

Im Jahre 1914, dessen Gewinn schon verteilt ist, sind 500000 ℳ Rücklagen für allgemeine Fabrikwohlfahrtszwecke und 500000 ℳ dem Extrareservefonds (zum Unterschied vom gesetzlichen Reservefonds) überwiesen worden. In diesem Falle sind nur die der Extrareserve zugeführten 500000 ℳ an die Sonderrücklage abzugeben, deren Bildung also genau wie im Fall 3 erfolgt.

Zur näheren Erklärung des Falles 5 sei daran erinnert, daß **Rücklagen für Wohlfahrtszwecke** nicht als freiwillige Rücklagen im vorstehenden Sinne gelten. Es ist daher den Gesellschaften nicht vorgeschrieben, solche Wohlfahrtsrücklagen zur Auffüllung der Sonderrücklage zu verwenden. Andererseits ist ihnen dies aber auch nicht verboten. Namentlich vermehren solche Wohlfahrtsrücklagen den Geschäftsgewinn, dem sie hinzugerechnet werden müssen. Rücklagen für Wohlfahrtszwecke können jedoch dann vom Geschäftsgewinn abgerechnet werden, wenn die nachfolgenden Voraussetzungen vorliegen: Ist über den Geschäftsgewinn eines abgelaufenen Kriegsgeschäftsjahres bereits verfügt, dann dürfen **zu gemeinnützigen Zwecken** bestimmte Gewinnbeträge vom Geschäftsgewinne des — beim Erlaß des Rücklagengesetzes — abgelaufenen Jahres abgesetzt werden, falls deren dauernde, ausschließliche Verwendung zu solchen Zwecken gesichert ist (Überweisungen an das Rote Kreuz, Invalidendank, aber auch an eine besonders verwaltete Angestellten-Pensionskasse usw.).

6. Fall.

Im Jahre 1914, dessen Gewinn bereits verteilt ist, sind folgende Rücklagen vorgenommen worden:

a)	Überweisung an den Spezialreservefonds . .	0,4 Mill. ℳ
b)	für allgemeine Geschäftswohlfahrtszwecke . . .	0,1 „ „
c)	für das Rote Kreuz	0,2 „ „
d)	für eine besonders verwaltete Angestellten-Pensionskasse	0,3 „ „

Zur Feststellung des Gewinnes für 1914, immer im Sinne des Rücklagengesetzes nicht aber des Kriegssteuergesetzes (hier gelten die weiter unten erläuterten Bestimmungen), können abgesetzt werden die Beträge zu c und zu d, so daß, wenn der bilanzmäßige Geschäftsgewinn 4 Mill. ℳ betrug, für die Berechnung nur (4 — 0,2 — 0,3) 3,5 Mill. ℳ in Ansatz kommen. Diese 3,5 Mill. ℳ bedeuten, wie wir annehmen wollen, gegenüber dem durchschnittlichen Gewinn der Friedenszeit einen Mehrgewinn von $1^1/_2$ Mill. ℳ, so daß an die Sonderrücklage nachträglich 750000 ℳ abzuführen sind. Hierzu müssen die zu a erwähnten 0,4 Mill. ℳ, nicht aber die zu b erwähnten 0,1 Mill. ℳ verwendet werden. Angenommen nun, daß für 1915, über dessen Gewinn bei Erlaß des Rücklagengesetzes noch nicht verfügt war, dieselben Rückstellungen vorgenommen werden wie für 1914, so darf weder die Rückstellung zu a noch die zu b von dem Gewinn des Jahres 1915 abgezogen werden.

7. Fall.

Wie gestalten sich die Dinge nun, wenn, nachdem für ein oder zwei Kriegsgeschäftsjahre die Sonderrücklage schon gebildet ist, der Geschäftsgewinn eines weiteren Kriegsgeschäftsjahres hinter dem durchschnittlichen früheren Geschäftsgewinn zurückbleibt. Dazu besagt § 8 Abs. 4 des Rücklagengesetzes: „Bleibt der Geschäftsgewinn eines Kriegsgeschäftsjahres hinter dem durchschnittlichen früheren Geschäftsgewinn zurück, so ist die Gesellschaft berechtigt, aus der Sonderrücklage den Betrag zu entnehmen, um den etwa die Sonderrücklage die Hälfte des im Gesamtergebnis der abgelaufenen Kriegsgeschäftsjahre erzielten Mehrgewinns übersteigt."

Eine Aktiengesellschaft, deren durchschnittlicher früherer Geschäftsgewinn 4 Mill. ℳ beträgt, hat erzielt im Geschäftsjahr

1914 einen Geschäftsgewinn von 6 Mill. ℳ, also einen Mehrgewinn von 2 Mill. ℳ,

1915 einen Geschäftsgewinn von 5 Mill. ℳ, also einen Mehrgewinn von 1 Mill. ℳ,

1916 einen Geschäftsgewinn von 2 Mill. ℳ, also einen Mindergewinn von 2 Mill. ℳ.

Der Mehrgewinn der drei Kriegsgeschäftsjahre beträgt hiernach 2 Mill. ℳ + 1 Mill. ℳ — 2 Mill. ℳ, somit im Gesamtergebnis 1 Mill. ℳ. Nach dem dritten Geschäftsjahre, das eine Minderung des Gesamtmehrgewinns von 3 Mill. ℳ auf 1 Mill. ℳ bringt, darf der bis dahin angesammelten Sonderrücklage derjenige Betrag entnommen werden, um den diese die Hälfte des einschließlich des dritten Kriegsgeschäftsjahres erzielten Gesamtmehrgewinns von 1 Mill. ℳ, also den Betrag von 500000 ℳ, übersteigt.

Nach § 1 Abs. 1 des Gesetzes sind in die Sonderrücklage einzustellen:

vom Mehrgewinn des Jahres 1914	1,0	Mill. ℳ
„ „ „ „ 1915	0,5	„ „
zusammen . . .	1,5	Mill. ℳ
1916 dürfen aus der Sonderrücklage entnommen werden	1,0	„ „
so daß verbleiben . . .	0,5	Mill. ℳ

8. Fall.

Hat die Gesellschaft aus dem Gewinn des Jahres 1914 freiwillige Rückstellungen in Höhe von 1 Mill. ℳ und darüber gemacht und den Rest verteilt, so sind für

1914 von den freiwilligen Rückstellungen in die Sonderrücklage zu überführen	1,0	Mill. ℳ
1915 vom Mehrgewinn in die Sonderrücklage einzustellen	0,5	„ „
zusammen . . .	1,5	Mill. ℳ
1916 dürfen aus der Sonderrücklage entnommen werden	1,0	„ „
so daß verbleiben . . .	0,5	Mill. ℳ

9. Fall.

Hat die Gesellschaft aus dem Gewinn des Jahres 1914 freiwillige Rückstellungen von insgesamt 0,6 Mill. ℳ gemacht und den Rest verteilt, so sind für

1914 in die Sonderrücklage zu überführen die freiwilligen Rückstellungen in Höhe von	0,6	Mill. ℳ
in die Sonderrücklage einzustellen:		
1915 a) der Fehlbetrag aus 1914 in Höhe von .	0,4	„ „
b) von dem um a geminderten Mehrgewinn des Jahres 1915 die Hälfte mit $\frac{1-0,4}{2}$ =	0,3	„ „
zusammen . . .	1,3	Mill. ℳ
1916 dürfen aus der Sonderrücklage entnommen werden	0,8	„ „
so daß verbleiben . . .	0,5	Mill. ℳ

10. Fall.

Hat die Gesellschaft den Gewinn des Jahres 1914 verteilt und keine freiwilligen Rückstellungen zur Verfügung, so sind in die Sonderrücklage einzustellen:

1915	a) die Hälfte des Mehrgewinns aus 1914 .	1,0 Mill. ℳ
	b) Restgewinn	0 „ „
	zusammen . . .	1,0 Mill. ℳ
1916	dürfen aus der Sonderrücklage entnommen werden	0,5 „ „
	so daß verbleiben . . .	0,5 Mill. ℳ

Sind bereits die Gewinne **zweier Kriegsgeschäftsjahre bei Inkrafttreten des Rücklagengesetzes** (28. Dezember 1915) **verteilt** gewesen, so sind die freiwilligen Rücklagen aus beiden Jahren bis zur Höhe von 50 v. H. des im Gesamtergebnis beider Kriegsgeschäftsjahre erzielten Mehrgewinns in die Sonderrücklage zu überführen. Für die Deckung eines etwaigen Fehlbetrages steht dann nur noch der Mehrgewinn des einen (dritten) Kriegsgeschäftsjahres in der Weise zur Verfügung, daß in diesem Jahre der aus dem Mehrgewinn zu deckende Fehlbetrag und daneben noch die Hälfte des etwa verbliebenen restlichen Mehrgewinns in die Sonderrücklage einzustellen ist.

* * *

Nach diesen allgemeinen, das Rücklagengesetz betreffenden Bemerkungen kehren wir zu § 22 des Kriegssteuergesetzes zurück. Der Abs. 2 besagt, daß, wenn die nach den Vorschriften des Rücklagengesetzes gebildete Rücklage kleiner ist als die eigentlich von der Gesellschaft zu zahlende Abgabe die letztere **nur in der Höhe der Rücklage erhoben** wird. Nehmen wir an, daß eine Gesellschaft, deren durchschnittlicher früherer Geschäftsgewinn 2 Mill. ℳ beträgt,

1914 einen Geschäftsgewinn von 4 Mill. ℳ, also einen Mehrgewinn von 2 Mill. ℳ,

1915 einen Geschäftsgewinn von 6 Mill. ℳ, also einen Mehrgewinn von 4 Mill. ℳ,

1916 einen Geschäftsgewinn von $2^1/_2$ Mill. ℳ, also einen Mehrgewinn von $^1/_2$ Mill. ℳ

erzielt hat. Wir nehmen weiter an, daß die Gesellschaft ihren Gewinn für 1914 verteilt und keine freiwilligen Rückstellungen vorgenommen hat. Dann sind in die Sonderrücklage einzustellen:

1915 a) die Hälfte des Mehrgewinns aus 1914 .	1,0	Mill. M
b) von dem um a geminderten Mehrgewinn des Jahres 1915 die Hälfte mit 4—1 =	1,5	„ „
1916 sind im ganzen nur 0,5 Mill. M Mehrgewinn erzielt worden	0,5	„ „
die Sonderrücklage enthält also . . .	3,0	Mill. M

Da nun aber der gesamte Mehrgewinn aller drei Geschäftsjahre $6^1/_2$ Mill. M beträgt, so müßte, wenn man sich an § 1 Abs. 1 des Rücklagengesetzes hält, die Sonderrücklage sich eigentlich auf $3^1/_4$ Mill. M belaufen. Nach den Vorschriften des § 1 Abs. 2 ist aber eine andere als die oben vorgesehene Dotierung der Rücklage nicht erforderlich gewesen, insbesondere brauchte die Gesellschaft nicht etwa den Geschäftsgewinn des Jahres 1916 nach Absetzung des Mehrgewinns für die Auffüllung der Sonderrücklage zu verwenden. Es fragt sich nun, wie verhält sich die Abgabe zu der vorhandenen Rücklage. Berechnet sich die Abgabe auf etwa 3100000 M, so würde der 3 Mill. M **übersteigende Betrag** mit Rücksicht auf die Bestimmungen des § 22 Abs. 2 **unerhoben bleiben.** Es ist damit der Verflüchtigung der Gewinne, wie sich an diesem Beispiel zeigt, bis zu einem gewissen Grade eine Konzession gemacht, aber diese kommt nach § 22 Abs. 3 in Wegfall, wenn die Verflüchtigung des Gewinnes nur scheinbar ist und in Wirklichkeit ein Teil des Geschäftsgewinns durch **übermäßig hohe Abschreibungen** zu stillen Rücklagen benutzt worden ist. Da der Geschäftsgewinn, der die Grundlage für die Berechnung der Rücklage resp. der Abgabe bildet, stille Reserven mitenthalten muß, so kann es zweifelhaft erscheinen, ob die Bestimmung des § 22 Abs. 3 überhaupt erforderlich war.

Waren bereits bei Erlaß des Rücklagengesetzes die **Gewinne zweier Kriegsgeschäftsjahre verteilt,** so kann es sich besonders leicht ereignen, daß bei Ablauf der drei Kriegsgeschäftsjahre der in der Sonderrücklage enthaltene Betrag nicht 50 % aller in den drei Kriegsgeschäftsjahren erzielten Mehrgewinne erreicht. Die Gefahr, daß die Rücklage dann auch hinter der Abgabe zurückbleibt, ist aber deshalb nicht so groß, weil der tatsächliche Steuersatz geringer ist als 50 % des Mehrgewinns. Auch bei Gesellschaften, die nur den Gewinn eines Kriegsgeschäftsjahres bei Erlaß des Rücklagengesetzes verteilt hatten, kann es sich, wie wir gesehen haben, ereignen, daß nach Ablauf der drei Kriegsgeschäftsjahre der Rücklagenbetrag hinter 50 % des Mehrgewinns zurückbleibt. Dies z. B.

besonders dann, wenn eine Gesellschaft, die im ersten Kriegsgeschäftsjahre einen großen Mehrgewinn erzielt und eine hohe Dividende ausgeschüttet hat, im zweiten und dritten Geschäftsjahre keine Mehrgewinne mehr aufweist.

Alle Gesellschaften der in §§ 1 und 6 des Rücklagengesetzes genannten Art, und zwar gleichviel, ob sie einen Mehrgewinn erzielt und eine Sonderrücklage zu bilden haben, sind verpflichtet, die in §§ 2 und 3 der Ausführungsbestimmungen zum Rücklagengesetz (siehe Anhang) vorgesehenen Unterlagen bei der obersten Landesfinanzbehörde einzureichen. Die **Einreichung** hat — nach Ablauf zweier Kriegsgeschäftsjahre — auch **ohne Aufforderung** zu geschehen. Für die Form der Einreichung kann (nach Wilm) folgendes Beispiel gelten:

Beispiel:

Der . . . . . überreichen wir hiermit:

1. den Geschäftsbericht, die Bilanz und die Verlust- und Gewinnrechnung für das vom 1. Januar bis 31. Dezember laufende Geschäftsjahr 1914, sowie den hierauf bezüglichen Genehmigungsbeschluß der Generalversammlung;
2. dieselben Schriftstücke bezüglich des Geschäftsjahres 1915;
3. " " " " " 1909;
4. " " " " " 1910;
5. " " " " " 1911;
6. " " " " " 1912;
7. " " " " " 1913;
8. eine Berechnung des durchschnittlichen Geschäftsgewinns der Vorjahre;
9. eine Berechnung des Mehrgewinns für 1914;
10. " " " " " 1915;
11. eine Erklärung des Vorstandes über die Bildung der gesetzlichen Sonderrücklage.

Die zu 9 beigefügte Berechnung des Mehrgewinns für das Geschäftsjahr 1914, über dessen Geschäftsgewinn bei Inkrafttreten des Gesetzes bereits verfügt war, ergibt, daß vom Mehrgewinn abgesetzt wurden

dem Heimatdank überwiesene . . . . 100000 *M*,
der Pensionskasse unserer Angestellten und Arbeiter überwiesene . . . . 20000 *M*.

Bezüglich der dem Heimatdank überwiesenen Summe überreichen wir mit der Bitte um Rückgabe die Quittung dieser Stiftung, wodurch die Sicherung ihrer Verwendung wohl genügend dargetan ist.

Bezüglich der Pensionskasse, die ja an sich in unserem Eigentum bleibt, überreichen wir die Satzung der Kasse, aus der hervorgeht, daß die dauernde Verwendung der dieser Kasse zufließenden Gelder zu ausschließlich gemeinnützigen Zwecken durch besondere Einrichtungen durchaus gesichert und ihre Wiederverwendung im Interesse der Gesellschaft völlig ausgeschlossen ist.

Nach § 22 Abs. 1 wird die Abgabe von den Gesellschaften insoweit nicht erhoben, als sie verhältnismäßig auf **Gewinnbeträge** entfällt, die zu **ausschließlich gemeinnützigen Zwecken** bestimmt worden sind und deren dauernde Verwendung zu solchen Zwecken gesichert ist. — Bei der Besprechung der Vorschriften des Rücklagengesetzes wurde darauf hingewiesen, daß von dem behufs Feststellung der Sonderrücklage zu ermittelnden Geschäftsgewinn zu gemeinnützigen Zwecken bestimmte Beträge **abgesetzt** werden dürfen. Diese Erlaubnis ist indes nur erteilt „für das beim Inkrafttreten des Rücklagengesetzes abgelaufene Kriegsgeschäftsjahr". Der Gesetzgeber wollte, wie daraus hervorgeht, das Zugeständnis nur für ein einziges Geschäftsjahr machen, eine Absicht, die freilich dann nicht durchgreift, wenn etwa am 28. Dezember 1915, dem Tage des Inkrafttretens des Rücklagengesetzes, schon zwei Kriegsgeschäftsjahre verstrichen waren. Wie dem auch sei, das Kriegssteuergesetz gewährt den aus den Gewinnen aller drei Kriegsgeschäftsjahre für gemeinnützige Zwecke bestimmten Beträgen eine Begünstigung. Beispiel: Hat eine Gesellschaft auf Grund des für drei Jahre ermittelten Mehrgewinns in Höhe von 2700000 *M* eine Abgabe von 702000 *M* zu zahlen, so wird, wenn die Gesellschaft 300000 *M* zu gemeinnützigen Zwecken benutzt hat, der neunte Teil der Abgabe nicht erhoben, der zahlungspflichtige Betrag sinkt auf

	702000 *M*
—	78000 *M*
	624000 *M*

Die Absetzung ist nur zulässig, wenn besondere Vorkehrungen und Einrichtungen getroffen sind, die die Verwendung zu anderen als ausschließlich gemeinnützigen Zwecken und insbesondere die Wiederverwendung im Interesse der Gesellschaft selbst als ausgeschlossen erscheinen lassen. Damit ist aber nicht gesagt, daß die Beträge nicht im Eigentum der Gesellschaft verbleiben dürfen; es muß nur die Verwendung zu anderen als den vorgesehenen Zwecken durch geeignete Maßregeln verhindert sein. **Unter „gemeinnützigen Zwecken"** hat man danach nicht nur Überweisungen an das „Rote Kreuz", den „Heimatdank" und andere ähnliche Institutionen zu verstehen, sondern auch an **Wohlfahrtseinrichtungen für die Angestellten** und Arbeiter der Gesellschaft. Nicht jede Wohlfahrtsrücklage erfüllt indes ohne weiteres den vorgesehenen Zweck, sie müssen das Merkmal der Ausschließlichkeit und Sicherstellung des Verwendungszwecks tragen.

Ob bei der Bildung der Sonderrücklage von der Vorschrift des § 1 Abs. 3 des Rücklagengesetzes Gebrauch gemacht worden ist, ist für die Absetzung des zahlungspflichtigen Steuerbetrages ohne Bedeutung. Wenn z. B. eine Gesellschaft einen Mehrgewinn von 1 Mill. M im ersten vor dem 28. Dezember 1915 abgelaufenen Kriegsgeschäftsjahre erzielt und in voller Höhe für gemeinnützige Zwecke bestimmt hat, in den folgenden Kriegsgeschäftsjahren aber überhaupt keinen Mehrgewinn gehabt hat, so muß sie zwar insgesamt einen Mehrgewinn von 1 Mill. M ausweisen; eine Steuerabgabe kommt aber schon deshalb nicht in Betracht, weil keine Sonderrücklage vorhanden ist. Hat die Gesellschaft im zweiten und dritten Kriegsgeschäftsjahr ebenfalls je 1 Mill. M Mehrgewinn erzielt und hiervon je 400000 M für gemeinnützige Zwecke bestimmt, so beträgt der gesamte Mehrgewinn 3 Mill. M und in der Sonderrücklage müssen sich befinden (für das erste Kriegsgeschäftsjahr nichts, für das zweite und dritte je 500000 M) zusammen 1 Mill. M. Würde es sich um eine ausländische Gesellschaft handeln, so beträgt die Steuerabgabe ohne Berücksichtigung der etwaigen Begünstigungen nach § 21 Abs. 2 und § 19 Abs. 4 bei 3 Mill. M Mehrgewinn oder 1 Mill. M, im Jahresdurchschnitt 1350000 M. Da die Abgabe aber insoweit nicht erhoben wird als sie verhältnismäßig auf Gewinnbeträge entfällt, die zu ausschließlich gemeinnützigen Zwecken bestimmt worden sind, so kommen in unserem Falle 60% (1800000 zu 3000000 M Mehrgewinn) der Steuerabgabe gleich 810000 M nicht zur Erhebung.

Abgabe	1350000 M
Begünstigung	810000 M
zur Erhebung kommen	540000 M
in der Rücklage befinden sich . .	1000000 M
frei werden	460000 M

Die Entscheidung darüber, ob die Voraussetzungen für den Begriff „gemeinnützige Zwecke" und entsprechend für die „Sicherung" vorliegen, wird nach den näheren Bestimmungen der Ausführungsvorschriften § 30 (s. Anhang) von Fall zu Fall im Verwaltungswege getroffen.

Der **Antrag auf Freilassung** von Gewinnbeträgen gemäß

§ 22 Abs. 1 ist binnen einem Monat nach Zustellung des endgültigen Bescheids bei dem zuständigen Besitzsteueramte zu stellen. Wird der Antrag rechtzeitig gestellt, so ist die vorläufige Außerhebungsetzung des entsprechenden Abgabebetrags anzuordnen.

§ 23

Die Abgabe ist nach näherer Bestimmung des Bundesrats auch von den anderen juristischen Personen zu entrichten, auf die der Bundesrat die Vorschriften des Gesetzes vom 24. Dezember 1915 ausgedehnt hat.

Erläuterungen.

Die Vorschrift des § 23, der die des § 10 des Rücklagengesetzes parallel läuft, besagt, daß der Bundesrat ebenso wie die Pflicht zur Stellung der Rücklage, so auch die Steuerpflicht selbst auf **andere juristische Personen** des bürgerlichen Rechts als die im § 1 des Rücklagengesetzes bezeichneten ausdehnen kann und hierzu nähere Bestimmungen trifft. Solche Bestimmungen sind schon deshalb erforderlich, weil die Staffelung der Steuer nach dem Verhältnis des Mehrgewinns und des ganzen Gewinns zum Gesellschaftskapitale nicht ohne weiteres auf andere juristische Personen paßt. Nach den Ausführungsbestimmungen sollen die obersten Landesfinanzbehörden dem Reichskanzler mitteilen, für welche juristische Personen in ihrem Verwaltungsbereiche die Ausdehnung der Vorschriften des Gesetzes in Betracht kommt.

§ 24

Der Reichskanzler kann zum Zwecke der Vermeidung einer Doppelbesteuerung durch das Reich und durch außerdeutsche Staaten mit Zustimmung des Bundesrats Anordnungen treffen, die von den gesetzlichen Vorschriften über die Feststellung des abgabepflichtigen Mehrgewinns abweichen.

Erläuterungen.

Da **im Auslande befindliche Betriebe deutscher Gesellschaften**, deren Erträge, soweit sie Teile des steuerbaren Mehrgewinns sind, nach § 20 des Kriegssteuergesetzes der Kriegsabgabe unterliegen, unter Umständen auch nach dem Rechte der ausländischen Staaten, die Kriegsgewinnsteuern eingeführt haben (wie Dänemark, Norwegen, Schweden), von einer Kriegsabgabe nach ausländischem Recht betroffen werden, so wären diese Gesellschaften einer **Gefahr der Doppelbesteuerung** ausgesetzt. Dieselbe Gefahr bestände für ausländische Gesellschaften, die nach § 20 im Inlande steuerpflichtig sind, wenn nach dem Kriegssteuerrecht ihrer Staaten auch der Ertrag der im deutschen Inlande befindlichen Betriebe dieser Gesellschaften — der nach deutschem Recht steuerpflichtig ist — mit der ausländischen Abgabe belegt wäre. Um die Unbilligkeit, die in solcher Doppelbesteuerung liegen würde, zu vermeiden, hat der Reichskanzler das Recht, mit Zustimmung des Bundesrats Anordnungen zu treffen, daß in solchen Fällen die **Feststellung des abgabepflichtigen Mehrgewinnes abweichend** von den im allgemeinen geltenden gesetzlichen Bestimmungen vorgenommen werden darf.

III. Gemeinsame Vorschriften.

§ 25

Die Veranlagung und Erhebung der Kriegsabgabe erfolgt durch die für die Veranlagung und Erhebung der Besitzsteuer zuständigen Behörden.

Soweit dieses Gesetz nichts anderes vorschreibt, gelten die Vorschriften des Besitzsteuergesetzes über die Veranlagung und Erhebung der Besitzsteuer entsprechend für die Veranlagung der Kriegsabgabe.

Der Bundesrat bestimmt die für die Veranlagung und Erhebung der Kriegsabgabe der Bundesfürsten zuständigen Behörden.

Erläuterungen.

Über die **Veranlagungsbehörden und ihre Zuständigkeit** enthält das Kriegssteuergesetz keine eigenen Vorschriften. Es erklärt vielmehr die für die Veranlagung und Erhebung der Besitzsteuer nach dem Besitzsteuergesetz berufenen Behörden als in gleicher Weise für die beiden Arten der Kriegssteuer (nämlich der außerordentlichen Abgabe der Einzelpersonen und der Mehrgewinnsteuer) für zuständig. Auch über die Formen, in denen die Behörden bei der Besteuerung vorzugehen haben, sollen die Vorschriften des Besitzsteuergesetzes entsprechend für die Veranlagung der Kriegssteuer gelten; nur wo im Kriegssteuergesetz ausdrücklich Ausnahmen vorgesehen sind, wird von den Vorschriften des Besitzsteuergesetzes abgewichen.

Für die Veranlagung und Erhebung kommen nach dem Besitzsteuergesetz zunächst die Bestimmungen der §§ 48—51 und des § 73 in Betracht. Sie regeln das **Veranlagungsverfahren.** Zuständig sind die Behörden des Bundesstaats (Landessteuerbehörden), in dem der Steuerpflichtige zur Zeit der Veranlagung seinen Wohnsitz oder in Ermanglung eines Wohnsitzes seinen gewöhnlichen Aufenthalt hat. Bei mehrfachem inländischen Wohnsitz ist der dienstliche Wohnsitz (bei Beamten) vor einem andern, der Wohnsitz in dem Heimatstaat (entscheidend nicht Geburt, sondern Staatsangehörigkeit) vor dem Wohnsitz in einem anderen Bundesstaat maßgebend. Liegt keiner dieser Fälle vor, so gilt der Wohnsitz an dem Orte, an dem der Steuerpflichtige sich **vorwiegend aufhält.** Diese Bestimmung kommt u. a. für Kaufleute in Betracht, die an zwei Niederlassungsorten ihres Unternehmens abwechselnd anwesend sind und sich aufhalten. Auch auf Landwirte, die einen Teil des Jahres in der Stadt wohnen, ist die Vorschrift anwendbar. Entscheidend ist der Ort, wo der größere Teil des Jahres üblicherweise zugebracht wird.

Steuerpflichtige, die zur Zeit der Veranlagung im Inland weder Wohnsitz noch gewöhnlichen Aufenthalt haben, sind in dem Bundesstaat zu veranlagen, in dem sie ihren letzten inländischen Wohnsitz oder Aufenthalt gehabt haben. Diese Bestimmung gilt namentlich auch für **Abgewanderte** (§ 12 Kriegssteuergesetz), die steuerpflichtig bleiben, auch wenn sie ihren Wohnsitz oder ständigen Aufenthalt ins Ausland verlegt haben. Meinungsverschiedenheiten zwischen Bundesstaaten über ihre Zuständigkeit für die Steuerveranlagung werden vom Bundesrat entschieden; dieser kann auch generelle Verordnungen über die Zuständigkeitsfrage erlassen.

Die von den Landesregierungen nach § 49 des Besitzsteuergesetzes bestellten „Besitzsteuerämter" sind nach Kriegssteuergesetz auch zuständig für die Verwaltung der Kriegssteuer. Nach Landesrecht richtet sich auch, inwiefern die Gemeinden bei der Veranlagung der Kriegssteuer mit heranzuziehen sind, und welche Oberbehörden den für die Veranlagung der Kriegssteuer zuständigen Besitzsteuerämtern übergeordnet sind.[1])

[1]) Nach einer vom Reichstag angenommenen Entschließung soll der Reichskanzler darauf hinwirken, daß der Vorsitz in den Steuerämtern finanz- und steuertechnisch besonders vorgebildeten Beamten im Hauptamt übertragen wird.

In Preußen ist die Veranlagung der Besitzsteuer den Veranlagungskommissionen (§ 35 Preuß. Einkommensteuergesetz) übertragen. Diese sind durch die Veranlagung der Einkommens- und der Ergänzungssteuer über die Verhältnisse des Steuerpflichtigen unterrichtet; sie waren auch bereits zu der Veranlagung des Wehrbeitrags berufen. Die Vorsitzenden der Veranlagungskommissionen werden hinsichtlich ihrer Geschäftsführung durch die Vorsitzenden der Berufungskommissionen überwacht. Diese Überwachung hat aber nichts mit den dem Steuerpflichtigen zustehenden Rechtsmitteln gegen die Veranlagung (s. Erläuterungen zu § 30) und mit den Rechtsmittelbehörden (Berufungskommission, Oberverwaltungsgericht) zu tun.

Neben den Überwachungsbehörden übt noch der „Reichsbevollmächtigte für Zölle und Steuern" bezüglich der Veranlagung eine Kontrolltätigkeit aus (§ 50 Besitzsteuergesetz), der Reichskanzler regelt dessen Zuständigkeit und kann seine Befugnisse für die Besitzsteuer (also auch für die Kriegssteuer) mit Genehmigung des Bundesrats anderen Beamten übertragen. Der Reichstag erhält über die Überwachungstätigkeit alljährlich Bericht.

Zur **Sicherung der Veranlagung** ist jeder Besitzer eines bewohnten Grundstücks (also der Vermieter) verpflichtet, der Veranlagungsbehörde (§ 51 Besitzsteuergesetz) auf Verlangen sämtliche Bewohner mit Namen, Beruf, Geburtsort, Geburtstag, anzugeben. Die Haushaltungsvorstände haben dem Grundstücksbesitzer die erforderlichen Aufschlüsse (auch über Untermieter) zu erteilen.

Ist die Veranlagung eines Steuerpflichtigen zu Unrecht **unterblieben**, so wird dadurch (§ 73 Besitzsteuergesetz) die Pflicht zur Zahlung der Steuer nicht berührt. Es findet eine nachträgliche Veranlagung statt. Eine Neu- oder Nachveranlagung ist auch dann vorzunehmen, wenn eine zu niedrige Veranlagung des Steuerpflichtigen erfolgt ist, sei es, daß der Steuerpflichtige falsche Angaben bei der Steuererklärung gemacht hat, sei es, daß die zu niedrige Veranlagung ohne Verschulden des Steuerpflichtigen zustande gekommen ist. In diesem Falle ist aber eine Nachveranlagung nur zulässig, wenn **neue Tatsachen und Beweismittel** nachträglich bekannt werden, die eine höhere Veranlagung rechtfertigen. Als neue Tatsache kann z. B. auch gelten, wenn sich herausstellt, daß der gemeine Wert von Gegenständen unter Annahme falscher Voraussetzungen (Verkauf gleichartiger Gegenstände zu einem bestimmten niedrigen Preise) angenommen worden ist. Dabei ist indes zu bemerken, daß das Preußische Oberverwaltungsgericht einen anderen Standpunkt einnimmt. Die Rechtsmittel gegen die Nachveranlagungen sind die gleichen wie gegen die ordentlichen Veranlagungen (s. zu §§ 26 u. 30).

Gibt ein Steuerpflichtger die **Steuererklärung nicht rechtzeitig** ab, so kann ihm ein **Zuschlag** von 5—10% der rechtskräftig festgestellten Steuer auferlegt werden (§ 54 Besitzsteuergesetz; vgl. § 29 der Ausführungsbestimmungen zum Kriegssteuergesetz, s. Anhang).

Über die **Steuerpflicht der Bundesfürsten** enthält das Kriegssteuergesetz keine Vorschrift. Die Bundesfürsten haben sich aber, wie von der Reichsregierung während der Beratung des Kriegssteuergesetzes bei wiederholten Gelegenheiten betont worden ist, **freiwillig** zur Zahlung der Kriegssteuer erboten. Der vorliegende § 25 zieht diese Zusage der Bundesfürsten in Betracht, indem er bestimmt, daß die für die **Veranlagung und Erhebung** der Kriegsabgabe der Bundesfürsten zuständigen Behörden vom Bundesrat bestimmt werden sollen. Zu beachten ist, daß für die **Berechnung** der Kriegssteuer der Bundesfürsten Vorschriften, die von den allgemeinen Bestimmungen des Gesetzes abweichen, nicht gegeben sind.

§ 26

Außer den zur Abgabe einer Besitzsteuererklärung Verpflichteten haben alle Einzelpersonen, deren Vermögen sich seit dem 1. Januar 1914 bis 31. Dezember 1916 um mehr als dreitausend Mark auf mindestens elftausend Mark erhöht hat, eine Steuererklärung abzugeben. Die Steuererklärung zum Zwecke der Veranlagung der Kriegsabgabe kann mit der Besitzsteuererklärung verbunden werden. Die Steuererklärung hat nach näherer Bestimmung des Bundesrats die für die Feststellung des der außerordentlichen Kriegsabgabe unterliegenden Vermögenszuwachses erforderlichen Angaben zu enthalten.

Die Vorstände, persönlich haftenden Gesellschafter, Repräsentanten, Geschäftsführer oder Liquidatoren der pflichtigen Gesellschaften (§ 13), bei ausländischen Gesellschaften (§ 20) die Vorsteher der inländischen Niederlassungen sowie die Vertreter der vom Bundesrate für pflichtig erklärten

juristischen Personen (§ 23) sind verpflichtet, der Steuerbehörde eine Kriegssteuererklärung einzureichen, welche nach näherer Bestimmung des Bundesrats die für die Feststellung des abgabepflichtigen Mehrgewinns erforderlichen Angaben zu enthalten hat.

Erläuterungen.

Der § 26 behandelt die Verpflichtung zur Abgabe einer Steuererklärung zum Zwecke der Feststellung der Kriegsabgabe. Diese Verpflichtung wird zunächst allen den **Einzelpersonen** auferlegt, die zur Abgabe einer Besitzsteuererklärung verpflichtet sind. Das sind nach § 52 Abs. 1 alle nicht zum Wehrbeitrage veranlagten Personen mit einem steuerbaren Vermögen von 20000 *M* und darüber, sowie alle Personen, deren Vermögen sich seit der Wehrbeitragsveranlagung um mehr als 10000 *M* erhöht hat. Es würde danach nur ein beschränkter Kreis von Personen zur Abgabe einer Besitzsteuererklärung verpflichtet sein, wenn nicht der Abs. 2 des § 52 des Besitzsteuergesetzes lauten würde: „Die Steuerbehörde ist außerdem berechtigt, von jedem (nach § 11 des Besitzsteuergesetzes) Steuerpflichtigen ... die Abgabe einer Besitzsteuererklärung zu verlangen." Diese Bestimmung ist gerade für die Kriegsabgabe, und zwar für die Kriegsabgabe der Inhaber unverändert gebliebener oder (im Sinne des Gesetzes) wenig veränderter Vermögen von Bedeutung. Denn, da der § 26 Abs. 1 besonders, d. h. neben der Berufung auf das Besitzsteuergesetz, die Abgabe der Steuererklärung nur denen zur Pflicht macht, deren Vermögen sich um mehr als 3000 *M* auf mindestens 11000 *M* erhöht hat, so würde es ohne die Bestimmungen des § 52 Abs. 2 des Besitzsteuergesetzes der Steuerbehörde an einer Handhabe fehlen, die Inhaber unverändert gebliebener oder (im Sinne des Gesetzes) wenig veränderter Vermögen zur Abgabe einer Kriegssteuererklärung zu veranlassen.

Die schon erwähnte Vorschrift, daß jeder, dessen Vermögen sich um mehr als 3000 *M* auf mindestens 11000 *M* erhöht hat, weist auf den Unterschied hin, der hinsichtlich des Beginns der Steuerpflicht des Vermögenszuwachses zwischen dem Besitzsteuergesetz und dem Kriegssteuergesetz besteht. Bei dem einen beginnt die Zuwachssteuerpflicht, wenn der Zuwachs 3000 *M* übersteigt, bei dem anderen, wenn er 10000 *M* übersteigt.

Die Steuererklärung zum Zwecke der Kriegsabgabe auf das unverändert gebliebene oder (im Sinne des Gesetzes) wenig veränderte

Vermögen unterscheidet sich in keiner Weise von der Besitzsteuererklärung (vgl. die Erläuterungen zu § 9 Abs. 1), dagegen erfordert die Steuererklärung zum Zwecke der Kriegsabgabe auf den mehr als 3000 *M* betragenden Vermögenszuwachs, daß die Abweichungen der §§ 3—6 des Kriegssteuergesetzes Berücksichtigung finden.

Im einzelnen hat der Bundesrat in den **Ausführungsbestimmungen** (s. Anhang) Vorschriften darüber erlassen, wie die nach Kriegssteuergesetz abzugebende Steuererklärung beschaffen sein soll, welches Formular ihr zugrunde zu legen ist und welche näheren Angaben zur Berechnung des der außerordentlichen Kriegsabgabe unterliegenden Vermögens zu machen sind. Die **Formulare** werden dem Steuerpflichtigen von Amts wegen oder auf Verlangen zugestellt. In der Steuererklärung muß (nach näherer Bestimmung des Bundesrats) das gesamte steuerbare Vermögen getrennt nach seinen Bestandteilen mit Wertangabe aufgeführt werden. Die tatsächlichen Grundlagen der Wertschätzung der einzelnen Vermögensstücke sind mitzuteilen (z. B. Ankaufspreis eines Gegenstandes abzüglich der Wertminderung für den Gebrauch, Aufwendungen usw.). Zur Abgabe der Steuererklärung kann der Pflichtige mit Geldstrafen (Zwangsstrafen, nicht in Freiheitsstrafe umwandelbar) bis zu 500 *M* angehalten werden (§ 54 Besitzsteuergesetz). Wegen nicht rechtzeitiger Einreichung der Erklärung kann bei der Steuerveranlagung ein Zuschlag von 5 bis 10 v. H. der rechtskräftig festgestellten Steuer auferlegt werden.

Über **Kontrollrechte der Veranlagungsbehörden** hinsichtlich der Steuererklärung des Pflichtigen enthalten die §§ 55—64 des Besitzsteuergesetzes eingehende Vorschriften. Danach kann die Veranlagungsbehörde Zeugen und Sachverständige (diese z. B. über die Bewertung von Vermögensgegenständen) über die Angaben in der Steuererklärung uneidlich vernehmen. Jeder, der nach Ansicht der Steuerkommission über die streitige Frage unterrichtet ist, oder sonst Auskunft geben kann, ist verpflichtet, der Veranlagungsbehörde Aufklärung zu geben. Ein **Zeugnis- (oder Gutachtens-) verweigerungsrecht** hat der von der Steuerbehörde geladene oder angefragte Zeuge oder Gutachter nur insofern, als die Zivilprozeßordnung (§§ 383, 385, 407, 408) solche Weigerungen zuläßt. Das ist der Fall für Verlobte einer Partei, für Ehegatten, auch wenn die Ehe nicht mehr besteht, für Verwandte und Verschwägerte einer Partei, und zwar für die in gerader Linie Verwandten und Verschwägerten (Kinder, Enkel, Eltern, Großeltern, Schwiegereltern,

Schwiegersöhne und -töchter usw.) unbeschränkt, für die in der *Seitenlinie* Verwandten bis zum dritten Grade (Geschwister, Onkel, Neffe usw.) und Verschwägerte bis zum zweiten Grade (Stiefkinder und Stiefeltern, Schwager, Schwägerin). Ferner durch Adoption Verbundene in *gerader* Linie. Das Zeugnis können weiter verweigern: *Geistliche* (aller staatlich anerkannten Konfessionen) für das ihnen bei Ausübung der Seelsorge Anvertraute, sowie Personen, die kraft ihres Amtes, Standes, Berufes Tatsachen erfahren, deren Geheimhaltung geboten ist, in betreff dieser Tatsachen. Die beiden letztgenannten Personengruppen können durch die Partei von der Verpflichtung zur Verschwiegenheit *entbunden* werden. Das Zeugnis kann ferner von jedem verweigert werden über Fragen, deren Beantwortung ihm oder einem nahen Verwandten oder Verschwägerten (s. die vorhin genannten Personengruppen) einen unmittelbaren **Vermögensnachteil** bringen würde (z. B. Preisgabe von Geschäftsverbindungen), ferner über Fragen, deren Beantwortung ihm oder den erwähnten Personen zur Unehre gereichen würde, und schließlich über solche Fragen, durch deren Beantwortung der Befragte ein Kunst- oder Gewerbegeheimnis verletzen würde. Wegen der Befürchtung eines vermögensrechtlichen Schadens darf jedoch das Zeugnis nicht verweigert werden, falls es sich um die Aussage über Rechtsgeschäfte handelt, zu denen der Befragte selber als Urkundszeuge hinzugezogen war; ferner darf das Zeugnis nicht über rechtlich erhebliche Vorgänge und vermögensrechtliche Verhältnisse (Geburten, Verehelichungen, Sterbefälle, ehelichen Güterstand) innerhalb der Familie des Zeugen verweigert werden, sowie schließlich *nicht* über solche Handlungen, die von dem Zeugen selbst als Rechtsvorgänger (z. B. Vorerbe) oder Vertreter (gesetzlicher Vertreter oder Bevollmächtigter) einer Partei vorgenommen worden sind. In allen diesen Fällen dürfen auch *nahe Angehörige das Zeugnis nicht verweigern*. — Der Sachverständige, der öffentlich zur Erstattung von Gutachten bestellt ist, sowie jemand, der die betreffende Beschäftigung öffentlich zum Erwerbe ausübt, kann die Erstattung des von ihm verlangten Gutachtens nicht ablehnen. Im übrigen gelten für den **Sachverständigen** dieselben Weigerungsgründe wie für die Zeugen. Wegen *ungerechtfertigter* Ablehnung des Zeugnisses oder Gutachtens kann eine — nicht in Freiheitsstrafe umwandelbare — Geldstrafe bis zu 150 *M* im Einzelfalle verhängt werden.

Außer zur Abgabe der Steuererklärung ist der Steuerpflichtige auf Erfordern der Behörde auch zur Beibringung von Nachweisen als Belege für seine Angaben verpflichtet (Besitzsteuergesetz § 57). So muß er namentlich alle Bücher, Wirtschafts- und Geschäftsaufzeichnungen, Verträge, Urkunden, Briefwechsel, Bankabrechnungen und sämtliche sonstigen etwa in Betracht kommenden Schriftstücke der Steuerbehörde „zur Einsicht und Prüfung" auf Erfordern vorlegen. Tunlichst soll die Vorlegung in den Räumen (Wohnung oder Geschäft) des Steuerpflichtigen geschehen. Die Behörde kann aber auch unter Umständen eine Übersendung der Belege an sie verlangen. Eine Strafe für Nichterfüllung der Vorlegungspflicht ist nicht vorgesehen. Die Weigerung, die Bücher usw. offen zu legen, wird aber die Veranlagungsbehörde zu gewissen Schlüssen hinsichtlich der Zuverlässigkeit der Steuererklärung des Pflichtigen veranlassen. Wegen der Bestrafung für unrichtige Steuererklärungen s. unten zu §§ 33, 34.

Für Minderjährige, Geisteskranke und sonstige unter elterlicher Gewalt oder Vormundschaft stehende Personen — die an sich selbständig steuerpflichtig sind — müssen die gesetzlichen Vertreter die Steuererklärung abgeben. Außer den steuerpflichtigen Einzelpersonen müssen die gesetzlichen Vertreter der im § 13 genannten und der ihnen laut § 23 gleichgestellten **Gesellschaften** eine Kriegssteuererklärung einreichen. Darüber hinaus (§ 58 Besitzsteuergesetz) sind die Vorstände oder Geschäftsführer von Aktiengesellschaften, Bergwerksgesellschaften und Gesellschaften m. b. H., deren Aktien oder Anteile **keinen Börsenkurs haben**, bei Geldstrafe bis zu 500 *M* verpflichtet, den Steuerpflichtigen Unterlagen für die Bewertung der Aktien und Anteile zu liefern. Der Behörde muß auf Verlangen auch noch die Höhe des Grund- oder Stammkapitals, der Betrag der in den letzten drei Jahren verteilten Gewinne und die Tatsachen, auf denen die Schätzung des Wertes der Gesellschaftsanteile beruht, mitgeteilt werden.

Die **Ausführungsbestimmungen** des Bundesrats über die Pflichten der Gesellschaftsorgane bezüglich der Abgabe der Steuererklärung lauten:

„Eine die beiden ersten Kriegsgeschäftsjahre umfassende Steuererklärung zum Zwecke der vorläufigen Festsetzung der Kriegsabgabe ist **bis zum 31. Januar 1917** abzugeben. Die weitere Steuererklärung zum Zwecke der endgültigen Festsetzung der Kriegsabgabe ist binnen sechs Monaten nach Ablauf des letzten Kriegsgeschäftsjahrs abzugeben. In dieser brauchen die in der ersten Kriegssteuererklärung bereits gemachten Angaben nicht wiederholt zu werden. Die bis zum 31. Januar 1917 abzugebende Kriegssteuererklärung hat sich auf die Ergebnisse aller Kriegsgeschäftsjahre zu erstrecken, wenn sie bis dahin bereits festgestellt sind. Soweit die Geschäftsberichte und Jahresabschlüsse nebst den Gewinn- und Verlustrechnungen der in Betracht kommenden Friedensgeschäftsjahre (§ 17 des Gesetzes) und der Kriegsgeschäftsjahre (§ 15 des Gesetzes) sowie die darauf bezüglichen Beschlüsse der Generalversammlungen nicht bereits (gemäß § 2 der Ausführungsbestimmungen zum Gesetz über vorbereitende Maßnahmen zur Besteuerung der Kriegsgewinne, s. Anhang) dem Besitzsteueramt eingereicht wurden, sind sie der Kriegssteuererklärung beizufügen."

Besondere Verpflichtungen liegen **Erben und Testamentsvollstreckern** ob (§ 62 Besitzsteuergesetz). Die Steuerbehörde erhält durch die Standesämter Nachricht von jedem Todesfall. Sie kann daraufhin bei Zwangsstrafen bis zu 150 *M* von den verantwortlichen Nachlaßverwaltern (Erben, Pfleger, Testamentsvollstrecker) ein Verzeichnis des hinterlassenen Vermögens verlangen. Die Pflicht zur Einreichung eines solchen Verzeichnisses besteht indes nicht, falls schon eine den gesamten Nachlaß umfassende Erbschaftssteuererklärung an das Erbschaftssteueramt abgegeben ist.

Alle Reichs-, Staats- und Gemeindebehörden haben die Kriegssteuerbehörde bei ihren Ermittlungen zu unterstützen und ihr Akteneinsicht u. dgl. zu gewähren, Auskünfte und Abschriften zu erteilen (§ 63 Besitzsteuergesetz). Die Notare haben diese Pflicht in Hinsicht von Nachlaßverhandlungen, im übrigen trifft sie die allgemeine Auskunftspflicht (s. oben), wobei ihnen indes das S. 165 besprochene Zeugnisverweigerungsrecht zuzubilligen ist. Keine Auskunftspflicht besteht für die Postbehörden, für die Verwaltung der **öffentlichen Schuldbücher** (Reichs-, Staats-, Gemeindeschuldbuch), für die öffentlichen Sparkassen und andere öffentlichen Anstalten, die fremdes Vermögen verwahren oder verwalten.

§ 27

Die Veranlagung der Abgabe erfolgt bei Einzelpersonen gleichzeitig mit der Veranlagung der Besitzsteuer, soweit nicht im Falle des § 12 eine frühere Veranlagung möglich ist.

Erläuterungen.

Der **Zeitpunkt der Veranlagung** zur Kriegssteuer ist bei Einzelpersonen derselbe wie für die Besitzsteuer. In Betracht kommt die erste Besitzsteuerveranlagung nach dem **Besitzsteuergesetz**, also die für den Zeitraum vom 31. Dezember 1913 bis zum 31. Dezember 1916. Die Feststellung des nach Besitzsteuergesetz steuerpflichtigen Vermögenszuwachses erfolgt bei dieser bis zum 1. April 1917 abzuschließenden Veranlagung (Besitzsteuergesetz § 18). Wann die Steuererklärung zum Zwecke der Veranlagung abzugeben ist, bestimmt sich nach Landesrecht. In Preußen ist die Zeit vom 4. bis 20. Januar — also dieselbe wie für die Einkommensteuer — dafür festgesetzt.

Nach § 12 des Kriegssteuergesetzes kann jedoch **eine frühere Zeit für die Kriegssteuererklärung** sowohl wie für die Veranlagung in Betracht kommen; dann nämlich, wenn die Aufgabe des inländischen Wohnsitzes oder Aufenthalts den Wegfall der Steuerpflicht zur Folge hat. In Betracht kommen hier in der Hauptsache steuerpflichtige Ausländer (s. zu § 1), die aus Deutschland abwandern. Diese müssen zuvor, auch wenn der 1. Januar 1917 noch nicht herangerückt ist, die Steuererklärung abgeben, auf Grund deren sie dann veranlagt werden.

Eine vorläufige Veranlagung zur Kriegssteuer findet bei Einzelpersonen — im Gegensatz zu der Veranlagung der Gesellschaften, § 28 — nicht statt. Die Veranlagung der Einzelpersonen geschieht nur einmal und ist endgültig. Damit steht nicht in Widerspruch, daß in besonderen Fällen später Abänderungen der Veranlagung eintreten können. Nach den zur Anwendung gelangenden Vorschriften des Besitzsteuergesetzes (§ 73) sind nämlich **Neu- oder Nachveranlagungen** möglich, die dann eintreten, wenn eine Veranlagung zu Unrecht unterblieben ist, oder wenn eine zu niedrige Veranlagung stattgefunden hat. Die Nachveranlagung erfolgt namentlich, wenn durch falsche (unter Umständen strafbare Steuererklärungen eine zu niedrige Steuer veranlagt und gezahlt ist. Ist eine zu niedrige Steuer ohne Verschulden (z. B. auf Grund Irrtums) des Steuerpflichtigen von der Veranlagungsbehörde festgesetzt, so findet eine Nachveranlagung nur beim Bekanntwerden „neuer Tatsachen und Beweismittel" statt. Die Rechtsmittel gegen die Nachveranlagung sind dieselben wie gegen die ordentlichen Veranlagungen.

§ 28

Die Kriegsabgabe der Gesellschaften (§§ 13, 20) und anderer juristischer Personen (§ 23) wird nach dem Gesamtergebnisse der beiden ersten Kriegsgeschäftsjahre vorläufig und nach dem Gesamtergebnis aller Kriegsgeschäftsjahre endgültig festgesetzt.

Nach Entrichtung der vorläufig festgesetzten Abgabe steht dem Pflichtigen über den zur Zahlung nicht verwendeten Teil der nach den Vorschriften des Gesetzes vom 24. Dezember 1915 gebildeten Sonderrücklage die freie Verfügung zu.

Erläuterungen.

Die juristischen Personen (Gesellschaften) unterliegen einer **vorläufigen Feststellung** der Kriegssteuer. Die Veranlagung zur Kriegssteuer muß bei Gesellschaften bereits nach dem **Gesamtergebnisse der ersten beiden Kriegsgeschäftsjahre** erfolgen; dieser vorläufigen folgt die endgültige Veranlagung, sobald das Gesamtergebnis aller Kriegsgeschäftsjahre vorliegt. Die gesetzlichen Vertreter (Vorstände usw.) der juristischen Personen müssen mithin eine **vorläufige Steuererklärung** schon nach dem Ablauf zweier Kriegsgeschäftsjahre abgeben. Da jedes Geschäftsjahr, in dem der August 1914 enthalten ist, als Kriegsgeschäftsjahr gilt, so ist die Erklärungspflicht unter Umständen zugleich mit dem Inkrafttreten des Kriegssteuergesetzes (9. Juli 1916) eingetreten. Für die vorläufige Veranlagung der Gesellschaften gelten im übrigen dieselben Grundsätze wie für die Veranlagung von Gesellschaften überhaupt. Die endgültige Veranlagung kann zu einem höheren und zu einem niedrigeren Steuerbetrage führen. Der vorläufige Bescheid (§ 29) unterliegt keiner selbständigen Anfechtung durch Rechtsmittel. Er ist mithin **nicht der formellen Rechtskraft fähig**, was sich wiederum darin äußert, daß er durch den nachträglichen endgültigen Bescheid abgeändert oder auch ganz aufgehoben werden kann.

Nach § 28 Abs. 2 steht der steuerpflichtigen Gesellschaft nach Entrichtung der vorläufig festgesetzten Abgabe die freie Verfügung über den zur Zahlung nicht verwendeten Teil der Sonderrücklage zu. Enthält also beispielsweise die Sonderrücklage nach Ablauf der beiden ersten Kriegsgeschäftsjahre 500000 ℳ in 5proz. Schuldverschreibungen der deutschen Kriegsanleihe, so darf die steuerpflichtige

Gesellschaft, wenn die auf Grund des § 28 Abs. 1 ermittelte vorläufige Steuer 400000 M beträgt, über 100000 M Kriegsanleihe frei verfügen. Die Gesellschaft kann also diese 100000 M ihrer Gewinn- und Verlustrechnung gutschreiben, und es stehen auch keine Bedenken entgegen, den freigewordenen Betrag als tantiemepflichtig (vgl. S. 102) zu behandeln.

Die Vorschrift des § 28 Abs. 2 ist dahin auszulegen, daß nur über den nicht zur Zahlung der vorläufigen Abgabe verwendeten Teil der für die beiden ersten Kriegsgeschäftsjahre gebildeten Sonderrücklage frei verfügt werden kann, nicht etwa für den schon für das dritte Kriegsgeschäftsjahr zurückgelegten Betrag.

Ungeachtet des Rechtes, über den nach der vorläufigen Steuerfeststellung nicht beanspruchten Teil der Rücklage zu verfügen, muß auch von dem etwaigen „Mehrgewinn" des dritten Kriegsgeschäftsjahres die noch etwa nach den Bestimmungen des Rücklagengesetzes **nachzuholende Rücklage für das erste Kriegsgeschäftsjahr** abgezweigt werden. Beispiel:

Durchschnittlicher Gewinn der Vorjahre		200000 M
Geschäftsgewinn	1914	400000 M
"	1915	350000 M
"	1916	400000 M

Im Jahre 1914, dessen Gewinn bereits verteilt ist, sind keine freiwilligen Rückstellungen gemacht worden. Es sind in die Sonderrücklage einzustellen:

1915 a) die Hälfte des Mehrgewinns aus 1914. . 100000 M

b) die Hälfte des um den Betrag a gekürzten Mehrgewinns aus 1915, also

$$\frac{150000 - 100000}{2} = 25000 \text{ M}$$

125000 M

Die Sonderrücklage enthält mithin nach zwei Kriegsgeschäftsjahren 125000 M. Bei der Berechnung der vorläufigen Abgabe wird nur das Gesamtergebnis der beiden ersten Kriegsgeschäftsjahre berücksichtigt. Dieses beträgt (200000 M Mehrgewinn im ersten und 150000 M Mehrgewinn im zweiten Kriegsgeschäftsjahre) 350000 M. Diese 350000 M erfordern, wie wir annehmen wollen, eine vorläufige Abgabe in Höhe von 100000 M. Da die Sonderrücklage nach zwei Jahren 125000 M beträgt, werden

25000 *M* frei. Gleichwohl muß für die Rücklagenberechnung des dritten Geschäftsjahres folgendes gelten:

1916	a) die Hälfte des Mehrgewinns aus 1914. .		100000 *M*
	b) die Hälfte des um den Betrag a gekürzten Mehrgewinns aus 1916, also $\frac{200000 - 100000}{2} =$		50000 *M*
			150000 *M*

Nach Ablauf des dritten Kriegsgeschäftsjahres würde die Sonderrücklage also 150000 *M* enthalten. Bei der Festsetzung der endgültigen Kriegssteuerabgabe stellt sich, wie wir annehmen wollen, heraus, daß die Gesellschaft 190000 *M* zu zahlen hat. Da sie nach Ablauf von zwei Kriegsgeschäftsjahren bereits 100000 *M* gezahlt hat, muß sie aus der Sonderrücklage noch 90000 *M* entnehmen und es werden weiter frei (150000 — 90000) 60000 *M*.

Nun ist es auch möglich, daß die nach zwei Jahren festgesetzte vorläufige Abgabe größer ist als der nach zwei Jahren in der Rücklage enthaltene Betrag. Das kann besonders dann der Fall sein, wenn der Mehrgewinn des Jahres 1914 wesentlich größer war als der des Jahres 1915. Beispiel:

Durchschnittlicher Gewinn der Vorjahre	200000 *M*
Geschäftsgewinn 1914	900000 *M*
„ 1915	700000 *M*
„ 1916	800000 *M*

Im Jahre 1914, dessen Gewinn bereits verteilt ist, sind 50000 *M* freiwillige Rückstellungen gemacht worden. Es sind

aus 1914 in die Sonderrücklage zu überführen die gesamten freiwilligen Rückstellungen		50000 *M*
für 1915 in die Sonderrücklage einzustellen:		
a) der Fehlbetrag aus 1914	300000 *M*	
b) die Hälfte des um den Betrag zu a gekürzten Mehrgewinns 1915, also $\frac{500000 - 300000}{2} =$	100000 *M*	400000 *M*
		450000 *M*

Die Sonderrücklage enthält mithin nach zwei Kriegsgeschäftsjahren 450000 *M*. Die vorläufige Abgabe beträgt, wenn es sich um eine ausländische Gesellschaft handelt, ohne Berücksichtigung etwaiger Begünstigungen aus § 19 Abs. 5 und § 21 Abs. 2 (45 % von 2 × 600000 ℳ =) 540000 ℳ. Da die Abgabe aber nach § 22 von der Gesellschaft insoweit nicht erhoben wird, als sie den Betrag der Sonderrücklage übersteigt, kann die vorläufige Abgabe nur in Höhe von 450000 ℳ erhoben werden. Im dritten Geschäftsjahr würde die Sonderrücklage folgendermaßen ausgestattet werden:

für 1916 in die Sonderrücklage einzustellen:

a) der Fehlbetrag aus 1914 . . . . 300000 ℳ

b) die Hälfte des um den Betrag zu a gekürzten Mehrgewinns aus 1916, also

$$\frac{600000 - 300000}{2} = 150000 \text{ ℳ}$$

450000 ℳ

Nach Ablauf des dritten Kriegsgeschäftsjahres würde die Sonderrücklage also wiederum 450000 ℳ enthalten. Bei der Festsetzung der endgültigen Kriegssteuerabgabe stellt sich heraus, daß die Gesellschaft 1800000 ℳ (700000 + 500000 + 600000) Mehrgewinn — im Jahresdurchschnitt 600000 ℳ — erzielt, mithin (45 % von 1800000 ℳ) 810000 ℳ Abgabe zu zahlen hat. Sie hat bereits gezahlt 450000 ℳ, folglich verbleibt ein Rest von 360000 ℳ, und aus der Rücklage werden 90000 ℳ verfügbar.

Für die **Veranlagung und Erhebung** der außerordentlichen Kriegsabgabe inländischer Gesellschaften ist der Bundesstaat zuständig, in dem sie ihren Sitz haben. Zur Veranlagung und Erhebung der Abgabe ausländischer Gesellschaften ist der Bundesstaat zuständig, in dessen Gebiet sich der inländische Geschäftsbetrieb befindet; erstreckt sich dieser Betrieb auf mehrere Bundesstaaten, so ist der Staat zuständig, auf den der größte Teil des inländischen Geschäftsbetriebes entfällt. In Zweifelsfällen entscheidet der Bundesrat (Ausführungsbestimmungen § 3).

§ 29

Der Betrag der geschuldeten Abgabe wird dem Steuerpflichtigen von der Veranlagungsbehörde durch einen Bescheid mitgeteilt. Der Bescheid enthält eine Belehrung über die zulässigen Rechtsmittel und eine Anweisung zur Entrichtung der Abgabe innerhalb der gesetzlichen Zahlungsfrist.

Dem Steuerpflichtigen sind die Berechnungsgrundlagen

der angeforderten Abgabe mitzuteilen und die Punkte zu bezeichnen, in welchen von der Steuererklärung abgewichen worden ist.

Enthält der Bescheid nur eine vorläufige Festsetzung der Abgabe, so ist in ihm auf die spätere endgültige Festsetzung hinzuweisen.

Erläuterungen.

Der vorliegende Paragraph handelt vom **Kriegssteuerbescheid.** Dies ist die Mitteilung der Veranlagungsbehörde an den Steuerpflichtigen über die Höhe der von ihm zu entrichtenden Abgabe. Mit dem Bescheid werden dem Steuerpflichtigen auch die Berechnungsgrundlagen mitgeteilt, die zu der Festsetzung der Abgabe geführt haben; dabei sind die Punkte besonders zu bezeichnen, in denen die Veranlagungsbehörde von der Steuererklärung abgewichen ist. Eine Begründung für die etwaigen Abweichungen braucht die Behörde aber nicht zu geben. Immerhin wird der Steuerpflichtige durch die ihm zugehende Mitteilung in den Stand gesetzt, genau zu prüfen, ob er mit den Schätzungen der Steuerbehörde einverstanden sein kann oder nicht; er kann sich letzterenfalls entscheiden, ob er zu einer **Anfechtung** des Steuerbescheides schreiten will. Der Bescheid muß eine Belehrung des Steuerpflichtigen über die zulässigen Rechtsmittel (Berufung, eventuell Beschwerde, s. Erläuterungen zu § 30) enthalten; ferner ist ihm eine Anweisung zur Entrichtung der Abgabe innerhalb der gesetzlichen Zahlungsfristen (§ 31) beigefügt.

Auch die vorläufige Festsetzung der Abgabe (§ 28) wird den Steuerpflichtigen durch einen Bescheid mitgeteilt. Der Bescheid muß als vorläufiger erkennbar sein; er muß insbesondere einen Hinweis auf die später (s. Erläuterungen zu § 31) erfolgende endgültige Festsetzung der Abgabe enthalten.

Zu bemerken ist noch, daß die Behörde das Ergebnis der Veranlagung nach Abschluß der Ermittlungen in dem Steuerbescheid mitzuteilen hat, daß sie aber nicht die Pflicht hat, bei ihren Ermittlungen den Steuerpflichtigen zu hören, ihm die etwaigen Beanstandungen seiner Steuererklärung zur Kenntnis zu bringen und ihm zur Aufhellung von Mißverständnissen usw. Gelegenheit zu geben. Die Behörde kann ohne Verhandlung mit dem Steuerpflichtigen von seiner Erklärung und seinen **Wertangaben** und

Schätzungen **abweichen.** Eine Begründung der Abweichungen ist nicht erforderlich. Dem Abgabepflichtigen bleiben dann nur die Rechtsmittel gegen den endgültigen Bescheid.

§ 30

Gegen den endgültigen Bescheid sind die gleichen Rechtsmittel zulässig wie gegen den Besitzsteuerbescheid; der Beurteilung der Rechtsmittelbehörden unterliegt auch der vorläufige Bescheid.

Erläuterungen.

Die Rechtsmittel gegen den Kriegssteuerbescheid ermöglichen dem veranlagten Steuerpflichtigen, die Festsetzung der Steuer **anzufechten.** Aber nicht nur der Steuerpflichtige hat die Möglichkeit, Rechtsmittel einzulegen; erfolgt die Veranlagung durch eine kollegiale Behörde, so stehen die Rechtsmittel gegen den Steuerbescheid auch dem Vorsitzenden dieser Behörde (in Preußen also dem **Vorsitzenden der Veranlagungskommission**) zu.

Im übrigen gelten für die Rechtsmittel, die Rechtsmittelfristen und das Rechtsmittelverfahren die Vorschriften des Besitzsteuergesetzes. Dieses wiederum (§ 66) nimmt im wesentlichen auf das **Landesrecht**, d. h. auf die einzelstaatliche Gesetzgebung, Bezug. Soweit solche Gesetzgebung nicht vorliegt, sollen in den einzelnen Bundesstaaten gegen den Steuerbescheid dieselben Rechtsmittel zulässig sein, wie gegen die Veranlagung zur direkten Staatssteuer. Es müssen dem Steuerpflichtigen aber mindestens zwei Instanzen nacheinander zur Verfügung stehen, und er muß als letzte Möglichkeit die Befugnis haben, die Entscheidung einer obersten **Verwaltungsgerichtsbehörde** anzurufen oder den ordentlichen Rechtsweg zu beschreiten.

In **Preußen** steht dem Steuerpflichtigen (und dem Vorsitzenden der Veranlagungskommission, falls die Kommission einen Beschluß gegen seine Stimme gefaßt hat) gegen den Steuerbescheid die Berufung an die Berufungskommission (und gegen die Entscheidung dieser Kommission die Beschwerde an das Königl. Oberverwaltungsgericht) zu; sie ist bei dem Vorsitzenden der Veranlagungskommission anzubringen. Eine **Form ist nicht vorgeschrieben**, auch braucht ein bestimmt formulierter Antrag nicht gestellt zu werden. Es genügt also ein Schreiben an den Vorsitzenden der Veranlagungskommission, und die Darlegung der beanstandeten Punkte. Aber auch wenn diese Darlegung fehlt, das Schreiben sich aber sonstwie als Berufung gegen den Steuerbescheid darstellt, ist die Berufung als eingelegt anzusehen. Die Einlegung der Rechtsmittel kann statt durch ein Schreiben auch durch Erklärung zu Protokoll an Amtsstelle erfolgen. Das Protokoll muß von dem Beschwerdeführer unterschrieben werden.

Die **Frist zur Einlegung der Berufung** beträgt vier Wochen (nicht einen Monat; entscheidend ist also der dem Zustellungstage entsprechende Wochentag!) vom Tage der Zustellung des Bescheides ab; dabei rechnet der Tag der Zustellung nicht mit. Wer also den Steuerbescheid an einem Mittwoch zugestellt erhalten hat (der Tag der Zustellung wird auf dem Briefumschlag vermerkt), muß die Berufung so einlegen, daß sie spätestens am vierten darauf folgenden Donnerstag in den Händen der Behörde ist. Für die sich in außereuropäischen Ländern und Gewässern aufhaltenden Steuerpflichtigen verlängert sich die Berufungsfrist auf sechs Monate, für die im europäischen Ausland befindlichen auf sechs Wochen.

Ist im Steuerbescheid keine oder keine richtige Rechtsmittelbelehrung erteilt, so wird die Rechtsmittelfrist nicht in Lauf gesetzt. Ist also eine falsche Frist oder eine unzuständige Behörde angegeben, so können die Rechtsmittel **jederzeit wirksam** eingelegt werden. Auf die Berufung entscheidet die Berufungskommission, die für je einen Regierungsbezirk am Sitze der Regierung gebildet ist. Das Berufungsverfahren ist **kosten- und gebührenfrei.** Das Ergebnis der Veranlagung darf im Rechtsmittelverfahren (auch nicht im Beschwerdeverfahren, siehe weiter unten) nicht zum Nachteile des Steuerpflichtigen gegen dessen Antrag abgeändert werden.

Gegen die Entscheidung der Berufungskommission hat der Steuerpflichtige das Rechtsmittel der **Beschwerde** an das Königl. **Oberverwaltungsgericht** in Berlin. Einzureichen ist die Beschwerde beim Vorsitzenden der Berufungskommission. Die Beschwerde kann nicht auf tatsächliches Material, sondern nur auf rechtliche Ausführungen gestützt werden, also darauf, daß die angefochtene Entscheidung auf der Nichtanwendung oder auf der unrichtigen Anwendung des geltenden Rechts, insbesondere auf der von den berufenen Behörden innerhalb ihrer Zuständigkeit erlassenen Verordnungen beruhe, oder daß wesentliche Vorschriften für das Verfahren verletzt seien. In der Beschwerde ist anzugeben, worin die behauptete Nichtanwendung oder unrichtige Anwendung des bestehenden Rechts oder worin die behaupteten wesentlichen Mängel des Verfahrens liegen sollen. Das Oberverwaltungsgericht entscheidet — ebenso übrigens wie die Veranlagungs- und Berufungskommission — **in nichtöffentlicher Sitzung.** Dem Steuerpflichtigen kann dabei Gelegenheit gegeben werden, den Gegenstand der Beschwerde persönlich zu vertreten und die Gründe geltend zu machen (die Vertretung durch Anwälte ist zulässig). Findet das Oberverwaltungsgericht die Beschwerde begründet, so kann das Gericht entweder selber die Entscheidung treffen oder die Sache zur nochmaligen (anderweitigen) Entscheidung an die Berufungskommission zurückverweisen.

Geschieht die Zurückverweisung, so ist die Berufungskommission an die dabei vom Oberverwaltungsgericht gegebenen Anweisungen über Auslegung und Anwendung der gesetzlichen Vorschriften gebunden. Wird die Beschwerde als unbegründet erkannt, so werden dem Beschwerdeführer (Steuerpflichtigen) die **Kosten der Entscheidung** des Oberverwaltungsgerichts auferlegt. Diese Kosten werden nach dem Wert der Streitsache als Pauschbetrag festgesetzt und dürfen 150 *M* nicht überschreiten.

Werden Berufungen oder Beschwerden von einem **Bevollmächtigten des Steuerpflichtigen** eingelegt, so müssen die miteinzureichenden Vollmachtsurkunden verstempelt werden, vorausgesetzt, daß die begehrte Steuerherabsetzung mehr als 150 *M* beträgt.

Wer durch Naturereignisse oder durch unabwendbare Zufälle an der rechtzeitigen Einlegung eines Rechtsmittels gehindert worden ist, kann **Wiedereinsetzung in den vorigen Stand** beantragen. Als unabwendbarer Zufall wird es angesehen, wenn ein Steuerpflichtiger von der Zustellung des Steuerbescheids oder dgl. ohne sein Verschulden keine Kenntnis erlangt hat. Nicht im Inland wohnende Steuerpflichtige sind aber (§ 68 Besitzsteuergesetz) gehalten, einen im Inland wohnenden Bevollmächtigten zu bestellen. Geschieht das nicht, so gelten Zustellungen an sie mit der Aufgabe zur Post als bewirkt.

Zu bemerken ist nochmals, daß die vorstehend entwickelten Grundsätze nach preußischem Recht gelten. In den anderen Bundesstaaten kommt das entsprechende, in den Grundzügen vielfach ähnlich gestaltete Landesrecht zur Anwendung.

Wird gegen den endgültigen Kriegssteuerbescheid ein Rechtsmittel eingelegt, so kann damit gleichzeitig die Nachprüfung und Abänderung des vorläufigen Steuerbescheids, der ja selbständig nicht anfechtbar ist, verlangt werden. Die Rechtsmittelbehörden haben bei der Entscheidung aber auch von Amts wegen den vorläufigen Bescheid mit in ihre Beurteilung einzubeziehen, wenn die Umstände eine Nachprüfung der gesamten Veranlagung erforderlich machen.

Durch die Einlegung eines Rechtsmittels wird die Erhebung der veranlagten Steuer zu den gesetzlichen Zahlungsfristen (s. § 31) nicht aufgehalten. Die auf Grund rechtskräftiger Entscheidung dem Pflichtigen **zu erstattenden** (zuviel gezahlten) **Steuern sind mit 5 v. H.** für das Jahr **zu verzinsen.** (Vgl. § 42 der Ausführungsbestimmungen im Anhang.)

§ 31

Die Kriegsabgabe der Einzelpersonen ist zu einem Drittel binnen drei Monaten nach Zustellung des Bescheids zu entrichten. Das zweite Drittel ist bis zum 1. November 1917, das letzte Drittel bis zum 1. März 1918 zu entrichten.

Die vorläufig festgesetzte Kriegsabgabe der Gesellschaften und anderer juristischer Personen ist binnen drei Monaten nach Zustellung des vorläufigen Bescheids, der Rest der Abgabe binnen drei Monaten nach Zustellung des endgültigen Bescheids zu entrichten. Ist die endgültig festgesetzte Abgabe niedriger als die vorläufig festgesetzte (§ 28 Abs. 1), so ist der zuviel erhobene Betrag dem Steuerpflichtigen zu erstatten.

Vom 1. Juli 1917 ab sind die bis dahin noch nicht gezahlten Abgabebeträge mit fünf vom Hundert jährlich zu verzinsen.

Der Steuerpflichtige ist berechtigt, Vorauszahlungen auf die noch nicht veranlagte Abgabe zu leisten. Von dem im voraus gezahlten Betrage sind fünf vom Hundert Jahreszinsen vom Tage der Einzahlung bis zum 1. Juli 1917 oder bis zu dem früheren gesetzlichen Fälligkeitstag auf Verlangen des Steuerpflichtigen zu dessen Gunsten zu berechnen.

Die auf Grund rechtskräftiger Entscheidung zu erstattenden Beträge sind mit fünf vom Hundert für das Jahr zu verzinsen.

Erläuterungen.

Die Bezahlung der im Steuerbescheid den **steuerpflichtigen Einzelpersonen** auferlegten Abgabe (Kriegsanleihen werden laut § 32 an Zahlungs Statt angenommen) muß, gleichviel, ob ein Rechtsmittel eingelegt ist oder nicht, zu einem Drittel binnen drei Monaten nach dem Tage der Zustellung des Steuerbescheids erfolgen. Das zweite Drittel ist bis zum 1. November 1917, das letzte Drittel bis zum 1. März 1918 zu entrichten. Diese Fristen für die Entrichtung der Steuer bedeuten, ebenso wie die für steuerpflichtige Gesellschaften vorgesehenen, eine besondere Erleichterung für den Abgabepflichtigen. Der Steuerfiskus verlangt daher von dem, der von der Vergünstigung Gebrauch macht, in gewissem Umfange eine Gegenleistung. Für alle Abgabebeträge, die erst nach dem 1. Juli 1917 gezahlt werden, soll nämlich ein Zinszuschlag von 5 % seit dem 1. Juli 1917 mitentrichtet werden.

Über die Einziehung der Kriegssteuer gelten (§ 25) mangels besonderer Bestimmungen im Kriegssteuergesetz die Vorschriften des Besitzsteuergesetzes (§§ 72 ff. des Besitzsteuergesetzes) und des für anwendbar erklärten Landesrechts. Danach erfolgt die Einziehung der jeweils fälligen Teile der Steuer in Preußen nach dreitägiger Anmahnung im Verwaltungszwangsverfahren. Die Gemeindebehörden haben für die Beitreibung der Steuerschuld dieselben Befugnisse wie die Gerichte. Die **Zwangsversteigerung des Grundstücks** eines deutschen Steuerpflichtigen zwecks Beitreibung der Steuer ist jedoch ohne seine Zustimmung nicht zulässig. Der Einleitung der **Zwangsverwaltung**, Eintragung einer Sicherungshypothek, Mietpfändungen usw. steht dagegen nichts im Wege. Die Kriegssteuerforderungen gehören im Konkurse nach § 61 Nr. 2 der Konkursordnung zu den bevorrechtigten Forderungen der zweiten Klasse, soweit sie im letzten Jahre vor Eröffnung des Verfahrens fällig geworden sind.

Stirbt ein Steuerpflichtiger nach Zustellung des Steuerbescheides, aber vor Zahlung der Abgabe, so ist der Erbe (oder die Erbengesamtheit) zur Zahlung der Steuer nach Maßgabe der für die Haftung der Erben geltenden Bestimmungen des bürgerlichen Rechts verpflichtet. Stirbt jemand vor erfolgter Veranlagung, so hört seine Steuerpflicht auf. Die Erben sind nur nach Maßgabe ihres eigenen Vermögens steuerpflichtig (s. oben § 3 Nr. 1).

Der **Anspruch** der Staatskasse auf die Steuer **verjährt** in vier Jahren (Besitzsteuergesetz § 75). Die Frist beginnt mit dem Schluß des Jahres, in dem die Steuer fällig geworden ist. Die Fälligkeitstermine sind für die Steuer der Einzelpersonen im Gesetz genau vorgeschrieben. Sie fallen sämtlich in das Jahr 1917; daher beginnt am 31. Dezember 1917 die Verjährungsfrist zu laufen und endet am 31. Dezember 1921. Ist eine Sicherheit geleistet worden (§ 12), so tritt die Verjährung nicht vor Erlöschen der Sicherheit ein. Der Ablauf der Verjährungsfrist gibt dem Steuerschuldner das Recht, die Zahlung des verjährten Bruchteiles der Abgabe zu **verweigern.** Zahlt der Schuldner die Abgabe trotz des Ablaufs der Verjährungsfrist, so kann er den gezahlten Betrag indes nicht mit Berufung auf die inzwischen eingetretene Verjährung zurückfordern. Dieses Recht steht ihm auch dann nicht zu, wenn er in Unkenntnis des Eintritts der Verjährung gezahlt hat. Dagegen kann der Steuerschuldner der zwangsweisen Beitreibung gegenüber sich auf das Recht der Verjährung berufen. Die Verjährungsfrist wird unterbrochen bzw. im Ablauf gehemmt durch staatliche, auf die Beitreibung der Steuer gerichtete Zwangsmaßregeln, durch Stundung der Steuer oder von Teilen der Steuer, sowie durch Anerkenntnis der Steuerschuld durch den Steuerpflichtigen; ein solches Anerkenntnis liegt namentlich in der Leistung von Zahlungen (auch von Teilzahlungen) auf die Steuer (vgl. §§ 202, 209 Bürgerliches Gesetzbuch).

Ist ein Steuerpflichtiger überhaupt nicht zur Kriegssteuer veranlagt worden, so verjährt der Anspruch der Staatskasse in vier Jahren seit dem 31. Dezember 1917, also am 31. Dezember 1921.

Bei **steuerpflichtigen Gesellschaften** und anderen juristischen Personen erfolgt, wie in den Erläuterungen zu § 28 näher dargelegt ist, vor der endgültigen Veranlagung eine vorläufige Festsetzung der Kriegssteuer. Diese vorläufig veranlagte Abgabe ist von den Steuerpflichtigen binnen drei Monaten nach (dem Tage) der Zustellung des vorläufigen Bescheids zu entrichten. Ist also der vorläufige Steuerbescheid — gegen den ein selbständiges Rechtsmittel nicht zulässig ist — am 20. November 1916 zugestellt, so läuft die Frist zur Entrichtung der vorläufigen Abgabe mit dem 21. Januar 1917 ab. Die Entrichtung muß erfolgen ohne Rücksicht darauf, ob man später, d. h. bei Erteilung des endgültigen Bescheides, die Veranlagung durch Einlegung der Berufung anfechten will oder nicht.

Drei Monate nach Zustellung des endgültigen Steuerbescheides ist sodann der nach diesem Bescheid noch zu zahlende Rest der Steuer zu entrichten. Der **endgültige Bescheid** kann unter Umständen aber auch einen geringeren Steuerbetrag festsetzen, als der vorläufige. In diesem Falle erfolgt eine Rückzahlung der auf den vorläufigen Bescheid hin zuviel gezahlten Steuer. Die Verjährung der Steueransprüche gegen die Gesellschaften tritt vier Jahre nach dem 31. Dezember des Jahres ein, in dem die einzelnen Beträge unter Zugrundelegung der vorstehend erörterten Vorschriften zu zahlen sind. **Zuviel erhobene Steuerbeträge** sind, wenn eine rechtskräftig gewordene Entscheidung darüber vorliegt, dem Steuerpflichtigen vom Fiskus zu erstatten; sie sind mit 5 v. H. für das Jahr zu verzinsen. (Daß die endgültige Kriegsabgabe der Gesellschaften hinter der vorläufigen unter Umständen zurückbleiben kann, ergibt sich aus den Erläuterungen zu §§ 13—19.)

Der Steuerpflichtige ist berechtigt, **Vorauszahlungen** auf die Steuer vor deren Veranlagung oder Fälligkeit zu leisten. (Er muß jedoch laut § 6 des Gesetzes den vor dem 31. Dezember 1916 auf die Abgaben vorausbezahlten Betrag dem am 31. Dezember 1916 festgestellten Vermögen hinzurechnen.) Zahlt der Steuerpflichtige im voraus, so kann er verlangen, daß ihm 5 v. H. Jahreszinsen vergütet werden; diese sind vom Tage der Einzahlung ab bis zum 1. Juli 1917, falls aber die gesetzliche Fälligkeit der Abgabe nach Abs. 1 oder 2 des vorliegenden Paragraphen früher eintritt, bis zum Tage der Fälligkeit, zugunsten des Steuerpflichtigen zu berechnen. (Vgl. hierüber noch § 40 der Ausführungsbestimmungen s. Anhang.)

§ 32

Bei Entrichtung der Abgabe werden die fünfprozentigen Schuldverschreibungen, Schuldbuchforderungen und Schatzanweisungen der Kriegsanleihen des Deutschen Reichs zum Nennbetrag und die viereinhalbprozentigen Schatzanweisungen dieser Kriegsanleihen zu einem vom Reichskanzler festzusetzenden und bekanntzumachenden Kurse an Zahlungs Statt angenommen.

Erläuterungen.

Die Bedeutung des § 32 ist ohne weiteres verständlich: die Steuerabgabe darf von Einzelpersonen und Gesellschaften in Kriegsanleihen gezahlt werden, von Gesellschaften mithin in derselben Substanz, aus der in den meisten Fällen ihre Kriegssteuerrücklage bestehen wird. Nach § 8 des Rücklagengesetzes muß die Sonderrücklage in **Schuldverschreibungen des Deutschen Reichs** oder eines Bundesstaats angelegt sein.[1]) Sie braucht also nicht die 5proz. Kriegsanleihe zu enthalten, sie kann beispielsweise auch aus preußischen 4-, 3½- oder 3proz. Konsols bestehen. Da aber die Kriegsanleihe mehr Zinsen trägt, dürften die meisten steuerpflichtigen Gesellschaften die Rücklage mit Kriegsanleihe dotiert haben. Einen besonderen Anreiz hierzu hat der Gesetzgeber noch mit dem § 32 des Kriegssteuergesetzes geschaffen; denn ungeachtet etwaiger Kursschwankungen werden die 5proz. Schuldverschreibungen und Schatzanweisungen der Kriegsanleihe vom Steuerfiskus zum Nennwerte für die Kriegssteuerabgabe in Zahlung genommen. Dabei sei an eine Erklärung des Reichsschatzsekretärs (S. 18 des Berichts der Kommission für den Reichshaushaltetat über den Entwurf des Rücklagengesetzes) erinnert, laut der die **Bilanzierung der Kriegsanleihen für die Rücklage** zunächst nicht höher als zum Einstandspreise bzw. zum Tageskurse erfolgen darf. Das beruht auf den Bestimmungen des Handelsgesetzbuches.

Zum Nennwerte werden nur die 5proz. Kriegsanleihen oder 5proz. Schatzanweisungen, nicht aber die 4½proz. angenommen. Für die letzteren soll aber jeweilig ein Kurs festgesetzt werden, zu dem sie der Steuerfiskus in Zahlung nehmen muß. Der Nennwert oder der Kurswert werden aber in vielen Fällen nicht den alleinigen Verrechnungspreis darstellen, vielmehr werden den Einreichern auch die sog. **Stückzinsen** anzurechnen sein. Gibt jemand am 30. März 1917 dem Steuerfiskus 1000 ℳ 5proz. Kriegsanleihe mit Zinsschein fällig am 1. Juli 1917 in Zahlung, so hat der Einreicher Anspruch auf Anrechnung eines Betrages von 1012,50 ℳ (1000 ℳ + 5% Zinsen vom 1. Januar 1917 ab bis 31. März 1917).

Die bis zum 1. Juli 1917 noch nicht geleisteten Zahlungen sind laut § 31 mit 5% jährlich zu verzinsen. Will jemand eine Abgabe von beispielsweise 1000 ℳ nach dem 1. Juli zahlen, z. B. am 30. Juli, so genügt es, wenn er 1000 ℳ Kriegsanleihe mit Zins-

[1]) Als derartige Schuldverschreibungen werden auch die Obligationen, Pfandbriefe usw. einer rein staatlichen Verwaltung mit eigener Rechtspersönlichkeit gelten dürfen. So hat die Herzogl. Sächs. Landrentenbank in Koburg unter dem 6. Mai 1916 folgendes bekanntgegeben: „Unsere 4proz. Schuldverschreibungen mit ½jährlichen Zinsabschnitten sind im Sinne des § 8 des Gesetzes Nr. 4999 vom 24. Dezember 1915 über vorbereitende Maßnahmen zur Besteuerung der Kriegsgewinne zur Anlage von Kriegsgewinnrücklagen geeignet erklärt worden."

schein per 1. Januar 1917 abliefert. Stückzinsen und Steuerzinsen gleichen sich in diesem Falle aus.

Über **Annahme und Berechnung** der Schuldverschreibungen, Schuldbuchforderungen und Schatzanweisungen vgl. noch §§ 36 bis 39 der Ausführungsbestimmungen (s. Anhang).

§ 33

Wer als Abgabepflichtiger oder als Vertreter eines Abgabepflichtigen wissentlich der Steuerbehörde unrichtige oder unvollständige Angaben macht, die geeignet sind, eine Verkürzung der Abgabe herbeizuführen, wird mit einer Geldstrafe bis zum fünffachen Betrage der gefährdeten Abgabe bestraft.

Erläuterungen.

Die §§ 33—35 enthalten die **Strafvorschriften** für Verletzung der Steuererklärungspflicht. Die Strafen gehen teilweise über die in früheren Steuergesetzen, insbesondere auch über die im Wehrbeitrags- und Besitzsteuergesetz angedrohten, hinaus. Wer als Abgabepflichtiger oder als Vertreter eines Abgabepflichtigen (Vorstand einer Gesellschaft, auch Vater oder Vormund) **wissentlich** der Steuerbehörde unrichtige oder unvollständige Angaben macht, die **geeignet** sind (nicht also unmittelbar dazu bestimmt zu sein brauchen, s. § 34), eine Verkürzung der Abgabe herbeizuführen, wird mit einer Geldstrafe bis zum fünffachen Betrage der gefährdeten Abgabe bestraft. Nicht fahrlässig, sondern nur **bewußt falsche Angaben**, machen strafbar. Für die Bestrafung ist indes nicht erforderlich, daß wirklich eine Ersparnis eingetreten, d. h. daß die Steuer niedriger veranlagt worden ist. Schon die bloße Tatsache der bewußt unrichtigen Abgabe der Steuererklärung genügt für die Strafbarkeit (vgl. aber die Milderungsvorschrift des § 79 Besitzsteuergesetzes unten S. 79). Der wissentlich falschen Erklärung wird unter Umständen gleichzustellen sein eine aufs Geratewohl und unter Außerachtlassung jeder Sorgfalt abgegebene Steuererklärung, bei der der Steuerpflichtige sich unbedingt sagen muß, daß sie leicht Unrichtigkeiten enthalten kann. Werden solche **Unrichtigkeiten** festgestellt, so darf die Strafvorschrift des vorliegenden Paragraphen als anwendbar angesehen werden.

Die wissentlich falsche Angabe, die geeignet ist, die Höhe der Steuer zu beeinträchtigen, wird nach § 33 mit einem Vielfachen der Steuer bestraft. Falsche Angaben solcher Art werden z. B. zuweilen gemacht, um Vermögensverhältnisse aus anderen Gründen als aus Steuerersparnisgründen zu verschleiern. Hierzu ist noch die Milderung der Vorschrift, die im § 35 vorgesehen ist, zu beachten. Die Absicht der Verschleierung aus Steuerschädigungsgründen wird in § 34 getroffen. Die Geldstrafen werden von der Steuerbehörde im Verwaltungsstrafverfahren festgesetzt und beigetrieben.

§ 34

In den Fällen des § 33 kann neben der Geldstrafe auf Gefängnis bis zu einem Jahre und neben der Gefängnisstrafe auch auf Verlust der bürgerlichen Ehrenrechte erkannt werden, wenn die unrichtigen oder unvollständigen Angaben in der Absicht, die Abgabe zu hinterziehen, gemacht worden sind, und wenn der Abgabebetrag, der durch die unrichtigen oder unvollständigen Angaben gefährdet worden ist, mindestens fünfhundert Mark ausmacht oder wenn der Abgabepflichtige oder der Vertreter des Abgabepflichtigen Vermögen vom Inland ins Ausland verbracht hat in der Absicht, dieses Vermögen der Steuerbehörde zu verheimlichen.

Bei einer Steuergefährdung der im Abs. 1 bezeichneten Art kann im Urteil angeordnet werden, daß die Bestrafung auf Kosten des Verurteilten öffentlich bekanntzumachen ist.

Besteht der Verdacht, daß eine Steuergefährdung der im Abs. 1 bezeichneten Art vorliegt, so hat die Steuerbehörde die Sache an die zuständige Staatsanwaltschaft abzugeben. Ist der Steuerpflichtige abwesend (§ 318 der Strafprozeßordnung), so kann gegen ihn nach Maßgabe der §§ 320 bis 326 der Strafprozeßordnung verhandelt werden. Findet die Staatsanwaltschaft in einer an sie abgegebenen Sache, daß der Verdacht nicht hinreichend begründet ist, so kann sie die Sache zur weiteren Erledigung im Verwaltungsstrafverfahren an die Verwaltungsbehörde abgeben.

Erläuterungen.

Werden in der Steuererklärung falsche Angaben in der Absicht gemacht, die **Abgabe zu hinterziehen**, so treten unter Umständen

Strafverschärfungen (gegenüber dem § 33) ein. Neben der in § 33 angedrohten Geldstrafe kann nämlich auf Gefängnis bis zu einem Jahre und daneben noch auf Verlust der bürgerlichen Ehrenrechte[1]) erkannt werden, wenn die unrichtigen oder unvollständigen Angaben in der Absicht, die Abgabe zu hinterziehen, gemacht worden sind, vorausgesetzt jedoch, daß der Abgabebetrag, der durch die unrichtigen oder unvollständigen Angaben gefährdet (d. h. hinterzogen oder zu hinterziehen versucht) worden ist, nicht weniger als 500 M ausmacht. Gibt also jemand in der Kriegssteuererklärung in Steuerhinterziehungsabsicht Tatsachen nicht an, auf Grund deren die von ihm zu entrichtende Steuer von 500 M auf 1000 M steigen würde, so wäre er nach dem vorliegenden Paragraphen strafbar.

In gleicher Weise wie die soeben erörterte Steuerhinterziehung ist es strafbar, wenn ein Abgabepflichtiger (oder der Vertreter eines Abgabepflichtigen) Vermögen **vom Inland ins Ausland** in der Absicht verbracht hat, es der Steuerbehörde zu verheimlichen. Für diesen Fall ist zu bemerken, daß die Verschärfung der Strafe nicht an ein Mindestmaß der Hinterziehung gebunden ist. (Über die Verhütung der Steuerflucht vgl. noch die Erläuterungen zu § 12.) Die Strafen sind auch zu zahlen bzw. zu verhängen, wenn es gar nicht zu einer niedrigeren Festsetzung der Kriegssteuer gekommen ist, sondern die Hinterziehungsabsicht schon vor der Veranlagung entdeckt wurde.

Die im § 34 angedrohten Strafen werden nicht durch die Steuerbehörde, sondern durch die ordentlichen Gerichte verhängt. Bei jedem Verdacht einer Steuergefährdung im Sinne dieses Paragraphen hat die Steuerbehörde die Angelegenheit der zuständigen Staatsanwaltschaft unter Übersendung des Aktenmaterials mitzuteilen. Findet die Staatsanwaltschaft, daß der Verdacht nicht hinreichend begründet ist, kann sie die Sache zur weiteren Erledigung im Verwaltungsstrafverfahren (nach § 35) an die Verwaltungsbehörde (Steuerbehörde) wieder abgeben. Ist der Steuerpflichtige „abwesend" im Sinne des § 318 Strafprozeßordnung, d. h. ist er unbekannten Aufenthalts oder hält er sich im Auslande auf und erscheint seine Gestellung vor das zuständige Gericht aus diesem Grunde nicht ausführbar (z. B. wegen mangelnder Aus-

---

[1]) Die Einführung der Ehrenstrafe in die Steuergesetzgebung ist wegen der allgemein politischen und finanziellen Bedeutung der Kriegssteuer erfolgt.

lieferungsverträge) oder nicht angemessen, so kann gegen ihn nach Maßgabe der §§ 320 ff. Strafprozeßordnung verhandelt werden. Der „Abwesende" wird zu dieser Verhandlung durch Zustellung oder, falls diese nicht geschehen kann, öffentlich (durch Anschlag an der Gerichtstafel und Bekanntmachung im Reichsanzeiger) geladen. Die Ladung muß die dem Angeklagten zur Last gelegte strafbare Handlung sowie die Warnung enthalten, daß beim Ausbleiben des Geladenen ohne ihn zur Hauptverhandlung geschritten wird. In der Verhandlung kann für den Angeklagten ein Verteidiger (mit Vollmacht) auftreten. Angehörige sind ohne Vollmacht als Vertreter zuzulassen. Verteidiger und Angehörige können auch die zulässigen **Rechtsmittel** gegen das Urteil einlegen. Zur Deckung der den Angeschuldigten möglicherweise treffenden höchsten Geldstrafe und der Kosten des Verfahrens können nach dem Ermessen des Richters einzelne zum Vermögen des Angeschuldigten gehörende Gegenstände mit Beschlag belegt werden. Die Beschlagnahme ist aufzuheben, wenn der Grund dazu fortgefallen ist (z. B. der Angeschuldigte zurückkehrt und sich dem Gericht stellt). Diese **Beschlagnahme zur Sicherung der Vollstreckung** des Strafurteils ist nicht zu verwechseln mit der nach § 12 Abs. 4 (s. Erläuterungen) zulässigen Beschlagnahme des inländischen Vermögens eines im Ausland befindlichen Steuerpflichtigen; diese Beschlagnahme nach § 12 stellt sich als Zwangsmittel zur Ermöglichung der Steuerveranlagung dar; sie umfaßt das gesamte inländische Vermögen des Steuerpflichtigen. Zu einer das gesamte inländische Vermögen eines Steuerpflichtigen betreffenden Beschlagnahme kann es übrigens unter Umständen auch innerhalb des gegen abwesende Steuerpflichtige nach den soeben erörterten Grundsätzen durchgeführten Strafverfahrens kommen. Nach § 326 Strafprozeßordnung kann nämlich, soweit eine Deckung der künftigen Strafe und Kosten durch Beschlagnahme einzelner Vermögensstücke des Angeschuldigten nicht ausführbar erscheint (z. B. wenn die einzelnen Vermögensgegenstände dem Gericht nicht bekannt sind), durch Beschluß des Gerichts das gesamte im Deutschen Reich befindliche Vermögen des Angeschuldigten mit Beschlag belegt werden. Verfügungen, die der Angeschuldigte über sein mit Beschlag belegtes Vermögen nach der ersten Veröffentlichung der Beschlagnahme im Reichsanzeiger vornimmt, sind der Staatskasse gegenüber nichtig. Auch diese generelle Beschlagnahme ist nicht als Strafe oder als Zwangsmittel gedacht, sondern dient, ebenso wie die Einzelbeschlagnahme, der Sicherung künftiger Zahlung. Sie ist aufzuheben, wenn diese Zahlung erfolgt oder die Sicherung von Strafe und Kosten durch Spezialbeschlagnahme erfolgt ist.

Wird der Steuerpflichtige wegen Steuerhinterziehung nach § 34 Abs. 1 verurteilt, so kann im Urteil angeordnet werden, daß die Bestrafung auf Kosten des Verurteilten **öffentlich bekannt** zu machen ist. Die öffentliche Bekanntmachung erfolgt nach Eintritt der Rechtskraft des Urteils. Über die Art der Bekanntmachung entscheidet das Gericht. Es kann die Veröffentlichung in Zeitungen oder Zeitschriften, aber auch eine anderweitige öffentliche Bekanntgabe (durch Aushang an der Gerichtstafel usw.) vorschreiben. Die öffentliche Bekanntgabe der Verurteilung ist — ebenso wie die Ehrbeschränkung — als eine Nebenstrafe anzusehen; sie muß nicht, sie kann nur angeordnet werden. Der Richter wird je nach der schwereren oder leichteren Lage des Einzelfalles darüber zu entscheiden haben.

§ 35

Die Vorschriften der §§ 78 bis 83 des Besitzsteuergesetzes finden entsprechende Anwendung.

Erläuterungen.

Die entsprechend anzuwendenden Vorschriften der §§ 78—83 des Besitzsteuergesetzes enthalten zunächst gewisse **Ergänzungen zu den Strafvorschriften**, die sich als Milderungen dieser Vorschriften darstellen. Für den Fall, daß die Umstände klar ergeben, eine wissentlich falsche Angabe des Steuerpflichtigen, die geeignet ist, die Steuer zu verkürzen, sei nicht in der Absicht der Steuerhinterziehung gemacht, tritt an die Stelle der Bestrafung nach § 34 des Kriegssteuergesetzes (§ 78 Besitzsteuergesetz) eine von der Steuerbehörde zu verhängende **Ordnungs**strafe bis zu 500 *M.* Diese Strafe hat lediglich korrektiven Charakter; sie wird in den behördlichen Strafregistern nicht vermerkt. Als wissentlich falsch, aber nicht in der Absicht der Steuerhinterziehung gemacht sind hauptsächlich solche unrichtigen Angaben anzusehen, die der Steuerpflichtige infolge eines **Rechtsirrtums** in die Steuererklärung aufnimmt oder aufzunehmen unterläßt, z. B. wenn er gewisse Vermögensteile nicht für steuerpflichtig erachtet oder gewisse Abzüge vorweg zu machen sich für berechtigt hält. Immerhin kann zunächst nicht angenommen werden, daß die

Absicht des Steuerpflichtigen, der wissentlich eine unrichtige oder unvollständige Angabe macht, nicht auf eine Steuerhinterziehung gerichtet ist. Danach wird in jedem Falle **der Steuerpflichtige zu beweisen** haben, daß eine solche Absicht bei ihm nicht vorlag, sondern daß er die falschen Erklärungen rechtsirrtümlich abgegeben hat.

Von besonderer Bedeutung ist die ebenfalls auf die Kriegssteuer anwendbare Vorschrift des § 79 des Besitzsteuergesetzes. Danach **bleibt straffrei**, wer seine unrichtigen oder unvollständigen Angaben, bevor eine Anzeige erstattet oder eine Untersuchung (durch die Steuerbehörde, die Staatsanwaltschaft oder die Polizei) gegen ihn eingeleitet ist, bei der Steuerbehörde **berichtigt oder ergänzt** und die gefährdete Steuer, soweit sie bereits fällig gewesen ist, entrichtet.

Zu bemerken ist zu den Strafvorschriften, daß nach dem Besitzsteuergesetz eine Umwandlung der zu verhängenden Geldstrafen in Freiheitsstrafen wegen Nichtbeitreibbarkeit (nach §§ 28, 29 Strafgesetzbuch) in keinem Falle stattfindet (§ 84 Besitzsteuergesetz). Dieser Paragraph ist aber auf das Kriegssteuergesetz nicht für anwendbar erklärt, so daß hier eine solche Umwandlung — außer für Ordnungsstrafen — erfolgen kann.

Eine nicht beizutreibende Geldstrafe ist nach dem Strafgesetzbuch, wenn sie wegen eines „Vergehens" erkannt ist, in Gefängnis, und wenn sie wegen einer Übertretung verhängt ist, in Haft umzuwandeln. Als Vergehen bezeichnet das Strafgesetz (§ 1 Strafgesetzbuch) eine strafbare Handlung, die mit Festungshaft bis zu fünf Jahren, mit Gefängnis oder mit Geldstrafe von mehr als 150 ℳ bedroht ist. Übertretung heißt eine strafbare Handlung, die mit Haft oder mit Geldstrafe bis zu 150 ℳ bedroht ist. Sämtliche im Kriegssteuergesetz bezeichneten strafbaren Handlungen (außer denen, die nur mit Ordnungsstrafen bedroht sind) **stellen sich somit als Vergehen dar**; für die Umwandlung kommt also nur die Gefängnisstrafe in Betracht. Kann die auf Grund der Bestimmungen verhängte Geldstrafe nicht im Wege der Vollstreckung beigetrieben werden, so muß die substituierte Gefängnisstrafe verbüßt werden. Bereits bei der Anordnung der Strafe, also im behördlichen Strafbescheid oder im gerichtlichen Urteil, muß die Höhe der eventuell eintretenden Freiheitsstrafe angegeben sein; der Betrag von 3 bis 15 ℳ ist bei der Umwandlung einer eintägigen Gefängnisstrafe gleichzustellen (§ 29 Strafgesetzbuch). Zu bemerken ist noch, daß **in einen Nachlaß** eine Geldstrafe nur dann vollstreckt werden kann, wenn das Urteil (oder die sonstige Strafanordnung) bei Lebzeiten des Verurteilten rechtskräftig (unanfechtbar) geworden ist. Die Beitreibung der Steuer dagegen erfolgt auch, wenn bei Lebzeiten des Abgabepflichtigen die Festsetzung noch nicht rechtskräftig erfolgt war, durch Vollstreckung in den Nachlaß.

Die Einziehung der Kriegssteuer (§§ 26, 27) erfolgt auch im übrigen unabhängig von einer etwaigen Bestrafung.

Die Pflicht zur Einreichung von **Nachweisungen über die Höhe** des Kapitals, der Gewinne und des Wertes der Gesellschaftsanteile, die nach § 58 Abs. 2 Besitzsteuergesetz für die Vorstände oder Geschäftsführer von Gesellschaften besteht, wird nach § 81 des Besitzsteuergesetzes, der auch für die Kriegssteuer gilt, dadurch noch besonders gesichert, daß wissentlich falsche, das Steueraufkommen gefährdende Angaben mit einer Geldstrafe bis zu 3000 *M* bestraft werden, es sei denn, daß sie noch rechtzeitig (s. oben) widerrufen werden. Daneben gelten die allgemeinen, vorhin erörterten Strafvorschriften der §§ 33, 34 des Kriegssteuergesetzes auch für Gesellschaftsorgane. Sie sind als Vertreter der steuerpflichtigen Gesellschaft anzusehen und unterliegen den Strafbestimmungen der genannten Paragraphen. § 81 des Besitzsteuergesetzes unterscheidet sich von den soeben erörterten Strafbestimmungen dadurch, daß er nicht falsche Angaben in oder bei der Steuererklärung betrifft, sondern solche in den der Steuerbehörde oder dem Steuerpflichtigen auf Verlangen zu gebenden Auskünften und Hilfserklärungen. Auch für Erben, Testamentsvollstrecker, Nachlaßpfleger gilt dieselbe Strafvorschrift; hier hinsichtlich der von diesen Personen der Steuerbehörde auf Verlangen einzureichenden Nachweisungen und Verzeichnisse (§ 62 Besitzsteuergesetz).

Die Verschwiegenheitspflicht der bei der Steuerveranlagung amtlich und ehrenamtlich tätigen behördlichen Personen (auch der Angestellten, wie Buchhalter, Bureaugehilfen) ist durch die Vorschrift gesichert, daß die Verletzung dieser Pflicht mit Geldstrafe bis zu 1500 *M* oder mit Gefängnis bis zu drei Monaten (gerichtlich) bestraft wird. Die Strafverfolgung tritt nur auf Antrag der obersten Landesfinanzbehörde (Ministerium) oder des Steuerpflichtigen ein, dessen Interesse an der Geheimhaltung (seiner Vermögens-, Einkommens- oder Erwerbsverhältnisse) verletzt ist (§ 82 Besitzsteuergesetz).

Schließlich ist der Steuerbehörde noch ein **allgemeines Ordnungsstrafrecht** bis zu 150 *M* verliehen für alle Zuwiderhandlungen gegen das Gesetz oder die zu seiner Ausführung erlassenen Verordnungen, die mit keiner besonderen Strafe bedroht sind.

§ 36

Der Bundesrat kann zur Vermeidung besonderer Härten auf Antrag eines Steuerpflichtigen einzelne außerordentliche Vermögensanfälle von der Abgabe befreien oder eine anderweite Berechnung des Vermögenszuwachses oder Mehrgewinns bewilligen.

Erläuterungen.

Die Vorschrift des § 36 enthält ein dem Bundesrat eingeräumtes ungewöhnlich weitgehendes **Milderungsrecht.** Das Gesetz geht davon aus, daß die Kriegsbesteuerung unter Umständen zu besonderen **Härten für den Steuerpflichtigen** führen kann. Der Gesetzgeber mag dabei unter anderem daran gedacht haben, daß der Steuerpflichtige sein Vermögen in schwer realisierbaren und in absehbarer Zeit vielleicht überhaupt nicht in Geld umsetzbaren Werten angelegt hat. Auch solche Fälle gehören unter Umständen hierher, in denen Geschäfte, die bereits lange vor dem Kriege eingeleitet worden sind, erst während des Krieges zum letzten Abschluß kamen. Ferner können befristete und bedingte Vermögensanfälle, bei denen durch Ablauf der Frist oder durch Eintritt der Bedingung zufällig der Vermögenszuwachs während des Krieges erfolgt ist, hierher gerechnet werden. In manchen Fällen wird man auch die Zahlung der Kriegssteuer in voller Höhe bei solchen Unternehmungen als besondere Härte ansehen können, bei denen frühere Geschäftsjahre starke Verluste gebracht haben und erst die Kriegszeit eine finanzielle Erholung ermöglichte. Auch **Verluste an ausländischem nichtsteuerbaren Vermögen** können hier Berücksichtigung finden.

Liegen nach Ansicht des Bundesrats solche besonderen Härten vor, so kann der Bundesrat **auf Antrag des Steuerpflichtigen** einzelne außerordentliche Vermögensanfälle von der Abgabe befreien; er kann auch im ganzen eine anderweite Berechnung des Vermögenszuwachses des Mehreinkommens oder Mehrgewinns bewilligen, d. h. alle vom Gesetz für die Normalfälle vorgeschriebenen rechnerischen Grundlagen der Steuer zugunsten des Steuerpflichtigen aufheben. Zu bemerken ist noch, daß durch die dem Bundesrat im § 35 übertragene Zuständigkeit dessen allgemeine Befugnis zum Erlasse von Reichsabgaben aus Billigkeitsgründen nicht berührt wird.

Ist nach Ansicht des Besitzsteueramts die Anwendung des § 36 gerechtfertigt, so kann das Besitzsteueramt die Erhebung des entsprechenden Abgabebetrags **vorläufig aussetzen** und dem Steuerpflichtigen anheimstellen, binnen einem Monat die Befreiung eines einzelnen außerordentlichen Vermögensanfalls von der Abgabe oder eine anderweite Berechnung des Vermögenszuwachses oder Mehrgewinns beim Bundesrate zu beantragen. Derartige **Anträge sind beim Besitzsteueramt** anzubringen. (Vgl. des weiteren § 31 der Ausführungsbestimmungen im Anhang.)

IV. Schlußvorschriften.

§ 37

Die Bundesstaaten erhalten für die Veranlagung und Erhebung der Abgabe eine Entschädigung von 1/2 vom Hundert ihrer Roheinnahme.

Erläuterungen.

Nach § 25 des Kriegssteuergesetzes sind zur Veranlagung und Erhebung der Kriegssteuer die nach dem Besitzsteuergesetz zuständigen Behörden berufen. Das Besitzsteuergesetz erklärt die Bundesstaaten als zuständig für die Verwaltung der Besitzsteuer, so daß auch für die Verwaltung der **Kriegssteuer die Bundesstaaten** in Betracht kommen (vgl. Erläuterungen zu § 25). Als Entschädigung für ihre Mitwirkung bei der Kriegsbesteuerung erhalten die Bundesstaaten 1/2 v. H. der Roheinnahme der auf ihrem Gebiet einkommenden Kriegssteuern. Sie brauchen also nur den insgesamt eingekommenen Betrag, unter Abzug eines halben Prozentes, das ihnen verbleibt, an das Reich abzuführen.

§ 38

Die Einnahme aus der Kriegsabgabe ist ausschließlich zur Abminderung der Reichsschuld zu verwenden, soweit sie nicht nach dem Reichshaushaltsetat für das Rechnungsjahr 1916 (Kapitel 17b der Einnahmen des ordentlichen Etats) zum Ausgleich des Ausfalls bei andern Einnahmekapiteln erforderlich ist.

Erläuterungen.

Bei der Einbringung des Etats für 1916 am 16. März 1916 kündigte der damalige Staatssekretär des Reichsschatzamtes Dr. Helfferich an, daß der Friedensetat (d. h. der nicht die Kriegsausgaben, insbesondere die Ausgaben für Heer und Marine enthaltende Etat) einen Fehlbetrag von 480 Mill. ℳ aufweise, zu dessen Deckung die neuen Steuern, bestehend aus Erhöhung der Tabakabgaben, Quittungsstempel (umgeändert in Warenumsatzstempel), Reichsabgabe auf die Post-, Telegraphen- und Fernsprechgebühren, Erhöhung und Erweiterung des Frachturkundenstempels, bestimmt seien. Ein über den vorgesehenen Fehlbetrag etwa hinausgehendes Defizit sollte aus den im Jahr 1916 eingehenden **Erträgnissen der Kriegsgewinnsteuer** (wie die **Kriegssteuerabgabe** ursprünglich genannt wurde) gedeckt werden. Diese Absichten werden durch die Bestimmung des § 38 verwirklicht, mit der Maßgabe, daß der nicht zur Deckung des Friedensetats für 1916 in Anspruch genommene Ertrag der Kriegssteuer ausschließlich zur Abminderung der Reichsschuld zu verwenden ist. Zur näheren Klarstellung des vorstehend Gesagten seien aus der Rede des Reichsschatzsekretärs folgende Ausführungen wiedergegeben:

„Auch diesmal muß ich darauf verzichten, eine zuverlässige Veranschlagung der Einnahmen und Ausgaben vorzulegen, wir haben deshalb wieder bei den meisten Kapiteln die Ansätze des letzten Friedensjahres eingestellt unter Berücksichtigung von gewissen Zu- und Abgängen, die sich im Lauf der Zeit ergeben haben. Wenn wir damit auch auf die jetzt nicht durchführbare genaue Veranschlagung verzichten, so stellen wir doch die verfassungsmäßige Grundlage für die Fortführung der Reichsgeschäfte sicher. Wir haben bei der Aufstellung des Etats äußerste Sparsamkeit walten lassen. Bei den fortdauernden Ausgaben haben wir von der Schaffung irgendwelcher neuen Beamtenstellen abgesehen und die einmaligen Ausgaben beschränkt auf die Fortführung bereits begonnener Bauten usw. Auch hier ist alles nicht Nötige nach Möglichkeit zurückgestellt. Die im Etat geforderten Mittel werden einige Zeit vorhalten, bei Bedarf werden weitere beantragt werden. Im außerordentlichen Etat sind die Ausgaben für Heer und Marine inbegriffen. Für das laufende Etatsjahr haben wir noch eine Friedensrate eingestellt, sie wird nicht in Anspruch genommen, für 1916 sehen wir davon ab; auch wenn der Friede bald kommen sollte, wird die Überleitung zum Friedenszustand längere Zeit erfordern und etatsrechtliche Übergangsmaßnahmen notwendig machen. Seine eigentliche Bedeutung erhält der Etat durch die Summen für den Dienst der Reichsschuld. Verzinsung und Tilgung figurieren mit 2303 Mill. M. Im vergangenen Jahre waren es 1286 Mill. M und im letzten Friedensjahr 240 Mill. M. Hier erschließt sich noch mitten im Kriege eines der größten staatswirtschaftlichen Probleme, die wir im Frieden zu lösen haben werden und dem wir nicht früh genug unsere Aufmerksamkeit und Sorge widmen können. Die Erhöhung der Ausgaben für den Schuldendienst um mehr als eine Milliarde Mark wird zunächst zur Hälfte ausgeglichen durch den Wegfall der laufenden Ausgaben für Heer und Marine; dieser Ausgleich wird noch verbessert durch die Herabminderung der Ausgaben um 80 Mill. M, so daß der Schuldendienst gegen das Vorjahr um 366 Mill. M höher erscheint. Auf der anderen Seite ist der Wehrbeitrag, dessen letzte Rate von 338 Mill. M im vorjährigen Etat erschien, nicht mehr eingestellt, dagegen ist ein Überschuß für 1915 in Höhe von 220 Mill. M eingesetzt. Insgesamt betragen die Einnahmen des ordentlichen Etats ohne Erschließung neuer Quellen gegenüber dem Vorjahr 144 Mill. M weniger und das gegenüber einem Mehr bei den Ausgaben in Höhe von 336 Mill. M. Es entsteht also ein Fehlbetrag von 480 Mill. M. Als Deckung schlagen die verbündeten Regierungen die neuen Kriegssteuern vor. Damit ist der Etat aber nur formell ins Gleichgewicht gebracht. Wenn etwas im neuen Etat sicher ist, dann, daß die Einnahmen die Ansätze nicht erreichen werden. Wir können aus dem Bankwesen infolge der Kriegsbesteuerung der Reichsbank und ihrer starken Inanspruchnahme mit einer Mehreinnahme von 150 Mill. M, ferner aus den Darlehnskassen mit einer nicht sicher abzuschätzenden Mehreinnahme rechnen. Ich habe diese Beträge aber nicht eingestellt, denn wenn wir auf der einen Seite das sichere Minus nicht einstellen, dürfen wir auf der anderen Seite auch nicht ein sicheres Plus einstellen. Der latente Fehlbetrag läßt sich nicht schätzen. Um ihn zu decken, haben wir einen Leertitel eingesetzt, wonach die im Jahre 1916 eingehenden Erträgnisse der Kriegsgewinnsteuer zur Deckung dieses Fehlbetrages verwendet werden können. Wir hoffen, daß dieser Leertitel sich in einer für die Reichsfinanzverwaltung erfreulichen Weise füllt. Wir haben deshalb im Entwurf des Kriegsgewinnsteuergesetzes vorgesehen, daß die juristischen Personen bereits nach dem Ende des zweiten Kriegsgeschäftsjahres vorläufig veranlagt werden können. Das zweite Kriegsgeschäftsjahr ist abgelaufen für die mit dem 31. August 1915, sowie für die mit dem 30. September schließenden Gesellschaften, aber auch für die, deren Geschäftsjahr mit dem Kalenderjahr zusammenfällt und auch die Gesellschaften, die am 31. März schließen, und das sind nicht wenige. Hieraus sind erhebliche Beträge zu erwarten, da diese Gesellschaften erhebliche Mehrgewinne zu verzeichnen hatten. Die Kriegsgewinnsteuer ist also gewissermaßen ein Ausgleichsposten, der uns über das rein formelle Gleichgewicht hinaus ermöglichen wird, dem tatsächlichen Gleichgewicht nahezukommen. Aber — um keine Illusionen aufkommen zu lassen: das ist immer erst die Befriedigung des rein bürgerlichen Reichshaushaltes ohne Heeresausgaben. Und zur Balancierung dieses rein bürgerlichen Haushaltsetats sind 480 Millionen neuer Steuern neben der Kriegsgewinnsteuer erforderlich. Das ist das mindeste, was wir nach der Ansicht der verbündeten Regierungen verlangen müssen, wenn nicht der Bau unseres Wirtschaftslebens, der bisher allen Anforderungen des gewaltigen Krieges sich so unvergleichlich gewachsen gezeigt hat und der sich besser bewährt hat, als die Finanzwirtschaft auch des stärksten unserer Gegner, nicht ernstlich in Gefahr gebracht werden soll. Die Gefahr auszuschließen, ist der Zweck der neuen Steuervorlage, in ihm finden sie ihre Begründung und ihre Begrenzung. Weiter geht unsere Absicht nicht. Ich stelle das ausdrücklich fest, weil ich in der Presse und auch sonst der Meinung begegnet bin, ich habe mich von meiner vor einem Jahre vertretenen Finanzpolitik abbringen lassen. Vor einem Jahre habe ich nur erklärt, ich glaube von neuen Steuern absehen zu können, solange es möglich ist, den Etat ohne neue Einnahmen zu balancieren. Vor einem Jahre war das noch möglich, heute nicht mehr, und deshalb müssen wir die Konsequenzen ziehen."

§ 39

Im § 20 des Besitzsteuergesetzes werden die Worte „mit der Maßgabe, daß Abweichungen . . . zu berücksichtigen sind" gestrichen.

Dem § 20 des Besitzsteuergesetzes wird als Satz 2 hinzugefügt:

„Ist im Wege des aus Billigkeitsrücksichten gewährten gänzlichen oder teilweisen Erlasses des rechtskräftig

veranlagten Wehrbeitrags das Vermögen anderweit ermittelt, so ist das anderweit ermittelte Vermögen maßgebend."

Dem § 21 Abs. 1 des Besitzsteuergesetzes wird als Satz 2 hinzugefügt:

„§ 20 Satz 2 gilt entsprechend."

Im § 30 Abs. 2 Satz 2 des Besitzsteuergesetzes wird das Wort „Abnutzung" ersetzt durch „Verschlechterung".

Im § 77 Abs. 3 des Besitzsteuergesetzes wird hinter Satz 1 folgender Satz eingeschaltet:

„Ist der Steuerpflichtige abwesend (§ 318 der Strafprozeßordnung), so kann gegen ihn nach Maßgabe der §§ 320 bis 326 der Strafprozeßordnung verhandelt werden."

In dem folgenden Satze werden die Worte „dieser Verdacht" ersetzt durch die Worte „der Verdacht".

Erläuterungen.

Wie aus den Erläuterungen zu den Vorschriften des ersten Teiles des Kriegssteuergesetzes (Besteuerung der Einzelpersonen) hervorgeht, finden die Vorschriften des Besitzsteuergesetzes in vieler Hinsicht auf die Kriegssteuer Anwendung. Namentlich geschieht die grundlegende Berechnung des Vermögens nach den Bestimmungen des Besitzsteuergesetzes, auch werden beide Steuern zusammen veranlagt. Die durch den vorliegenden § 39 eingeführten **Änderungen des Besitzsteuergesetzes** bezwecken neben der Beseitigung einer Unklarheit in der Auslegung des Besitzsteuergesetzes die Angleichung einiger Vorschriften des Besitzsteuergesetzes an die entsprechenden des Kriegssteuergesetzes.

Die §§ 20 u. 21 Abs. 1 des Besitzsteuergesetzes haben nach der hier eingeführten Änderung folgenden **Wortlaut:**

§ 20. Als Wert des steuerbaren Vermögens am 1. Januar 1914 gilt das nach dem Wehrbeitragsgesetze festgestellte Vermögen. Ist im Wege des aus Billigkeitsrücksichten gewährten gänzlichen oder teilweisen Erlasses des rechtskräftig veranlagten Mehrvermögens das Vermögen anderweit ermittelt, so ist das anderweit ermittelte Vermögen zugrunde zu legen.

§ 21. War der Steuerpflichtige zu dieser Besitzsteuer veranlagt, so gilt in der Folgezeit als Vermögenszuwachs der Unterschied zwischen dem reinen Werte des steuerbaren Gesamtvermögens am Ende des jeweiligen neuen Veranlagungszeitraums und dem letzten Vermögensstande, der zu einer Steuererhebung geführt hat. § 20 Satz 2 gilt entsprechend.

Die Begründung des ersten Entwurfes des Kriegssteuergesetzes bemerkt zu der Änderung des Gesetzes folgendes: „Anläßlich der Behandlung von Gesuchen um Erlaß oder Ermäßigung eines rechtskräftig veranlagten Wehrbeitrags aus Billigkeitsgründen sind Zweifel entstanden, ob trotz des Erlasses oder der Ermäßigung des Wehrbeitrags das rechtskräftig festgestellte Vermögen der späteren Besitzsteuerveranlagung zugrunde zu legen sei und nicht das nachträglich ermittelte Vermögen, dessen Stand für den Erlaß oder die Ermäßigung des Wehrbeitrags maßgebend war. Durch den vorliegenden Paragraphen soll eine sichere Rechtsgrundlage geschaffen werden, ohne die der Gewährung eines Erlasses oder einer Ermäßigung des rechtskräftig veranlagten Wehrbeitrags oder später der rechtskräftig veranlagten Besitzsteuer erhebliche grundsätzliche Bedenken entgegenstünden."

Die Einfügung des Wortes „**Verschlechterung**" statt des Wortes „**Abnutzung**" in den Text des § 30 des Besitzsteuergesetzes entspricht der Fassung des § 6 des Kriegssteuergesetzes (Abzugsrecht bei Grundstücken); die Änderung ist in den Erläuterungen zu § 2 berücksichtigt. Die Einschaltnng in den § 77 Abs. 3 des Besitzsteuergesetzes entspricht dem Wortlaut der Vorschrift des § 39 Abs. 3 Satz 2 des Kriegssteuergesetzes.

§ 40

Die Ausführungsbestimmungen zu diesem Gesetz erläßt der Bundesrat.

Erläuterungen.

Der Bundesrat ist auch zum Erlaß der Ausführungsvorschriften zum Wehrbeitragsgesetz, zum Besitzsteuergesetz und zum Rücklagengesetz berufen gewesen. Die **Ausführungsbestimmungen** des Bundesrats sind unterm 30. November 1916 **ergangen.** Ihr Inhalt hat in den hier vorliegenden Erläuterungen des Kriegssteuergesetzes Berücksichtigung gefunden. Der Text ist aus dem Anhang ersichtlich. — Das Kriegssteuergesetz ist am 25. Juni 1916 in Berlin ausgegeben worden (Reichsgesetzblatt Nr. 136) und am 9. Juli 1916 in Kraft getreten.

Anhang: Gesetzestexte.

Gesetz über vorbereitende Maßnahmen zur Besteuerung der Kriegsgewinne.

Vom 24. Dezember 1915.

(RGBl. S. 837.)

Wir Wilhelm, von Gottes Gnaden Deutscher Kaiser, König von Preußen usw. verordnen im Namen des Reichs, nach erfolgter Zustimmung des Bundesrats und des Reichstags, was folgt:

§ 1. Aktiengesellschaften, Kommanditgesellschaften auf Aktien, Berggewerkschaften und andere Bergbau treibende Vereinigungen, letztere, sofern sie die Rechte juristischer Personen haben, Gesellschaften mit beschränkter Haftung und eingetragene Genossenschaften, die im Deutschen Reiche ihren Sitz haben, sind verpflichtet, fünfzig vom Hundert des in einem Kriegsgeschäftsjahr erzielten Mehrgewinns (§ 4) in eine zu bildende Sonderrücklage einzustellen.

Ist der Gewinn aus einem beim Inkrafttreten dieses Gesetzes abgelaufenen Kriegsgeschäftsjahre bereits verteilt, so sind etwaige freiwillige Rückstellungen dieses Jahres bis zum Betrage von fünfzig vom Hundert des Mehrgewinns der Sonderrücklage zuzuführen. Sind freiwillige Rückstellungen nicht gemacht worden oder erreichen sie diese Höhe nicht, so ist ein Betrag von fünfzig vom Hundert des Mehrgewinns oder der noch fehlende Betrag aus dem Mehrgewinne der nächsten Kriegsgeschäftsjahre jedesmal vorweg zu entnehmen und der Sonderrücklage zuzuführen. Außerdem ist daneben die Hälfte des restlichen Mehrgewinns in die Sonderrücklage einzustellen. Rücklagen für Wohlfahrtszwecke sind nicht als freiwillige Rückstellungen im Sinne dieser Vorschrift anzusehen.

Im Falle des Abs. 2 dürfen Gewinnbeträge, die zu ausschließlich gemeinnützigen Zwecken bestimmt worden sind und deren dauernde Verwendung zu solchen Zwecken gesichert ist, von dem Geschäftsgewinne des beim Inkrafttreten dieses Gesetzes abgelaufenen Kriegsgeschäftsjahrs abgesetzt werden.

§ 2. Als Kriegsgeschäftsjahre im Sinne dieses Gesetzes gelten die drei aufeinanderfolgenden Geschäftsjahre, deren erstes noch den

Monat August 1914 mitumfaßt oder bei einer später gegründeten Gesellschaft mitumfassen würde, wenn sie damals schon bestanden hätte.

§ 3. Geschäftsgewinn im Sinne dieses Gesetzes ist der in einem Geschäftsjahr erzielte, nach den gesetzlichen Vorschriften und den Grundsätzen ordnungsmäßiger kaufmännischer Buchführung berechnete Bilanzgewinn. Abschreibungen sind insoweit zu berücksichtigen, als sie einen angemessenen Ausgleich der Wertverminderung darstellen.

§ 4. Als Mehrgewinn im Sinne dieses Gesetzes gilt der Unterschied zwischen dem durchschnittlichen früheren Geschäftsgewinn (§ 5) und dem jeweils in einem Kriegsgeschäftsjahr erzielten Geschäftsgewinne.

Die Unterschiedsbeträge werden auf volle Tausende nach unten abgerundet. Beträge unter fünftausend Mark bleiben außer Betracht.

§ 5. Der durchschnittliche frühere Geschäftsgewinn (§ 4) ist nach den Ergebnissen der fünf den Kriegsgeschäftsjahren vorangegangenen Geschäftsjahre oder, wenn eine Gesellschaft noch nicht so lange besteht, nach den Ergebnissen der kürzeren Zeit, für welche Jahresabschlüsse vorliegen, zu berechnen. Besteht eine Gesellschaft schon fünf Jahre, so haben für die Berechnung des Durchschnittsgewinns die beiden Geschäftsjahre mit den besten und den schlechtesten Geschäftsergebnissen auszuscheiden.

Hat innerhalb der fünf den Kriegsgeschäftsjahren vorangegangenen Geschäftsjahre eine Vermehrung des eingezahlten Grund- oder Stammkapitals stattgefunden, so wird dem Geschäftsgewinne für die vor der Vermehrung liegende Zeit ein Betrag von fünf vom Hundert jährlich des der Gesellschaft durch die Neueinzahlungen tatsächlich zugeflossenen Kapitalbetrags zugerechnet.

Als früherer Durchschnittsgewinn wird mindestens ein Betrag von fünf vom Hundert des eingezahlten Grund- oder Stammkapitals angenommen zuzüglich des Mehrbetrags, der zur Verteilung einer etwaigen höheren festen Vorzugsdividende für bevorrechtigte Aktien notwendig gewesen wäre. Das Grundkapital einer Berggewerkschaft oder einer Bergbau treibenden Vereinigung ist aus dem Erwerbspreis und den Anlage- und Erweiterungskosten abzüglich des durch Schuldaufnahme gedeckten Aufwandes hierfür zu berechnen. An Stelle des Grundkapitals tritt bei eingetragenen Genossenschaften die Summe der eingezahlten Geschäftsanteile der Genossen.

Der im Abs. 3 vorgesehene Betrag wird als Mindestbetrag auch zugrunde gelegt, wenn ein volles Geschäftsjahr vor den Kriegsgeschäftsjahren nicht vorliegt. In diesem Falle werden jedoch für

Aktien oder Anteile, die zu einem den Nennwert übersteigenden Preise ausgegeben worden sind, die fünf Hundertstel von dem Kapitale berechnet, das der Gesellschaft als Einzahlung auf ihre Aktien oder Anteile tatsächlich zugeflossen ist.

Hat sich das eingezahlte Grund- oder Stammkapital einer Gesellschaft während der Kriegsgeschäftsjahre vermehrt, so ist für die Zeit nach der Vermehrung dem durchschnittlichen früheren Geschäftsgewinn ein Betrag von fünf vom Hundert jährlich des der Gesellschaft durch die Neueinzahlungen tatsächlich zugeflossenen Kapitalbetrags hinzuzurechnen.

§ 6. Gesellschaften der im § 1 bezeichneten Art, die ihren Sitz im Ausland haben, aber im Inland einen Geschäftsbetrieb unterhalten, sind gleichfalls zur Bildung einer Sonderrücklage verpflichtet. Die Pflicht beschränkt sich auf den Mehrgewinn, der auf den inländischen Geschäftsbetrieb entfällt. Die Grundsätze, die bei einer bundesstaatlichen Einkommensteuerveranlagung für die Ausscheidung des auf den inländischen Geschäftsbetrieb entfallenden Teiles des steuerbaren Gesamteinkommens maßgebend waren, sind auch bei der Berechnung des auf den inländischen Betrieb entfallenden Teiles des Mehrgewinns anzuwenden. Wo eine Einkommensteuer nicht eingeführt ist, hat die Landesregierung entsprechende Vorschriften zu erlassen.

Die Ausführung der durch dieses Gesetz begründeten Verpflichtungen liegt den Vorstehern der inländischen Niederlassungen ob.

§ 7. Von der Verpflichtung zur Bildung einer Sonderrücklage befreit sind inländische Gesellschaften, die nach der Entscheidung des Bundesrats ausschließlich gemeinnützigen Zwecken dienen.

§ 8. Die Sonderrücklage ist der freien Verfügung der Gesellschaften entzogen, getrennt von dem sonstigen Vermögen zu verwalten und in Schuldverschreibungen des Deutschen Reichs oder eines Bundesstaats anzulegen. Die Verwahrung und Verwaltung erfolgt, auch bei ausländischen Gesellschaften, im Inland.

Der Reichskanzler kann Ausnahmen von den Vorschriften des Abs. 1 bewilligen.

Die Zinsen der Sonderrücklage fließen den sonstigen Einnahmen zu.

Bleibt der Geschäftsgewinn eines Kriegsgeschäftsjahrs hinter dem durchschnittlichen früheren Geschäftsgewinne (§ 5) zurück, so ist die Gesellschaft berechtigt, aus der Sonderrücklage den Betrag zu entnehmen, um den etwa die Sonderrücklage die Hälfte des im Gesamtergebnisse der abgelaufenen Kriegsgeschäftsjahre erzielten Mehrgewinns übersteigt.

Die Sonderrücklage ist auch im Falle der Auflösung einer Gesellschaft der freien Verfügung der Liquidatoren so lange entzogen, als nicht durch das künftige Gesetz über die Besteuerung der Kriegsgewinne über ihre Verwendung Bestimmung getroffen ist.

§ 9. Die Mitglieder des Vorstandes, persönlich haftenden Gesellschafter, Repräsentanten, Geschäftsführer oder Liquidatoren der pflichtigen Gesellschaften (§ 1), bei ausländischen Gesellschaften die Vorsteher der inländischen Niederlassungen (§ 6), die den Vorschriften dieses Gesetzes über die Bildung oder Verwaltung der Sonderrücklage vorsätzlich oder fahrlässig zuwiderhandeln und dadurch die Erhebung der Kriegsgewinnsteuer gefährden, werden mit Geldstrafe bis zu dreißigtausend Mark bestraft.

Sie haften für den Schaden, der durch ihr Verschulden dem Fiskus aus der Nichterfüllung der durch dieses Gesetz begründeten Verpflichtungen erwächst; sind für den Schaden mehrere verantwortlich, so haften sie als Gesamtschuldner.

§ 10. Der Bundesrat ist ermächtigt, die Vorschriften dieses Gesetzes auf andere als die im § 1 bezeichneten juristischen Personen auszudehnen.

Er ist ferner befugt, Ausführungsbestimmungen zu erlassen und Zuwiderhandlungen mit Geldstrafe bis zu eintausendfünfhundert Mark zu bedrohen.

§ 11. Dieses Gesetz tritt am Tage seiner Verkündung in Kraft.

Urkundlich unter Unserer Höchsteigenhändigen Unterschrift und beigedrucktem Kaiserlichen Insiegel.

Gegeben Großes Hauptquartier, den 24. Dezember 1915.

Wilhelm.

(L. S.) von Bethmann Hollweg.

Ausführungsbestimmungen des Bundesrats zum Gesetz über vorbereitende Maßnahmen zur Besteuerung der Kriegsgewinne vom 24. Dezember 1915.

Vom 27. Januar 1916.

(Zentralblatt für das Deutsche Reich S. 27.)

§ 1. Soweit andere juristische Personen des bürgerlichen Rechtes als die im § 1 des Gesetzes bezeichneten eine auf Erwerb gerichtete Tätigkeit ausüben, bestimmt der Bundesrat, ob und in welchem Umfang die Vorschriften des Gesetzes auf sie auszudehnen sind.

Die obersten Landesfinanzbehörden teilen dem Reichskanzler mit, für welche juristische Personen in ihrem Verwaltungsbereiche die Ausdehnung der Vorschriften des Gesetzes in Betracht kommt.

§ 2. Die in §§ 1 und 6 des Gesetzes bezeichneten Gesellschaften sowie die durch den Bundesrat ihnen gleichgestellten juristischen Personen haben die Geschäftsberichte und Jahresabschlüsse nebst den Gewinn- und Verlustrechnungen der Friedensgeschäftsjahre (§ 5 des Gesetzes) und der Kriegsgeschäftsjahre (§ 2 des Gesetzes) sowie die darauf bezüglichen Beschlüsse der Generalversammlungen der von der obersten Landesfinanzbehörde bestimmten Behörde zu einem von ihr festzusetzenden Zeitpunkt einzureichen. Inländische Gesellschaften haben die Geschäftsberichte usw. in dem Bundesstaat einzureichen, in dem sie ihren Sitz haben. Ausländische Gesellschaften haben die Einreichung in dem Bundesstaate zu bewirken, auf den der größte Teil ihres inländischen Geschäftsbetriebs entfällt. In Zweifelsfällen entscheidet der Bundesrat. Die Bildung der gesetzlichen Sonderrücklage ist, soweit sie nicht ohne weiteres aus den eingereichten Bilanzen oder Jahresabschlüssen ersichtlich ist, der zuständigen Behörde unter Beifügung einer Berechnung des Mehrgewinns (§ 4 des Gesetzes) nachzuweisen.

Die verantwortlichen Leiter der Gesellschaften (§ 9 des Gesetzes) können zur Erfüllung der ihnen nach Abs. 1 obliegenden Verpflichtungen durch Geldstrafen bis zu fünfhundert Mark angehalten werden. Die zuständige Behörde wird durch die oberste Landesfinanzbehörde bestimmt.

§ 3. Bei der erstmaligen Einreichung der Jahresabschlüsse ist ersichtlich zu machen, um welche Beträge der Mehrgewinn eines Kriegsgeschäftsjahrs auf Grund des § 1 Abs. 3 des Gesetzes gekürzt worden ist. Dabei ist anzugeben, zu welchen ausschließlich gemeinnützigen Zwecken die Beträge, deren Absetzung vom Geschäftsgewinne beansprucht wird, bestimmt worden sind und in welcher Weise ihre dauernde Verwendung zu ausschließlich gemeinnützigen Zwecken gesichert ist. Sind solche Beträge im Eigentume der Gesellschaft verblieben, so ist die Absetzung vom Geschäftsgewinne gemäß § 1 Abs. 3 des Gesetzes nur zulässig, wenn besondere Vorkehrungen und Einrichtungen getroffen sind, welche die Verwendung zu anderen als ausschließlich gemeinnützigen Zwecken und insbesondere die Wiederverwendung im Interesse der Gesellschaft selbst als ausgeschlossen erscheinen lassen.

Die Kürzung des für die Bildung der Sonderrücklage zu berechnenden Mehrgewinns gemäß § 1 Abs. 3 des Gesetzes ist nur für ein Kriegsgeschäftsjahr zulässig, über dessen Geschäftsgewinn beim Inkrafttreten des Gesetzes bereits verfügt ist.

§ 4. Die im Eigentume der Gesellschaft verbliebenen Rücklagen für Wohlfahrtszwecke im Sinne des § 1 Abs. 2 Satz 4 des Gesetzes dürfen vom Geschäftsgewinne des betreffenden Geschäftsjahrs nur abgesetzt werden, wenn sie zugleich die Voraussetzungen des § 1

Abs. 3 des Gesetzes erfüllen. Auch soweit diese Rücklagen nicht vom Geschäftsgewinn abgesetzt werden dürfen, sind die Gesellschaftsleiter nicht verpflichtet, sie gleich den anderen freiwilligen Rückstellungen (§ 1 Abs. 2 Satz 1 des Gesetzes) der Sonderrücklage zuzuführen.

§ 5. Die Vorschriften im § 1 Abs. 2 Satz 4 und § 1 Abs. 3 des Gesetzes beziehen sich nur auf Rückstellungen und Zuwendungen, die aus dem Bilanzgewinne gemacht worden sind, dagegen nicht auf die als Geschäftsunkosten anzusehenden Zuwendungen an die zu militärischen Dienstleistungen einberufenen Arbeiter und Angestellten oder deren Angehörige und die sonstigen, während des Geschäftsjahrs gemachten laufenden Wohlfahrtsausgaben.

§ 6. Die Vorschriften des § 3 Satz 1 und Satz 2 des Gesetzes gelten für die Feststellung des Geschäftsgewinns der Kriegsgeschäftsjahre und der Friedensgeschäftsjahre.

§ 7. Bei Gesellschaften mit beschränkter Haftung und eingetragenen Genossenschaften, die ausschließlich der gemeinschaftlichen Verwertung von Erzeugnissen der Gesellschafter oder Genossen oder dem gemeinschaftlichen Einkauf von Waren für die Gesellschafter oder Genossen dienen, gilt als Geschäftsgewinn im Sinne des Gesetzes nicht derjenige Teil des Reingewinns, der als Entgelt für die von den Gesellschaftern oder Genossen eingelieferten Erzeugnisse oder als Rückvergütung auf den Kaufpreis der von den Gesellschaftern oder Genossen bezogenen Waren anzusehen ist.

Ebenso scheidet bei Versicherungsgesellschaften für die Feststellung des Geschäftsgewinns im Sinne des Gesetzes derjenige Teil des Reingewinns aus, der auf die den Versicherten selbst als sogenannte Dividende zurückzugewährenden Prämienüberschüsse entfällt.

§ 8. Die Vorschrift im § 3 Satz 2 des Gesetzes gilt nicht nur für die Abschreibungen, die durch unmittelbare Einstellung des wirklichen zeitigen Wertes in die Bilanz erfolgen, sondern auch für die Abschreibungen, die durch Ansetzung des ursprünglichen Wertes unter bilanzmäßiger Gegenüberstellung eines besonderen, die Wertverminderung darstellenden Kontos (Erneuerungs-, Delkrederekonto) erfolgen.

Inwieweit Abschreibungen einen angemessenen Ausgleich der Wertverminderung darstellen, ist unter Berücksichtigung der besonderen Verhältnisse des einzelnen Unternehmens, insbesondere auch unter Berücksichtigung der durch den Krieg und durch die spätere Überführung in die Friedenswirtschaft bedingten Veränderungen nach den Grundsätzen eines ordentlichen Kaufmanns zu beurteilen.

§ 9. Ist zur Fortführung desselben Unternehmens eine Gesellschaft der im § 1 des Gesetzes bezeichneten Art in eine andere Gesellschaft der im § 1 des Gesetzes bezeichneten Art umgewandelt worden, so sind für die Festsetzung des durchschnittlichen früheren Geschäftsgewinns (§ 5 des Gesetzes) die Ergebnisse der Gesellschaft in der früheren Form mitzuberücksichtigen.

Auf Fusionen finden, soweit sie mit einer Kapitalsvermehrung der aufnehmenden Gesellschaft verbunden sind, die Vorschriften des § 5 Abs. 2 und 5 des Gesetzes über Vermehrungen des Grund- oder Stammkapitals entsprechende Anwendung. Bei der Feststellung des der Gesellschaft tatsächlich zugeflossenen Kapitalbetrags sind Sacheinlagen mit ihrem gemeinen Werte anzusetzen.

Würde die Anwendung der Vorschriften des § 5 des Gesetzes in einem einzelnen Falle zu einer besonderen Härte führen, so kann der Reichskanzler vorbehaltlich der späteren Beschlußfassung des Bundesrats eine anderweite Festsetzung des durchschnittlichen früheren Geschäftsgewinns auf Antrag der pflichtigen Gesellschaft vorläufig genehmigen. Derartige Anträge sind dem Reichskanzler durch Vermittlung der obersten Landesfinanzbehörde vorzulegen.

§ 10. Gemäß § 8 Abs. 4 des Gesetzes dürfen Mindergewinne von Kriegsgeschäftsjahren mit Mehrgewinnen anderer Kriegsgeschäftsjahre ausgeglichen werden; die Sonderrücklage braucht nicht mehr als die Hälfte des Mehrgewinns auszumachen, der dem Gesamtergebnis aller abgeschlossenen Kriegsgeschäftsjahre entspricht.

§ 11. Wird die Befreiung von der Verpflichtung zur Bildung einer Sonderrücklage auf Grund des § 7 des Gesetzes beansprucht, so ist der Antrag mit einer gutachtlichen Äußerung der gemäß § 2 der Ausführungsbestimmungen bestimmten Behörde durch Vermittlung der obersten Landesfinanzbehörde dem Bundesrate vorzulegen.

Anträge auf Bewilligung von Ausnahmen auf Grund des § 8 Abs. 2 des Gesetzes sind dem Reichskanzler durch Vermittlung der obersten Landesfinanzbehörde vorzulegen.

Preußische Ausführungsvorschriften vom 11. Februar 1916 zum Gesetz über vorbereitende Maßnahmen zur Besteuerung der Kriegsgewinne.

Inländische Gesellschaften.

Art. 1. Aktiengesellschaften, Kommanditgesellschaften auf Aktien, Berggewerkschaften und andere Bergbau treibende Vereinigungen, letztere, falls sie die Rechte juristischer Personen haben, Gesellschaften mit beschränkter Haftung und eingetragene Genossenschaften sind, sofern sie im Deutschen Reiche ihren Sitz haben, verpflichtet, dem

Vorsitzenden der Einkommensteuer-Veranlagungskommission desjenigen Bezirkes, in dem sie ihren Sitz haben, bis zum 1. Juni 1916

1. die Geschäftsberichte und Jahresabschlüsse nebst den Gewinn- und Verlustrechnungen der Friedensgeschäftsjahre und der Kriegsgeschäftsjahre, sowie die darauf bezüglichen Beschlüsse der Generalversammlungen und
2. eine Berechnung ihres Mehrgewinns einzureichen und
3. die Bildung der gesetzlichen Sonderrücklage, soweit sie nicht ohne weiteres aus den eingereichten Bilanzen oder Jahresabschlüssen ersichtlich ist, nachzuweisen (§ 2 Bund-A.).

Eine Berechnung des Mehrgewinns ist in allen Fällen einzureichen, also auch dann, wenn die Höhe der Sonderrücklage ohne weiteres aus der Bilanz hervorgeht.

Für diejenigen Kriegsgeschäftsjahre, für welche bis zu dem oben festgesetzten Termin Abschlüsse noch nicht vorliegen, sind die vorstehenden Verpflichtungen spätestens 4 Wochen nach Feststellung des Abschlusses zu erfüllen.

Die Einreichung von Geschäftsberichten und Generalversammlungsbeschlüssen ist nur zu fordern, soweit deren Aufstellung gesetzlich vorgeschrieben ist.

Die Vorsitzenden der Veranlagungskommissionen können eine Verlängerung der Fristen bewilligen.

Von der Einreichung der Geschäftsberichte usw. kann abgesehen werden, wenn solche schon behufs Veranlagung zur Einkommensteuer eingereicht sind.

Ausländische Gesellschaften.

Art. 2. Gleiche Verpflichtungen (Artikel 1) liegen den ausländischen Gesellschaften ob, die Geschäftsbetriebe im Inland unterhalten. Sie haben die Einreichung in demjenigen Bundesstaate zu bewirken, auf den der größte Teil ihres inländischen Gewerbebetriebs entfällt. Ergeben sich in einem Einzelfalle Zweifel, welcher Bundesstaat hiernach in Betracht kommt, so ist behufs Einholung einer Entscheidung des Bundesrats durch Vermittlung des Vorsitzenden der Berufungskommission an den Finanzminister zu berichten (§ 6 des Gesetzes, § 2 Bund-A.).

Als Ausland gelten auch die deutschen Schutzgebiete.

Sonstige juristische Personen.

Art. 3. Nach § 10 des Gesetzes ist der Bundesrat ermächtigt, die Vorschriften des Gesetzes auf andere juristische Personen des bürgerlichen Rechtes als die im § 1 des Gesetzes bezeichneten auszudehnen. Bis zum 1. Juni 1916 hat der Vorsitzende der Berufungskommission dem Finanzminister zu berichten, ob und welche juristische Personen seines Bezirkes hierfür in Betracht kommen.

In Frage kommen nur juristische Personen des bürgerlichen Rechtes, die eine auf Erwerb gerichtete Tätigkeit ausüben, dagegen nicht juristische Personen des öffentlichen Rechtes.

Befreiungen.

Art. 4. Gemäß § 7 des Gesetzes sind inländische Gesellschaften, die nach der Entscheidung des Bundesrats ausschließlich gemeinnützigen Zwecken dienen, von der Verpflichtung zur Bildung einer Sonderrücklage befreit. Darauf gerichtete Anträge sind mit gutachtlichen Äußerungen des Vorsitzenden der Veranlagungskommission und des Vorsitzenden der Berufungskommission dem Finanzminister zur Herbeiführung der Entscheidung des Bundesrats einzeln vorzulegen. Die Vorlage hat zu unterbleiben, wenn sich ohne weiteres übersehen läßt, daß ein Mehrgewinn im Sinne des Gesetzes nicht vorliegt.

Listenführung, öffentliche Aufforderung.

Art. 5. Der Vorsitzende der Veranlagungskommission fertigt alsbald ein Verzeichnis aller in seinem Bezirke vorhandenen nichtphysischen Personen an, welche den Vorschriften des Gesetzes unterliegen. Das Verzeichnis hat besondere Spalten für

die Firma,
den Ort des Gewerbebetriebs und den Sitz der Gesellschaft,
den Tag des Einganges der Abschlüsse usw.

zu enthalten, sowie eine weitere Spalte, in der stattgehabte Erörterungen, festgesetzte Strafen, Angaben, ob die Gesellschaft als gemeinnützige anerkannt ist, und andere notwendige Vermerke aufzunehmen sind.

Der Vorsitzende übersendet jeder dieser Gesellschaften durch die Post — als Drucksache — einen Abdruck der vom Finanzminister im Reichs- und Staatsanzeiger veröffentlichten Bekanntmachung vom 11. Februar 1916.

Wegen der Aufforderung der im Artikel 3 bezeichneten Personen ergeht besondere Bestimmung.

Wiederholte Aufforderung zur Einreichung der Abschlüsse unter Strafandrohung.

Art. 6. Bleibt eine Gesellschaft mit der Einreichung der Abschlüsse usw. im Verzuge, so hat der Vorsitzende der Veranlagungskommission den verantwortlichen Leiter der Gesellschaft unter Androhung einer angemessenen Geldstrafe (§ 2 Abs. 2 Bund-A.) aufzufordern, binnen einer Frist von 14 Tagen seinen Verpflichtungen zu genügen. Bleibt diese Aufforderung fruchtlos, so ist die Strafe festzusetzen und die Aufforderung mit erneuter Strafandrohung zu wiederholen.

Verwaltungsstrafverfahren.

Art. 7. Die Geldstrafen des Artikels 6 sind Zwangsstrafen, die so lange zu wiederholen sind, bis der Betroffene seinen Verpflichtungen nachkommt. Ausgesprochene Strafen können ganz oder teilweise zurückgenommen werden. Die Ausfertigungen dieser Straffestsetzungsverfügungen unterliegen nicht der Stempelpflicht.

Die Androhung und Festsetzung der Geldstrafen erfolgen durch die Vorsitzenden der Einkommen-Veranlagungskommissionen. Gegen deren Entscheidungen steht den Betroffenen innerhalb 14 Tagen die Beschwerde an die Vorsitzenden der Einkommensteuer-Berufungskommissionen offen. Gegen die Entscheidungen der Vorsitzenden der Berufungskommissionen ist innerhalb 14 Tagen die Beschwerde an den Finanzminister zulässig.

Die Erhebung, Kontrolle und Verrechnung der Strafen und Kosten hat nach Anleitung der Anweisung vom 16. März 1895 und der Verfügung vom 2. April 1904 — II. 59 — (bei Tit. 8 des Etats von der Verwaltung der direkten Steuern) zu erfolgen.

Prüfung der Abschlüsse.

Art. 8. Der Vorsitzende der Veranlagungskommission unterzieht die Abschlüsse (Bilanzen usw.) einer eingehenden Prüfung dahin, ob der Geschäftsgewinn nach den gesetzlichen Vorschriften und den Grundsätzen ordnungsmäßiger kaufmännischer Buchführung (§ 3 des Gesetzes) ermittelt worden und die Bildung der Sonderrücklage den Vorschriften des Gesetzes entsprechend erfolgt ist.

Unter den gesetzlichen Vorschriften im Sinne des § 3 des Gesetzes sind nicht steuerrechtliche Vorschriften, sondern die bürgerlich-rechtlichen (handelsrechtlichen) Vorschriften zu verstehen.

Insbesondere bedarf es der Prüfung, ob die gemachten Abschreibungen lediglich einen angemessenen Ausgleich für eingetretene Wertverminderungen darstellen oder nicht darüber hinaus als Rücklagen anzusehen sind, die dem Geschäftsgewinne zuzusetzen sind. Soweit stille Rücklagen aus früheren Jahren in einem Kriegsgeschäftsjahre realisiert werden, bilden sie Gewinne dieses Kriegsgeschäftsjahrs.

Fehlende Unterlagen sind von der Gesellschaft einzufordern, auftauchende Bedenken durch Verhandlung mit dem Leiter der Gesellschaft aufzuklären.

Strafen gegen Zuwiderhandlungen.

Stellt sich heraus, daß eine Gesellschaft den Vorschriften des Gesetzes über die Bildung oder Verwaltung der Sonderrücklage vorsätzlich oder fahrlässig zuwidergehandelt und dadurch die Erhebung der Kriegsgewinnsteuer gefährdet hat, so sind die entstandenen Verhandlungen — durch Vermittlung des Vorsitzenden der Berufungskommission — an die Staatsanwaltschaft zur Einleitung des Strafverfahrens abzugeben (§ 9 des Gesetzes).

Überwachung des Verfahrens.

Art. 9. Der Vorsitzende der Berufungskommission hat die ihm obliegende Überwachung der Amtstätigkeit der Vorsitzenden der Einkommensteuer-Veranlagungskommissionen auf dem Gebiete der Staatssteuerveranlagung auch auf die Ausführung des vorliegenden Gesetzes zu erstrecken.

Er ist befugt, die dem Vorsitzenden der Veranlagungskommission in diesen Vorschriften zugewiesenen Obliegenheiten für einzelne Bezirke oder einzelne Gesellschaften ganz oder teilweise selbst zu übernehmen.

Verrechnung der Kosten.

Art. 10. Die Kosten für die Beschaffung der Formulare sind bei Tit. 19 (Abschnitt Nr. 3) des Etats von der Verwaltung der direkten Steuern, sonstige Kosten bei Tit. 26 (Abschnitt Nr. 6) ebenda zu verrechnen.

Berlin, den 11. Februar 1916.

Der Finanzminister:
Lentze.

Kriegssteuergesetz.

Vom 21. Juni 1916.
(RGBl. S. 561.)

Wir Wilhelm, von Gottes Gnaden Deutscher Kaiser, König von Preußen usw. verordnen im Namen des Reichs, nach erfolgter Zustimmung des Bundesrats und des Reichstags, was folgt:

Steuerpflicht der Einzelpersonen.

§ 1. Die im § 11 des Besitzsteuergesetzes vom 3. Juli 1913 (Reichs-Gesetzbl. S. 524) bezeichneten Personen, deren Vermögen am 31. Dezember 1916 gegen den Stand zu Beginn des Veranlagungszeitraums einen Zuwachs (§ 2) oder keine Verminderung um mindestens zehn vom Hundert erfahren hat, haben zugunsten des Reichs eine außerordentliche Kriegsabgabe zu entrichten.

§ 2. Abgabepflichtiger Vermögenszuwachs im Sinne dieses Gesetzes ist vorbehaltlich der in den §§ 3 bis 7 dieses Gesetzes vorgesehenen Abweichungen der nach den Vorschriften des Besitzsteuergesetzes festgestellte Vermögenszuwachs.

§ 3. Von dem nach den Vorschriften des Besitzsteuergesetzes für den 31. Dezember 1916 festgestellten Vermögen sind abzuziehen:

1. der Betrag des Vermögens, das nachweislich im Veranlagungszeitraume durch Erbanfall, durch Lehen-, Fideikommiß- oder Stammgutanfall, infolge Vermächtnisses oder auf andere Weise aus dem Nachlaß eines Verstorbenen von Todes wegen erworben ist. Als Erwerb aus dem Nachlaß gilt auch die Abfindung für die Ausschlagung einer Erbschaft oder eines Vermächtnisses;

2. der Betrag einer nachweislich im Veranlagungszeitraum erfolgten Kapitalauszahlung aus einer Versicherung nach Absetzung des bei der Wehrbeitragsveranlagung festgestellten oder des auf den Anfang des Veranlagungszeitraums festzustellenden Kapitalwerts der betreffenden Versicherung;

3. der Betrag des Vermögens, das nachweislich im Veranlagungszeitraume durch Schenkung oder durch eine sonstige ohne entsprechende Gegenleistung erhaltene Zuwendung (Vermögensübergabe) erworben ist, soweit es sich um Zuwendungen im Einzelbetrage von wenigstens eintausend Mark handelt und nicht ein gesetzlicher Anspruch auf die Zuwendung bestand;

4. Vermögensbeträge, die nachweislich aus der Veräußerung ausländischen Grund- und Betriebsvermögens oder sonstiger Gegenstände herrühren, die zu Beginn des Veranlagungszeitraums zum nichtsteuerbaren Vermögen des Steuerpflichtigen gehört haben. Das gleiche gilt für solche zum ausländischen Grund- oder Betriebsvermögen gehörige Gegenstände, die während des Veranlagungszeitraums ins Inland verbracht worden sind.

Der Abzug nach Abs. 1 Nr. 1 ist für den entsprechenden Anteil an dem Betrage des Nachlaßvermögens ausgeschlossen, der abgabepflichtige Vermögenszuwachs des Erblassers gewesen wäre, wenn der Erblasser auf den Zeitpunkt seines Todes zu der Abgabe zu veranlagen gewesen sein würde.

§ 4. Dem nach den Vorschriften des Besitzsteuergesetzes für den 31. Dezember 1916 festgestellten Vermögen sind hinzuzurechnen die Beträge, die der Steuerpflichtige im Veranlagungszeitraume zu Schenkungen oder sonstigen Vermögensübergaben (§ 3 Nr. 3) verwendet hat. Von der Hinzurechnung ausgenommen sind fortlaufende Zuwendungen zum Zwecke des standesgemäßen Unterhalts oder der Ausbildung des Bedachten, Zuwendungen, die auf

Grund eines gesetzlichen Anspruchs des Bedachten gemacht worden sind, Pensionen und ähnliche Zuwendungen, die ohne rechtliche Verpflichtung früheren Angestellten und Bediensteten gewährt werden, übliche Gelegenheitsgeschenke, Zuwendungen zu kirchlichen, mildtätigen oder gemeinnützigen Zwecken und, sofern nicht die Absicht der Abgabeersparung anzunehmen ist, Zuwendungen im Werte von nicht mehr als eintausend Mark.

Der Bedachte haftet für den Abgabebetrag, der auf den ihm zugeflossenen Teil des abgabepflichtigen Vermögenszuwachses verhältnismäßig entfällt. Der Steuerpflichtige kann von dem Bedachten Ersatz dieses Abgabebetrags verlangen.

§ 5. Dem nach den Vorschriften des Besitzsteuergesetzes für den 31. Dezember 1916 festgestellten Vermögen sind ferner hinzuzurechnen Beträge, die im Veranlagungszeitraum in ausländischem Grund- oder Betriebsvermögen (§ 5 des Besitzsteuergesetzes) angelegt worden sind, sowie Beträge, die im Veranlagungszeitraume zum Erwerbe von Gegenständen aus edlem Metall, von Edelsteinen oder Perlen, von Kunst-, Schmuck- und Luxusgegenständen sowie von Sammlungen aller Art aufgewendet worden sind, sofern der Anschaffungspreis für den einzelnen Gegenstand fünfhundert Mark und darüber oder für mehrere gleichartige oder zusammengehörige Gegenstände eintausend Mark und darüber beträgt.

Außer in den Fällen des § 4 findet die Hinzurechnung nur statt, wenn die im Abs. 1 bezeichneten Gegenstände am Ende des Veranlagungszeitraums noch im Besitze des Steuerpflichtigen sind. Ist die Anlage in ausländischem Grund- oder Betriebsvermögen erfolgt, so verringert sich die Hinzurechnung um den Betrag einer nachweislich eingetretenen erheblichen Wertminderung.

Die Vorschrift im Abs. 1 findet keine Anwendung auf den Erwerb von Kunstwerken lebender oder seit dem 1. Januar 1909 verstorbener deutscher sowie im Deutschen Reiche wohnender Künstler.

§ 6. Bei Feststellung des Vermögensstandes am Ende des Veranlagungszeitraums (§ 1) dürfen Grundstücke, die der Steuerpflichtige erst nach dem 1. August 1914 erworben hat, zu keinem geringeren Werte als dem Betrage der Gestehungskosten angesetzt werden. Von diesen sind die durch Verschlechterung entstandenen Wertminderungen abzuziehen.

Ferner sind noch nicht fällige Ansprüche aus während des Veranlagungszeitraums eingegangenen Lebens-, Kapital- und Rentenversicherungen mit der vollen Summe der eingezahlten Prämien oder Kapitalbeiträge anzusetzen, falls die jährliche Prämienzahlung den Betrag von dreitausend Mark übersteigt.

Der vor dem 31. Dezember 1916 auf die Abgabe vorausbezahlte Betrag (§ 31) tritt dem auf 31. Dezember 1916 festgestellten Vermögen hinzu.

§ 7. Die Abrundung auf volle Tausende (§ 28 Abs. 3 des Besitzsteuergesetzes) erfolgt erst nach Berücksichtigung der Abzüge und Hinzurechnungen gemäß den §§ 3 bis 5 dieses Gesetzes.

§ 8. Die Abgabe vom Zuwachs wird nur erhoben, wenn der nach diesem Gesetze festgestellte Vermögenszuwachs den Betrag von dreitausend Mark und das Vermögen am 31. Dezember 1916 den Gesamtwert von zehntausend Mark übersteigt.

Beträgt das Vermögen am 31. Dezember 1916 nicht mehr als fünfzehntausend Mark, so unterliegt der nach Abs. 1 abgabepflichtige Vermögenszuwachs nur insoweit der Abgabe, als durch ihn ein Vermögensbetrag von zehntausend Mark überschritten wird.

§ 9. Die Abgabe beträgt:

1. von dem Vermögenszuwachs

für die ersten	10000 Mark des Vermögenszuwachses	5 vom Hundert,
„ „ nächsten angefangenen oder vollen	10000 Mark	10 v. H.
„ „ „ „ „ „	10000 „	15 v. H.
„ „ „ „ „ „	20000 „	20 v. H.
„ „ „ „ „ „	50000 „	25 v. H.
„ „ „ „ „ „	100000 „	30 v. H.
„ „ „ „ „ „	200000 „	35 v. H.
„ „ „ „ „ „	300000 „	40 v. H.
„ „ „ „ „ „	300000 „	45 v. H.
„ „ weiteren Beträge	. . . .	50 v. H.

2. von dem nach dem Besitzsteuergesetze für den 31. Dezember 1916 festgestellten Vermögen, insoweit es neunzig vom Hundert des für den Beginn des Veranlagungszeitraums festgestellten Vermögens übersteigt und insoweit es weder der Besitzsteuer noch der Abgabe nach Nr. 1 unterliegt . . . . 1 vom Hundert.

Von der Abgabe nach Nr. 2 sind befreit Vermögen, die zwanzigtausend Mark nicht übersteigen. Abgabebeträge unter zehn Mark werden nicht erhoben.

§ 10. Bei Steuerpflichtigen, die Gesellschafter einer inländischen Gesellschaft mit beschränkter Haftung sind, bleibt derjenige Abgabebetrag (§ 9 Nr. 1) zur Hälfte unerhoben, der verhältnismäßig auf den Vermögenszuwachs in Höhe des der Beteiligung entsprechenden Betrags des abgabepflichtigen Mehrgewinns der Gesellschaft entfällt. Der unerhoben bleibende Abgabebetrag darf jedoch nicht höher sein als der verhältnismäßige Betrag der Gesellschaftsabgabe.

Abs. 1 findet nur Anwendung

1. auf Gesellschafter, die Geschäftsanteile in Höhe von min-

destens der Hälfte des Stammkapitals besitzen, sowie auf Gesellschafter, die zueinander im Verhältnis von Ehegatten, von Verwandten in gerader Linie, von Geschwistern oder Erben von Geschwistern stehen und zusammen Geschäftsanteile in Höhe von mindestens der Hälfte des Stammkapitals besitzen, in beiden Fällen vorausgesetzt, daß während der ganzen Dauer der Kriegsgeschäftsjahre das eingezahlte Stammkapital der Gesellschaft dreihunderttausend Mark nicht überstiegen hat,

2. auf Gesellschafter, die vor dem 1. August 1914 als Geschäftsführer oder Prokuristen der Gesellschaft bestellt waren und aus dieser Stellung bis zum Schlusse des letzten Kriegsgeschäftsjahrs nicht ausgeschieden sind, es sei denn infolge Ablebens oder Krankheit, sowie auf Gesellschafter, die Ehegatten oder Erben solcher Personen sind, wenn diese Gesellschafter in beiden Fällen allein oder zusammen Geschäftsanteile in Höhe von mindestens der Hälfte des Stammkapitals besitzen.

§ 11. Der Inhaber eines Lehens, Fideikommisses oder Stammguts ist berechtigt, den Betrag der Abgabe, der auf eine Vermehrung des Lehens-, Fideikommiß- oder Stammgutvermögens entfällt, aus diesem Vermögen zu entnehmen und zu diesem Zwecke über das Vermögen selbständig zu verfügen. Ist eine Aufsichtsbehörde vorhanden, so ist ihre Genehmigung zu der Verfügung erforderlich.

§ 12. Die Pflicht zur Entrichtung der nach diesem Gesetze geschuldeten Abgabe entfällt nicht dadurch, daß ein Steuerpflichtiger vor dem 1. Januar 1917 seinen inländischen Wohnsitz oder Aufenthalt aufgibt.

Hat die Aufgabe des inländischen Wohnsitzes oder Aufenthalts den Wegfall der Steuerpflicht nach dem Besitzsteuergesetze zur Folge, so ist der der außerordentlichen Abgabe unterliegende Vermögenszuwachs mit der Maßgabe festzustellen, daß der Veranlagungszeitraum statt mit dem 31. Dezember 1916 mit dem Zeitpunkt der Aufgabe des inländischen Wohnsitzes oder Aufenthalts abläuft.

Der Steuerpflichtige hat vor Verlegung seines Wohnsitzes oder Aufenthalts in das Ausland für die geschuldete Abgabe Sicherheit zu leisten. Die Steuerbehörde bestimmt den Betrag der Sicherheit und ist berechtigt, diesen Betrag nach den für die Einziehung öffentlicher Abgaben geltenden Vorschriften beizutreiben. Das gleiche gilt, wenn Tatsachen vorliegen, welche die Annahme rechtfertigen, daß der Steuerpflichtige auf andere Weise, insbesondere durch Verbringung von Vermögen ins Ausland, die Erhebung der Abgabe gefährdet.

Erschwert oder vereitelt ein im Ausland sich aufhaltender Steuerpflichtiger die Veranlagung der außerordentlichen Abgabe dadurch, daß er eine Steuererklärung nicht rechtzeitig abgibt, so kann sein im Inland befindliches Vermögen mit Beschlag belegt werden.

Im Sinne der Abs. 3 und 4 gelten die deutschen Schutzgebiete als Inland.

Steuerpflicht der Gesellschaften.

§ 13. Inländische Aktiengesellschaften, Kommanditgesellschaften auf Aktien, Berggewerkschaften und andere Bergbau treibende Vereinigungen, letztere, sofern sie die Rechte juristischer Personen haben, Gesellschaften mit beschränkter Haftung und eingetragene Genossenschaften haben von dem nach den Vorschriften der §§ 14 bis 18 festgestellten Mehrgewinn eine außerordentliche Kriegsabgabe zu entrichten.

§ 14. Als Mehrgewinn (§ 13) gilt der Unterschied zwischen dem durchschnittlichen früheren Geschäftsgewinne (§§ 16, 17) und dem jeweils in einem Kriegsgeschäftsjahr (§ 15) erzielten Geschäftsgewinne (§ 16).

Die Unterschiedsbeträge werden auf volle Tausende nach unten abgerundet. Beträge unter fünftausend Mark bleiben außer Betracht.

Bleibt der Geschäftsgewinn eines Kriegsgeschäftsjahrs hinter dem durchschnittlichen früheren Geschäftsgewinne zurück, so darf der Mindergewinn mit dem Mehrgewinn anderer Kriegsgeschäftsjahre ausgeglichen werden.

§ 15. Als Kriegsgeschäftsjahre (§ 14) gelten die drei aufeinanderfolgenden Geschäftsjahre, deren erstes noch den Monat August 1914 mitumfaßt oder bei einer später gegründeten Gesellschaft mitumfassen würde, wenn sie damals schon bestanden hätte.

§ 16. Geschäftsgewinn (§§ 14, 17) ist der in einem Geschäftsjahr erzielte, nach den gesetzlichen Vorschriften und den Grundsätzen ordnungsmäßiger kaufmännischer Buchführung berechnete Bilanzgewinn. Abschreibungen sind insoweit zu berücksichtigen, als sie einen angemessenen Ausgleich der Wertverminderung darstellen.

Bei Kommanditgesellschaften auf Aktien bleiben diejenigen Gewinnbeträge, welche auf die von den persönlich haftenden Gesellschaftern nicht auf das Grundkapital gemachten Einlagen entfallen, außer Ansatz.

§ 17. Der durchschnittliche frühere Geschäftsgewinn (§ 14) ist nach den Ergebnissen der fünf den Kriegsgeschäftsjahren vorangegangenen Geschäftsjahre oder, wenn eine Gesellschaft noch nicht so lange besteht, nach den Ergebnissen der kürzeren Zeit, für welche Jahresabschlüsse vorliegen, zu berechnen. Besteht eine Gesellschaft schon fünf Jahre, so haben für die Berechnung des Durchschnittsgewinns die beiden Geschäftsjahre mit den besten und den schlechtesten Geschäftsergebnissen auszuscheiden.

Hat innerhalb der fünf den Kriegsgeschäftsjahren vorangegangenen Geschäftsjahre eine Vermehrung des eingezahlten Grund- oder Stammkapitals stattgefunden, so wird dem Geschäftsgewinne für die vor der Vermehrung liegende Zeit ein Betrag von sechs vom Hundert jährlich des der Gesellschaft durch die Neueinzahlungen tatsächlich zugeflossenen Kapitalbetrags zugerechnet.

Als früherer Durchschnittsgewinn wird mindestens ein Betrag von sechs vom Hundert des eingezahlten Grund- oder Stammkapitals angenommen zuzüglich des Mehrbetrags, der zur Verteilung einer etwaigen höheren festen Vorzugsdividende für bevorrechtigte Aktien notwendig gewesen wäre. Das Grundkapital einer Berggewerkschaft oder einer Bergbau treibenden Vereinigung ist aus dem Erwerbspreis und den Anlage- und Erweiterungskosten abzüglich des durch Schuldaufnahme gedeckten Aufwandes hierfür zu berechnen. An Stelle des Grundkapitals tritt bei eingetragenen Genossenschaften die Summe der eingezahlten Geschäftsanteile der Genossen.

Der im Abs. 3 vorgesehene Betrag wird als Mindestbetrag auch zugrunde gelegt, wenn ein volles Geschäftsjahr vor den Kriegsgeschäftsjahren nicht vorliegt. In diesem Falle werden jedoch für Aktien oder Anteile, die zu einem den Nennwert übersteigenden Preise ausgegeben worden sind, die sechs Hundertstel von dem Kapitale berechnet, das der Gesellschaft als Einzahlung auf ihre Aktien oder Anteile tatsächlich zugeflossen ist.

Hat sich das eingezahlte Grund- oder Stammkapital einer Gesellschaft während der Kriegsgeschäftsjahre vermehrt, so ist für die Zeit nach der Vermehrung dem durchschnittlichen früheren Geschäftsgewinn ein Betrag von sechs vom Hundert jährlich des der Gesellschaft durch die Neueinzahlungen tatsächlich zugeflossenen Kapitalbetrags hinzuzurechnen.

§ 18. Gesellschaften, die mehr als ein Fünftel aller Aktien oder Anteile einer anderen Gesellschaft der im § 13 bezeichneten Art besitzen, dürfen von dem Geschäftsgewinn eines Kriegsgeschäftsjahrs die Mehreinnahme aus diesen Aktien oder Anteilen absetzen.

Als Mehreinnahme (Abs. 1) gilt der anteilige Betrag, der von der anderen Gesellschaft (Tochtergesellschaft) über den Durchschnitt der nach § 17 Abs. 1 in Betracht kommenden Jahre hinaus oder, wenn die Gesellschaft noch kein volles Jahr vor den Kriegsgeschäftsjahren bestanden hat, über eine fünfprozentige Dividende oder Ausbeute hinaus in einem Kriegsgeschäftsjahr als Dividende oder Ausbeute verteilt worden ist.

§ 19. Die Abgabe beträgt für inländische Gesellschaften,

wenn der Mehrgewinn im Jahresdurchschnitt 2 vom Hundert des eingezahlten Grund- oder Stammkapitals zuzüglich der bei Beginn des ersten Kriegsgeschäftsjahrs ausgewiesenen wirklichen Reservekontenbeträge nicht übersteigt,
10 vom Hundert des Mehrgewinns,
wenn er 2 vom Hundert, aber nicht 5 vom Hundert übersteigt,
15 vom Hundert des Mehrgewinns,
wenn er 5 vom Hundert, aber nicht 10 vom Hundert übersteigt,
20 vom Hundert des Mehrgewinns,
wenn er 10 vom Hundert, aber nicht 15 vom Hundert übersteigt,
25 vom Hundert des Mehrgewinns,
wenn er 15 vom Hundert übersteigt, 30 vom Hundert des Mehrgewinns.

Die nach Abs. 1 festzusetzende Abgabe erhöht sich,
wenn der durchschnittliche Geschäftsgewinn in den Kriegsgeschäftsjahren 8 vom Hundert, aber nicht 10 vom Hundert des eingezahlten Grund- oder Stammkapitals zuzüglich der bei Beginn des ersten Kriegsgeschäftsjahrs ausgewiesenen wirklichen Reservekontenbeträge übersteigt, um
10 vom Hundert ihres Betrags,
wenn er 10 vom Hundert, aber nicht 15 vom Hundert übersteigt, um . . . . 20 vom Hundert ihres Betrags,
wenn er 15 vom Hundert, aber nicht 20 vom Hundert übersteigt, um . . . . 30 vom Hundert ihres Betrags,
wenn er 20 vom Hundert, aber nicht 25 vom Hundert übersteigt, um . . . . 40 vom Hundert ihres Betrags,
wenn er 25 vom Hundert übersteigt, um
50 vom Hundert ihres Betrags.

Hat sich das eingezahlte Grund- oder Stammkapital einer Gesellschaft während der Kriegsgeschäftsjahre vermehrt, so ist der Berechnung der Abgabe ein den Zeitraum, innerhalb dessen die Gesellschaft mit dem veränderten Grund- oder Stammkapitale bestanden hat, berücksichtigender Durchschnittsbetrag des Grund- oder Stammkapitals zugrunde zu legen.

Die zu zahlende Abgabe soll den Betrag nicht übersteigen, der sich bei Anwendung der nächstniedrigen Steuerstufe ergeben würde, zuzüglich desjenigen Betrags des Mehrgewinns, durch den sich die Anwendung des gesetzlichen Satzes ergeben hat.

Die Abgabe wird insoweit nicht erhoben, als sie den Abgabebetrag, der bei Anwendung der Vorschrift des § 21 zu berechnen wäre, übersteigt.

§ 20. Gesellschaften der im § 13 bezeichneten Art, die ihren Sitz im Ausland haben, aber im Inland einen Geschäftsbetrieb unterhalten (ausländische Gesellschaften), haben die Abgabe von dem auf den inländischen Geschäftsbetrieb entfallenden Mehrgewinne zu entrichten. Die Grundsätze, die bei einer bundesstaatlichen Einkommensteuerveranlagung für die Ausscheidung des auf den inländischen Geschäftsbetrieb entfallenden Teiles des steuerbaren Gesamteinkommens maßgebend waren, sind auch bei der Berechnung des auf den inländischen Betrieb entfallenden Teiles des Mehrgewinns anzuwenden. Wo eine Einkommensteuer nicht eingeführt ist, hat die Landesregierung entsprechende Vorschriften zu erlassen.

§ 21. Die Abgabe beträgt für ausländische Gesellschaften bei einem Mehrgewinn im Jahresdurchschnitt von

nicht mehr als 20000 Mark
10 vom Hundert des Mehrgewinns,
mehr als 20000 bis zu 40000 Mark
12 vom Hundert des Mehrgewinns,
mehr als 40000 bis zu 60000 Mark
14 vom Hundert des Mehrgewinns,
mehr als 60000 bis zu 80000 Mark
16 vom Hundert des Mehrgewinns,
mehr als 80000 bis zu 100000 Mark
18 vom Hundert des Mehrgewinns,
mehr als 100000 bis zu 120000 Mark
20 vom Hundert des Mehrgewinns,
mehr als 120000 bis zu 140000 Mark
22 vom Hundert des Mehrgewinns,
mehr als 140000 bis zu 160000 Mark
24 vom Hundert des Mehrgewinns,
mehr als 160000 bis zu 180000 Mark
26 vom Hundert des Mehrgewinns,
mehr als 180000 bis zu 200000 Mark
28 vom Hundert des Mehrgewinns,
mehr als 200000 bis zu 250000 Mark
30 vom Hundert des Mehrgewinns,
mehr als 250000 bis zu 500000 Mark
40 vom Hundert des Mehrgewinns,
mehr als 500000 Mark
45 vom Hundert des Mehrgewinns.

§ 19 Abs. 4 findet Anwendung.

§ 22. Die Abgabe wird von den Gesellschaften insoweit nicht erhoben, als sie verhältnismäßig auf Gewinnbeträge entfällt, die zu ausschließlich gemeinnützigen Zwecken bestimmt worden sind und deren dauernde Verwendung zu solchen Zwecken gesichert ist. Ob die Voraussetzungen des Satzes 1 vorliegen, wird nach näherer Bestimmung des Bundesrats im Verwaltungsweg entschieden.

Die Abgabe wird ferner auch insoweit nicht erhoben, als sie den Betrag der nach den Vorschriften des Gesetzes über vorbereitende Maßnahmen zur Besteuerung der Kriegsgewinne vom 24. Dezember 1915 zu bildenden Sonderrücklage übersteigt.

Abs. 2 gilt insoweit nicht, als bei der Bildung der Sonderrücklage Abschreibungen, die gemäß § 3 Satz 2 des Gesetzes vom 24. Dezember 1915 als Bestandteil des Geschäftsgewinns eines Kriegsgeschäftsjahrs anzusehen waren, unberücksichtigt geblieben sind.

§ 23. Die Abgabe ist nach näherer Bestimmung des Bundesrats auch von den anderen juristischen Personen zu entrichten, auf die der Bundesrat die Vorschriften des Gesetzes vom 24. Dezember 1915 ausgedehnt hat.

§ 24. Der Reichskanzler kann zum Zwecke der Vermeidung einer Doppelbesteuerung durch das Reich und durch außerdeutsche Staaten mit Zustimmung des Bundesrats Anordnungen treffen, die von den gesetzlichen Vorschriften über die Feststellung des abgabepflichtigen Mehrgewinns abweichen.

Gemeinsame Vorschriften.

§ 25. Die Veranlagung und Erhebung der Kriegsabgabe erfolgt durch die für die Veranlagung und Erhebung der Besitzsteuer zuständigen Behörden.

Soweit dieses Gesetz nichts anderes vorschreibt, gelten die Vorschriften des Besitzsteuergesetzes über die Veranlagung und Erhebung der Besitzsteuer entsprechend für die Veranlagung der Kriegsabgabe.

Der Bundesrat bestimmt die für die Veranlagung und Erhebung der Kriegsabgabe der Bundesfürsten zuständigen Behörden.

§ 26. Außer den zur Abgabe einer Besitzsteuererklärung Verpflichteten haben alle Einzelpersonen, deren Vermögen sich seit dem 1. Januar 1914 bis 31. Dezember 1916 um mehr als dreitausend Mark auf mindestens elftausend Mark erhöht hat, eine Steuererklärung abzugeben. Die Steuererklärung zum Zwecke der Veranlagung der Kriegsabgabe kann mit der Besitzsteuererklärung verbunden werden. Die Steuererklärung hat nach näherer Bestimmung des Bundesrats die für die Feststellung des der außerordentlichen Kriegsabgabe unterliegenden Vermögenszuwachses erforderlichen Angaben zu enthalten.

Die Vorstände, persönlich haftenden Gesellschafter, Repräsentanten, Geschäftsführer oder Liquidatoren der pflichtigen Gesellschaften (§ 13), bei ausländischen Gesellschaften (§ 20) die Vorsteher der inländischen Niederlassungen sowie die Vertreter der vom Bundesrate für pflichtig erklärten juristischen Personen (§ 23) sind verpflichtet, der Steuerbehörde eine Kriegssteuererklärung einzureichen, welche nach näherer Bestimmung des Bundesrats die für die Feststellung des abgabepflichtigen Mehrgewinns erforderlichen Angaben zu enthalten hat.

§ 27. Die Veranlagung der Abgabe erfolgt bei Einzelpersonen gleichzeitig mit der Veranlagung der Besitzsteuer, soweit nicht im Falle des § 12 eine frühere Veranlagung möglich ist.

§ 28. Die Kriegsabgabe der Gesellschaften (§§ 13, 20) und anderer juristischer Personen (§ 23) wird nach dem Gesamtergebnisse der beiden ersten Kriegsgeschäftsjahre vorläufig und nach dem Gesamtergebnis aller Kriegsgeschäftsjahre endgültig festgesetzt.

Nach Entrichtung der vorläufig festgesetzten Abgabe steht dem Pflichtigen über den zur Zahlung nicht verwendeten Teil der nach den Vorschriften des Gesetzes vom 24. Dezember 1915 gebildeten Sonderrücklage die freie Verfügung zu.

§ 29. Der Betrag der geschuldeten Abgabe wird dem Steuerpflichtigen von der Veranlagungsbehörde durch einen Bescheid mitgeteilt. Der Bescheid enthält eine Belehrung über die zulässigen Rechtsmittel und eine Anweisung zur Entrichtung der Abgabe innerhalb der gesetzlichen Zahlungsfrist.

Dem Steuerpflichtigen sind die Berechnungsgrundlagen der angeforderten Abgabe mitzuteilen und die Punkte zu bezeichnen, in welchen von der Steuererklärung abgewichen worden ist.

Enthält der Bescheid nur eine vorläufige Festsetzung der Abgabe, so ist in ihm auf die spätere endgültige Festsetzung hinzuweisen.

§ 30. Gegen den endgültigen Bescheid sind die gleichen Rechtsmittel zulässig wie gegen den Besitzsteuerbescheid; der Beurteilung der Rechtsmittelbehörden unterliegt auch der vorläufige Bescheid.

§ 31. Die Kriegsabgabe der Einzelpersonen ist zu einem Drittel binnen drei Monaten nach Zustellung des Bescheids zu entrichten. Das zweite Drittel ist bis zum 1. November 1917, das letzte Drittel bis zum 1. März 1918 zu entrichten.

Die vorläufig festgesetzte Kriegsabgabe der Gesellschaften und anderer juristischer Personen ist binnen drei Monaten nach Zustellung des vorläufigen Bescheids, der Rest der Abgabe binnen drei Monaten nach Zustellung des endgültigen Bescheids zu entrichten. Ist die endgültig festgesetzte Abgabe niedriger als die vorläufig festgesetzte (§ 28 Abs. 1), so ist der zuviel erhobene Betrag dem Steuerpflichtigen zu erstatten.

Vom 1. Juli 1917 ab sind die bis dahin noch nicht gezahlten Abgabebeträge mit fünf vom Hundert jährlich zu verzinsen.

Der Steuerpflichtige ist berechtigt, Vorauszahlungen auf die noch nicht veranlagte Abgabe zu leisten. Von dem im voraus gezahlten Betrage sind fünf vom Hundert Jahreszinsen vom Tage der Einzahlung bis zum 1. Juli 1917 oder bis zu dem früheren gesetzlichen

Fälligkeitstag auf Verlangen des Steuerpflichtigen zu dessen Gunsten zu berechnen.

Die auf Grund rechtskräftiger Entscheidung zu erstattenden Beträge sind mit fünf vom Hundert für das Jahr zu verzinsen.

§ 32. Bei Entrichtung der Abgabe werden die fünfprozentigen Schuldverschreibungen, Schuldbuchforderungen und Schatzanweisungen der Kriegsanleihen des Deutschen Reichs zum Nennbetrag und die viereinhalbprozentigen Schatzanweisungen dieser Kriegsanleihen zu einem vom Reichskanzler festzusetzenden und bekanntzumachenden Kurse an Zahlungs Statt angenommen.

§ 33. Wer als Abgabepflichtiger oder als Vertreter eines Abgabepflichtigen wissentlich der Steuerbehörde unrichtige oder unvollständige Angaben macht, die geeignet sind, eine Verkürzung der Abgabe herbeizuführen, wird mit einer Geldstrafe bis zum fünffachen Betrage der gefährdeten Abgabe bestraft.

§ 34. In den Fällen des § 33 kann neben der Geldstrafe auf Gefängnis bis zu einem Jahre und neben der Gefängnisstrafe auch auf Verlust der bürgerlichen Ehrenrechte erkannt werden, wenn die unrichtigen oder unvollständigen Angaben in der Absicht, die Abgabe zu hinterziehen, gemacht worden sind, und wenn der Abgabebetrag, der durch die unrichtigen oder unvollständigen Angaben gefährdet worden ist, mindestens fünfhundert Mark ausmacht oder wenn der Abgabepflichtige oder der Vertreter des Abgabepflichtigen Vermögen vom Inland ins Ausland verbracht hat in der Absicht, dieses Vermögen der Steuerbehörde zu verheimlichen.

Bei einer Steuergefährdung der im Abs. 1 bezeichneten Art kann im Urteil angeordnet werden, daß die Bestrafung auf Kosten des Verurteilten öffentlich bekanntzumachen ist.

Besteht der Verdacht, daß eine Steuergefährdung der im Abs. 1 bezeichneten Art vorliegt, so hat die Steuerbehörde die Sache an die zuständige Staatsanwaltschaft abzugeben. Ist der Steuerpflichtige abwesend (§ 318 der Strafprozeßordnung), so kann gegen ihn nach Maßgabe der §§ 320 bis 326 der Strafprozeßordnung verhandelt werden. Findet die Staatsanwaltschaft in einer an sie abgegebenen Sache, daß der Verdacht nicht hinreichend begründet ist, so kann sie die Sache zur weiteren Erledigung im Verwaltungsstrafverfahren an die Verwaltungsbehörde abgeben.

§ 35. Die Vorschriften der §§ 78 bis 83 des Besitzsteuergesetzes finden entsprechende Anwendung.

§ 36. Der Bundesrat kann zur Vermeidung besonderer Härten auf Antrag eines Steuerpflichtigen einzelne außerordentliche Vermögensanfälle von der Abgabe befreien oder eine anderweite Berechnung des Vermögenszuwachses oder Mehrgewinns bewilligen.

Schlußvorschriften.

§ 37. Die Bundesstaaten erhalten für die Veranlagung und Erhebung der Abgabe eine Entschädigung von $^1/_2$ vom Hundert ihrer Roheinnahme.

§ 38. Die Einnahme aus der Kriegsabgabe ist ausschließlich zur Abminderung der Reichsschuld zu verwenden, soweit sie nicht nach dem Reichshaushaltsetat für das Rechnungsjahr 1916 (Kapitel 17b der Einnahmen des ordentlichen Etats) zum Ausgleich des Ausfalls bei andern Einnahmekapiteln erforderlich ist.

§ 39. Im § 20 des Besitzsteuergesetzes werden die Worte „mit der Maßgabe, daß Abweichungen . . . . zu berücksichtigen sind" gestrichen.

Dem § 20 des Besitzsteuergesetzes wird als Satz 2 hinzugefügt:

„Ist im Wege des aus Billigkeitsrücksichten gewährten gänzlichen oder teilweisen Erlasses des rechtskräftig veranlagten Wehrbeitrags das Vermögen anderweit ermittelt, so ist das anderweit ermittelte Vermögen maßgebend."

Dem § 21 Abs. 1 des Besitzsteuergesetzes wird als Satz 2 hinzugefügt:

„§ 20 Satz 2 gilt entsprechend."

Im § 30 Abs. 2 Satz 2 des Besitzsteuergesetzes wird das Wort „Abnutzung" ersetzt durch „Verschlechterung".

Im § 77 Abs. 3 des Besitzsteuergesetzes wird hinter Satz 1 folgender Satz eingeschaltet:

„Ist der Steuerpflichtige abwesend (§ 318 der Strafprozeßordnung), so kann gegen ihn nach Maßgabe der §§ 320 bis 326 der Strafprozeßordnung verhandelt werden."

In dem folgenden Satze werden die Worte „dieser Verdacht" ersetzt durch die Worte „der Verdacht".

§ 40. Die Ausführungsbestimmungen zu diesem Gesetz erläßt der Bundesrat.

Urkundlich unter Unserer Höchsteigenhändigen Unterschrift und beigedrucktem Kaiserlichen Insiegel.

Gegeben Großes Hauptquartier, den 21. Juni 1916.

Wilhelm.

(L. S.) von Bethmann-Hollweg.

Besitzsteuergesetz.

Vom 3. Juli 1913.

(RGBl. S. 524.)

Wir Wilhelm, von Gottes Gnaden Deutscher Kaiser, König von Preußen usw. verordnen im Namen des Reichs, nach erfolgter Zustimmung des Bundesrats und des Reichstags, was folgt:

Steuerpflicht.

§ 1. Von dem Vermögenszuwachs wird für das Reich nach den Vorschriften dieses Gesetzes eine Abgabe (Besitzsteuer) erhoben.

§ 2. Als Vermögen im Sinne des § 1 gilt, soweit das Gesetz nichts anderes vorschreibt, das gesamte bewegliche und unbewegliche Vermögen nach Abzug der Schulden. Es umfaßt:

1. Grundstücke einschließlich des Zubehörs (Grundvermögen);
2. das dem Betriebe der Land- oder Forstwirtschaft, des Bergbaues oder eines Gewerbes dienende Vermögen (Betriebsvermögen);
3. das gesamte sonstige Vermögen, das nicht Grund- oder Betriebsvermögen ist (Kapitalvermögen).

§ 3. Den Grundstücken (§ 2 Nr. 1) stehen gleich Berechtigungen, für welche die sich auf Grundstücke beziehenden Vorschriften des bürgerlichen Rechtes gelten.

§ 4. Zum Betriebsvermögen (§ 2 Nr. 2) gehören alle dem Unternehmen gewidmeten Gegenstände.

Das Betriebsvermögen einer offenen Handelsgesellschaft oder einer anderen Erwerbsgesellschaft, bei welcher der Gesellschafter als Unternehmer (Mitunternehmer) des Betriebs anzusehen ist, wird den einzelnen Teilhabern nach dem Verhältnis ihres Anteils zugerechnet.

§ 5. Zum steuerbaren Vermögen gehört nicht das im Ausland befindliche Grund- und Betriebsvermögen.

§ 6. Als Kapitalvermögen (§ 2 Nr. 3) kommen insbesondere, soweit die einzelnen Vermögensgegenstände nicht unter § 2 Nr. 1, § 3 oder unter § 2 Nr. 2, § 4 fallen, in Betracht:

1. selbständige Rechte und Gerechtigkeiten;
2. verzinsliche und unverzinsliche Kapitalforderungen jeder Art;
3. Aktien oder Anteilscheine, Kuxe, Geschäftsguthaben bei Genossenschaften, Geschäftsanteile und andere Gesellschaftseinlagen;
4. bares Geld deutscher Währung, fremde Geldsorten, Banknoten und Kassenscheine, ausgenommen die aus den laufenden Jahreseinkünften vorhandenen Bestände und Bank- oder sonstige Guthaben, soweit sie zur Bestreitung der laufenden Ausgaben für drei Monate dienen, sowie Gold und Silber in Barren;
5. der Kapitalwert der Rechte auf Renten und andere wiederkehrende Nutzungen und Leistungen, welche dem Berechtigten auf seine Lebenszeit oder auf die Lebenszeit eines anderen, auf unbestimmte Zeit oder auf die Dauer von mindestens zehn Jahren entweder vertragsmäßig als Gegenleistung für die

Hingabe von Vermögenswerten oder aus letztwilligen Verfügungen, Schenkungen oder Familienstiftungen oder vermöge hausgesetzlicher Bestimmungen zustehen;

6. noch nicht fällige Ansprüche aus Lebens- und Kapitalversicherungen oder Rentenversicherungen, aus denen der Berechtigte noch nicht in den Rentenbezug eingetreten ist.

§ 7. Die Vorschrift im § 6 Nr. 5 gilt nicht

a) für Ansprüche an Witwen-, Waisen- und Pensionskassen;

b) für Ansprüche aus einer Kranken- oder Unfallversicherung, aus der Reichsversicherung oder der gesetzlichen Versicherung der Angestellten;

c) für Renten und ähnliche Bezüge, die mit Rücksicht auf ein früheres Arbeits- oder Dienstverhältnis gewährt werden.

§ 8. Als steuerbares Vermögen gelten nicht Möbel, Hausrat und andere nicht unter § 6 fallende bewegliche körperliche Gegenstände, sofern sie nicht als Zubehör eines Grundstücks (§ 2 Nr. 1, § 3) oder als Bestandteil eines Betriebsvermögens (§ 2 Nr. 2, § 4) anzusehen sind.

§ 9. Das zu einem Lehen, Fideikommiß oder Stammgut gehörige Vermögen gilt als Vermögen des Inhabers.

§ 10. Von dem Vermögen sind abzuziehen die dinglichen und persönlichen Schulden des Steuerpflichtigen sowie der Wert der dem Steuerpflichtigen obliegenden oder auf einem Lehen, Fideikommiß oder Stammgut ruhenden Leistungen der im § 6 Nr. 5 bezeichneten Art.

Nicht abzugsfähig sind

a) Schulden, die zur Bestreitung der laufenden Haushaltungskosten eingegangen sind (Haushaltungsschulden);

b) Schulden und Lasten, welche in wirtschaftlicher Beziehung zu nicht steuerbaren Vermögensteilen stehen.

Beschränkt sich die Zuwachsbesteuerung auf das inländische Grund- und Betriebsvermögen (§ 11 Nr. II), so sind nur die in einer wirtschaftlichen Beziehung zu diesen Vermögensteilen stehenden Schulden und Lasten abzugsfähig.

§ 11. Steuerpflichtig sind

I. mit dem Zuwachs an dem gesamten steuerbaren Vermögen:

1. die Angehörigen des Deutschen Reichs, mit Ausnahme derer, die sich seit länger als zwei Jahren dauernd im Ausland aufhalten, ohne einen Wohnsitz in einem deutschen Bundesstaate zu haben. Die Ausnahme findet keine Anwendung auf Reichs- und Staatsbeamte, die im Ausland ihren dienstlichen Wohnsitz haben. Wahlkonsuln gelten nicht als Beamte im Sinne dieser Vorschrift;

2. Ausländer, wenn sie im Deutschen Reiche einen Wohnsitz

oder in Ermangelung eines Wohnsitzes ihren dauernden Aufenthalt haben;

II. mit dem Zuwachs an dem inländischen Grund- und Betriebsvermögen:

alle natürlichen Personen ohne Rücksicht auf Staatsangehörigkeit, Wohnsitz oder Aufenthalt.

Der Reichskanzler kann zum Zwecke der Vermeidung einer Doppelbesteuerung oder der Anwendung eines Vergeltungsrechts gegenüber außerdeutschen Staaten mit Zustimmung des Bundesrats Anordnungen treffen, die von den Vorschriften in Nr. I und dem § 5 abweichen.

§ 12. Die Abgabe wird nicht erhoben von dem Zuwachs, der den Betrag von zehntausend Mark nicht übersteigt.

§ 13. Vermögen, die den Gesamtwert von zwanzigtausend Mark nicht übersteigen, unterliegen der Zuwachsbesteuerung nicht.

Bei Vermögen über zwanzigtausend Mark, aber nicht über dreißigtausend Mark Gesamtwert, unterliegt der nach § 12 steuerpflichtige Zuwachs nur insofern der Steuer, als durch ihn die steuerfreie Grenze (Abs. 1) überschritten wird.

§ 14. Für die Veranlagung der Besitzsteuer wird das Vermögen der Ehegatten zusammengerechnet, sofern sie nicht dauernd voneinander getrennt leben. Die Ehegatten sind, falls ihr Vermögen hiernach zusammenzurechnen ist, der Staatskasse als Gesamtschuldner der Steuer verpflichtet.

§ 15. Ist ein Ehegatte innerhalb des Veranlagungszeitraums (§§ 18 bis 22) gestorben, so ist der aus dem Erbfall herrührende Zuwachs des überlebenden Ehegatten insoweit steuerfrei, als das ererbte Vermögen in der Hand des anderen Eheteils oder gemäß § 14 nicht mehr der Zuwachsbesteuerung unterliegen würde.

§ 16. Von dem nach den Vorschriften dieses Gesetzes festgestellten Vermögenszuwachs ist abzuziehen der Betrag einer Kapitalabfindung, die als Entschädigung für den durch Körperverletzung herbeigeführten gänzlichen oder teilweisen Verlust der Erwerbsfähigkeit gezahlt worden oder zu zahlen ist.

§ 17. Steht das der Besteuerung unterliegende Vermögen in Nutznießung, so fällt, wenn nicht rechtsgeschäftlich etwas anderes bestimmt ist, die Besitzsteuer dem Eigentümer zur Last.

Feststellung des Vermögenszuwachses, Veranlagungs- und Erhebungszeitraum.

§ 18. Die Feststellung des Vermögenszuwachses erfolgt erstmals zum 1. April 1917 für den in der Zeit vom 1. Januar 1914 bis zum 31. Dezember 1916 entstandenen Zuwachs, späterhin in

Zeitabständen von drei zu drei Jahren für den in den vorangegangenen drei Kalenderjahren entstandenen Zuwachs.

§ 19. Als Vermögenszuwachs gilt der Unterschied zwischen dem reinen Werte des steuerbaren Gesamtvermögens am Ende des jeweiligen Veranlagungszeitraums (§ 18) und dem reinen Werte des steuerbaren Gesamtvermögens am Anfang dieses Zeitraums, soweit in den §§ 21, 22 nichts anderes bestimmt ist.

Der Unterschied (Abs. 1) verringert sich um den Betrag, um den die Summe der abzugsfähigen Schulden und Lasten den Gesamtwert des Aktivvermögens des Steuerpflichtigen zu Beginn des maßgebenden Zeitraums überstiegen hat.

§ 20. Als Wert des steuerbaren Vermögens am 1. Januar 1914 gilt das nach dem Wehrbeitragsgesetze festgestellte Vermögen mit der Maßgabe, daß Abweichungen in der Vermögensfeststellung, die sich bei Anwendung der Vorschriften des Besitzsteuergesetzes ergeben hätten, entsprechend zu berücksichtigen sind.

§ 21. War der Steuerpflichtige zu dieser Besitzsteuer veranlagt, so gilt in der Folgezeit als Vermögenszuwachs der Unterschied zwischen dem reinen Werte des steuerbaren Gesamtvermögens am Ende des jeweiligen neuen Veranlagungszeitraums und dem letzten Vermögensstande, der zu einer Steuererhebung geführt hat.

Hat sich bei den früheren Veranlagungen kein steuerpflichtiger Vermögenszuwachs ergeben, so gilt als Vermögenszuwachs der Unterschied zwischen dem reinen Werte des steuerbaren Gesamtvermögens am Ende des jeweiligen neuen Veranlagungszeitraums und dem Vermögensstand an dem ersten für die Steuerpflicht in Betracht kommenden Zeitpunkt.

§ 22. Wird die persönliche Steuerpflicht (§ 11) erst innerhalb eines Veranlagungszeitraums (§ 18) begründet, so erfolgt die erste Feststellung des Vermögens für das zur Zeit des Eintritts der Steuerpflicht vorhandene steuerbare Vermögen des Steuerpflichtigen.

Die Vorschrift des Abs. 1 gilt im Falle der Erweiterung der Steuerpflicht entsprechend für das durch die erweiterte Steuerpflicht neu erfaßte Vermögen des Steuerpflichtigen.

§ 23. Ist die Steuerpflicht nur nach § 11 Nr. II begründet, so werden dem ersten maßgebenden Vermögensstand alle nachweislich aus dem der Besteuerung nicht unterworfenen Vermögen des Steuerpflichtigen gemachten, nicht zu den laufenden Wirtschaftsausgaben zählenden Aufwendungen für steuerpflichtige Vermögensteile hinzugerechnet.

Die Anrechnung nach Abs. 1 erfolgt insoweit nicht, als den Aufwendungen ein Vermögen gegenübersteht, das im maßgebenden Zeitraum der Besteuerung entzogen worden ist.

§ 24. Die Entrichtung der Besitzsteuer verteilt sich auf einen dem Veranlagungszeitraume (§ 18) folgenden, mit dem 1. April beginnenden dreijährigen Zeitraum (Erhebungszeitraum).

Steuersätze.

§ 25. Die Steuer beträgt für den ganzen Erhebungszeitraum (§ 24) bei einem steuerpflichtigen Vermögenszuwachse von

nicht mehr als		50 000 Mark	0,75	vom Hundert des Zuwachses
mehr als	50 000 Mark bis zu	100 000 „	0,90	
„ „	100 000 „ „ „	300 000 „	1,05	
„ „	300 000 „ „ „	500 000 „	1,20	
„ „	500 000 „ „ „	1 000 000 „	1,35	
„ „	1 000 000 „		1,50	

Übersteigt der Gesamtwert des steuerbaren Vermögens eines Steuerpflichtigen den Betrag von

100 000	Mark, so erhöht sich der Steuersatz um	0,1	vom Hundert des Zuwachses
200 000	„ „ „ „ „ „ „	0,2	
300 000	„ „ „ „ „ „ „	0,3	
400 000	„ „ „ „ „ „ „	0,4	
500 000	„ „ „ „ „ „ „	0,5	
750 000	„ „ „ „ „ „ „	0,6	
1 000 000	„ „ „ „ „ „ „	0,7	
2 000 000	„ „ „ „ „ „ „	0,8	
5 000 000	„ „ „ „ „ „ „	0,9	
10 000 000	„ „ „ „ „ „ „	1	

§ 26. Der Unterschied zwischen der Steuer, die zu zahlen wäre, wenn der Vermögenszuwachs nur die vorangehende, im § 25 Abs. 1 bezeichnete Wertgrenze erreicht hätte, und zwischen der Steuer, die nach dem gesetzlichen Satze berechnet ist, wird nur insoweit erhoben, als er aus der Hälfte des jene Wertgrenze übersteigenden Betrags des Zuwachses gedeckt werden kann.

§ 27. Gewährt der Steuerpflichtige, dessen Vermögen den Betrag von hunderttausend Mark nicht übersteigt, Kindern auf Grund gesetzlicher Verpflichtung (§§ 1601 bis 1615 des Bürgerlichen Gesetzbuchs) Unterhalt, so ermäßigt sich die Steuer für das dritte und jedes weitere minderjährige Kind um fünf vom Hundert ihres Betrags.

Fällt in den Veranlagungszeitraum der Erwerb einer Erbschaft, so ermäßigt sich, wenn der Erbe ein Abkömmling des Erblassers ist und zur Zeit des Erbfalls das 21. Lebensjahr noch nicht vollendet hat, und wenn das steuerbare Vermögen den Gesamtwert von fünfzigtausend Mark nicht übersteigt, die Abgabe um einen Betrag, der für jedes bis zur Vollendung des 21. Lebensjahres fehlende volle Jahr auf fünf vom Hundert der Abgabe berechnet wird. Die Gesamtermäßigung darf fünfzig vom Hundert der Abgabe nicht übersteigen.

Wertermittelung.

§ 28. Für die Steuerpflicht und die Ermittelung der Vermögenswerte ist maßgebend der Stand in den in §§ 18 bis 22 bezeichneten Zeitpunkten.

Für Betriebe, bei denen regelmäßige jährliche Abschlüsse stattfinden, kann der Vermögensfeststellung der Vermögensstand am Schlusse des letzten Wirtschafts- oder Rechnungsjahrs zugrunde gelegt werden.

Bei der Veranlagung der Besitzsteuer wird das Vermögen des Steuerpflichtigen auf volle Tausende nach unten abgerundet.

§ 29. Bei der Feststellung des Vermögens ist der gemeine Wert (Verkaufswert) seiner einzelnen Bestandteile zugrunde zu legen, sofern das Gesetz nichts anderes vorschreibt.

§ 30. Bei Grundstücken tritt auf Antrag des Steuerpflichtigen an die Stelle des gemeinen Wertes der Betrag der nachgewiesenen oder glaubhaft gemachten Gestehungskosten.

Zu den Gestehungskosten sind zu rechnen der Gesamtwert der Gegenleistungen beim Erwerb (Erwerbspreis), sonstige Anschaffungskosten sowie alle auf das Grundstück gemachten besonderen Aufwendungen während der Besitzzeit, soweit sie nicht zu den laufenden Wirtschaftsausgaben gehören und soweit die durch die Aufwendungen hergestellten Bauten und Verbesserungen noch vorhanden sind. Von den Gestehungskosten sind die durch Abnutzung entstandenen Wertminderungen abzuziehen.

§ 31. Beim Erwerbe von Todes wegen im Sinne der §§ 1 bis 4 des Erbschaftssteuergesetzes, beim Erwerb im Wege der Erbteilung, beim Erwerbe von Eltern, Großeltern oder entfernteren Voreltern sowie beim Erwerb auf Grund einer ohne entsprechende Gegenleistung erfolgten Zuwendung unter Lebenden tritt an die Stelle des Erwerbspreises, soweit die Grundstücke dauernd land- oder forstwirtschaftlichen oder gärtnerischen Zwecken zu dienen bestimmt sind, oder soweit bebaute Grundstücke Wohnzwecken oder gewerblichen Zwecken zu dienen bestimmt sind und ihre Bebauung und Benutzung der ortsüblichen Bebauung und Benutzung entspricht, der Ertragswert, sonst der gemeine Wert zur Zeit des Erwerbes.

Als Ertragswert gilt bei land- oder forstwirtschaftlichen oder Gärtnereigrundstücken das Fünfundzwanzigfache des Reinertrags, den sie nach ihrer bisherigen wirtschaftlichen Bestimmung bei ordnungsmäßiger Bewirtschaftung mit entlohnten fremden Arbeitskräften nachhaltig gewähren können.

Die der Land- und Forstwirtschaft oder der Gärtnerei dienenden

Gebäude und Betriebsmittel werden nicht besonders veranlagt, sondern sind in der Veranlagung des Ertragswerts einbegriffen.

Bei bebauten Grundstücken, die Wohnzwecken oder gewerblichen Zwecken zu dienen bestimmt sind, gilt als Ertragswert das Fünfundzwanzigfache des Miet- oder Pachtertrags, der in den letzten drei Jahren im Durchschnitt erzielt worden ist oder im Falle der Vermietung oder Verpachtung hätte erzielt werden können, nach Abzug von einem Fünftel für Nebenleistungen und Instandhaltungskosten oder von dem als erforderlich nachgewiesenen höheren Betrag für Nebenleistungen und Instandhaltungskosten ohne Rücksicht darauf, ob die hierzu notwendigen Arbeiten von dem Steuerpflichtigen selbst oder durch entlohnte fremde Arbeitskräfte geleistet worden sind.

In allen Fällen kann der Steuerpflichtige verlangen, daß statt des Ertragswerts der gemeine Wert der Veranlagung zugrunde gelegt wird. Dieses Recht erlischt, wenn es nicht spätestens bis zum Ablauf der mit der Zustellung des Steuer- oder des Feststellungsbescheids eröffneten Rechtsmittelfrist geltend gemacht wird.

§ 32. Die Vorschrift des § 31 findet in anderen Erwerbsfällen entsprechende Anwendung, wenn der vereinbarte Preis um mehr als 10 vom Hundert hinter dem gemeinen Werte zur Zeit des Erwerbes und, sofern bei Grundstücken der Ertragswert zugrunde gelegt werden kann, zugleich auch hinter dem Ertragswert zur Zeit des Erwerbes zurückgeblieben ist.

§ 33. Hat der Erwerb vor dem 1. Januar 1914 stattgefunden, so gilt der bei der Veranlagung des Wehrbeitrags festgestellte Wert eines Grundstücks als Betrag der bis dahin entstandenen Gestehungskosten.

§ 34. Wertpapiere, die in Deutschland einen Börsenkurs haben, sind mit dem Kurswert, Forderungen, die in das Schuldbuch einer öffentlichen Körperschaft eingetragen sind, mit dem Kurswert der entsprechenden Schuldverschreibungen der öffentlichen Körperschaft anzusetzen.

Der Steuerpflichtige ist berechtigt, von dem Werte der mit Dividendenschein gehandelten Wertpapiere (§ 6) den Betrag in Abzug zu bringen, der für die seit Auszahlung des letzten Gewinns abgelaufene Zeit dem letztmalig verteilten Gewinn entspricht.

§ 35. Bei Aktien ohne Börsenkurs, bei Kuxen, Anteilen an einer Bergwerksgesellschaft oder bei Anteilen einer Gesellschaft mit beschränkter Haftung ist der Verkaufswert der Aktien, Kuxe oder Anteile anzusetzen. Sofern ein solcher nicht zu ermitteln ist, ist der Wert der Aktie, des Kuxes oder des Anteils unter Berücksichtigung des Gesamtvermögens der Gesellschaft oder Gewerkschaft und der in der Vergangenheit erzielten Gewinne nach freiem Ermessen zu schätzen. Hierbei bleiben diejenigen Beträge der Jahresgewinne unberücksichtigt, welche unter Zugrundelegung der ortsüblichen Preise als Entgelt für gelieferte Rohstoffe anzusehen sind. Im

Streitfall soll die Steuerbehörde die Schätzung des Wertes durch Sachverständige anordnen, die von der zuständigen Handelsvertretung oder der des nächstgelegenen Bezirkes zu ernennen sind.

§ 36. Andere Kapitalforderungen und Schulden sind mit dem Nennwert anzusetzen, sofern nicht besondere Umstände die Veranschlagung nach einem vom Nennwert abweichenden höheren oder geringeren Werte begründen.

Noch nicht fällige Ansprüche aus Lebens-, Kapital- und Rentenversicherungen kommen mit zwei Dritteln der Summe der eingezahlten Prämien oder Kapitalbeiträge, falls aber der Betrag nachgewiesen wird, für welchen die Versicherungsanstalt die Police zurückkaufen würde, mit diesem Rückkaufswert in Anrechnung.

§ 37. Der Gesamtwert der auf bestimmte Zeit beschränkten Nutzungen oder Leistungen ist unter Abrechnung der Zwischenzinsen durch Zusammenzählung der einzelnen Jahreswerte zu berechnen. Der Gesamtwert darf den zum gesetzlichen Zinssatz kapitalisierten Jahreswert nicht übersteigen.

Immerwährende Nutzungen oder Leistungen sind mit dem Fünfundzwanzigfachen des einjährigen Betrags, Nutzungen oder Leistungen von unbestimmter Dauer vorbehaltlich der Vorschriften der §§ 38, 39 mit dem Zwölfundeinhalbfachen des einjährigen Betrags zu veranschlagen.

§ 38. Der Wert von Renten oder anderen auf die Lebenszeit einer Person beschränkten Nutzungen und Leistungen bestimmt sich nach dem Lebensalter der Person, mit deren Tode das Recht erlischt.

Als Wert wird angenommen bei einem Alter

1.			bis zu	15	Jahren das	18 fache,
2.	von mehr als	15	„ „	25	„ „	17 „
3.	„ „ „	25	„ „	35	„ „	16 „
4.	„ „ „	35	„ „	45	„ „	14 „
5.	„ „ „	45	„ „	55	„ „	12 „
6.	„ „ „	55	„ „	65	„ „	$8^1/_2$ „
7.	„ „ „	65	„ „	75	„ „	5 „
8.	„ „ „	75	„ „	80	„ „	3 „
9.	„ „ „	80			„ „	2 „

des Wertes der einjährigen Nutzung.

Hat jedoch eine nach Abs. 2 bewertete Nutzung oder Leistung im Falle der

Nr. 1	nicht mehr als	9 Jahre,
Nr. 2, 3	„ „ „	8 „
Nr. 4	„ „ „	7 „
Nr. 5	„ „ „	6 „
Nr. 6	„ „ „	4 „
Nr. 7 bis 9	nicht mehr als	2 Jahre

bestanden, so ist auf Antrag eine Berichtigung der Veranlagung unter Zugrundelegung eines der wirklichen Dauer der Nutzung oder Leistung entsprechenden Kapitalwerts vorzunehmen und die zuviel gezahlte Steuer zu erstatten. In gleicher Weise hat eine Nachveranlagung stattzufinden, wenn die Nutzung oder Leistung den Wert eines Vermögensteils vermindert hat.

§ 39. Hängt die Dauer der Nutzung oder Leistung von der Lebenszeit mehrerer Personen ab, so ist maßgebend das Lebensalter der ältesten Person, wenn das Recht mit dem Tode der zuerst versterbenden Person erlischt, das Lebensalter der jüngsten Person, wenn das Recht mit dem Tode der letztversterbenden Person erlischt.

§ 40. Der einjährige Betrag der Nutzung einer Geldsumme ist zu vier vom Hundert anzunehmen, falls er nicht anderweit feststeht.

§ 41. Vom Kapitalwert unverzinslicher befristeter Forderungen und Schulden kommen für die Zeit bis zu ihrer Fälligkeit vier vom Hundert Jahreszinsen in Abzug.

§ 42. Vermögen, dessen Erwerb von dem Eintritt einer aufschiebenden Bedingung abhängt, bleibt bei der Feststellung unberücksichtigt.

§ 43. Vermögen, das unter einer auflösenden Bedingung erworben ist, wird unbeschadet der Vorschriften über die Berechnung des Kapitalwerts der Nutzungen von unbestimmter Dauer (§ 37 Abs. 2, §§ 38, 39) wie unbedingt erworbenes behandelt.

Tritt die Bedingung ein, so erfolgt auf Antrag eine Berichtigung der früheren Veranlagung entsprechend dem tatsächlichen Werte des Erwerbes.

§ 44. Hängen Lasten, die den Wert des Vermögens vermindern, von dem Eintritt einer aufschiebenden Bedingung ab, so werden sie nicht berücksichtigt.

Tritt die Bedingung ein, so ist auf Antrag die Veranlagung entsprechend zu berichtigen.

Den Lasten, die von einer aufschiebenden Bedingung abhängen, stehen zweifelhafte Lasten gleich.

§ 45. Lasten, deren Fortdauer von einer auflösenden Bedingung abhängt, werden wie unbedingte vom Vermögen abgezogen, soweit nicht deren Kapitalwert nach § 37 Abs. 2, §§ 38, 39 zu berechnen ist. § 38 Abs. 3 Satz 2 findet entsprechende Anwendung.

§ 46. Die Vorschriften der §§ 42 bis 45 gelten auch, wenn der Erwerb oder die Last von einem Ereignis abhängt, das nur hinsichtlich des Zeitpunkts seines Eintritts ungewiß ist.

§ 47. Unbeitreibliche Forderungen bleiben außer Ansatz.

Zuständigkeit für Veranlagung und Erhebung der Besitzsteuer.

§ 48. Für die Verwaltung der Besitzsteuer ist der Bundesstaat zuständig, in welchem der Steuerpflichtige zur Zeit der Veranlagung seinen Wohnsitz oder in Ermangelung eines Wohnsitzes seinen gewöhnlichen Aufenthalt hat.

Bei mehrfachem Wohnsitz im Inland ist der dienstliche Wohnsitz vor einem andern Wohnsitz, der Wohnsitz in dem Heimatstaate vor dem Wohnsitz in einem anderen Bundesstaat und, wenn keiner dieser Fälle vorliegt, der Wohnsitz an dem Orte maßgebend, an welchem der Steuerpflichtige sich vorwiegend aufhält.

Steuerpflichtige, welche zur Zeit der Veranlagung im Inland weder einen Wohnsitz noch ihren gewöhnlichen Aufenthalt haben, sind in dem Bundesstaate zu veranlagen, in welchem sie ihren letzten inländischen Wohnsitz oder Aufenthalt gehabt haben.

Der Bundesrat kann weitere Bestimmungen über die Zuständigkeit der Bundesstaaten zur Verwaltung und Erhebung der Steuer erlassen. Er entscheidet auch auf Anrufen eines Bundesstaats, wenn zwischen mehreren Bundesstaaten Meinungsverschiedenheit über ihre Zuständigkeit herrscht.

§ 49. Die Landesregierung bestimmt die für die Verwaltung der Besitzsteuer zuständigen Behörden (Besitzsteuerämter). Sie bestimmt auch, ob und inwieweit zur Mitwirkung bei der Veranlagung und zur Erhebung der Besitzsteuer Gemeinden oder Gemeindeverbände heranzuziehen sind. Die Besitzsteuerämter unterstehen Oberbehörden und diese der obersten Landesfinanzbehörde.

§ 50. Die Reichsbevollmächtigten für Zölle und Steuern haben bei der Ausführung dieses Gesetzes die gleichen Befugnisse und Pflichten, die ihnen hinsichtlich der Zölle und Verbrauchssteuern beigelegt sind.

In den Staaten, in denen die Geschäfte der Oberbehörde für die Besitzsteuer anderen Behörden als den Zolldirektivbehörden übertragen sind, werden der Umfang und die Art der Tätigkeit der Reichsbevollmächtigten vom Reichskanzler im Einvernehmen mit den beteiligten Bundesregierungen geregelt.

Unter Zustimmung des Bundesrats kann der Reichskanzler die Wahrnehmung der Geschäfte der Reichsbevollmächtigten für die Besitzsteuer anderen Beamten übertragen.

Dem Reichstag ist alljährlich über die Tätigkeit der Reichsbevollmächtigten, soweit sie sich auf die Ausführung dieses Gesetzes bezieht, Bericht zu erstatten.

Personenstandsaufnahme.

§ 51. Jeder Besitzer eines bewohnten Grundstücks oder dessen Vertreter ist verpflichtet, der mit der Vorbereitung der Veranlagung betrauten Behörde auf deren Verlangen die sämtlichen Bewohner des Grundstücks mit Namen, Berufsstellung, Geburtsort und Geburtstag anzugeben. Die Haushaltungsvorstände haben den Hausbesitzern oder deren Vertretern die erforderliche Auskunft über die zu ihrem Hausstand gehörigen Personen einschließlich der Unter- und Schlafstellenmieter zu erteilen.

Besitzsteuererklärung.

§ 52. Zur Abgabe einer Besitzsteuererklärung sind alle Personen mit einem steuerbaren Vermögen von zwanzigtausend Mark und darüber verpflichtet, wenn sie früher weder zum Wehrbeitrage noch zur Besitzsteuer veranlagt worden sind, sowie alle Personen, deren Vermögen sich seit der Veranlagung zum Wehrbeitrag oder gegenüber dem für eine künftige Veranlagung zur Besitzsteuer als maßgebend festgestellten Vermögensstande (§ 65) um mehr als zehntausend Mark erhöht hat. Der Bundesrat bestimmt die Fristen zur Abgabe der Besitzsteuererklärung.

Die Steuerbehörde ist außerdem berechtigt, von jedem Steuerpflichtigen (§ 11) binnen einer von ihr festzusetzenden Frist, die mindestens zwei Wochen betragen muß, die Abgabe einer Besitzsteuererklärung zu verlangen.

Die Besitzsteuererklärung ist unter der Versicherung zu erstatten, daß die Angaben nach bestem Wissen und Gewissen gemacht sind.

§ 53. In der Besitzsteuererklärung hat der Steuerpflichtige seine Vermögensverhältnisse zu den in den §§ 18 bis 22 bezeichneten Zeitpunkten klarzulegen und zu diesem Zwecke nach näherer Bestimmung des Bundesrats das gesamte steuerbare Vermögen getrennt nach seinen einzelnen Bestandteilen unter Angabe ihres Wertes aufzuführen.

Soweit die Vermögenswerte sich nicht aus dem Nenn- oder Kurswert oder dem Betrage der geleisteten Zahlungen ergeben, kann der Steuerpflichtige sich in der Besitzsteuererklärung auf die tatsächlichen Mitteilungen beschränken, die er behufs Schätzung des Wertes beizubringen vermag.

§ 54. Der Steuerpflichtige kann zur Abgabe der Besitzsteuererklärung mit Geldstrafen bis zu fünfhundert Mark angehalten werden.

Dem Steuerpflichtigen, der die ihm nach § 52 obliegende Besitzsteuererklärung nicht rechtzeitig abgibt, kann ein Zuschlag von 5 bis 10 vom Hundert der rechtskräftig festgestellten Besitzsteuer auferlegt werden.

§ 55. Die Veranlagungsbehörde prüft die Angaben in der Besitzsteuererklärung und stellt, gegebenenfalls nach Vornahme der erforderlichen Ermittelungen, die Höhe des steuerbaren Vermögens fest.

§ 56. Die Steuerbehörde kann Zeugen und Sachverständige uneidlich vernehmen. Das Zeugnis oder Gutachten darf nur unter den Voraussetzungen verweigert werden, welche nach den Vorschriften der Zivilprozeßordnung (§§ 383 bis 385, 407, 408) zur Ablehnung eines Zeugnisses oder Gutachtens berechtigen.

Zeugen und Sachverständige können zur Abgabe des Zeugnisses oder Gutachtens mit Geldstrafen bis zu einhundertfünfzig Mark angehalten werden.

§ 57. Der Steuerpflichtige hat auf Erfordern die Höhe seines Vermögens nachzuweisen. Er ist insbesondere verpflichtet, der Steuerbehörde Wirtschafts- oder Geschäftsbücher, Verträge, Schuldverschreibungen, Zinsquittungen, Abrechnungen von Banken oder ähnlichen Unternehmungen und andere Schriftstücke, welche für die Besitzsteuerveranlagung von Bedeutung sind, zur Einsicht und Prüfung vorzulegen.

Die Einsichtnahme und Prüfung der Bücher und Schriftstücke des Steuerpflichtigen soll tunlichst in dessen Wohnung oder Geschäftsräumen erfolgen.

§ 58. Die Vorstände oder Geschäftsführer der im § 35 bezeichneten Gesellschaften, die ihren Sitz im Inland haben oder Vermögen im Inland besitzen, haben dem Steuerpflichtigen die erforderlichen Mitteilungen über den Wert seiner Aktien oder Gesellschaftsanteile zu machen.

Sie sind außerdem verpflichtet, der Steuerbehörde auf Verlangen binnen einer Frist von vier Wochen eine Nachweisung einzureichen, welche enthält:

1. die Höhe des Grundkapitals oder der Stammeinlagen,
2. den Betrag der in den vorausgegangenen drei Jahren jährlich verteilten Gewinne,
3. die tatsächlichen Mitteilungen, die sie zur Schätzung des Wertes der Aktien, Anteile oder Kuxe beizubringen vermögen.

Die Nachweisung ist mit der Versicherung zu versehen, daß die Angaben nach bestem Wissen und Gewissen gemacht sind.

Die Verpflichteten können zur Abgabe der Nachweisung mit Geldstrafen bis zu fünfhundert Mark angehalten werden.

§ 59. Die Vorschriften der §§ 52 bis 54, 57 gelten auch für den gesetzlichen Vertreter des Steuerpflichtigen hinsichtlich des seiner Verwaltung unterliegenden Vermögens.

§ 60. Die Kosten der Ermittelungen fallen dem Steuerpflichtigen zur Last, wenn der endgültig festgestellte Vermögenswert den vom Steuerpflichtigen angegebenen Wert um mehr als ein Drittel übersteigt oder wenn sich seine Angaben in wesentlichen Punkten als unrichtig erweisen oder wenn er trotz ergangener Aufforderung keine oder nur ungenügende Angaben über seine Vermögensverhältnisse gemacht hat.

§ 61. Den Steuerbehörden haben die Standesämter von den eingetretenen Sterbefällen, die Gerichte von den ergangenen Todeserklärungen Mitteilung zu machen.

§ 62. Innerhalb sechs Monaten nach dem Tode eines Steuerpflichtigen kann die Steuerbehörde von den Erben oder, falls ein Testamentsvollstrecker oder ein Nachlaßpfleger bestellt ist, von diesen Personen unter Hinweis auf die Strafvorschrift des § 81 die Vorlage eines Verzeichnisses über das vom Verstorbenen hinterlassene Kapital- und Betriebsvermögen (§ 2 Nr. 2, 3) verlangen.

Das Verzeichnis ist binnen vier Wochen nach Zustellung der Aufforderung der Steuerbehörde einzureichen und mit der Versicherung zu versehen, daß die Angaben nach bestem Wissen und Gewissen gemacht sind.

Die Pflicht zur Einreichung eines Verzeichnisses besteht nicht, wenn auf Grund des Erbschaftssteuergesetzes vom 3. Juni 1906 eine den gesamten Nachlaß umfassende Erbschaftssteuererklärung zu erstatten ist.

Die im Abs. 1 genannten Personen können zur Erfüllung der ihnen hiernach obliegenden Verpflichtung mit Geldstrafen bis zu einhundertfünfzig Mark angehalten werden.

§ 63. Die Reichs-, Staats- und Gemeindebehörden sind verpflichtet, den Steuerbehörden auf Ersuchen aus Büchern, Akten, Urkunden usw. Auskunft über die Vermögensverhältnisse des Steuerpflichtigen zu erteilen oder ihnen Einsicht in solche, die Vermögensverhältnisse betreffenden Bücher, Akten, Urkunden usw. zu gestatten.

Den Notaren liegt diese Pflicht nur ob hinsichtlich der einen Nachlaß betreffenden Verhandlung oder soweit sie durch sonstige Vorschriften begründet ist.

Eine Auskunftspflicht besteht nicht für die Postbehörden, für die Verwaltung der Schuldbücher öffentlicher Körperschaften sowie für die Verwaltung öffentlicher Sparkassen und anderer mit der Verwaltung und Verwahrung fremden Vermögens befaßter öffentlicher Anstalten.

§ 64. Beamte, Angestellte und ehrenamtliche Mitglieder von Behörden, welche im Verfahren zur Veranlagung der Besitzsteuer dienstlich Kenntnis von den Vermögens-, Erwerbs- oder Einkommensverhältnissen eines Steuerpflichtigen erhalten, sind zu ihrer Geheimhaltung verpflichtet. Die Besitzsteuererklärungen sind unter Verschluß aufzubewahren und dürfen ebenso wie die sonstigen Verhandlungen im Veranlagungsverfahren nur zur Kenntnis der durch Eid zu ihrer Geheimhaltung Verpflichteten gelangen. Sie dürfen anderen Behörden nur zum Zwecke der Veranlagung und Erhebung von öffentlichen Abgaben mitgeteilt werden. Bestehen für Landessteuern gleiche oder ähnliche Vorschriften, so steht dies der Mitteilung von Veranlagungsmerkmalen an die Besitzsteuerämter nicht entgegen.

Besitzsteuer- und Feststellungsbescheid.

§ 65. Ergibt die Vergleichung der Vermögensfeststellungen einen steuerpflichtigen Vermögenszuwachs, so erteilt die Veranlagungsbehörde dem Steuerpflichtigen einen Bescheid über den Gesamtbetrag der zu zahlenden Steuer und über die für eine spätere Veranlagung maßgebende Vermögensfeststellung (Steuerbescheid); ergibt sich dagegen kein oder nur ein steuerfreier Vermögenszuwachs, so ist dem Steuerpflichtigen mit einem Vermögen von mehr als zwanzigtausend Mark ein Bescheid über den für eine künftige Veranlagung maßgebenden Vermögensstand zu erteilen, sofern dieser nicht bereits rechtskräftig feststeht (Feststellungsbescheid).

Der Steuer- und der Feststellungsbescheid enthält eine Belehrung über die gegen den Bescheid zulässigen Rechtsmittel, der Steuerbescheid enthält außerdem eine Anweisung zur Entrichtung der Steuer in den gesetzlichen Teilbeträgen zu den bestimmten Zahlungsfristen. Dem Steuerpflichtigen sind die Berechnungsgrundlagen der angeforderten Steuer mitzuteilen und die Punkte zu bezeichnen, in welchen von der Besitzsteuererklärung abgewichen worden ist.

Rechtsmittel.

§ 66. Die gegen den Steuer- und den Feststellungsbescheid zulässigen Rechtsmittel, die Rechtsmittelfristen und das Rechtsmittelverfahren werden durch die Landesgesetzgebung geregelt. Bis zum Inkrafttreten des Landesgesetzes sind nach näherer Bestimmung der Landesregierung gegen den Steuer- und den Feststellungsbescheid die Rechtsmittel zulässig, welche den Steuerpflichtigen nach Landesrecht gegen die Veranlagung zu einer direkten Staatssteuer zustehen.

Das Rechtsmittelverfahren (Abs. 1) muß derartig geordnet sein, daß der Steuerpflichtige nacheinander mindestens zwei Rechtsmittelinstanzen anrufen kann und daß ihm die Möglichkeit offensteht, entweder die endgültige Entscheidung eines obersten Verwaltungsgerichts oder einer einem obersten Verwaltungsgerichte gesetzlich gleichgeordneten Rechtsinstanz herbeizuführen oder die Klage im ordentlichen Rechtsweg zu erheben.

Wird keine oder eine falsche Rechtsmittelbelehrung erteilt, so wird die Rechtsmittelfrist nicht in Lauf gesetzt, doch ist ein von dem Steuerpflichtigen eingelegtes Rechtsmittel nicht aus diesem Grunde unzulässig.

§ 67. Erfolgt die Veranlagung zur Besitzsteuer durch eine kollegiale Behörde, so stehen die Rechtsmittel gegen den Steuerbescheid auch dem Vorsitzenden dieser Behörde zu.

§ 68. Wohnt weder der Steuerpflichtige noch ein Vertreter des Steuerpflichtigen im Inland, so ist der Steuerpflichtige gehalten, eine im Inland wohnende Person zum Empfange der für ihn bestimmten Schriftstücke in Besitzsteuerangelegenheiten zu bevollmächtigen. Ist die Benennung eines Zustellungsbevollmächtigten unterblieben, so gilt die Zustellung eines Schriftstücks mit der Aufgabe zur Post als bewirkt, selbst wenn die Sendung als unbestellbar zurückkommt.

§ 69. Durch die Einlegung eines Rechtsmittels wird die Erhebung der veranlagten Steuer zu den gesetzlichen Zahlungsfristen nicht aufgehalten. Die auf Grund rechtskräftiger Entscheidung zu erstattenden Steuern sind mit 4 vom Hundert für das Jahr zu verzinsen.

Fälligkeit der Steuer.

§ 70. Der Jahresbetrag der Steuer (§ 24) ist nach näherer Bestimmung der obersten Landesfinanzbehörde in gleichen Halbjahrs- oder Vierteljahrsteilen zu zahlen.

Bleibt der Einzelbetrag der Steuer unter 5 Mark, so ist der Jahresbetrag der Steuer auf einmal zu entrichten.

Die oberste Landesfinanzbehörde bestimmt den Tag, an dem die Einzelbeträge der Steuer fällig werden.

Die Einzelbeträge der Steuer sind auf 10 Pfennig nach oben abzurunden.

Der Steuerpflichtige ist berechtigt, die Steuer für den Rest des ganzen Erhebungszeitraums im voraus zu bezahlen.

§ 71. Würde die Einziehung der Steuer zu den gesetzlichen Zahlungsfristen mit einer erheblichen Härte für den Steuerpflichtigen verbunden sein, so kann die Steuer bis zum Ablauf von drei Jahren gestundet, auch die Entrichtung in Teilbeträgen bis zum Ende des nächsten Erhebungszeitraums (§ 24) gestattet werden.

Die Stundung kann von einer angemessenen Sicherheitsleistung abhängig gemacht werden.

Die Stundungsbewilligung wird zurückgenommen, wenn die

Voraussetzungen hierfür weggefallen sind oder wenn eine nachträglich verlangte Sicherheit nicht geleistet wird.

§ 72. Ist der Steuerpflichtige ein Deutscher, so ist zum Zwecke der Einziehung der Besitzsteuer die Zwangsversteigerung eines Grundstücks ohne seine Zustimmung nicht zulässig.

§ 73. Ist die Veranlagung zu Unrecht unterblieben, so wird dadurch die Pflicht zur Zahlung der Besitzsteuer nicht berührt. Eine Neuveranlagung hat zu erfolgen, wenn nachträglich neue Tatsachen und Beweismittel bekannt werden, die eine höhere Veranlagung des Steuerpflichtigen rechtfertigen.

§ 74. Stirbt der Steuerpflichtige innerhalb eines Erhebungszeitraums oder fällt die Steuerpflicht auf andere Weise weg, so wird dadurch die Verbindlichkeit zur Entrichtung der bei Wegfall der Steuerpflicht noch nicht fälligen Teilbeträge nicht berührt.

Wird im Falle des § 14 die Ehe innerhalb des Erhebungszeitraums aufgelöst oder fällt die Voraussetzung für die Zusammenrechnung des Vermögens weg, so sind die Ehegatten oder deren Erben zur Zahlung der noch nicht fälligen Teilbeträge der Steuer nach dem Verhältnis ihres Anteils an dem steuerpflichtigen Vermögenszuwachs verpflichtet.

Verjährung.

§ 75. Der Anspruch der Staatskasse auf die Besitzsteuer verjährt in vier Jahren. Die Frist beginnt mit dem Schlusse des Jahres, in welchem die Steuerbeträge fällig geworden sind, im Falle der Sicherheitsleistung für die Steuer jedoch nicht vor dem Ablauf des Jahres, in welchem die Sicherheit erlischt.

Strafvorschriften.

§ 76. Wer als Steuerpflichtiger oder als Vertreter eines Steuerpflichtigen wissentlich der Steuerbehörde unrichtige oder unvollständige Angaben macht, die geeignet sind, eine Verkürzung der Besitzsteuer herbeizuführen, wird mit einer Geldstrafe bis zum zwanzigfachen Betrage der gefährdeten Steuer bestraft.

§ 77. In den Fällen des § 76 kann neben der Geldstrafe auf Gefängnis bis zu sechs Monaten erkannt werden, wenn die unrichtigen oder unvollständigen Angaben in der Absicht, die Besitzsteuer zu hinterziehen, gemacht worden sind und wenn der Steuerbetrag, der durch die unrichtigen oder unvollständigen Angaben gefährdet worden ist, nicht weniger als 10 vom Hundert der geschuldeten Steuer, mindestens aber dreihundert Mark ausmacht, oder wenn der Steuerpflichtige wegen Besitzsteuerhinterziehung vorbestraft ist.

Bei einer Steuergefährdung der im Abs. 1 bezeichneten Art kann im Urteil angeordnet werden, daß die Bestrafung auf Kosten des Verurteilten öffentlich bekanntzumachen ist.

Besteht der Verdacht, daß eine Steuergefährdung der im Abs. 1 bezeichneten Art vorliegt, so hat die Steuerbehörde die Sache an die zuständige Staatsanwaltschaft abzugeben. Findet die Staatsanwaltschaft in einer an sie abgegebenen Sache, daß dieser Verdacht nicht hinreichend begründet ist, so kann sie die Sache zur weiteren Erledigung im Verwaltungsstrafverfahren an die Verwaltungsbehörde abgeben.

§ 78. Ist nach den obwaltenden Umständen anzunehmen, daß die unrichtigen oder unvollständigen Angaben, die geeignet sind, eine Verkürzung der Besitzsteuer herbeizuführen, nicht in der Absicht der Steuerhinterziehung gemacht worden sind, so tritt an Stelle der im § 76 vorgesehenen Strafe eine Ordnungsstrafe bis zu fünfhundert Mark.

§ 79. Straffrei bleibt, wer seine unrichtigen oder unvollständigen Angaben, bevor eine Anzeige erstattet oder eine Untersuchung gegen ihn eingeleitet ist, bei der Steuerbehörde berichtigt oder ergänzt und die gefährdete Steuer, soweit sie bereits fällig gewesen ist, entrichtet.

§ 80. Die Einziehung der Besitzsteuer erfolgt unabhängig von der Bestrafung.

§ 81. Wer in der nach § 58 Abs. 2 einzureichenden Nachweisung oder in dem nach § 62 einzureichenden Verzeichnis wissentlich unrichtige oder unvollständige Angaben macht, die geeignet sind, das Steueraufkommen zu gefährden, wird mit einer Geldstrafe bis zu dreitausend Mark bestraft.

Straffrei bleibt, wer seine unrichtigen oder unvollständigen Angaben, bevor eine Anzeige erstattet oder eine Untersuchung gegen ihn eingeleitet ist, bei der Steuerbehörde berichtigt oder ergänzt.

§ 82. Beamte, Angestellte und ehrenamtliche Mitglieder von Behörden sowie Sachverständige werden, wenn sie die zu ihrer dienstlichen oder amtlichen Kenntnis gelangten Vermögens-, Erwerbs- oder Einkommensverhältnisse eines Steuerpflichtigen, insbesondere auch den Inhalt einer Besitzsteuererklärung oder der über sie gepflogenen Verhandlungen unbefugt offenbaren, mit Geldstrafe bis zu fünfzehnhundert Mark oder mit Gefängnis bis zu drei Monaten bestraft.

Die Strafverfolgung tritt nur ein auf Antrag der obersten Landesfinanzbehörde oder des Steuerpflichtigen, dessen Interesse an der Geheimhaltung verletzt ist.

§ 83. Eine Ordnungsstrafe bis zu einhundertfünfzig Mark tritt ein bei Zuwiderhandlungen gegen die Vorschriften dieses Gesetzes oder die zu seiner Ausführung erlassenen Bestimmungen, die im Gesetze mit keiner besonderen Strafe bedroht sind.

§ 84. Die Umwandlung einer nicht beizutreibenden Geldstrafe in eine Freiheitsstrafe findet nicht statt.

Kosten.

§ 85. Das Verfahren in Besitzsteuerangelegenheiten ist vorbehaltlich der Vorschrift des § 60 kosten-, gebühren- und stempelfrei. Für das Rechtsmittel- und Strafverfahren bewendet es bei den sonst geltenden Vorschriften.

Schlußvorschriften.

§ 86. Die Bundesstaaten erhalten für die erste Veranlagung und Erhebung der Steuer zehn, später fünf vom Hundert ihrer Roheinnahme.

§ 87. Nach näherer Bestimmung des Bundesrats kann bis zum Ablauf des Rechnungsjahrs 1919 denjenigen Bundesstaaten, die zur Zeit der Verkündung dieses Gesetzes die Erbschaften in gerader absteigender Linie besteuern und bis zum Ablauf des Rechnungsjahrs 1916 eine der Mehrbelastung durch die Besitzsteuer angemessene Ermäßigung dieser Steuer einführen, der Ausfall an Erbschaftssteuer bis zum Betrag ihrer Durchschnittseinnahmen in den Rechnungsjahren 1913 bis 1915 aus dem Aufkommen an Besitzsteuer in ihrem Lande ersetzt werden.

Ferner kann in diesen Bundesstaaten unter gleichen Voraussetzungen der Vermögenszuwachs bei der erstmaligen Veranlagung der Besitzsteuer insoweit außer Betracht bleiben, als ein entsprechender Vermögensteil durch Erbgang in gerader absteigender Linie nach dem 31. Dezember 1913 erworben und zur Landessteuer herangezogen ist.

§ 88. Die Ausführungsbestimmungen zu diesem Gesetz erläßt der Bundesrat.

Urkundlich unter Unserer Höchsteigenhändigen Unterschrift und beigedrucktem Kaiserlichen Insiegel.

Gegeben Kiel, den 3. Juli 1913.

(L. S.) **Wilhelm.**

von Bethmann Hollweg.

Kriegssteuer-Ausführungsbestimmungen.

Bekanntmachung des Reichskanzlers vom 30. November 1916.
(Zentralblatt für das Deutsche Reich 1916 S. 461 ff.)

§§ 1—10 [Veranlagungsvorschriften für die Behörden].

§ 11. Der Abgabe nach § 9 Nr. 1 des Gesetzes unterliegt der auf den 31. Dezember 1916 oder der auf den gemäß § 12 Abs. 2 des Gesetzes maßgebenden früheren Zeitpunkt festzustellende Vermögenszuwachs.

Als Anfangsvermögen gilt das für die erstmalige Besitzsteuerveranlagung in Betracht kommende Anfangsvermögen.

Als Endvermögen gilt das nach dem Besitzsteuergesetze, gegebenenfalls jedoch abweichend hiervon gemäß § 6 des Kriegssteuergesetzes für den im Abs. 1 bezeichneten Zeitpunkt festgestellte, aber nicht abgerundete Vermögen, das dann nach Berücksichtigung der Abzüge gemäß § 3 des Kriegssteuergesetzes und der Hinzurechnungen gemäß §§ 4 und 5 des Kriegssteuergesetzes auf volle Tausende nach unten abgerundet wird (§ 7 des Kriegssteuergesetzes).

§ 12. Der nach § 16 des Besitzsteuergesetzes steuerfreie Vermögenszuwachs ist in der gleichen Weise wie bei der Besitzsteuer auch von der Abgabe nach § 9 Nr. 1 des Kriegssteuergesetzes freizulassen, insoweit nicht schon ein Abzug gemäß § 3 Abs. 1 Nr. 2 des Kriegssteuergesetzes stattfindet. Dagegen findet § 15 des Besitzsteuergesetzes keine Anwendung. Die Freilassung des aus einem Erbfall herrührenden Vermögenszuwachses erfolgt gemäß § 3 des Kriegssteuergesetzes.

§ 13. Der gemäß § 3 des Gesetzes abzuziehende Betrag ist unter Zugrundelegung des Vermögenswertes zur Zeit des Erwerbes, bei der Umwandlung von nicht steuerbarem Vermögen in steuerbares Vermögen unter Zugrundelegung des Vermögenswertes zur Zeit der Umwandlung zu berechnen.

Vermögensgegenstände, die auf eine der im § 3 Abs. 1 Nr. 1 und 3 des Gesetzes bezeichneten Arten erworben worden und im Endvermögen des Steuerpflichtigen noch enthalten sind, müssen für den Abzug gemäß § 3 des Gesetzes nach den gleichen Grundsätzen bewertet werden wie bei der Feststellung des Endvermögens.

§ 14. Für die Feststellung eines nach § 4 des Gesetzes dem Vermögen des Steuerpflichtigen hinzuzurechnenden Betrags sind die betreffenden Vermögensgegenstände nach den Grundsätzen zu bewerten, die anzuwenden gewesen wären, wenn die Hingabe nicht stattgefunden hätte.

Bei Vermögensübergaben (§ 3 Abs. 1 Nr. 3 und § 4 Abs. 1 des Gesetzes) mindert sich der abzuziehende oder hinzuzurechnende Betrag um den Wert etwaiger Gegenleistungen.

Zuwendungen von Gegenständen, die nicht zum steuerbaren Vermögen gehören, fallen weder unter § 3 Abs. 1 Nr. 3 noch unter § 4 des Gesetzes, dagegen sind sie unter den Voraussetzungen des § 5 des Gesetzes dem Vermögen des Zuwendenden hinzuzurechnen.

Schenkungen oder sonstige Vermögensübergaben (§ 3 Abs. 1 Nr. 3 des Gesetzes) sind, wenn der Zuwendende während des Veranlagungszeitraums gestorben ist, dem Vermögen der Erben nach § 4 des Gesetzes hinzuzurechnen.

§ 15. Die Anlegung in ausländischem Grund- oder Betriebsvermögen (§ 5 des Gesetzes) kann auch dadurch erfolgen, daß Gegenstände, die bisher zum steuerbaren Vermögen gehörten, durch Verbringung ins Ausland dem ausländischen Grund- oder Betriebsvermögen zugeführt werden, oder daß auf andere Weise bisher steuerbares Vermögen in nichtsteuerbares ausländisches Grund- oder Betriebsvermögen umgewandelt wird.

Ist der Betrag, der in ausländischem Grund- oder Betriebsvermögen angelegt oder zur Anschaffung anderer Gegenstände der im § 5 Abs. 1 des Gesetzes bezeichneten Art verwendet worden ist, nicht in einer Geldsumme ausgedrückt, so ist er nach dem Werte zu berechnen, den die zur Anlegung oder Anschaffung verwendeten Gegenstände gehabt haben.

Als erhebliche Wertminderung im Sinne des § 5 Abs. 2 Satz 2 des Gesetzes ist jedenfalls eine zeitweilige, auf vorübergehenden Umständen beruhende Wertminderung nicht anzusehen.

In Zweifelsfällen ist bei Beurteilung der Frage, ob es sich um einen Luxusgegenstand handelt oder nicht, entsprechend der mit der Gesetzesvorschrift verfolgten Absicht, denjenigen zu treffen, der sein Vermögen in wertvollen Gegenständen angelegt hat, um es der Besteuerung zu entziehen, dem Umstand Bedeutung beizumessen, daß der Gegenstand wieder ohne erhebliche Verluste veräußert werden kann.

§ 16. Wenn das Vermögen am Ende des Veranlagungszeitraums nach Berücksichtigung eines etwaigen Abzugs gemäß § 3 und der Hinzurechnungen nach §§ 4 und 5 des Gesetzes den abgerundeten Betrag von fünfzehntausend Mark nicht übersteigt (§ 8 Abs. 2 des Gesetzes), so genügt die Angabe des Steuerpflichtigen, daß das Anfangsvermögen den abgerundeten Betrag von zehntausend Mark nicht überschritten und die Vermögenszunahme mehr als dreitausend Mark betragen hat. Eine Feststellung des tatsächlich vorhanden gewesenen Anfangsvermögens ist in diesem Falle nicht erforderlich.

§ 17. Die Abgabe nach § 9 Nr. 2 des Kriegssteuergesetzes wird erhoben, wenn das nach dem Besitzsteuergesetz, also ohne Berücksichtigung der in den §§ 3 bis 7 des Kriegssteuergesetzes vorgesehenen Abweichungen, festgestellte Endvermögen mehr als neunzig vom Hundert des maßgebenden Anfangsvermögens (§ 11 Abs. 2) beträgt.

Der Abgabe nach § 9 Nr. 2 des Kriegssteuergesetzes unterliegt derjenige Vermögensteil, der sich als Unterschied ergibt zwischen einem Vermögen in Höhe von neunzig vom Hundert des Anfangsvermögens (Abs. 3) und zwischen dem nach den Vorschriften des Besitzsteuergesetzes für den 31. Dezember 1916 oder für den nach § 12 Abs. 2 des Kriegssteuergesetzes in Betracht kommenden Zeitpunkt festgestellten Vermögen nach Abzug des in ihm enthaltenen besitzsteuer- oder kriegsabgabepflichtigen Vermögenszuwachses (Abs. 4).

Für die Berechnung der Abgabe nach § 9 Nr. 2 ist gegebenenfalls dem maßgebenden, jedoch noch nicht abgerundeten Anfangsvermögen (§ 11 Abs. 2) der nach den §§ 15 und 16 des Besitzsteuergesetzes steuerfreie Vermögenszuwachs hinzuzurechnen. Die Abrundung auf volle Tausende hat dann nach Berücksichtigung dieser Hinzurechnungen zu erfolgen.

Von dem Endvermögen (Abs. 2) ist ein der Abgabe nach § 9 Nr. 1 des Kriegssteuergesetzes unterliegender Zuwachsbetrag insoweit nicht abzuziehen, als er sich nur infolge der Hinzurechnungen nach §§ 4 bis 6 des Kriegssteuergesetzes ergibt.

§ 18. Die Abgabe nach § 9 Nr. 1 und die Abgabe nach § 9 Nr. 2 des Kriegssteuergesetzes gilt für die Erhebung der Abgabe (§ 31 des Kriegssteuergesetzes) und für die Auferlegung eines Zuschlags (§ 54 Abs. 2) des Besitzsteuergesetzes, § 25 Abs. 2 des Kriegssteuergesetzes) als einheitlicher Abgabebetrag.

§ 19. Polizeibehörden, die von der Absicht eines Steuerpflichtigen, ins Ausland auszuwandern, oder von Tatsachen, die ihn der Gefährdung der Abgabeerhebung verdächtig machen, Kenntnis erhalten, haben hiervon dem zuständigen Besitzsteueramte Mitteilung zu machen. Der Reichskanzler bestimmt den Zeitpunkt des Außerkrafttretens dieser Vorschrift.

Das Besitzsteueramt hat alsbald die erforderlichen Ermittlungen vorzunehmen und, falls ein Anlaß hierzu besteht, die Sicherheitsleistung anzuordnen. Die Sicherheitsleistung ist gemäß § 12 Abs. 3 Satz 2 des Gesetzes zu erzwingen, falls der Steuerpflichtige nicht freiwillig anderweite ausreichende Sicherheit leistet. In welcher Art Sicherheit geleistet werden kann, richtet sich nach den landesrechtlichen Bestimmungen. Gegen die Verfügung steht dem Steuerpflichtigen die Verwaltungsbeschwerde offen. Die Beschwerde hat keine aufschiebende Wirkung.

Die Sicherheitsleistung ist in der letzten Spalte der Kriegssteuerliste zu vermerken.

Solange die Kaiserliche Verordnung, betreffend anderweite Regelung der Paßpflicht, vom 21. Juni 1916 (Reichs-Gesetzbl. S. 599) und die Bekanntmachung des Reichskanzlers, betreffend Ausführungsvorschriften zu der Paßverordnung, vom 24. Juni 1916 (Reichs-Gesetzbl. S. 601) in Kraft sind, haben die Paßbehörden in den Fällen, in denen nicht einwandfrei feststeht, daß eine Ausreise aus dem Reichsgebiete nicht in der Absicht vorgenommen werden soll, Vermögen der Steuerpflicht zu entziehen, eine Äußerung des zuständigen Besitzsteueramts einzuholen.

Ermittlung des abgabepflichtigen Mehrgewinns.

§ 20. Die Vorschriften des § 16 des Gesetzes gelten für die Feststellung des Geschäftsgewinns der Kriegsgeschäftsjahre und der Friedensgeschäftsjahre. Die in den genehmigten Abschlüssen ausgewiesenen Gewinne haben die Gesellschaften bis zum Nachweis der Unrichtigkeit der Abschlüsse gegen sich gelten zu lassen.

Die Anteile der Vorstandsmitglieder oder Geschäftsführer wie der sonstigen Beamten und Angestellten am Jahresgewinn, auf welche diese einen Rechtsanspruch haben, sind als abzugsfähige Betriebskosten anzusehen. Dagegen sind Vergütungen (Tantiemen) der Aufsichtsratsmitglieder, die von der Höhe des Reingewinns und von dessen Feststellung durch die Generalversammlung oder Gesellschafterversammlung abhängig sind, von dem Geschäftsgewinne nicht abzusetzen.

Sind Gesellschafter zu Geschäftsführern einer Gesellschaft mit beschränkter Haftung bestellt, so sind die ihnen zukommenden Gewinnanteile nur insoweit als abzugsfähige Betriebskosten zu behandeln, als sie sich als Entgelt für die auf Grund eines mit der Gesellschaft abgeschlossenen Dienstvertrags ausgeübte Tätigkeit als Geschäftsführer darstellen. Der Umstand, daß die Bestellung der Geschäftsführer im Gesellschaftsvertrage selbst erfolgt ist, schließt die Annahme eines Dienstvertragsverhältnisses nicht aus.

§ 21. Bei Gesellschaften mit beschränkter Haftung und eingetragenen Genossenschaften, die ausschließlich der gemeinschaftlichen Verwertung von Erzeugnissen der Gesellschafter oder Genossen oder dem gemeinschaftlichen Einkauf von Waren für die Gesellschafter oder Genossen dienen, gilt als Geschäftsgewinn im Sinne des Gesetzes nicht derjenige Teil des Reingewinns, der als Entgelt für die von den Gesellschaftern oder Genossen eingelieferten Erzeugnisse oder als Rückvergütung auf den Kaufpreis der von den Gesellschaftern oder Genossen bezogenen Waren anzusehen ist.

Ebenso scheidet bei Versicherungsgesellschaften für die Feststellung des Geschäftsgewinns im Sinne des Gesetzes derjenige Teil des Reingewinns aus, der auf die den Versicherten selbst als sogenannte Dividende zurückzugewährenden Prämienüberschüsse entfällt.

§ 22. Die Vorschrift im § 16 Abs. 1 Satz 2 des Gesetzes gilt nicht nur für die Abschreibungen, die durch unmittelbare Einstellung des wirklichen zeitigen Wertes in die Bilanz erfolgen, sondern auch für die Abschreibungen, die durch Ansetzung des ursprünglichen Wertes unter bilanzmäßiger Gegenüberstellung eines besonderen, die Wertverminderung darstellenden Kontos (Erneuerungs-, Delkrederekonto) erfolgen.

Inwieweit Abschreibungen einen angemessenen Ausgleich der Wertverminderung darstellen, ist unter Berücksichtigung der besonderen Verhältnisse des einzelnen Unternehmens, insbesondere auch unter Berücksichtigung der durch den Krieg und durch die spätere Überführung in die Friedenswirtschaft bedingten Veränderungen nach den Grundsätzen eines ordentlichen Kaufmanns zu beurteilen.

§ 23. Bei der Ermittlung des in den einzelnen Friedensjahren erzielten Geschäftsgewinns sind auch die Beträge zu berücksichtigen, die zur Deckung eines aus früheren Jahren herrührenden Verlustes verwendet worden sind. Ist eine Gesellschaft mit einer Unterbilanz in das erste Kriegsgeschäftsjahr eingetreten, so können die zur Beseitigung der Unterbilanz erforderlichen Beträge von dem Geschäftsgewinne der Kriegsgeschäftsjahre abgesetzt werden.

Für die Berechnung des in einem Kriegsgeschäftsjahr erzielten Geschäftsgewinns dürfen Vermögensgegenstände, insbesondere Warenvorräte, die in einem Kriegsgeschäftsjahre veräußert worden sind, anstatt mit dem Buchwerte der letzten Friedensbilanz, mit dem wirklichen Werte angesetzt werden, den sie zur Zeit der Aufstellung der letzten Friedensbilanz, jedoch zu keinem späteren Zeitpunkt als am 30. Juni 1914 gehabt haben. Es darf somit der Unterschied zwischen dem Buchwert und dem wirklichen Werte von dem Geschäftsgewinne des betreffenden Kriegsgeschäftsjahrs abgesetzt werden. Als Veräußerung im Sinne dieser Vorschrift gilt jedoch nicht die Veräußerung durch Tausch, Fusion oder einen ähnlichen Rechtsvorgang.

§ 24. Ist eine Gesellschaft im Laufe des vor dem ersten Kriegsgeschäftsjahre liegenden Jahres gegründet worden, so wird der im § 17 Abs. 4 des Gesetzes vorgesehene Mindestbetrag als Friedensgewinn nur dann zugrunde gelegt, wenn der in dem ersten Geschäftsjahr erzielte Geschäftsgewinn auf ein volles Jahr umgerechnet keinen höheren Betrag ergibt. Für die Berechnung des Friedensgewinns gemäß § 17 Abs. 1 des Gesetzes kommen dagegen nur volle Geschäftsjahre in Betracht.

Ist zur Fortführung desselben Unternehmens eine Gesellschaft der im § 13 des Gesetzes bezeichneten Art in eine andere Gesellschaft der im § 13 des Gesetzes bezeichneten Art umgewandelt worden, so sind für die Festsetzung des Friedensgewinns die Ergebnisse der Gesellschaft in der früheren Form mitzuberücksichtigen.

Auf Fusionen finden, soweit sie mit einer Kapitalvermehrung der aufnehmenden Gesellschaft verbunden sind, die Vorschriften des § 17 Abs. 2 und 5 des Gesetzes über Vermehrungen des Grund- oder Stammkapitals entsprechende Anwendung. Bei der Feststellung des der Gesellschaft tatsächlich zugeflossenen Kapitalbetrags sind Sacheinlagen mit ihrem gemeinen Werte zur Zeit der Fusion anzusetzen.

§ 25. Umfaßt ein Kriegsgeschäftsjahr einen kürzeren Zeitraum als zwölf Monate, so wird für die Berechnung des Mehrgewinns der Gewinn dieses Kriegsgeschäftsjahrs mit einem verhältnismäßigen Teilbetrage des Friedensgewinns verglichen.

Die Kriegsgeschäftsjahre einer Gesellschaft, deren erstes Kriegsgeschäftsjahr nicht zugleich ihr erstes Geschäftsjahr war, müssen einen Zeitraum von mindestens 36 Monaten umfassen. Ein bei Ablauf der 36 Monate noch laufendes Geschäftsjahr ist voll zu berücksichtigen, es sei denn, daß für den Zeitpunkt des Ablaufs der 36 Monate ein Geschäftsabschluß gemacht wird.

Wird eine Gesellschaft nach dem 1. August 1914, vor Ablauf des Zeitraums, der im Falle ihres Weiterbestehens in die Kriegsgeschäftsjahre hineinfallen würde, aufgelöst, so bleibt die Steuerpflicht für die Zeit bis zur Auflösung der Gesellschaft bestehen.

§ 26. Zu den wirklichen Reservekontenbeträgen (§ 19 des Gesetzes) gehören nur solche Bilanzposten, die ausweislich der Bilanz eine Kapitalsansammlung über den Betrag des Grundkapitals hinaus darzustellen bestimmt sind (z. B. der gesetzliche Reservefonds, freiwillige Reservefonds, Dividendenausgleichsfonds, Rückstellungen für künftige, möglicherweise eintretende Verluste oder Ausgaben), dagegen u. a. nicht Posten, die einen Ausgleich für die Wertminderung von Vermögensgegenständen der Gesellschaft darstellen sollen (z. B. Erneuerungsfonds) oder die zur Deckung bereits begründeter Verpflichtungen eingestellt sind, bei Versicherungsgesellschaften die Rücklagen für die Versicherungssummen und für die den Versicherten selbst als sogenannte Dividende zurückzugewährenden Prämienüberschüsse. Hierbei ist nicht die Benennung des Postens in der Bilanz, sondern seine aus dem Gesetze, der Satzung, den Geschäftsberichten, Generalversammlungsbeschlüssen und anderen Anhaltspunkten zu entnehmende Bestimmung maßgebend.

§§ 27—50 [Vorschriften für die Behörden über Berechnung, Erhebung, Vorauszahlung, Erstattung der Steuer usw.].

16*

Besitzsteuer-Ausführungsbestimmungen.

Bekanntmachung des Reichskanzlers vom 30. November 1916.
(Zentralblatt für das Deutsche Reich 1916, S. 414 ff.)

§§ 1—20 [Veranlagungsvorschriften für die Behörden].

Feststellung des Vermögenszuwachses.

§ 21. Der Vermögenszuwachs ergibt sich aus der Vergleichung des Vermögensstandes am Ende des Veranlagungszeitraums (Endvermögen) mit dem Vermögensstand am Anfang des Veranlagungszeitraums (Anfangsvermögen).

Als Anfang des Veranlagungszeitraums (§ 19 Abs. 1 des Gesetzes) gilt der 1. Januar 1914, wenn der Steuerpflichtige damals schon zu den im § 11 des Gesetzes aufgeführten Personen gehört hat, oder, wenn dies nicht der Fall war, der Zeitpunkt, an dem später die persönliche Steuerpflicht eingetreten ist.

Der Vermögensstand an dem im Abs. 2 bezeichneten Zeitpunkt ist als Anfangsvermögen so lange maßgebend, bis eine Besitzsteuer zu veranlagen ist. Ist es zu einer Besitzsteuerveranlagung gekommen, so ist das hierbei festgestellte Endvermögen später wieder so lange als Anfangsvermögen maßgebend, bis erneut eine Besitzsteuer zu veranlagen ist.

Ist die persönliche Steuerpflicht in der Folgezeit weggefallen und wird sie später neubegründet, so ist für die weitere Besitzsteuerveranlagung das zur Zeit der Neubegründung der persönlichen Steuerpflicht vorhandene Vermögen als Anfangsvermögen maßgebend.

§ 22. Bei der Besitzsteuerveranlagung ist in der Regel nur das Vermögen des Steuerpflichtigen für das Ende des Veranlagungszeitraums, erstmals für den 31. Dezember 1916 (§ 18 des Gesetzes), neu festzustellen.

Das Anfangsvermögen ist nur dann gleichzeitig mit der Ermittelung des Endvermögens nachträglich festzustellen, wenn eine rechtskräftige Feststellung durch Erteilung eines Veranlagungs- oder Feststellungsbescheids gemäß § 47 des Wehrbeitraggesetzes oder später durch Erteilung eines Steuer- oder Feststellungsbescheids gemäß § 65 des Besitzsteuergesetzes nicht stattgefunden hat.

Ist im Wege des aus Billigkeitsrücksichten gewährten gänzlichen oder teilweisen Erlasses des rechtskräftig veranlagten Wehrbeitrags oder der rechtskräftig veranlagten Besitzsteuer das Vermögen anderweit ermittelt, so ist nicht das rechtskräftig festgestellte Vermögen, sondern das anderweit ermittelte Vermögen als Anfangsvermögen maßgebend.

§ 23. Wenn das Vermögen am Ende des Veranlagungszeitraums den nach § 28 Abs. 3 des Gesetzes abgerundeten Betrag von dreißigtausend Mark nicht übersteigt, so genügt die Angabe des Steuerpflichtigen, daß die Vermögenszunahme während des Veranlagungszeitraums mehr als zehntausend Mark betragen hat. Eine Feststellung des tatsächlich vorhanden gewesenen Anfangsvermögens ist in diesem Falle nicht erforderlich.

Haben zu Beginn des Veranlagungszeitraums die abzugsfähigen Schulden und Lasten den Gesamtwert des Aktivvermögens überstiegen (§ 19 Abs. 2 des Gesetzes), so gilt das für den Schluß des Veranlagungszeitraums festgestellte Reinvermögen als Vermögenszuwachs.

§ 24. War jemand nur gemäß § 10 Nr. II des Wehrbeitraggesetzes beschränkt beitragspflichtig, dagegen schon seit dem 1. Januar 1914 gemäß § 11 Nr. I des Besitzsteuergesetzes unbeschränkt steuerpflichtig, so ist für den 1. Januar 1914 das damals vorhandene steuerbare Vermögen neu festzustellen. Maßgebendes Anfangsvermögen ist in diesem Falle das nachträglich für den 1. Januar 1914 festgestellte Vermögen, es sei denn, daß dieses niedriger ist als das früher festgestellte, gemäß § 10 Nr. II des Wehrbeitraggesetzes beitragspflichtige Vermögen.

Entsprechendes gilt, wenn später an Stelle der bisherigen beschränkten persönlichen Steuerpflicht (§ 11 Nr. II des Besitzsteuergesetzes) die unbeschränkte persönliche Steuerpflicht (§ 11 Nr. I des Besitzsteuergesetzes) tritt. Das für den Zeitpunkt des Eintritts der unbeschränkten Steuerpflicht neu festzustellende steuerbare Vermögen gilt dann als Anfangsvermögen, es sei denn, daß dieses niedriger ist als das früher festgestellte, schon von der beschränkten persönlichen Steuerpflicht erfaßte Vermögen.

§ 25. Im Sinne des § 23 Abs. 2 des Gesetzes gilt als der Besteuerung entzogen jedes Vermögen, das auf irgendeine Weise während des Veranlagungszeitraums aus steuerbarem Vermögen in nichtsteuerbares Vermögen umgewandelt worden ist.

§ 26. Ist das Vermögen von Ehegatten gemäß § 14 des Gesetzes für den Schluß des Veranlagungszeitraums zusammenzurechnen, ohne daß die Voraussetzungen der Zusammenrechnung für den Beginn des Veranlagungszeitraums gegeben sind, so ist als Anfangsvermögen maßgebend die Summe des für den Beginn des Veranlagungszeitraums festgestellten oder nachträglich zu ermittelnden Vermögens jedes der beiden Ehegatten.

War dagegen das Vermögen von Ehegatten früher zusammengerechnet worden (§ 13 des Wehrbeitraggesetzes, § 14 des Besitzsteuergesetzes) und sind die Voraussetzungen der Zusammenrechnung für den Schluß des Veranlagungszeitraums nicht mehr gegeben, so ist das Vermögen, das der betreffende Ehegatte bei

Beginn des Veranlagungszeitraums besessen hat, nachträglich zu ermitteln und als Anfangsvermögen zugrunde zu legen.

Die Ausscheidung der nach §§ 15 und 16 des Gesetzes steuerfreien Zuwachsbeträge hat in der Weise zu erfolgen, daß diese Beträge von dem noch nicht abgerundeten Endvermögen abgezogen werden.

Nach § 15 des Gesetzes steuerfrei ist der dem Anteil des überlebenden Ehegatten am Nachlaßvermögen entsprechende Teilbetrag desjenigen Vermögens, das als Anfangsvermögen gegolten hätte, wenn der verstorbene Ehegatte auf den Zeitpunkt seines Todes zur Besitzsteuer zu veranlagen gewesen wäre.

Ermittlung des Vermögenswerts.

§ 27. Der Ermittlung des Vermögenswerts ist, soweit das Gesetz nichts anderes vorschreibt, der gemeine Wert seiner einzelnen Bestandteile an dem für die Vermögensfeststellung maßgebenden Zeitpunkt zugrunde zu legen.

Der gemeine Wert (Verkaufs- oder Verkehrswert) wird durch den Preis bestimmt, der im gewöhnlichen Geschäftsverkehre nach der Beschaffenheit des Gegenstandes ohne Rücksicht auf ungewöhnliche oder lediglich persönliche Verhältnisse zu erzielen ist.

Ein Vermögensbestandteil, dessen Wert im ganzen zu ermitteln ist, umfaßt alle Gegenstände, die in einem wirtschaftlichen Zusammenhange zueinander stehen.

§ 28. Nach § 28 Abs. 2 des Gesetzes kann der Steuerpflichtige, unbeschadet der Nachprüfung nach § 57 des Gesetzes, verlangen, daß das in einem Betriebe, für welchen regelmäßige jährliche Abschlüsse stattfinden, angelegte Vermögen nach dem Bestand und Werte am Schlusse des letzten Wirtschafts- oder Rechnungsjahrs festgestellt wird. Die seit dem Schlusse des letzten Wirtschafts- oder Rechnungsjahrs bis zum gesetzlichen Stichtag eingetretenen Verschiebungen zwischen dem im Betrieb angelegten Vermögen und dem sonstigen Vermögen des Steuerpflichtigen sind zu berücksichtigen.

Die Anwendung des § 28 Abs. 2 des Gesetzes setzt eine ordnungsmäßige Buchführung voraus, ist aber nicht davon abhängig, daß der Steuerpflichtige zur Führung von Handelsbüchern gesetzlich verpflichtet ist.

Die Anwendung des § 28 Abs. 2 des Gesetzes darf nicht dazu führen, daß die Besitzsteuerveranlagung nur zwei Jahresabschlüsse erfassen würde.

Macht der Steuerpflichtige von dem Rechte nach Abs. 1 Gebrauch, so hat er der Steuererklärung den Abschluß für das letzte Wirtschafts- oder Rechnungsjahr beizufügen.

Bewertung der Grundstücke nach den Gestehungskosten.

§ 29. Grundstücke sind bei der Vermögensfeststellung auf Antrag des Steuerpflichtigen statt mit dem gemeinen Werte mit dem Betrage der nachgewiesenen oder glaubhaft gemachten Gestehungskosten anzusetzen.

Der Antrag kann bis zum Ablauf der mit der Zustellung des Steuer- oder des Feststellungsbescheids eröffneten Rechtsmittelfrist gestellt werden. Bei gleichzeitiger Feststellung des Anfangs- und Endvermögens kann der Antrag nicht auf eine Feststellung beschränkt werden.

§ 30. Die Gestehungskosten zerfallen in die Gestehungskosten beim Erwerb und in die weiteren Gestehungskosten während der Besitzzeit.

Zu den Gestehungskosten beim Erwerbe sind zu rechnen

1. der Gesamtwert der Gegenleistungen beim Erwerb (Erwerbspreis). Der Wert einer Gegenleistung ist erforderlichenfalls in entsprechender Anwendung der §§ 29, 34 ff. des Gesetzes festzusetzen;
2. die sonstigen Anschaffungskosten einschließlich der öffentlichen Abgaben und etwaiger Vermittlergebühren.

Zu den weiteren Gestehungskosten zählen alle auf das Grundstück gemachten besonderen Aufwendungen während der Besitzzeit, soweit sie nicht zu den laufenden Wirtschaftsausgaben gehören. Die Zurechnung zu den weiteren Gestehungskosten entfällt für solche Aufwendungen, durch die nicht mehr vorhandene Bauten und Verbesserungen hergestellt worden sind.

Von den Gestehungskosten (Abs. 2 und 3) sind die durch Verschlechterung entstandenen Wertminderungen abzuziehen (§ 30 Abs. 2 Satz 2 des Gesetzes). Als Verschlechterung ist jede Beeinträchtigung des Bestandes und der Beschaffenheit eines Grundstücks anzusehen, so daß auch Wertminderungen infolge Abnutzung, infolge mangelhafter Bodenbestellung oder Verringerung des lebenden und toten Inventars zu berücksichtigen sind. Eine Verschlechterung, die bereits nach Abs. 3 Satz 2 berücksichtigt worden ist, bleibt außer Betracht.

Wehrbeitragswert als Gestehungskosten.

§ 31. Für Grundstücke, die vor dem 1. Januar 1914 erworben worden sind, tritt an die Stelle der Gestehungskosten beim Erwerb und an die Stelle der bis zum 1. Januar 1914 zu berücksichtigenden weiteren Gestehungskosten während der Besitzzeit der bei der Veranlagung des Wehrbeitrags zugrunde gelegte Wert, so daß diesem nur die seit dem 1. Januar 1914 gemachten besonderen

Aufwendungen hinzuzurechnen und von ihm die seit dem 1. Januar 1914 durch Verschlechterung etwa entstandenen Wertminderungen abzuziehen sind.

Gemeiner Wert oder Ertragswert zur Zeit des Erwerbes als Gestehungskosten.

§ 32. Für Grundstücke, die seit dem 1. Januar 1914 durch eine der im § 31 Abs. 1 des Gesetzes bezeichneten Erwerbsarten erworben worden sind, tritt an die Stelle der Gestehungskosten beim Erwerbe (§ 30 Abs. 2) der gemeine Wert (Verkaufswert), soweit jedoch die Grundstücke dauernd land- oder forstwirtschaftlichen oder gärtnerischen Zwecken zu dienen bestimmt sind, oder soweit bebaute Grundstücke Wohnzwecken oder gewerblichen Zwecken zu dienen bestimmt sind, und ihre Bebauung und Benutzung der ortsüblichen Bebauung und Benutzung entspricht, der Ertragswert oder auf Antrag des Steuerpflichtigen ebenfalls der gemeine Wert zur Zeit des Erwerbes. Diesem Werte sind die seit dem Erwerbe gemachten besonderen Aufwendungen hinzuzurechnen, und es sind von ihm die etwa seit dem Erwerbe durch Verschlechterung entstandenen Wertminderungen abzuziehen.

§ 33. Für Grundstücke, die seit dem 1. Januar 1914 durch eine nicht unter § 31 Abs. 1 des Gesetzes fallende Erwerbsart zu einem Preise erworben worden sind, der um mehr als 10 vom Hundert hinter dem gemeinen Werte zur Zeit des Erwerbes, und soweit es sich um Grundstücke handelt, die unter der Voraussetzung des § 31 Abs. 1 des Gesetzes mit dem Ertragswert zu bewerten sind, zugleich auch hinter dem Ertragswert zur Zeit des Erwerbes zurückbleibt, tritt an die Stelle der Gestehungskosten beim Erwerbe (§ 30 Abs. 2) ebenfalls der gemeine Wert und bei den unter der Voraussetzung des § 31 Abs. 1 des Gesetzes mit dem Ertragswert zu bewertenden Grundstücken der Ertragswert oder auf Antrag des Steuerpflichtigen der gemeine Wert zur Zeit des Erwerbes. § 32 Satz 2 findet Anwendung.

Ermittlung des Ertragswerts (als Gestehungskosten).

§ 34. Zu den Grundstücken, die dauernd land- oder forstwirtschaftlichen oder gärtnerischen Zwecken zu dienen bestimmt sind (§ 31 des Gesetzes), sind land- oder forstwirtschaftlich oder gärtnerisch genutzte Grundstücke nicht mehr zu rechnen, deren gemeiner Wert schon zur Zeit des Erwerbes durch ihre Lage als Bauland oder als Land zu Verkehrszwecken bestimmt wird, oder bei denen nach den sonstigen Umständen, z. B. nach ihrer Lage und Beschaffenheit, ihrem Erwerbspreis oder ihrer Belastung, anzunehmen ist, daß sie in absehbarer Zeit anderen als land- oder forstwirtschaftlichen oder gärtnerischen Zwecken dienen werden.

Bebaute Grundstücke, die Wohnzwecken oder gewerblichen Zwecken zu dienen bestimmt sind, können nach dem Ertragswert gemäß § 31 des Gesetzes nur dann bewertet werden, wenn ihre Bebauung und Benutzung zur Zeit des Erwerbes der ortsüblichen Bebauung und Benutzung entspricht. Dies ist dann zu verneinen, wenn die Art der Benutzung und die Höhe der Aufwendungen für die Herstellung und Unterhaltung von baulichen und sonstigen Anlagen erkennen lassen, daß ein Grundstück außergewöhnlichen Zwecken, insbesondere dem Luxus des Besitzers, zu dienen bestimmt ist, oder wenn der gemeine Wert eines Grundstücks durch eine wirtschaftliche Verwertbarkeit bestimmt wird, die eine wesentlich andere Bebauung und Benutzung als die tatsächliche voraussetzt.

§§ 35—46 [Vorschriften über die Ermittelung des Ertragswertes bei land- oder forstwirtschaftlichen oder Gärtnereigrundstücken]. (Vgl. S. 36—38 der Erläuterungen).

Wertermittlung bei dem sonstigen Vermögen.

§ 47. Rechte der im § 6 Nr. 6 des Gesetzes bezeichneten Art sind dem steuerbaren Vermögen dann nicht zuzurechnen, wenn nach Eintritt des Versicherungsfalls § 7 des Gesetzes Anwendung finden würde.

§ 48. Bringt der Steuerpflichtige von dem Werte seiner mit Dividendenschein gehandelten Wertpapiere einen Gewinnbetrag in Abzug (§ 34 Abs. 2 des Gesetzes), so hat er die Wertpapiere, für welche der Abzug begehrt wird, nach Stückzahl oder Nennbetrag und Gattung besonders zu bezeichnen.

Auf Wertpapiere, die Bestandteil eines Betriebsvermögens sind, findet die Vorschrift des § 34 Abs. 2 des Gesetzes keine Anwendung.

§§ 49—82 [Vorschriften für die Behörden, Veranlagung, Berechnung, Erhebung, Stundung der Steuer usw.].

Zweiter Anhang.

Einleitung zu den Ergänzungsgesetzen.

Das Veranlagungsverfahren für die Erhebung der Abgabe auf Grund des Kriegssteuergesetzes vom $\frac{\text{21. Juni 1916}}{\text{17. Dezember 1916}}$ war bereits im Gange als die Regierung dem Reichstage am 19. Februar 1917 den Entwurf eines Gesetzes über die Erhebung eines Zuschlags zur Kriegssteuer überreichte. Auf der Suche nach neuen Einnahmen zum Zwecke der Balancierung des — von allen Kriegsausgaben freigestellten[1]) — Etats für 1917 war die Regierung nämlich auf den Gedanken gekommen, neben einer Kohlensteuer und einer Verkehrssteuer einen Zuschlag zur Kriegssteuer zu erheben. Dieser sollte 480 Millionen Mark liefern bei einem Gesamterfordernis an neuen Steuern in Höhe von 1250 Millionen Mark — hervorgerufen durch das ungefähr den gleichen Betrag ausmachende Mehr[2]) für die Verzinsung der Anleiheschuld. Während die aus der Kriegssteuer selbst eingehende Summe laut § 38 des Kriegssteuergesetzes nur im Notfalle zum Ausgleich der Rechnung für 1916, in erster Reihe aber zur Abminderung der Reichsschuld verwendet werden soll, ist, wie wir schon oben gesagt haben, der Zuschlag als unmittelbarer Einnahmeposten für den Etat für 1917 vorgesehen. Das ist nicht ohne weiteres gutzuheißen, weil dauernden Ausgaben, wie den Zinsen der Reichsschuld, dauernd fließende Einnahmequellen gegenübergestellt sein müßten. Für die Steuerpflichtigen bedeutete das Bekanntwerden des Gesetzentwurfes über die Erhebung eines Zuschlages, der mit den durch den Reichstag vorgenommenen Änderungen inzwischen Gesetz geworden ist, eine unliebsame Überraschung. Denn die Ausgabe, mit der die Steuerpflichtigen auf Grund des Kriegssteuergesetzes gerechnet hatten, erfuhr unerwartet eine wesentliche Steigerung; die Abgabesätze, die im § 9, § 19 und § 21 enthalten sind, werden erst in Verbindung mit den Bestimmungen des Zuschlags-

[1]) Vgl. die Erläuterungen zu § 38 des Kriegssteuergesetzes.

[2]) Der Reichstag hatte im Jahre 1916 24 Milliarden Mark Anleihekredite bewilligt, deren Verzinsung den Betrag von 1200 Millionen Mark übersteigt.

gesetzes für die Höhe des geschuldeten Steuerbetrages maßgebend.

Gleichzeitig mit dem „Entwurf eines Gesetzes über die Erhebung eines Zuschlages zur Kriegssteuer" brachte die Regierung den „Entwurf eines Gesetzes über Sicherung der Kriegssteuer" ein, der inzwischen ebenfalls Gesetz geworden ist.

Das Zuschlagsgesetz stellt eine nachträgliche Erhöhung der für die Steuerperiode 1914—1916 oder der für die drei ersten „Kriegsgeschäftsjahre" zu zahlenden Steuern dar; das Sicherungsgesetz trifft Sicherungsmaßregeln hinsichtlich der künftigen Kriegssteuer, für die juristischen Personen insbesondere hinsichtlich der Abgabe vom „Mehrgewinn" des vierten Kriegsgeschäftsjahres.

Begründet hat die Regierung den nachträglichen Zuschlag damit, daß durch die lange Dauer des Krieges die Kriegslasten „in einem im vorigen Jahre noch nicht übersehbaren Ausmaß angeschwollen sind". Dadurch rechtfertige sich die Forderung nach einer Erhöhung des Ausgleichs durch die reichsgesetzlich vorgesehene Sonderbesteuerung für diejenigen Personen und Unternehmungen, die aus den während der Kriegszeit sich vollziehenden großen Wertverschiebungen mit einer Verbesserung oder wenigstens ohne erhebliche Beeinträchtigung ihrer wirtschaftlichen Lage hervorgehen.

Zur Begründung des Sicherungsgesetzes wird im wesentlichen nur gesagt, daß die Erhebung der außerordentlichen Kriegsabgabe für einen weiteren Veranlagungszeitraum infolge der Fortdauer des Krieges ganz abgesehen von den geldlichen Bedürfnissen des Reichs schon ein Gebot der ausgleichenden Gerechtigkeit sei. Es empfehle sich, für die Ausgestaltung dieser Kriegsabgabe die Erfahrungen bei der Veranlagung auf Grund des Kriegssteuergesetzes vom 21. Juni 1916 zu verwerten und deshalb den Ausbau der Kriegssteuer selbst zunächst noch hinauszuschieben. Daraus aber ergebe sich die Notwendigkeit, gewisse Sicherungsmaßnahmen zu treffen, damit die spätere Abgabenerhebung nicht erschwert oder gefährdet werde.

Das „Gesetz über Sicherung der Kriegssteuer" lehnt sich äußerlich ziemlich eng an das in diesem Buche wiedergegebene und eingehend erläuterte Rücklagengesetz[1]) an. Ein wesentlicher Unterschied besteht darin, daß die steuerpflichtigen Gesellschaften gehalten sind, für das

[1]) Gesetz über vorbereitende Maßnahmen zur Besteuerung der Kriegsgewinne vom 24. Dezember 1915.

vierte Kriegsgeschäftsjahr 60% (für die drei ersten Kriegsgeschäftsjahre 50%) des gegenüber den Friedensgeschäftsjahren erzielten Mehrgewinnes in die Steuerreserve zu leiten. Dieser Mehrgewinn darf nicht mehr mit Mindergewinnen in den vorangegangenen Kriegsgeschäftsjahren ausgeglichen werden. Er wird im übrigen mit einer Ausnahme nach den Grundsätzen des Kriegssteuergesetzes vom 21. Juni 1916 berechnet. Die eine Ausnahme ist indes von ziemlich erheblicher Bedeutung. Nach dem Kriegssteuergesetz[1]) gehören nämlich Gewinnbeträge, die zu ausschließlich gemeinnützigen Zwecken bestimmt worden sind, und deren dauernde Verwendung zu solchen Zwecken gesichert ist, nicht zum steuerpflichtigen Mehrgewinn. Eine solche Vorschrift enthält das neue Steuersicherungsgesetz nicht, so daß die Kriegssteuer in der Folge auch die Ausgaben für gemeinnützige Zwecke, wozu auch Wohlfahrtseinrichtungen für die Angestellten und Arbeiter gehören können, erfaßt.

Im Gegensatz zu dem ersten Rücklagengesetz enthält der Gesetzentwurf über Sicherung der Kriegssteuer auch eine für Einzelpersonen geltende Bestimmung, die verhindern soll, daß sich jemand der künftigen Kriegssteuer durch Verlegung seines Aufenthaltes in das Ausland entzieht. Allerdings ist ein derartiges Bestreben schon durch die gegenwärtig geltenden Paßvorschriften erschwert; es ist aber im neuen Sicherungsgesetz die besondere Bestimmung vorgesehen, daß vor Verlegung des Wohnsitzes in das Ausland die Steuerbehörde von dem Abwandernden eine Sicherstellung für die spätere Kriegssteuer verlangen kann.

Gesetz über die Erhebung eines Zuschlages zur Kriegssteuer.

Vom 9. April 1917.

(RGBl. S. 349.)

§ 1

Zu der auf Grund des Kriegssteuergesetzes vom $\frac{\text{21. Juni 1916}}{\text{17. Dezember 1916}}$ (Reichs-Gesetzbl. S. 561 und 1407) ge-

---

[1]) Vgl. § 22 Abs. 1 des Kriegssteuergesetzes.

schuldeten außerordentlichen Kriegsabgabe wird zugunsten des Reichs ein Zuschlag in Höhe von 20 vom Hundert ihres Betrags erhoben.

Sofern das Gesamtvermögen des Steuerpflichtigen nach dem Stande vom 31. Dezember 1916 einhunderttausend Mark nicht übersteigt, ermäßigt sich auf Antrag des Steuerpflichtigen der Zuschlag

bei Steuerpflichtigen

mit mehr als 2 Kindern unter 18 Jahren auf 15 vom Hundert,

mit mehr als 3 Kindern unter 18 Jahren auf 10 vom Hundert,

mit mehr als 4 Kindern unter 18 Jahren auf 5 vom Hundert

und wird bei Steuerpflichtigen mit mehr als 5 Kindern unter 18 Jahren nicht erhoben. Dem Antrag ist nur stattzugeben, wenn er binnen einem Monat nach Zustellung des Steuerbescheids (§ 2 Satz 1) oder der nachträglichen Mitteilung (§ 2 Satz 2) gestellt wird.

Erläuterungen.

Die Bestimmung des § 1 Abs. 1, nach welcher zu der auf Grund des Kriegssteuergesetzes geschuldeten außerordentlichen Kriegsabgabe ein **Zuschlag in Höhe von 20%** erhoben wird, wird in ihrer Bedeutung durch die nachfolgenden Übersichten ohne weiteres klar. Der Zuschlag trifft **sowohl Einzelpersonen als auch juristische Personen** (Gesellschaften usw.). Er erfaßt bei den Einzelpersonen nicht nur die Abgabe vom **Vermögenszuwachs** (§ 9 Nr. 1 des Kriegssteuergesetzes), sondern auch die Abgabe vom **unverändert gebliebenen** oder (im Sinne des Kriegssteuergesetzes) **wenig veränderten Vermögen** (§ 9 Nr. 2 des Kriegssteuergesetzes). Wer in der Zeit vom 31. Dezember 1913 bis zum 31. Dezember 1916 — oder in dem für ihn maßgebenden Veranlagungszeitraum — gemäß den Bestimmungen des Kriegssteuergesetzes einen Vermögenszuwachs erzielt hat in Höhe von

10 000 ℳ	hat	ohne	Zuschlag	500	ℳ,	mit	Zuschlag	600	ℳ
15 000 „	„	„	„	1 000	„ ,	„	„	1 200	„
20 000 „	„	„	„	1 500	„ ,	„	„	1 800	„
25 000 „	„	„	„	2 250	„ ,	„	„	2 700	„
30 000 „	„	„	„	3 000	„ ,	„	„	3 600	„
35 000 „	„	„	„	4 000	„ ,	„	„	4 800	„
40 000 „	„	„	„	5 000	„ ,	„	„	6 000	„
45 000 „	„	„	„	6 000	„ ,	„	„	7 200	„
50 000 „	„	„	„	7 000	„ ,	„	„	8 400	„
60 000 „	„	„	„	9 500	„ ,	„	„	11 400	„
70 000 „	„	„	„	12 000	„ ,	„	„	14 400	„
80 000 „	„	„	„	14 500	„ ,	„	„	17 400	„
90 000 „	„	„	„	17 000	„ ,	„	„	20 400	„
100 000 „	„	„	„	19 500	„ ,	„	„	23 400	„
500 000 „	„	„	„	159 500	„ ,	„	„	191 400	„
1 000 000 „	„	„	„	374 500	„ ,	„	„	449 400	„

als Abgabe zu zahlen. Diese Abgabe betrifft nur den Zuwachs. Liegt ein solcher vor, so wird meistens neben der Abgabe vom Zuwachs die Abgabe vom unverändert gebliebenen Vermögen zu zahlen sein (vgl. die Erläuterungen zu § 9 des Kriegssteuergesetzes).

Die Abgabe nach § 9 Nr. 2 des Kriegssteuergesetzes beträgt unter Zugrundelegung eines Anfangsvermögens (Vermögensstandes am 31. Dezember 1913) von 100 000 ℳ

bei einem Endvermögen (Vermögensstand am 31. 12. 1916) von Mark	ohne Zuschlag Mark	einschließlich des Zuschlags Mark
100 000	100	120
99 000	90	108
98 000	80	96
97 000	70	84
96 000	60	72
95 000	50	60
94 000	40	48
93 000	30	36
92 000	20	24
91 000	10	12
90 000	—	—

Wenn also jemand z. B. am 31. Dezember 1913 ein Vermögen in Höhe von 100 000 ℳ, am 31. Dezember 1916 aber nur noch im Höhe von 95 000 ℳ gehabt hat, so beläuft sich seine Abgabe zuzüglich

Steuerbetrag für je 1000 ℳ Mehrgewinn

wenn der Mehrgewinn im Jahresdurchschnitte vom Grund- oder Stammkapital usw. beträgt vom Hundert	bei einem Grundsteuersatze von Prozenten des Mehrgewinns		wenn der durchschnittliche Geschäftsgewinn eines Kriegsgeschäftsjahrs im Verhältnis zum eingezahlten Grund- oder Stammkapital usw. beträgt											
			bis 8 vom Hundert (Steuersatz-Spalte 2)		über 8 bis 10 vom Hundert (Steuersatz-Spalte 2 + 10 vom Hundert = 1,1 fach)		über 10 bis 15 vom Hundert (Steuersatz-Spalte 2 + 20 vom Hundert = 1,2 fach)		über 15 bis 20 vom Hundert (Steuersatz-Spalte 2 + 30 vom Hundert = 1,3 fach)		über 20 bis 25 vom Hundert (Steuersatz-Spalte 2 + 40 vom Hundert = 1,4 fach)		über 25 vom Hundert (Steuersatz-Spalte 2 + 50 vom Hundert = 1,5 fach)	
1	2		3		4		5		6		7		8	
	a ohne Zuschlag	b mit Zuschlag	a ohne Zuschlag	b mit Zuschlag	a ohne Zuschlag	b mit Zuschlag	a ohne Zuschlag	b mit Zuschlag	a ohne Zuschlag	b mit Zuschlag	a ohne Zuschlag	b mit Zuschlag	a ohne Zuschlag	b mit Zuschlag
bis 2	10	12	100	120	110	132	120	144	130	156	140	168	150	180
über 2 bis 5	15	18	150	180	165	198	180	216	195	234	210	252	225	270
„ 5 „ 10	20	24	200	240	220	264	240	288	260	312	280	336	300	360
„ 10 „ 15	25	30	250	300	275	330	300	360	325	390	350	420	375	450
„ 15	30	36	300	360	330	396	360	432	390	468	420	504	450	540

Zuschlag auf 60 *M*. Hat sich hingegen das Vermögen in der gleichen Zeit gemäß den Bestimmungen des Kriegssteuergesetzes von 100 000 auf 110 000 *M* vermehrt, so beträgt die Abgabe zuzüglich Zuschlag vom Vermögenszuwachs 600 *M*, daneben die Abgabe vom unverändert gebliebenen Vermögensteil 120 *M*, die Gesamtabgabe mithin 720 *M*.

Die Höhe der von **inländischen Gesellschaften** zu zahlenden Kriegsabgabe (§ 19 Abs. 1 und 2 des Kriegssteuergesetzes) mit und ohne Zuschläge ist aus der Darstellung auf S. 255 ersichtlich.

Die Abgabe für **ausländische Gesellschaften** (und im Falle des § 19 Abs. 5 des Kriegssteuergesetzes auch für inländische Gesellschaften) beträgt:

bei einem Mehrgewinn im Jahresdurchschnitt von	nach § 21 des Kriegssteuergesetzes ohne Zuschlag vom Hundert des Mehrgewinns	mit Zuschlag vom Hundert des Mehrgewinns
nicht mehr als . . . . 20 000 *M*	10	12,0
mehr als 20 000 bis 40 000 „	12	14,4
„ „ 40 000 „ 60 000 „	14	16,8
„ „ 60 000 „ 80 000 „	16	19,2
„ „ 80 000 „ 100 000 „	18	21,6
„ „ 100 000 „ 120 000 „	20	24,0
„ „ 120 000 „ 140 000 „	22	26,4
„ „ 140 000 „ 160 000 „	24	28,8
„ „ 160 000 „ 180 000 „	26	31,2
„ „ 180 000 „ 200 000 „	28	33,6
„ „ 200 000 „ 250 000 „	30	36,0
„ „ 250 000 „ 500 000 „	40	48,0
„ „ 500 000 *M*	45	54,0

Es kann sich danach der Fall ereignen, daß die **Abgabe zuzüglich Zuschlag höher ist als der in der Kriegssteuerrücklage** angesammelte Betrag; denn in die letztere waren auf Grund des Rücklagengesetzes 50 % vom Mehrgewinn zu legen, während nach den obigen Übersichten die Steuerabgabe bis auf 54 % des Mehrgewinns steigt.

Für physische Personen sieht der § 1 Abs. 2 des Zuschlaggesetzes unter gewissen Voraussetzungen **Milderungen in bezug auf die Höhe des Zuschlags** vor. Hat nämlich der Steuerpflichtige (mit nicht mehr als 100 000 *M* Vermögen) mehr als 2 Kinder unter

18 Jahren, so braucht er statt 20 nur 15% Zuschlag zu zahlen, bei mehr als drei Kindern nur 10%, bei mehr als vier Kindern nur 5%, während bei mehr als fünf Kindern unter 18 Jahren der **Zuschlag überhaupt nicht erhoben wird.** Dabei ist besonders hervorzuheben, daß das „**Kinderprivileg**" **nur auf Antrag des Steuerpflichtigen** gewährt wird, der binnen einem Monat nach Zustellung des Steuerbescheids (vgl. § 3 Satz 1) oder der nachträglichen Mitteilung (vgl. § 3 Satz 2) gestellt wird. Der Antrag wird an dieselbe Stelle zu richten sein, von der der Steuerbescheid ausgeht. Diese wird dann in eine Ermittelung des Familienstandes eintreten müssen. Maßgebend wird das Alter der Kinder am 31. Dezember 1916 sein. Der Gesetzgeber spricht das zwar nicht besonders aus; da er aber den Vermögensstand vom 31. Dezember 1916 gelten läßt, ist es nur billig, wenn er auch als maßgeblichen Zeitpunkt für das Alter der Kinder den gleichen Stichtag annimmt. (Das Nähere hierüber dürften die Ausführungsbestimmungen des Bundesrats bringen.) Auch das Vorhandensein eigenen Vermögens der Kinder schließt die Geltendmachung des Kinderprivilegs nicht aus.

Das Gesetz spricht im § 2 Abs. 1 nur von „Kindern", ohne einen Unterschied zwischen ehelichen und **unehelichen Kindern** zu machen. Danach möchte man geneigt sein, das Kinderprivileg dem Steuerpflichtigen für eheliche sowohl wie für uneheliche Kinder zuzubilligen. Innere Gründe sprechen aber **gegen die** vorbehaltlose **Gleichstellung** der ehelichen mit den unehelichen Kindern in bezug auf das Privileg. Zu dem Abzuge sollen nämlich nach dem Gesetzeswortlaut die Kinder unter 18 Jahren berechtigen; der außereheliche Vater ist aber nach § 1708 des Bürgerlichen Gesetzbuchs — von besonderen Ausnahmefällen abgesehen — nur bis zum sechzehnten Lebensjahre des Kindes zur Unterhaltgewährung an das Kind verpflichtet. Dem Steuerpflichtigen ein Steuerprivileg für seine unter 18 Jahre alten unehelichen Kinder zu geben, wäre, soweit diese Kinder das sechzehnte Lebensjahr vollendet haben, ganz unbegründet, da diese Kinder eine finanzielle Belastung für den Vater nicht mehr bedeuten. Umgekehrt bedeuten die unehelichen Kinder unter 16 Jahren für die etwa steuerpflichtige Mutter wegen der Unterhaltspflicht des Vaters vielfach und jedenfalls grundsätzlich nicht die gleiche Belastung, wie die ehelichen Kinder, denen gegenüber, falls der Vater nicht lebt oder nicht zur Unterhaltung der Kinder imstande ist, die Mutter zur Unterhaltsgewährung verpflichtet ist. Das Gesetz hätte sich anders und klarer ausdrücken müssen, wenn es bezüglich des Kinderprivilegs eheliche und uneheliche Kinder hätte gleichstellen wollen. Man muß danach zu dem Ergebnis kommen, daß die **unehelichen Kinder**, falls sie nicht etwa durch nachfolgende Ehe oder sonst **legitimiert** worden sind, **nicht** zu dem Kinderprivileg berechtigen. Es steht möglicherweise zu erwarten, daß die Ausführungsbestimmungen des Bundesrats sich noch mit dieser Frage beschäftigen. Auch bezüglich der **adoptierten Kinder** wäre noch klar zu stellen, ob die Adoptiveltern oder die leiblichen Eltern zu der Anrechnung berechtigt sind. Innere Gründe dürften für das Anrechnungsrecht der Adoptiveltern sprechen; denn diese haben die finanzielle Last der Erziehung und den Unterhalt der Kinder zu tragen.

Die Kriegsabgabe der **Gesellschaften** und anderer juristischen Personen wird, laut § 28 Abs. 1 des Kriegssteuergesetzes, nach dem Gesamtergebnis der beiden ersten Kriegsgeschäftsjahre vorläufig und nach dem Gesamtergebnis aller Kriegsgeschäftsjahre endgültig festgesetzt. „Kriegsabgabe" der Gesellschaften usw. ist danach zunächst der **vorläufig festgesetzte Betrag**, und der Zuschlag wird zuerst von ihm erhoben. Zur endgültigen Kriegsabgabe tritt ebenfalls der **Zuschlag.** Ist die endgültige Abgabe zuzüglich Zuschlag größer als die vorläufig festgesetzte zuzüglich Zuschlag, so ist die Differenz nachzuzahlen. Ist die endgültige Abgabe zuzüglich Zuschlag kleiner als die vorläufig festgesetzte plus Zuschlag, so wird die Differenz dem Steuerpflichtigen erstattet. Beantwortet werden muß noch die Frage, ob eine Gesellschaft, die bereits die vorläufige Abgabe entrichtet hat, den Zuschlag zu dieser vor Festsetzung der endgültigen Abgabe nachzahlen muß. Zu einer Verneinung der Frage könnte man aus zwei Gründen kommen. Erstens deshalb, weil der weiter unten erläuterte § 5 des Zuschlagsgesetzes in seinem Abs. 1 besagt: „Der Zuschlag wird mit der Abgabe zu den gleichen Fristen und Teilbeträgen erhoben"; und zweitens deshalb, weil laut § 28 Abs. 2 des Kriegssteuergesetzes der pflichtigen Gesellschaft nach Entrichtung der vorläufig festgesetzten Abgabe die freie Verfügung über die für die beiden ersten Kriegsgeschäftsjahre gebildete Sonderrücklage zusteht. Es könnte mithin eine Gesellschaft, die entsprechend über die Sonderrücklage verfügt hat, genötigt sein, auf ihre Betriebsmittel zurückzugreifen, während ein Grundgedanke des Rücklagengesetzes in Verbindung mit dem Kriegssteuergesetze der ist, daß die Abgabe aus der Rücklage bezahlt werden soll. Aber dieses Prinzip ist, wie wir oben gezeigt haben, bereits in einem anderen Punkte aufgegeben worden: Die Abgabe kann zuzüglich Zuschlag in manchen Fällen den in der Kriegssteuerrücklage angesammelten Betrag überschreiten. Auch die Fassung des § 5 Abs. 1 läßt es nach unserer Meinung **nicht ausgeschlossen** erscheinen, daß der **Zuschlag** zur vorläufig ermittelten Abgabe nachträglich **für sich**, und zwar **vor Feststellung der endgültigen Abgabe zu entrichten** ist; denn wenn die Worte „der Zuschlag wird mit der Abgabe zu den gleichen Fristen erhoben", den **Fälligkeitszeitpunkt** des Zuschlages mit dem der Abgabe zusammenlegen, so ist auf § 31 Abs. 2 des Kriegssteuergesetzes zu verweisen, wonach die vorläufig festgesetzte Kriegsabgabe der Gesellschaften drei Monate nach Zustellung des Bescheids zu entrichten ist. Erfolgt nun gemäß § 2 Satz 2 des Zuschlagsgesetzes die Festsetzung des Zuschlages durch eine nachträgliche Mitteilung, so wird der Zuschlag nachträglich zur gleichen Zeit fällig wie die Abgabe, oder wenn die Respektfrist von drei Monaten bereits verstrichen ist, sofort.

§ 2

Die Festsetzung des Zuschlags erfolgt durch den Steuerbescheid (§ 29 des Kriegssteuergesetzes). Ist ein Steuerbescheid ohne gleichzeitige Festsetzung des Zuschlags erteilt worden, so erfolgt die Festsetzung des Zuschlags durch eine nachträgliche Mitteilung des Besitzsteueramts an den Steuerpflichtigen.

Erläuterungen.

Durch den in Gemäßheit des § 29 des Kriegssteuergesetzes ergehenden **Steuerbescheid** erhält der Steuerpflichtige Mitteilung über die nach dem Kriegssteuergesetz geschuldete Abgabe. Durch denselben Bescheid soll nach dem vorliegenden § 2 des Zuschlagsgesetzes der auf seine Abgabe entfallende **Zuschlag** festgesetzt werden. In häufigen Fällen wird indes nach Inkrafttreten des Zuschlagsgesetzes der Steuerbescheid an den Pflichtigen bereits ergangen sein; dies wird namentlich für den Bescheid gelten, der die Abgabe vorläufig festsetzt (§ 29 Abs. 3 Kriegssteuergesetz). Auf diese Fälle nimmt der Satz 2 des § 2 Rücksicht. Ist danach ein — endgültiger oder vorläufiger — **Steuerbescheid ohne Festsetzung des Zuschlags** bereits erteilt worden, so geschieht die Festsetzung des Zuschlags durch eine **nachträgliche Mitteilung** des Besitzsteueramts (als der zuständigen Veranlagungsbehörde) an den Steuerpflichtigen.

Diese Mitteilung ist als Ergänzung des Steuerbescheids zu betrachten. Sie ist **nicht selbständig im Rechtsmittelwege anfechtbar**, sondern ihre Abänderung kann nur entweder (nach § 3) durch Anfechtung des Steuerbescheides, sowie im Berichtigungs-, Nach-, Neuveranlagungs- und Milderungsverfahren (letzteres nach § 36 Kriegssteuergesetz) bezüglich der Abgabe selber erfolgen, oder sie kann nach Maßgabe des § 4 (s. Erläuterungen dazu) durch **Verwaltungsbeschwerde** angefochten werden.

Die **Zahlungsfristen für den Zuschlag** sind dieselben wie für die Abgabe (§ 31 Kriegssteuergesetz). Erfolgt die Festsetzung des Zuschlags durch „nachträgliche Mitteilung", so wird der Zuschlag, falls die Fälligkeit der Abgabe in Gemäßheit des § 31 schon eingetreten ist, sofort, anderenfalls zusammen mit der Abgabe fällig.

§ 3

Wird die Kriegsabgabe im Rechtsmittel-, Berichtigungs-, Neu- oder Nachveranlagungsverfahren anderweit veranlagt, oder wird die Kriegsabgabe aus Billigkeitsgründen ermäßigt oder erlassen, so ist auch der Zuschlag entsprechend anderweit festzusetzen oder zu erlassen.

Erläuterungen.

Jede **Abänderung**, die die Kriegsabgabe aus einem der nach dem Kriegssteuergesetz zulässigen Gründe erfährt, **wirkt auf den Zuschlag zurück.** Das ergibt sich daraus, daß der Zuschlag in prozentua'er Beziehung zu der Hauptabgabe steht. Über die gegen den Kriegssteuerbescheid zulässigen Rechtsmittel ist in den Erläuterungen zu § 30 des Kriegssteuergesetzes das Erforderliche gesagt. Abänderungen der ursprünglich festgesetzten Abgabe im Berichtigungs- und Neu- oder Nachveranlagungsverfahren finden nach den Vorschriften des Besitzsteuergesetzes statt (vgl. Erläuterungen zu § 27 des Kriegssteuergesetzes). Wird auf Grund des Härteparagraphen (§ 36 Kriegssteuergesetz) der Steuerpflichtige von einem Teil der Abgabe oder von der ganzen Steuer befreit, so tritt eine entsprechende Befreiung auch von der Pflicht zur Zahlung des Zuschlags ein. Die entsprechende Befreiung vom Zuschlag muß dem Steuerpflichtigen zugleich mit dem Erlaß oder der anderweitigen Festsetzung der Abgabe mitgeteilt werden.

Zu bemerken ist noch, daß nicht nur eine im nachträglichen Verfahren eintretende Ermäßigung der Abgabe, sondern daß auch **eine nachträgliche Erhöhung der Steuer eine entsprechende Abänderung des Zuschlags** bedingt.

§ 4

Gegen die Festsetzung des Zuschlags steht dem Steuerpflichtigen nach näherer Bestimmung der obersten Landesfinanzbehörde nur die Anrufung der übergeordneten Verwaltungsbehörden offen.

Erläuterungen.

Da sich die Höhe des Zuschlages in der Regel rein rechnerisch aus der Kriegssteuerveranlagung ergibt, so wird, wie es in der amtlichen Erläuterung heißt, die Verwaltungsbeschwerde als ausreichender Rechtsschutz gegen die Festsetzung des Zuschlages anzuerkennen sein. Diese Auffassung läßt die Tatsache unberücksichtigt, daß die Ermäßigung der Steuer nach der Anzahl der Kinder Rechtsfragen entstehen lassen kann, für deren Entscheidung in letzter Instanz besser das Verwaltungsgericht als die höhere Verwaltungsbehörde berufen sein dürfte.

In Preußen steht dem Steuerpflichtigen die Beschwerde gegen die Zuschlagsfestsetzung ebenso wie gegen den Steuerbescheid an die **Berufungskommission** zu. Die **Entscheidung** dieser Kommission ist aber für den Zuschlag **bindend**, während über die Entscheidung betreffend den Steuerbescheid auch noch das Oberverwaltungsgericht angerufen werden kann (vgl. die Erläuterungen zu § 30 des Kriegssteuergesetzes).

§ 5

Der Zuschlag wird mit der Abgabe zu den gleichen Fristen und Teilbeträgen erhoben.

Die Vorschriften in § 25, § 31 Abs. 3 bis 5 und § 32 des Kriegssteuergesetzes gelten auch für die Entrichtung des Zuschlags.

Erläuterungen.

Die **Veranlagung und Erhebung** des Zuschlages erfolgt ebenso wie die Veranlagung und Erhebung der Kriegsabgabe selbst durch die in gleicher Weise für die Besitzsteuer zuständigen Behörden (vgl. die Erläuterungen zu § 25 des Kriegssteuergesetzes). Der Zuschlag wird mit der Abgabe zu den gleichen Fristen und Teilbeträgen erhoben (vgl. § 31 des Kriegssteuergesetzes und die Erläuterungen hierzu). Der Anspruch der Staatskasse verjährt in vier Jahren (Besitzsteuergesetz § 75). Bei der Entrichtung des Zuschlages werden ebenso wie bei der Entrichtung der Abgabe die **Kriegsanleihen des Deutschen Reiches** an Zahlungs Statt angenommen (§ 32 des Kriegssteuergesetzes). Die Entrichtung darf auch in den von der **Reichsbank ausgegebenen Zwischenscheinen** erfolgen, sofern der Umtausch der Zwischenscheine gegen Schuldverschreibungen noch nicht möglich war. Nach einer Verfügung des Reichskanzlers werden die mit 110—120% auslosbaren $4^1/_2$ proz. Schatzanweisungen der sechsten Kriegsanleihe zum Nennwerte angenommen. Das gleiche gilt von sämtlichen 5proz. Schuldverschreibungen und Schatzanweisungen des Reichs; während die älteren $4^1/_2$ proz. Schatzanweisungen zum Kurse von $96^1/_2$% angenommen werden.

Die Gesellschaften müssen den Zuschlag nicht nur zur endgültigen, sondern auch zur vorläufig festgestellten Abgabe — ermittelt auf Grund des Erträgnisses zweier Kriegsgeschäftsjahre — zahlen. Der Zuschlag zur provisorischen Abgabe wird, wie wir in den Erläuterungen zu § 1 näher gezeigt haben, falls die Abgabe selbst schon gezahlt worden ist, alsbald nachzuzahlen sein.

§ 6

Machen steuerpflichtige Einzelpersonen oder Gesellschaften glaubhaft, daß das Jahr, das auf den vom Kriegssteuergesetz erfaßten Zeitraum folgt, zu einer Vermögensminderung oder einem Mindergewinn in Höhe von mindestens einem Fünftel des steuerpflichtigen Vermögenszuwachses oder Mehrgewinns geführt hat oder führen wird, so ist auf ihren Antrag der Zuschlag bis auf weitere gesetzliche Regelung ohne Sicherheitsleistung zu stunden. Die bezahlte Kriegsabgabe sowie etwaige im neuen Jahr gemachte Zu-

wendungen zu kirchlichen, mildtätigen oder gemeinnützigen Zwecken sind hierbei nicht zu berücksichtigen.

Die Vorschrift im Abs. 1 findet keine Anwendung, wenn der Steuerpflichtige seinen Wohnsitz oder Aufenthalt ins Ausland verlegt hat.

Erläuterungen.

Der § 6 Abs. 1 enthält eine **Milderungsvorschrift** für solche steuerpflichtigen Einzelpersonen oder Gesellschaften, bei denen nach Ablauf des für die Kriegssteuer in Betracht kommenden Veranlagungszeitraums eine Verschlechterung der Verhältnisse eingetreten ist, die die Erhebung eines Zuschlages zu der auf Grund der günstigen Verhältnisse des Veranlagungszeitraums berechneten Abgabe unbillig erscheinen läßt. Die Milderung besteht zunächst nur in einer **Stundung des Zuschlages** ohne Sicherheitsleistung, wobei die weitere gesetzliche Regelung hinsichtlich des gestundeten Betrages vorbehalten bleibt. Wer die Milderung beansprucht, muß „glaubhaft machen", d. h. mit allen ihm verfügbaren Mitteln beim Steuergläubiger, also bei der Behörde, die an Gewißheit grenzende Wahrscheinlichkeit hervorrufen, daß das Jahr, das auf dem vom Kriegssteuergesetz erfaßten Zeitraum folgt — bei den Einzelpersonen im allgemeinen das Kalenderjahr 1917, bei den Gesellschaften im allgemeinen das vierte Kriegsgeschäftsjahr — eine Vermögensminderung oder einen Mindergewinn hervorgerufen hat oder hervorrufen wird. Die Vermögensminderung oder der Mindergewinn muß **mindestens ein Fünftel** des steuerpflichtigen Vermögenszuwachses oder Mehrgewinns betragen. Hat jemand z. B. am 31. Dezember 1913 ein Vermögen in Höhe von 100 000 *M* und am 31. Dezember 1916 ein Vermögen von 160 000 *M* gehabt, so muß er, um auf die Stundung des Zuschlags Anspruch zu gewinnen, glaubhaft machen, daß sein Vermögen bei Ablauf des Jahres 1917 nicht mehr als 148 000 *M* betragen wird. Hat z. B. eine Gesellschaft, deren Geschäftsjahr die Zeit vom 1. September bis zum 31. August nächsten Jahres umfaßt in den drei ersten Kriegsgeschäftsjahren gegenüber den Friedensgeschäftsjahren zusammen einen Mehrgewinn von 90 000 *M* erzielt, so muß sie glaubhaft machen, daß im vierten Kriegsgeschäftsjahre (1. September 1916 bis 31. August 1917) sich ein um mindestens 18 000 *M* geringerer Gewinn ergeben wird, als in den drei ersten Kriegsgeschäftsjahren zusammen. Bei der Feststellung des Vermögensbestandes oder voraussichtlichen Vermögensbestandes und ebenso bei der Feststellung des Mindergewinns oder vermutlichen Mindergewinns dürfen die für die Kriegsabgabe bezahlten oder zu zahlenden Summen **nicht berücksichtigt** werden. Das gleiche gilt für die **Zuwendungen zu kirchlichen, mildtätigen oder gemeinnützigen Zwecken.** Diese letzterwähnte Bestimmung bedeutet für Einzelpersonen eine Abweichung von den Vorschriften des § 4 des Kriegssteuergesetzes. Nach § 4 des Kriegssteuergesetzes sind nämlich Schenkungen dem Vermögen hinzuzurechnen, ausgenommen u. a. Zuwendungen zu kirchlichen, mildtätigen oder gemeinnützigen Zwecken. Hat jemand am 31. Dezember 1916 einen Vermögensbestand von 160000 ℳ gehabt, so brauchte er, wenn er am 1. Dezember 1916 einer Kirche 10000 ℳ zugewendet hat, gleichwohl am 31. Dezember 1916 sein Vermögen für die Zwecke des Kriegs(zuwachs)steuer nur mit 160000 ℳ anzugeben (bei einer anderen Schenkung mit 170000 ℳ). Hat derselbe Steuerpflichtige aber am 1. Februar 1917 wiederum 10000 ℳ der Kirche geschenkt, so darf er bei der Glaubhaftmachung der für 1917 zu erwartenden Vermögensminderung sich nicht auf diese Schenkung des Jahres 1917, als auf einen die Vermögensminderung herbeiführenden Betrag berufen. Das gleiche, was für kirchliche usw. Zuwendungen erst durch die Bestimmungen des § 6 des Zuschlagsgesetzes sich ergibt, gilt ohne weiteres (nach § 4 des Kriegssteuergesetzes) für allgemeine Schenkungen. Wer also eine Schenkung im Sinne des § 4 des Kriegssteuergesetzes im Jahre 1917 vorgenommen hat, darf sie nicht als Vermögensminderung betrachten.

Die Milderungs- d. h. Stundungsvorschrift findet keine Anwendung, wenn der Steuerpflichtige seinen **Wohnsitz oder Aufenthalt ins Ausland** verlegt hat. Der vorübergehende Aufenthalt im Auslande wird unter diese Bestimmung nicht fallen, doch kann, solange der Steuerpflichtige sich im Auslande befindet, das Stundungsrecht der Regel nach nicht beansprucht werden, da der Beweis, daß der Aufenthalt nur vorübergehend sein wird, von der Steuerbehörde nicht entgegengenommen zu werden braucht.

§ 7

Als Abgabe im Sinne von §§ 10, 11, § 28 Abs. 2, §§ 33, 34, 37 des Kriegssteuergesetzes gilt die Abgabe einschließlich des Zuschlags.

Von dem Gesamtaufkommen an Kriegsabgabe und Zuschlag gilt ein Sechstel als Aufkommen aus dem Zuschlag.

Erläuterungen.

Der Zuschlag wird in gewisser Hinsicht ohne weiteres als Abgabe angesehen. Dies nämlich erstens dann, wenn der § 10 des Kriegssteuergesetzes zur Anwendung kommt, der solchen Steuerpflichtigen, die Gesellschafter einer Gesellschaft mit beschränkter Haftung sind, ein Zugeständnis in der Richtung macht, daß unter gewissen im § 10 näher angegebenen Voraussetzungen ein Teil des Betrages der Abgabe unerhoben bleibt. Die Berechnungen, die laut § 10 hier anzustellen sind, beziehen sich auf Abgabe plus Zuschlag, die hier zu einem Ganzen werden. Das gleiche ist der Fall bei dem dem Inhaber eines Lehens, Fideikommisses oder Stammgutes eingeräumten Recht (§ 11 des Kriegssteuergesetzes), den Betrag der Abgabe aus dem Lehens-, Fideikommiß- oder Stammgutvermögen zu entnehmen. Eine Gesellschaft kann (§ 28 Abs. 2 des Kriegssteuergesetzes) über die für die beiden ersten Kriegsgeschäftsjahre gebildete Sonderrücklage erst dann frei verfügen, wenn sie die vorläufig festgesetzte Abgabe (vgl. die Erläuterungen zu § 1 des Zuschlagsgesetzes) zuzüglich Zuschlag entrichtet hat. Das heißt: Die **Kriegssteuerrücklage wird auch zugunsten des Zuschlags gesperrt.** Hier wird also auch der Zuschlag ohne weiteres als Abgabe angesehen. Auch als „gefährdete Abgabe" im Sinne des § 33 des Kriegssteuergesetzes soll die Abgabe einschließlich des Zuschlages gelten, ebenso soll für die Berechnung des im § 34 Abs. 1 des Kriegssteuergesetzes bestimmten Mindestbetrags der gefährdeten Abgabe der Zuschlag mitberechnet werden. Ist — so wird in der amtlichen Begründung hierzu noch bemerkt — das Vergehen der **Steuergefährdung** durch Abgabe unrichtiger oder unvollständiger Erklärungen bei dem Inkrafttreten dieses Gesetzes vollendet, so findet nach allgemeinen strafrechtlichen Grundsätzen (vgl. § 2 des Strafgesetzbuches) die durch den § 7 des Zuschlagsgesetzes herbeigeführte Strafverschärfung keine Anwendung. Die **den Bundesstaaten** durch § 37 des Kriegssteuergesetzes **gewährte Entschädigung** von $1/2$ vom Hundert ihrer Roheinnahmen aus der Kriegssteuer erstreckt sich auch auf das Aufkommen an Zuschlägen zur Kriegsabgabe.

Von dem Gesamtaufkommen des Reichs an Kriegsabgabe und Zuschlag gilt ein Sechstel — wie § 7 Abs. 2 besagt — als Aufkommen aus dem Zuschlag. Zum Verständnis dieser Bestimmung muß auf § 38 des Kriegssteuergesetzes verwiesen werden. Dieser lautet: „Die Einnahme aus der Kriegsabgabe ist ausschließlich zur Abminderung der Reichsschuld zu verwenden, soweit sie (d. h. die Kriegsabgabe) nicht nach dem Reichshaushaltsetat für das Rechnungsjahr 1916 zum Ausgleich des Ausfalls bei anderen Einnahmekapiteln erforderlich ist." Das bedeutet: Was aus der Kriegssteuer eingeht, wird in erster Reihe, wenn notwendig, zur Herstellung des Gleichgewichts im Etat für 1916 verwendet, der ganze Rest zur Minderung der Reichsschuld. Was aus dem Zuschlage eingeht, ist nicht zur Minderung der Reichsschuld bestimmt, sondern als Einnahmeposten im Etat für 1917. Nun ist die **genaue Trennung der Einnahme aus der Abgabe von der aus dem Zuschlage** durch die Bestimmung des § 7 Abs. 2 zur Erleichterung des Abrechnungsgeschäftes fallen gelassen worden. Nicht die wirkliche Einnahme aus dem Zuschlage, sondern der sechste Teil von dem Gesamtaufkommen an Kriegsabgabe und Zuschlag gilt als Aufkommen aus dem Zuschlag, wird also nicht zur Minderung der Reichsschuld, sondern als **Einnahme für den Etat von 1917** verwendet. Fünf Sechstel des Gesamtaufkommens werden in erster Reihe zur Herstellung des Gleichgewichts im Etat für 1916, in zweiter Reihe zur Abminderung der Reichsschuld verwendet. Die Sache wird also so behandelt, als ob der Zuschlag durchweg 20% betrage, während in Wirklichkeit durch § 1 und § 6 Milderungen zugelassen sind.

§ 8

Die Erhebung eines Zuschlags zur Kriegssteuer sowie die Sonderbesteuerung des Vermögenszuwachses, Mehreinkommens und Mehrgewinns für einen von der Kriegssteuer erfaßten Zeitraum durch die Bundesstaaten oder Gemeinden (Gemeindeverbände) ist unzulässig.

Erläuterungen.

Zur Begründung der im § 8 ausgesprochenen Bestimmung wurde seinerzeit in der Kommissionsberatung ausgeführt, daß man es für unzulässig halten müsse, wenn die **Bundesstaaten** auch an der Kriegsgewinnsteuer sich durch Erhebung von Zuschlägen beteiligen. Dagegen spreche schon das Wesen dieser Steuer als einer

Kriegssteuer, die in der Hauptsache aus den Kriegsgewinnen bezahlt werden, die aus den Aufträgen des Reichs flössen. (Die **Gemeinden oder Gemeindeverbände** dürfen gleichfalls keinen Zuschlag erheben.)

§ 9

Dieses Gesetz tritt am Tage seiner Verkündung in Kraft.

Urkundlich usw.

Gegeben usw.

Erläuterungen.

Das Gesetz ist vom 9. April 1917 datiert und **am 12. April 1917** im Reichsgesetzblatt ausgegeben worden. Es ist also an diesem Tage in Kraft getreten.

Gesetz über Sicherung der Kriegssteuer.

Vom 9. April 1917.

(RGBl. S. 351.)

§ 1

Die nach dem Kriegssteuergesetze vom 21. Juni 1916 (Reichs-Gesetzbl. S. 561) steuerpflichtigen Einzelpersonen haben vor einer Verlegung ihres Wohnsitzes oder Aufenthalts in das Ausland auf Verlangen der Steuerbehörde Sicherheit für eine künftige Kriegssteuer zu leisten. Die oberste Landesfinanzbehörde oder die von ihr bezeichnete Behörde bestimmt den Betrag der Sicherheit. Dieser Betrag kann nach den für die Einziehung öffentlicher Abgaben geltenden Vorschriften beigetrieben werden.

Die Vorschriften im Abs. 1 gelten auch, wenn Tatsachen vorliegen, welche die Annahme rechtfertigen, daß ein Steuerpflichtiger auf andere Weise, insbesondere durch Verbringung von Vermögen ins Ausland, die Beitreibung der künftigen Kriegssteuer gefährdet.

Verweigert ein sich im Ausland aufhaltender Steuerpflichtiger die Sicherheitsleistung, so kann sein im Inland befindliches Vermögen mit Beschlag belegt werden.

Erläuterungen.

Die Vorschrift enthält eine **Erweiterung der Sicherheitsleistungspflicht**, die im § 12 Abs. 3 und 4 des Kriegssteuergesetzes (s. Erläuterungen dazu) ausgesprochen ist. Nach diesem § 12 hat der Steuerpflichtige vor Verlegung seines Wohnsitzes oder Aufenthalts in das Ausland für die geschuldete Abgabe Sicherheit zu leisten. Voraussetzung für den Zwang zur Sicherheitsleistung nach dieser Vorschrift ist also, daß nach dem Kriegssteuergesetz bereits eine Steuerverpflichtung entstanden ist. Nach dem hier zu erörternden § 1 des neuen Sicherungsgesetzes entfällt diese Voraussetzung. Die Verpflichtung zur Sicherheitsleistung nach diesem Gesetz bezieht sich nämlich nicht auf bereits geschuldete, sondern auf **künftig zu entrichtende Steuerbeträge.** Der für später angekündigte Ausbau der Kriegssteuergesetzgebung wird erst ergeben, wer künftig die Abgabe zu zahlen hat, und welche Höhe sie haben wird. Ohne Rücksicht aber darauf, ob der Ausbau der Kriegssteuer bereits erfolgt ist oder nicht, kann nach dem neuen Sicherungsgesetz die Steuerbehörde (Besitzsteueramt, s. § 25 des Kriegssteuergesetzes und die Erläuterungen dazu) **verlangen**, daß steuerpflichtige **Einzelpersonen** vor einer Verlegung ihres Wohnsitzes oder Aufenthalts in das Ausland **Sicherheit für eine künftige Kriegssteuer** leisten.

Die Verpflichtung zur Sicherheitsleistung entsteht hier, abweichend vom Kriegssteuergesetz, bei der Abwanderung Steuerpflichtiger nicht von selbst, sondern nur, wenn die Steuerbehörde die Sicherheitsleistung **verlangt.** Diesem Verlangen muß vom Steuerpflichtigen entsprochen werden; eine Anfechtung der Entscheidung der Steuerbehörde über die Sicherheitsleistungspflicht ist nicht vorgesehen. Allerdings wird man gegen das Verlangen auf Sicherheitsleistung die **Einwendungen** geltend machen können, die sich aus dem Gesetz selber ergeben. Namentlich wird also der die Sicherheitsleistung verweigern dürfen, der nicht als „steuerpflichtige Einzelperson" in Betracht kommt. Wer für seine Person (oder für seine Ehefrau oder als Verwalter oder Nutznießer des Vermögens seiner minderjährigen Kinder) als steuerpflichtig zu gelten hat, wird, solange das neue Kriegssteuergesetz nicht ergangen ist, nach dem jetzt geltenden Steuergesetz (§§ 1, 2, 9) zu entscheiden sein. Kommt es zwischen dem auf Sicherheitsleistung in Anspruch Genommenen und der Steuerbehörde zu keiner Einigung, so muß nach Landesrecht eventuell im Verwaltungsstreitverfahren und, wenn in einem Bundesstaat ein solches nicht eingeführt ist, in dem statt dessen geltenden einfachen Verwaltungsverfahren der Streitfall entschieden werden.

Zunächst ist aber die **Steuerbehörde berechtigt, den Betrag** nach der für die Einziehung öffentlicher Abgaben geltenden Vorschriften **beizutreiben.** Es wird sich also im Streitfalle meistens um die Rückforderung der hinterlegten Sicherheit durch den seiner Meinung nach zu Unrecht in Anspruch genommenen Steuerpflichtigen handeln. Die Zulassung der Beitreibung nach dem für öffentliche Abgaben geltenden Vorschriften bedeutet, daß die Behörde das Verwaltungszwangsverfahren gegen den Steuerpflichtigen, der die Sicherheitsleistung verweigert, durchführen, d. h. den festgesetzten Sicherheitsbetrag im Wege des Zwanges ohne Urteil einziehen kann.

Darüber hinaus kann aber gegen den sich Weigernden unter Umständen auch die **schärfere Maßregel des Abs. 3** des § 1 ergriffen werden.

Nach dieser Vorschrift kann das **im Inland befindliche Vermögen** eines sich **im Ausland aufhaltenden Steuerpflichtigen**, der sich weigert, die Sicherheit zu leisten, mit **Beschlag belegt** werden. Diese Beschlagnahme entspricht der im § 12 Abs. 4 des Kriegssteuergesetzes für zulässig erklärten Maßregel, nur daß dort die Gefährdung oder Erschwerung der Veranlagung durch den im Ausland befindlichen Steuerpflichtigen die Voraussetzung für das Beschlagnahmerecht bildet, während nach dem neuen Sicherungsgesetz die **bloße Weigerung** des im Ausland sich aufhaltenden Steuerpflichtigen **ausreicht**, um die Beschlagnahme seines inländischen Vermögens zu rechtfertigen. Die Beschlagnahme dient der Erzwingung der Sicherheitsleistung, sie muß aufgehoben werden, wenn die verlangte Sicherheit geleistet worden ist.

Das Verlangen nach Sicherheitsleistung kann nach Abs. 2 des § 1 auch gestellt werden, wenn keine Abwanderung des Steuerpflichtigen beabsichtigt ist, sondern wenn **Tatsachen vorliegen**, die die **Annahme** rechtfertigen, daß ein Steuerpflichtiger auf andere Weise, insbesondere durch **Verbringung von Vermögen ins Ausland** die Beitreibung der **künftigen Kriegssteuer** gefährdet. Hält die Steuerbehörde eine solche Gefährdung für vorliegend, so kann sie die Sicherheitsleistung verlangen. In der Hauptsache sollen hier die Fälle getroffen werden, in denen Steuerpflichtige zur Vermeidung künftiger Kriegssteuerzahlungen **Vermögen ins Ausland** abzuschieben versuchen. Aber **auch andere Handlungen des Steuer-**

pflichtigen, die die Annahme einer Gefährdung der künftigen Steuerforderung gerechtfertigt erscheinen lassen, gehören hierher. (Vgl. Erläuterungen zu § 12 des Kriegssteuergesetzes.) Bestreitet der Steuerpflichtige, Grund zu der Annahme einer Gefährdung der künftigen Kriegssteuerbeitreibung gegeben zu haben, so kann die Behörde den Betrag dennoch zunächst im Verwaltungszwangsverfahren einziehen. Über die Berechtigung der zwangsweise erfolgten Hinterlegung müssen dann die einzelstaatlichen Verwaltungsgerichte oder Verwaltungsbehörden (je nach der landesrechtlichen Zuständigkeit) entscheiden. Bei Weigerungen kann aber gegen den **im Ausland** sich aufhaltenden Steuerpflichtigen ebenfalls die **Beschlagnahme des inländischen Vermögens** in Gemäßheit des Abs. 3 erfolgen.

Der **Betrag der Sicherheit** wird von der obersten Landesfinanzbehörde (Finanzministerium) oder durch die von ihr bezeichnete (Landes-) Behörde bestimmt. Die Bezeichnung der zuständigen Landesbehörden dürfte im Wege von Landesausführungsbestimmungen erfolgen. Er wird sich nach der voraussichtlichen Höhe der künftig zu zahlenden Abgabe richten.

Der § 1 des neuen Sicherungsgesetzes stellt in Verbindung mit dem § 12 des Kriegssteuergesetzes einen Teil der neuen **Auswanderungsgesetzgebung** dar, die durch den Krieg nötig geworden ist. Es handelt sich bei dieser Gesetzgebung um **Hemmungsvorschriften,** die zum Teil im steuerlichen Interesse ergangen sind. Die hier erörterten Bestimmungen des Kriegssteuerrechts werden noch ergänzt durch die Kaiserliche Verordnung betreffend anderweite **Regelung der Paßpflicht** (vom 21. Juni 1916) und die dazu erlassene Bekanntmachung des Reichskanzlers betreffend Ausführungsvorschriften zu der Paßverordnung (vom 24. Juni 1916). Im § 6 der ersterwähnten Verordnung wird mit Bezugnahme auf den durch die Verordnung eingeführten allgemeinen Paßzwang für Reisen ins Ausland bestimmt, daß der Reichskanzler über die **Voraussetzungen für die Ausstellung der Pässe und des Sichtvermerks** Verfahrensvorschriften erläßt; diese Vorschriften sind ergangen, und bestimmen im § 11d, daß die Ausstellung der Sichtvermerke für die **Ausreise versagt werden muß,** wenn der **Verdacht** besteht, daß die Ausreise aus dem Reichsgebiet in der Absicht vorgenommen werden soll, **Vermögen der Steuerpflicht zu entziehen.** Diese allgemeine Fassung ermöglicht die Anwendung des Paßverweigerungsrechtes auch auf die **Kriegssteuerflucht.**

§ 2

Die in den §§ 13, 20, 23 des Kriegssteuergesetzes vom 21. Juni 1916 bezeichneten Gesellschaften und juristischen Personen haben in eine neu zu bildende Kriegssteuerrücklage sechzig vom Hundert des in dem weiteren Kriegsgeschäftsjahr erzielten Mehrgewinns einzustellen.

Als weiteres Kriegsgeschäftsjahr gilt das auf die Kriegsgeschäftsjahre im Sinne des § 15 des Kriegssteuergesetzes folgende Geschäftsjahr.

Für die Berechnung des Mehrgewinns finden die Vorschriften im § 14 Abs. 1 und 2, §§ 16, 17, 18, 20, 23, 24 des Kriegssteuergesetzes Anwendung.

Hat der Reichskanzler mit Zustimmung des Bundesrats gemäß § 24 oder der Bundesrat gemäß § 36 des Kriegssteuergesetzes Anordnungen getroffen oder eine anderweite Berechnung des Mehrgewinns bewilligt, so gelten die Grundlagen dieser Berechnung auch für das neue Kriegsgeschäftsjahr.

Erläuterungen.

Der § 13 des Kriegssteuergesetzes vom 21. Juni 1916, auf den im § 2 des Sicherungsgesetzes Bezug genommen wird, nennt als **pflichtige Gesellschaften:** Inländische Aktiengesellschaften, Kommandit-Gesellschaften auf Aktien, Berggewerkschaften und andere Bergbau treibende Vereinigungen (letztere, sofern sie die Rechte juristischer Personen haben), Gesellschaften mit beschränkter Haftung und eingetragene Genossenschaften. Die Steuerpflicht dieser Gesellschaften und demgemäß, wie man folgern muß, auch die Sicherungspflicht dauert so lange, wie die Rechtspersönlichkeit der Gesellschaft besteht. Die **Liquidation**[1]) hebt die Steuer- und Sicherungspflicht nicht ohne weiteres auf. Für das Vorhandensein einer „**Berggewerkschaft**" ist notwendige Voraussetzung der Besitz von Bergwerkseigentum; daß aber wirklich Bergbau betrieben wird, ist nicht erforderlich. Auf „**andere Bergbau treibende Vereinigungen**" ist der § 13 des Kriegssteuergesetzes und damit auch der § 2 des Sicherungsgesetzes anwendbar, wenn es sich um juristische Personen handelt, die „Vereinigungen" sind, d. h. Vereine in Sinne des

[1]) Vgl. die Erläuterungen zu § 18 des Kriegssteuergesetzes.

Bürgerlichen Gesetzbuches und Bergbau treiben. Nicht pflichtig wären danach Vereinigungen, die Bergwerkseigentum besitzen, das Bergwerk aber verpachtet haben.

Der § 20 des Kriegssteuergesetzes, auf den im § 2 des Sicherungsgesetzes Bezug genommen wird, besagt, daß außer den in § 13 aufgeführten inländischen Gesellschaften auch Gesellschaften der dort erwähnten Art, die ihren **Sitz** (Hauptniederlassungsort) **im Auslande** haben, aber im Inlande einen Geschäftsbetrieb (Zweigniederlassung) unterhalten, abgabepflichtig sind. Diese ausländischen Gesellschaften werden also ebenso wie die inländischen sicherungspflichtig. Der Sicherungsbetrag wird aber nicht nach dem gesamten Geschäftsergebnis berechnet, sondern nur von dem auf den inländischen Geschäftsbetrieb entfallenden Mehrgewinn. Das ergibt sich aus § 2 Abs. 3 des Sicherungsgesetzes.

Der § 23 des Kriegssteuergesetzes, auf den im § 2 Abs. 1 des Sicherungsgesetzes Bezug genommen wird, besagt, daß nach näherer Bestimmung des Bundesrats auch **andere juristische Personen** (als die im § 13 und im § 20 genannten) pflichtig werden können.

Zusammenfassend ist danach zu bemerken: **sicherungspflichtig** werden auf Grund des § 2 des Sicherungsgesetzes in- und ausländische Gesellschaften (die letzteren für ihren inländischen Betrieb) und andere vom Bundesrat auf Grund besonderer Verfügung bestimmte juristische Personen. Voraussetzung der Sicherungspflicht ist aber, daß „in dem weiteren Kriegsgeschäftsjahr" — ein Ausdruck, über dessen Bedeutung weiter unten gesprochen wird — ein „Mehrgewinn" erzielt ist. Von diesem „Mehrgewinn" sind **sechzig vom Hundert in die Steuerrücklage** zu leiten. Dazu heißt es in der Begründung: „Da mit der längeren Dauer des Krieges seine Einwirkungen immer weiter und tiefer greifen, erscheint die Forderung noch einer Verschärfung der Kriegssteuer begründet. Deshalb sollen auch in dem neuen Geschäftsjahr nicht wie bisher 50, sondern 60 vom Hundert des Mehrgewinns der Kriegssteuerrücklage zugeführt werden."

„Weiteres Kriegsgeschäftsjahr" wird im allgemeinen das vierte Kriegsgeschäftsjahr im Sinne des § 15 des Kriegssteuergesetzes sein. Der Ausdruck „viertes Kriegsgeschäftsjahr" ist indes offenbar deshalb nicht gewählt worden, weil er für neugegründete Gesellschaften nicht zutreffend wäre.

In der Begründung zum Gesetzentwurf ist das Wort „Weiteres" durch „Neues" ersetzt und es heißt dort: Neues Geschäftsjahr, das einen kürzeren Zeitraum als einen solchen von zwölf Monaten nicht umfassen darf, ist wenn das Geschäftsjahr mit dem 31. August endet, das Geschäftsjahr vom 1. September 1916 bis 31. August 1917; wenn das Geschäftsjahr mit dem 30. September endet, das Geschäftsjahr vom 1. Oktober 1916 bis 30. September 1917 usw. — Es läßt sich danach folgende Zusammenstellung geben:

Wenn das Geschäftsjahr

vom	1. 1.—31. 12.	läuft,	so	gilt	als	weiteres	Kriegsjahr	1. 1. 1917—31. 12. 1917
„	1. 2.—31. 1.	„	„	„	„	„	„	1. 2. 1917—31. 1. 1918
„	1. 3.—28. 2.	„	„	„	„	„	„	1. 3. 1917—28. 2. 1918
„	1. 4.—31. 3.	„	„	„	„	„	„	1. 4. 1917—31. 3. 1918
„	1. 5.—30. 4.	„	„	„	„	„	„	1. 5. 1917—30. 4. 1918
„	1. 6.—31. 5.	„	„	„	„	„	„	1. 6. 1917—31. 5. 1918
„	1. 7.—30. 6.	„	„	„	„	„	„	1. 7. 1917—30. 6. 1918
„	1. 8.—31. 7.	„	„	„	„	„	„	1. 8. 1917—31. 7. 1918
„	1. 9.—31. 8.	„	„	„	„	„	„	1. 9. 1916—31. 8. 1917
„	1. 10.—30. 9.	„	„	„	„	„	„	1. 10. 1916—30. 9. 1917
„	1. 11.—31. 10.	„	„	„	„	„	„	1. 11. 1916—31. 10. 1917
„	1. 12.—30. 11.	„	„	„	„	„	„	1. 12. 1916—30. 11. 1917

Wenn eine Gesellschaft im „weiteren Kriegsgeschäftsjahr" ihr Geschäftsjahr ändert, so wird für sie als Sicherungsperiode gleichwohl die Zeit in Frage kommen, die ihr viertes (oder „neues") Kriegsgeschäftsjahr bilden würde, wenn die Änderung nicht vorgenommen worden wäre. Es würde sich also die Notwendigkeit ergeben, für die Zwecke der Kriegssteuersicherung eine besondere Bilanz aufzustellen. Eine Gesellschaft, deren Geschäftsjahr bisher mit dem Kalenderjahr zusammenfiel, beschließt im Jahre 1917, fortan das Geschäftsjahr auf die Zeit vom 1. Juli bis 30. Juni des nächsten Jahres zu verlegen. Sie müßte in diesem Falle gleichwohl die Sicherung auf Grund des im Kalenderjahr 1917 erzielten Mehrgewinnes vornehmen. Eine am 1. Juli 1917 neugegründete Gesellschaft, deren Geschäftsjahr das Kalenderjahr ist, kann als „weiteres Kriegsgeschäftsjahr" nur die Zeit vom 1. Juli 1917 bis 31. Dezember 1917 gelten lassen. Die in der Begründung enthaltene Bemerkung, daß das „neue Geschäftsjahr einen kürzeren Zeitraum als einen solchen von zwölf Monaten nicht umfassen darf", ist auf neugegründete Gesellschaften nicht ohne weiteres anwendbar. Hat z. B. die am 1. Juli 1917 neugegründete Gesellschaft, deren Geschäftsjahr das Kalenderjahr ist, in dem ersten, sechs Monate umfassenden Geschäftsjahr einen „Geschäftsgewinn"[1]) von 50000 *M* bei einem Aktienkapital von

[1]) Vgl. die Erläuterungen zu § 13 des Kriegssteuergesetzes.

1 Million Mark erzielt, so kommen für die Berechnung des Mehrgewinnes 30000 ℳ (6% von 1 Million Mark auf $^1/_2$ Jahr) in Abzug. Der „Mehrgewinn" wird mithin 20000 ℳ betragen. Von ihm sind 12000 ℳ als Sicherung zurückzustellen.

Die **Berechnung des „Mehrgewinnes"** erfolgt fast völlig nach den Vorschriften des Kriegssteuergesetzes vom 21. Juni 1916 (nicht des Gesetzes über vorbereitende Maßnahmen zur Besteuerung der Kriegsgewinne vom 24. Dezember 1915). Das ergibt sich aus der im 3. Absatz des § 2 des Sicherungsgesetzes erfolgten Anziehung der §§ 14 (Abs. 1 und 2), 16, 17, 18, 20, 23 und 24 des Kriegssteuergesetzes. Es kann von hier auf die in diesem Buche enthaltenen ausführlichen Erläuterungen zu den in Frage kommenden Paragraphen hingewiesen werden. Betont sei, daß als sog. Mindestfriedensgewinn sechs vom Hundert (und nicht fünf vom Hundert, wie im Rücklagengesetz von 1915 vorgesehen) gelten. Der § 14 Abs. 3 des Kriegssteuergesetzes, folgendermaßen lautend: „Bleibt der Geschäftsgewinn eines Kriegsgeschäftsjahres hinter dem durchschnittlichen früheren Geschäftsgewinn zurück, so darf der Mindergewinn mit dem Mehrgewinn anderer Kriegsgeschäftsjahre ausgeglichen werden", ist nicht auf das neue Sicherungsgesetz übertragen worden. Hierzu heißt es in der Begründung: „Nach dem Entwurf soll eine neue Kriegssteuerrücklage gebildet werden. Mit dem Ablauf des von dem Kriegssteuergesetze vom 21. Juni 1916 erfaßten Zeitraums wird ein neuer Veranlagungszeitraum beginnen. Es würde sachlich nicht gerechtfertigt und auch mit dem finanziellen Interesse des Reichs schwer verträglich sein, wenn **der Ausgleich eines Mindergewinnes mit einem Mehrgewinn** über einen Veranlagungszeitraum hinaus zugestanden würde."

Eine dem § 22 Abs. 1 entsprechende Bestimmung hat ebenfalls im Sicherungsgesetz keine Berücksichtigung gefunden. Danach werden also fortan ohne weiteres solche **Gewinnbeträge, die zu ausschließlich gemeinnützigen Zwecken** bestimmt sind, wie der übrige Geschäftsgewinn behandelt. Gemäß § 2 Abs. 4 des Sicherungsgesetzes gelten hingegen weiterhin, falls der Reichskanzler auf Grund des § 24 des Kriegssteuergesetzes oder der Bundesrat nach § 36 des Kriegssteuergesetzes **(Härteparagraph)** Anordnungen getroffen oder eine anderweite Berechnung des Mehrgewinns bewilligt hat, die Grundlagen dieser Berechnung auch für das weitere Kriegsgeschäftsjahr. Dabei wird Voraussetzung sein, daß die Gründe, die für die anderweite Berechnung maßgebend waren, fortdauern.

§ 3

Die Befreiung von der Verpflichtung zur Bildung einer Sonderrücklage gemäß § 7 des Gesetzes über vorbereitende Maßnahmen zur Besteuerung der Kriegsgewinne vom 24. Dezember 1915 (Reichs-Gesetzbl. S. 837) erstreckt sich auch auf das neue Kriegsgeschäftsjahr.

Erläuterungen.

Die Bestimmung des § 3 besagt, daß von der **Verpflichtung zur Bildung der Kriegssteuerrücklage** solche inländischen Gesellschaften **befreit** sind, die nach der Entscheidung des Bundesrats ausschließlich **gemeinnützigen Zwecken** dienen (vgl. hierzu die Erläuterungen zum Rücklagengesetz als Bestandteil der Erläuterungen zum § 13 des Kriegssteuergesetzes).

§ 4

Die Vorschriften im § 6 Abs. 2, § 8 Abs. 1 bis 3 und Abs. 5, § 9 des Gesetzes über vorbereitende Maßnahmen zur Besteuerung der Kriegsgewinne vom 24. Dezember 1915 gelten entsprechend auch für die neue Kriegssteuerrücklage.

Erläuterungen.

Gesellschaften, die ihren **Sitz im Auslande** haben, aber im Inland einen Geschäftsbetrieb unterhalten, müssen, wie sich schon aus den Erläuterungen zu § 2 ergibt, ebenfalls eine Sicherungsrücklage bilden, doch beschränkt sich die Pflicht auf den Mehrgewinn, der auf den inländischen Geschäftsbetrieb entfällt. Die Ausführung der durch das Gesetz begründeten Verpflichtung liegt den **Vorstehern der inländischen Niederlassungen** ob. Das wird durch den § 6 Abs. 2 des Rücklagengesetzes vom 24. Dezember 1915 ausgesprochen, auf dem der § 4 des Sicherungsgesetzes Bezug nimmt. Die Sonderrücklage ist (§ 8 Abs. 1 des Rücklagengesetzes) **der freien Verfügung** der — in- und ausländischen — Gesellschaften **entzogen**, getrennt von dem sonstigen Vermögen der Gesellschaften zu verwalten und in **Schuldverschreibungen des Deutschen Reichs oder eines Bundesstaats** anzulegen. Die Verwahrung und Verwaltung erfolgt, auch bei ausländischen Gesellschaften, im Inland.

Der Reichskanzler kann von den Vorschriften über Anlage und Verwaltung der Rücklage (§ 8 Abs. 2 des Rücklagengesetzes) Ausnahmen bewilligen. Die **Zinsen der Sonderrücklage** (§ 8 Abs. 3 des Rücklagengesetzes) fließen den sonstigen Einnahmen zu, sind also nicht in die Rücklage zu leiten, sondern können wie alle anderen Einnahmen der Gesellschaften behandelt werden. Die Sonderrücklage ist auch im Falle der Auflösung einer Gesellschaft **der freien Verfügung** (§ 8 Abs. 5 des Rücklagengesetzes) so lange **entzogen**, wie nicht durch das später zu erlassende Gesetz über die Besteuerung der Kriegsgewinne im vierten (oder „neuen") Kriegsgeschäftsjahre über ihre Verwendung Bestimmung getroffen ist. Die Mitglieder des Vorstandes, persönlich haftenden Gesellschafter, Repräsentanten, Geschäftsführer oder Liquidatoren der sicherungspflichtigen Gesellschaften (bei ausländischen Gesellschaften die Vorsteher der inländischen Niederlassungen), die den Vorschriften des Sicherungsgesetzes über die Bildung oder Verwaltung der Sonderrücklage vorsätzlich oder fahrlässig zuwiderhandeln (§ 9 des Rücklagengesetzes) und dadurch die Erhebung der Steuer gefährden, werden mit Geldstrafe bis zu dreißigtausend Mark bestraft. Sie **haften für den Schaden**, der durch ihr Verschulden dem Fiskus aus der Nichterfüllung der gesetzlichen Verpflichtungen erwächst; sind für den Schaden **mehrere** verantwortlich, so haften sie als **Gesamtschuldner.** Jeder von ihnen kann also vom Fiskus wegen des gesamten Schadens in Anspruch genommen werden. Der in Anspruch Genommene kann sich dann an die Mithaftenden halten. Alle näheren Erläuterungen zu den vorstehend wiedergegebenen Vorschriften finden die Leser in den Erläuterungen zum Rücklagengesetz (Erläuterung zu § 13 und § 22 des Kriegssteuergesetzes).

§ 5

Der Bundesrat ist ermächtigt, Ausführungsbestimmungen zu erlassen und Zuwiderhandlungen mit Geldstrafe bis zu eintausendfünfhundert Mark zu bedrohen.

Erläuterungen.

Das neue Sicherungsgesetz enthält selber keine Strafbestimmungen gegen Zuwiderhandlungen, sondern verweist in dieser Beziehung auf eine künftig zu erlassende Ausführungsverordnung des Bundesrats. Die **Ermächtigung des Bundesrats, Strafen** für

Verstöße gegen das Sicherungsgesetz **festzusetzen**, ist jedoch begrenzt. Es darf keine höhere Strafe als eintausendfünfhundert Mark Geldstrafe angedroht werden. Dieser Betrag entspricht dem im § 11 des Gesetzes über vorbereitende Maßnahmen zur Besteuerung der Kriegsgewinne. Da die Geldstrafe keine bloße Ordnungsstrafe ist, so kommt für die Umwandlung (im Falle der Nichtbeitreibbarkeit) die Gefängnisstrafe in Ansatz.

§ 6

Das Gesetz tritt am Tage seiner Verkündung in Kraft.
Urkundlich usw.
Gegeben usw.

Erläuterungen.

Das Gesetz ist vom 9. April 1917 datiert und **am 12. April 1917** im Reichsgesetzblatt ausgegeben worden. Es ist also an diesem Tage in Kraft getreten.

Dritter Anhang.

Sachregister.

Die Leser werden darauf hingewiesen, daß das Sachregister die hauptsächlichen im Text der Erläuterungen behandelten Gegenstände in Stichworten aufführt. Falls ein Wort, das gesucht wird, sich hier nicht findet, darf daraus nicht geschlossen werden, daß das betreffende Gebiet in den Erläuterungen nicht berücksichtigt ist, denn es konnten nicht alle möglicherweise in Betracht kommenden Worte hier aufgeführt werden; der Leser wird in solchen Fällen zweckmäßigerweise zunächst feststellen, ob auf die gesuchte Stelle unter einem anderen Stichwort im Register verwiesen ist. Zur Ergänzung kann ferner in jedem Falle die den Erläuterungen vorangeschickte Inhaltsübersicht herangezogen werden.

Die Zahlen bei den Worten weisen auf die Seiten hin.

Abänderung, nachträgliche A. der Bilanz 102, 116; der Kriegsabgabe, Wirkung auf den Zuschlag 260 ff.

Abgabepflicht 19 ff.; **der Gesellschaften** 117 ff. (s. auch Steuerpflicht.

Abnutzungen, bei Grundstücken 35, 196.

Abrundung des steuerpflichtigen Vermögens bei Einzelpersonen 61; des Mehrgewinns 92, 110 ff.

Abschreibungen 101, 114 ff.

Abwanderung (Einwirkung auf die Steuerpflicht) 24; A. steuerpflichtig gewordenen Vermögens 53 ff.; A. von steuerpflichtigen Personen 84 ff., 269 ff.

Abzugsrecht der Kriegssteuer bei der Einkommensteuer 107, 169.

Abzüge vom Vermögenszuwachs 39 ff.

Adoptivkinder (im Zuschlagsgesetz) 258.

Agiogewinne 95, 114.

Aktien, Wertberechnung 30.

Aktiengesellschaften 89 ff., 163 ff.

Anfechtung des Steuerbescheides 174.

Anlegung der Sonderrücklage 147.

Auflösung von Gesellschaften 126 (s. auch Liquidation).

Aufsichtsratstantieme 105 ff. (s. Tantieme).

Ausdehnung der Vorschriften des Rücklagengesetzes auf andere juristische Personen 86; A. der Steuer bei Gesellschaften 152.

Ausgleich von Mindergewinnen und Mehrgewinnen innerhalb der Kriegsgeschäftsjahre 106.

Ausländer 12.

Ausländische Forderungen 31; Vermögensstücke 38.

Ausländische Gesellschaften 91, 139 ff., 172, 256, 272.

Ausländisches Grund- oder Betriebsvermögen 38, 47, 48, 57, 159.

Auslandsdeutsche 20.

Ausstattung (als Schenkung) 44.
Aussteuer (keine Schenkung) 44, 50.
Auswanderung 85 ff., 264, 270.

B

Bergbautreibende Vereinigungen 91, 98.
Bergwerksgesellschaften 91, 98, 125, 271.
Berufung gegen den Steuerbescheid 174 ff.
Beschlagnahme des Vermögens als Sicherungsmaßregel 89; B. zur Sicherung der Vollstreckung 186, 269 ff.
Beschwerde 174 ff.
Besitzsteuerämter 161 ff.
Betriebsvermögen 25; Bewertung 27.
Bilanzierung 100 ff., 147; Steuerbilanzen 103 ff.
Bilanzgewinn 101 ff. (s. a. Friedensbilanz).
Börsenkurs 28, 166.
Bundesfürsten 20, 162.
Bundesrat, Zuständigkeit 159, 165, 172, 276.
Bundesstaaten 265, 266.

D

Delkrederekonto 102.
Doppelbesteuerung 74 ff., 128 (Milderung der D.), 160.
Durchschnittsgewinn der Friedensgeschäftsjahre 92 ff.
Durchstaffelung der Steuer bei Einzelpersonen 65 ff.

E

Edelsteine 45, 54.
Ehegatten (steuerliche Behandlung) 26; bei Gesellschaften m. b. H. 75 ff.
Ehemann, der geschiedene E. 34.
Einkommen, Steuerfreiheit 22.
Einkommensteuerbehörden 161.
Einlagen persönlich haftender Gesellschafter 119.
Einzelpersonen, Steuererklärung der E. 162 (s. auch Steuerpflicht).
Einziehung der Kriegssteuern 178 ff.
Erben (von Gesellschaftern einer Gesellschaft m. b. H.) 75, 79, 168.
Erbschaften 40.
Erbschaftskauf 41.
Erhöhung des Grund- oder Stammkapitals 91.
Erneuerungskonto 102.
Erstattung zuviel gezahlter Steuern 181.
Ertragswert 36; Berechnung 37, 38.

F

Familienunternehmen (Steuerbegünstigung bei Gesellschaften m. b. H.) 74 ff.
Fideikommisse 27, 83 ff.
Fiktiver Durchschnittsgewinn 94 ff., 121.
Freiwillige Rückstellungen 148.
Friedensbilanz 102.
Friedensgeschäftsjahre 89, 108, 109.
Fusion von Gesellschaften 97, 126.

G

Gebrauchsgegenstände 55.
Gefährdung der Kriegssteuer 183, 265.
Gefängnisstrafe 184 ff.
Geldstrafe 183 ff., 276.
Gemeiner Wert 35; bei Sacheinlagen 96, 98.
Gemeinnützige Zwecke, Zuwendungen zu g. Zw. (als Schenkungen) 50; Rücklagen für g. Zw. 92, 148; Gewinnbeträge für g. Zw. 104, 157, 274, 275.
Genossenschaften 90 ff., 125.
Geschäftsführer einer Gesellschaft

m. b. H., steuerliche Begünstigung 81 ff.
Geschäftsgewinn bei Gesellschaften 90 ff., 98, 121 ff.
Geschäftsjahre (Friedens- u. Kriegsgeschäftsjahre) 90 ff., 96, 108, 110 ff.
Geschenke 44, 49 ff.
Geschwister (bei Gesellschaften m. b. H.) 80 ff.
Gesellschaften m. b. H. 84 ff, 103, 169.
Gesellschafter, einer inländ. Gesellschaft m. b. H. (Steuervergünstigung) 73 ff.
Gesellschaftsanteile, Wertberechnung 31.
Gestehungskosten 35 ff., 58.
Gewinnvortrag 101 ff., 134, 149.
Grundstücke 35; nach Kriegsausbruch erworbene G. 57.
Grundvermögen 25.
Gutachter, Vernehmung 164 ff.

H

Härteparagraph (§ 36) 190; im Rücklagengesetz 96, im Zuschlagsgesetz 260.
Hinterziehung der Steuer 183 ff.
Hinzurechnungen zum steuerpflichtigen Vermögen 48 ff.
Hypothekenforderungen 28.

J

Inkrafttreten des Rücklagengesetzes 154; des Kriegssteuergesetzes 196, des Zuschlagsgesetzes 267; des Sicherungsgesetzes 277.
Juristische Personen, Ausdehnung des Gesetzes auf andere 90, 159, im Zuschlagsgesetz 253 ff.

K

Kapitalforderungen 31.
Kapitalvermögen 25; Bewertung des K. 27.
Kinderprivileg 257.
Kommanditgesellschaft auf Aktien 91 ff., 119.
Komplementäre 119.
Kontrollrechte der Veranlagungsbehörden 165 ff.
Kriegsanleihen (Anlegung der Sonderrücklage) 147; Bezahlung der Abgabe in K. 181 ff., des Zuschlags 262.
Kriegseinwirkungen auf Grundstücke 57.
Kriegsgeschäftsjahr 90 ff., 108, 272 ff.
Kriegsgesellschaften 92.
Kunstgegenstände 54.
Kunstwerke 55.
Kuxe, Wertberechnung 30.

L

Landesfinanzbehörde, Zuständigkeiten 160 ff., 261, 270.
Lehen 27; Abzugsrecht 40; selbständiges Verfügungsrecht 84.
Leibrenten 33, 59.
Liquidation, in L. befindliche Gesellschaften 126, 271.
Luxusgegenstände 44, 54.

M

Mehreinnahme bei Schachtelgesellschaften 127 ff.
Mehrgewinne 91, 111 ff., 274.
Milderung der Kriegsabgabe 190, der Zuschlagspflicht 256.
Mitgift (als Schenkung) 45.
Möbel, Hausrat usw. 46.
Muttergesellschaften 126 ff.

N

Nachschüsse bei Gesellschaften m. b. H. 95.
Nachveranlagungen 170.
Neueinzahlungen auf das Grund- oder Stammkapital 94, 95.

Neugegründete Gesellschaften 109, 113.
Neuveranlagungen 170.
Nutznießung 27.

O

Offene Reserven 101 ff.
Ordnungsstrafen 187 ff.

P

Paßmaßregeln 270.
Pensionen 50.
Perlen 46, 53.
Pfandbriefe 182.
Prämienüberschüsse bei Versicherungsgesellschaften 103.
Produktivgenossenschaften 103.
Prokurist einer Gesellschaft m. b. H. (steuerliche Begünstigung) 81.

R

Rechtsmittel 174 ff.; im Zuschlagsgesetz 260 ff.
Reichsbank 91.
Reichskanzler, Bewilligung von Ausnahmen nach dem Rücklagengesetz 96.
Rentenbezüge 26, 32 ff.
Reserven 101 ff.; wirkliche 132 ff. (s. auch Stille Reserven und Abschreibungen).
Rücklagen für Wohlfahrtszwecke 151, im Zuschlagsgesetz 264; im Sicherungsgesetz 272.
Rücklagengesetz, Erläuterungen zum R. (1. Teil) 90 ff.; Erläuterungen 2. Teil 146 ff.
Rückstellungen, freiwillige 102 ff., 148.

S

Sacheinlagen 96 ff.
Sachverständige 164.
Sammlungen 53, 55.
Schachtelgesellschaften 126 ff.
Schatzanweisungen 181 ff.
Schenkung, steuerliche Behandlung 43, 49.
Schmuckgegenstände 53.
Schuldbuchforderungen 29, 169, 181.
Schulden, Berücksichtigung 31.
Schuldverschreibungen (Anlegung d. Sonderrücklage) 146 ff., 181.
Schutzgebiete 145.
Sicherheitsleistung 89.
Sicherung der Veranlagung bei Grundstücken 162, der (künftigen) Kriegssteuer, Gesetz 267 ff.
Sicherungsgesetz s. Rücklagengesetz.
Sicherungsmaßnahmen 85 ff.
Sitz der Gesellschaften 139 ff., 275.
Sonderrücklage 90 ff., 146 ff., im Sicherungsgesetz 272 ff.
Staatenlose 21.
Stammgüter 83.
Stammgutsvermögen 27.
Stammkapital s. Grundkapital.
Stellvertretender Geschäftsführer einer Gesellschaft m. b. H., steuerlich begünstigt 81 ff.
Steuerbehörden 161 ff.
Steuerbescheid 173, 259.
Steuererklärung 163 ff.
Steuerfreie Grenze des Vermögenszuwachses 61.
Steuerflucht 54 ff., 268 ff.
Steuerkurszettel 28.
Steuermilderung bei Schachtelgesellschaften 126 ff.
Steuerpflicht der Einzelpersonen 19, 58; der juristischen Personen (Gesellschaften) 84 ff.; Erlöschen der St. 21, 82.
SteuerpflichtigerVermögenszuwachs 58, 59 ff.
Steuerstaffel für Einzelpersonen 61 ff.; für Gesellschaften: inländische 123 ff.; ausländische 130, 136, im Zuschlagsgesetz 254, 255.

Stille Reserven 96, 97, 141; Realisierung st. R. 97, 110.
Straffreiheit, nachträglich eintretende 180.
Strafvorschriften 175 ff., 276.
Stückzinsen 29, 174.
Stundung des Zuschlags 263.

T

Tantieme für Vorstand und Aufsichtsrat, Tantiemepflichtigkeit der Sonderrücklage 105 ff., 119; bei Gesellschaften m. b. H. 108.
Testamentsvollstrecker 160 (s. a. Erben).
Tochtergesellschaften 126 ff.

U

Umwandlung von Gesellschaften 96, 126.
Unerhoben bleibende Abgabeteile 137, 155.
Unterbilanz, Tilgung der U. 99.
Unterhaltsansprüche 34.
Unverändert gebliebenes Vermögen (und wenig verändertes), Steuerpflicht 22, 63, 65.

V

Veranlagung 160 ff.; bei Einzelpersonen 168; bei Gesellschaften 170; Verfahren 161; Zeitpunkt 161 ff.; im Zuschlagsgesetz 253.
Veranlagungsbehörden 160 ff.
Veranlagungszeitraum 23.
Verbringung von Vermögen ins Ausland 88, 89, 269.
Verflüchtigung der Kriegsgewinne 49.
Verjährung der Steuerforderung 180.
Verluste, Berücksichtigung 38.
Verlustvortrag bei Feststellung des Gewinnes von Gesellschaften 99.
Vermächtnisse 40.
Vermehrung des eingezahlten Grund- oder Stammkapitals 94, 95, 122, 134 (s. auch Erhöhung des Kapitals).
Vermögen (steuerpflichtiges und nicht steuerpflichtiges) 22; ausländisches 26 (s. a. Steuerpflicht).
Vermögenszuwachs (steuerpflichtiger und nicht steuerpflichtiger) 22; Berechnung 24 ff.
Versichertendividende 103.
Versicherungsfälligkeiten, Abzugsrecht 41.
Versicherungsforderungen 31.
Verwandte (steuerliche Begünstigung bei Gesellschaften m. b. H.) 75 ff.
Vorauszahlungen der Abgabe 181.
Vorläufige Festsetzung der Kriegssteuer der Gesellschaften 137, 170; im Zuschlagsgesetz 258.
Vorstandstantieme 105 ff. (s. Tantieme).

W

Wertpapiere 28.
Wohlfahrtszwecke, Rücklagen für W. 148 (s. auch Gemeinnützige Zwecke).
Wohnungseinrichtung, Möbel usw. 45 ff.

Z

Zahlstellen ausländ. Gesellschaften 142 (s. Zweigniederlassungen).
Zahlungsfristen für die Kriegsabgabe 178; für den Zuschlag 260.
Zeugen, Vernehmung durch die Veranlagungsbehörden 165.
Zuwendungen zu ausschließlich gemeinnützigen Zwecken 92, 148 (s. auch Gemeinnützige Zwecke).
Zuschlag zur Kriegssteuer 250 ff.
Zweigniederlassungen ausländischer Gesellschaften im Inlande 142.

FSC
www.fsc.org
MIX
Papier | Fördert
gute Waldnutzung
FSC® C083411

Kolibri 360 GmbH
Ferdinand-Jühlke-Straße 7
99095 Erfurt, Deutschland
produktsicherheit@kolibri360.de